Franz Josef Wetz

Die Würde der Menschen ist antastbar

Eine Provokation

Klett-Cotta

Klett-Cotta

Printed in Germany
Schutzumschlag: Philippa Walz, Stuttgart
Gesetzt aus der 9 Punkt Candida von
Clausen & Bosse, Leck
Auf holz- und säurefreiem Papier gedruckt
und gebunden von Clausen & Bosse, Leck

Die Deutsche Bibliothek – CIP-Einheitsaufnahme
Wetz, Franz Josef:
Die Würde der Menschen ist antastbar /
Franz Josef Wetz. – Stuttgart:
Klett-Cotta, 1998
ISBN 3-608-91908-2

Inhalt

1
Der trügerische Glanz des höchsten Rechtsbegriffs

„Wir, die Völker der Vereinten Nationen [sind] fest entschlossen [...], unseren Glauben [...] an Würde und Wert der menschlichen Persönlichkeit [...] erneut zu bekräftigen" – heißt es in der Präambel der am 26. Juni 1945 verabschiedeten *Charta der Vereinten Nationen.* Ähnlich lautet Artikel 1 der am 10. Dezember 1948 von der Generalversammlung der Vereinten Nationen verkündeten *Allgemeinen Erklärung der Menschenrechte*: „Alle Menschen sind frei und an Würde und Rechten gleich geboren." Dem folgt unser *Grundgesetz*, welches am 24. Mai 1949 in Kraft trat, und das, von der Präambel einmal abgesehen, mit den Worten beginnt: „Die Würde des Menschen ist unantastbar. Sie zu achten und zu schützen, ist Verpflichtung aller staatlichen Gewalt." Heute werden Achtung der Menschenwürde und Einhaltung der Menschenrechte weltweit gefordert.

Leider klaffen in der Praxis jedoch Abgründe zwischen Anspruch und Wirklichkeit. Angst- und Schreckensschreie Tausender auf der ganzen Welt machen Menschenrechtsverletzungen von bedrückendem Ausmaß offenbar. In unserem Jahrhundert kennt die von Menschen bewirkte Not und Qual keine Grenzen; man nennt es daher oft das blutigste und brutalste der abendlän-

Meinem Mitarbeiter Thomas Holz danke ich für wertvolle Ratschläge, Herrn Dr. Dietrich Grabscheid für kritische Anregungen und Joachim Velten für freundliche Unterstützung.

dischen Geschichte. So fielen in den letzten hundert Jahren Millionen Menschen grausigem Treiben zum Opfer, dem bis heute anscheinend nichts und niemand dauerhaft Einhalt zu gebieten vermag, denn die Bereitschaft, dem Schwächeren weh zu tun, besteht unvermindert fort.

Die im Jahre 1961 von dem Londoner Rechtsanwalt Peter Benenson gegründete Menschenrechtsorganisation *amnesty international* wies erst jüngst wieder auf Menschenrechtsverletzungen der schlimmsten Art hin, die auf drastische Weise verdeutlichen, daß der Kampf für die Freilassung von gewaltlosen, politischen Gefangenen, gegen Todesstrafe, Folter und andere Formen unmenschlicher Grausamkeit weiter gehen muß. Auch künftig werden Durchsetzung fairer Gerichtsverfahren, Hilfe für politisch Verfolgte und Unterstützung ihrer Angehörigen wichtige Aufgaben der internationalen Politik bleiben. Heute üben unterschiedliche Organisationen rund um den Erdball mit den ihnen zur Verfügung stehenden Mitteln Druck auf Staatsführungen aus, die Menschen wegen ihrer Überzeugung, Hautfarbe und Rasse benachteiligen oder mißhandeln.

In unermüdlichem Kampf gegen die Gleichgültigkeit einer durch die täglichen Nachrichten über menschliche Greueltaten abgestumpften Öffentlichkeit dokumentiert *amnesty international* die Schrecken der Welt regelmäßig in Zahlen. Die Bilanz ist jedes Mal erschreckend, wenn man bedenkt, in wieviel Staaten Gefangene nach wie vor gefoltert und willkürlich hingerichtet werden, wieviel Tausende ohne Anklage in Kerkern sitzen, wieviel bewaffnete Konflikte auf dem Rücken der Zivilbevölkerung ausgetragen werden, wieviel Millionen Verzweifelter auf der Flucht sind, wieviele Menschen in absoluter Armut dahinvegetieren und wieviel unschuldige Kinder daran täglich sterben.

Besonders verabscheuungswürdig ist der weltweite Handel mit Hinrichtungs- und Folterwerkzeugen, wie Daumenschrauben, Fußeisen oder Elektroschockgeräten, in den auch einige Industrienationen verstrickt sind. Aber der Aufschrei der Empörung verhallt bis heute meist unerhört.

Nun braucht dieser erdrückende Katalog des Vergehens gegen die Menschlichkeit hier nicht weiter aufgeblättert zu werden;

vieles ist bekannt, die Medien berichten fast täglich davon. Wem käme da nicht die Frage, ob es eine unantastbare Menschenwürde überhaupt gibt?

Tatsächlich abhanden gekommen war sie 1980, als unbekannte Täter von einem Schriftrelief des Frankfurter Schwurgerichtsgebäudes mit dem Wortlaut: „Die Würde des Menschen ist unantastbar" die „Würde" gestohlen hatten. „Daß die Justiz so plötzlich ihre Würde verlor, war am hellichten Tag geschehen. Gerade lag die Würde am Boden, da huschten junge Männer herbei und bemächtigen sich ihrer. Arbeiter am Gebäude, die den großen Spruch nach erfolgter Renovierung der Fassade wieder anbringen wollten, sahen noch, wie sie sich hurtig davonmachten – auf dem Fahrrad und hintendrauf die Würde."[1] Anschließend forderten die Entführer auf einem Flugblatt die „Freilassung aller Gefangenen, die Auflösung aller Schulen und sonstigen Verdummungszentren, Stillegung aller Fabrik- und Atomanlagen, Einführung der Menschenrechte für alle, Ausrufung der Anarchie." Doch konnte die „Würde" nach wochenlanger vergeblicher Suche auch ohne Erfüllung dieser teilweise verrückten Forderungen wieder sichergestellt werden. Statt unwiederbringlich verloren, war sie lediglich baden gegangen: Man fand sie, leicht ramponiert, in einem nahegelegenen Baggersee. Wie es hieß, sollte sie ursprünglich sogar im Meer versenkt werden, doch schien sie diesen Aufwand nicht wert zu sein. So bekam das Justizgebäude seine alte Würde wieder, mit der sich offenbar leicht Mißbrauch treiben läßt, und die, worauf der hochsymbolische Akt der Seebestattung aufmerksam machte, mühelos untertauchen, sozusagen in der Versenkung verschwinden kann.

Angesichts von Leid und Ungerechtigkeit überall auf der Welt klagen wir die Würde dort ein, wo sie verletzt, mißachtet, mit Füßen getreten wird. Doch sind wir uns überhaupt im klaren, was Menschenwürde bedeutet, in deren Namen wir gegen alle von Menschen begangenen Grausamkeiten immer wieder aufbegehren? Haben tatsächlich alle Menschen die gleiche Würde, nur weil sie Menschen sind – der untadelige Bürger ebenso wie der schlimmste Verbrecher? Heutzutage glauben viele, daß es eine allgemeine Menschenwürde gibt, auch wenn sie bei Tag und bei Nacht auf übelste Weise verletzt wird. Daher darf die Frage nicht unbeantwortet bleiben, was Würde ist. Wie zeigt sie sich, woher kommt sie, worauf gründet sie? Bis heute überläßt man Fragen dieser Art gerne Metaphysikern und Juristen, welche die Würde auch als ihre Domäne ansehen; die philosophische Ethik scheint dagegen auf diese Fragen verzichtet und sich mit diesem Verzicht bereits abgefunden zu haben. Dennoch ist es keine Übertreibung zu sagen, daß nur wenige Menschen den genaueren Inhalt der Würdeidee und deren Begründung wirklich kennen.

Weder das *Grundgesetz* noch die *Allgemeine Erklärung* oder irgendeine andere Proklamation gibt hierüber klare Auskunft, und wir beginnen gewöhnlich verlegen zu werden, wenn man uns nach Sinn, Gültigkeit und Verbindlichkeit dieser großartigen Idee befragt. Die Würde des Menschen ist zwar ein Schlagwort der Gegenwart mit höchster Rechtsbedeutung, diesem haftet aber eine merkwürdige Vagheit an, die es mit anderen hohen populären Begriffen wie „das Schöne" oder „das Gute" teilt. Hier wie dort verschleiert das Pathos, das mit solchen Ausdrükken einherzugehen pflegt, allzu leicht deren Unbestimmtheit.

Aber auch große Wissenslücken kennzeichnen das heutige Würdebewußtsein, weshalb die Existenz der Würde oftmals bloß behauptet, doch nur selten bestimmt oder begründet wird. Obwohl wir uns lautstark zum Grundsatz der Menschenwürde bekennen, weiß kaum einer genau, was dieser Ausdruck eigentlich bedeutet und worauf sich dieses schöne Wort im Ernstfall noch stützen könnte; ja, seine Konturen verschwimmen umso stärker, je intensiver man sich damit befaßt. Darum ist es nicht weiter verwunderlich, daß heute einige diese Idee als bloße Phrase, schöne Floskel oder leere Worthülse belächeln und als rhetorisches, praxisfernes Ornament abtun. Der Begriff Menschenwürde vermag zwar nach wie vor zu faszinieren, er scheint aber nichts als eine abgegriffene, bedeutungslose Begriffsschablone zu sein. In diesem Sinne ist die Aussage des Nobelpreisträgers *Friedrich A. von Hayek* zu verstehen: „So edel und lobenswert die Gefühle sind, die in Begriffen wie Menschenwürde ihren Ausdruck finden, für sie ist in einem Versuch zu rationaler Überzeugung kein Platz."[2] Denn bei näherem Hinsehen erweisen sich solche Sprachgebilde – trotz oder gerade wegen ihres Glanzes und ihrer Leuchtkraft – als unverständlich, als bloße Präambellyrik und Fassadenornamentik. Wenn das stimmt, dann ist die Würde, welche jedem Menschen von Natur aus zukommen soll, heute nicht mehr nur praktisch gefährdet, sondern sogar theoretisch. Es scheint, als sei sie ein bloßer Sprachfetisch, ein Orakel, das im Anrufungsfall zwar sofort zur Stelle ist und besonnene Gemüter auch in ehrfürchtiges Schweigen versetzt, das aber als Antwort auf die drängenden Fragen unserer Zeit doch nur dunkle Sprüche bereithält.

Das klingt beunruhigend – und ist es auch, wenn man bedenkt, daß die Menschenwürde den höchsten Rechtswert unserer Verfassung darstellt und deren tragendes Prinzip ist, das höheren Rang als alle mehrheitsdemokratischen Entscheidungen besitzt. Nach Art. 79 Abs. 3 des Grundgesetzes gehört die Menschenwürde zum Kernbestand der Verfassungsordnung, der, wie es dort heißt, niemals durch Verfassungsänderungen berührt werden darf, von jeder Verfassungsrevision ausgenommen ist. Wie aber konnten die Urheber des Grundgesetzes, der Parlamentarische Rat, einen so vagen Rechtsbegriff, dem sehr Unterschiedliches unterlegt werden kann, in den Mittelpunkt des Grundgesetzes rücken und zu einer alle Staatsgewalt bindenden Leitidee erheben? Diese Frage drängt sich jedem nachdenklichen Menschen auf, der erkennt, daß die Erhebung eines unbestimmten Begriffes in den Rang höchster Verbindlichkeit soviel bedeutet wie diesen letzten Endes doch unverbindlich zu lassen.

So sehr im politischen Bekenntnis zur Menschenwürde eine Antwort auf die nationalsozialistische Tyrannei gesehen werden muß, damit ist nicht schon die Frage beantwortet, was menschliche Würde eigentlich bedeutet. Diese Idee wird im *Grundgesetz* einfach vorausgesetzt, ohne daß weiter erklärt würde, worin sie besteht und worauf sie sich gründet. Aber die beklagte Offenheit hat auch einen Vorzug: Sie ermöglicht es, daß die Idee der Menschenwürde ihre Wirkung im Wandel der Zeit bewahren und an neue Erkenntnisse oder veränderte Wertvorstellungen angepaßt werden kann. Erst so ist sie mit verschiedenen Grundeinstellungen vereinbar und mithin mögliche Grundlage für eine pluralistische Gesellschaft mit unterschiedlichen Weltanschauungen. Denn läßt man die Idee menschlicher Würde undefiniert, so können ihr auch alle zustimmen. Nicht zuletzt deshalb weigern sich manche Rechtswissenschaftler, den Ausdruck Würde näher zu bestimmen. Diesen für vielfältige Auslegungen offenhaltend, vertrauen sie darauf, daß wir auch ohne solche Definitionen die richtigen Vorstellungen mit diesem Begriff verbinden.

Allerdings ist die Kehrseite hiervon eine beunruhigende Ungreifbarkeit der Würdeidee, wodurch sie in den Verdacht gerät, eine willkürlich auslegbare Leerformel zu sein. Als Leerstelle mit unbestimmtem Auslegungsspielraum gilt sie mit Recht als zu vage, um verbindliche Richtschnur für den Gesetzgeber und orientierender Grundwert für die Bürger sein zu können. Trotz der aufgezeigten Vorteile bleibt ihre Unschärfe somit ein großes Problem und die sich daraus ergebende Versuchung, den Ausdruck Würde mit beliebigen, widersprüchlichen Inhalten zu füllen, eine ernste Gefahr, der mit einer klaren, wohlbegründeten Würdevorstellung begegnet werden muß; andernfalls droht die höchste Verfassungsgarantie beliebig zu werden, ins Leere zu laufen.

Gesucht wird demnach eine gut begründete, allgemeingültige Bestimmung der Würdeidee, die dem Pluralismus des modernen Staates wie der multikulturellen Weltöffentlichkeit gerecht wird. Eine solche darf nach der einen Seite hin nicht dogmatisch, nach der anderen nicht willkürlich sein. Doch selbst wenn es gelänge, die Würdeidee schärfer zu profilieren, so wären damit nicht schon alle Schwierigkeiten aus dem Wege geräumt bei der Anwendung dieses Begriffes in der Gesetzgebung, Verwaltung und Rechtsprechung, da jede sei es noch so scharfe Würdedefinition nur eine Auslegungsrichtung vorgeben kann, niemals aber ein operationalisierbares Handlungsprinzip darstellt.

Weit davon entfernt eine glaubwürdige Form der Begründung zu sein, war der Würdebegriff in der Vergangenheit oft bloß deren schlechter Ersatz, und auch heute tritt das Bekenntnis zur Würde häufig an die Stelle guter Argumente. Nicht selten liefert die Idee der Würde den Schein einer Begründung und konserviert auf diese Weise nur die Probleme, als deren Lösung sie auftritt. Darauf vertrauend, daß niemand gerne gegen die Menschenwürde verstößt, mißbrauchen die einen sogar diesen Begriff, um ihre Argumentationsgegner mundtot und sprachlos zu machen, die anderen, um ihrer eigenen, nicht verallgemeinerungsfähigen Weltanschauung zu allgemeiner Anerkennung zu verhelfen. Solche Instrumentalisierungen lassen sich am ehesten noch verhindern durch nähere Bestimmung der Würdeidee, welche allerdings eine intensive Auseinandersetzung mit ihren geistesgeschichtlichen Quellen und Grundlagen voraussetzt. Darum soll als erstes ein Überblick über die herkömmlichen Bedeutungen und Ableitungen des Würdebegriffs gegeben werden.

2
Ideengeschichte des Würdebegriffs

Menschenwürde bedeutete nicht zu allen Zeiten das gleiche; in der Geschichte des abendländischen Denkens wurden verschiedene Vorstellungen davon entwickelt – griechisch-römische, christlich-metaphysische, humanistisch-aufklärerische, vernunftphilosophisch-idealistische. Man kann sagen, es gibt fast ebensoviele Würdeinterpretationen wie es philosophische Lehren und Strömungen gibt, und der Vielgestaltigkeit der damit verbundenen Menschenbilder sind keine Grenzen gesetzt. Ebenso ist die Würdeidee nicht ausschließlich abendländischer Herkunft, wie man annehmen könnte, sondern sie kommt gleichfalls in der frühen chinesischen Kultur, dem Konfuzianismus vor, besonders in der Lehre Mengzis.[1] Aber wenn im Verlauf der Jahrtausende die Würde des Menschen auch ganz unterschiedlich ausgelegt wurde, so bestehen doch zahlreiche Überschneidungen und Übereinstimmungen – selbst zwischen so gegensätzlichen Lehren wie der des Konfuzianismus und Kants, die allen Menschen, unabhängig von Herkunft und Rang, eine besondere Würde zuerkennen allein aufgrund ihres Menschseins, das heißt ihrer angeborenen Personalität und Moralität.

Aufs Ganze gesehen gliedert sich das abendländische Denken über die Menschenwürde in mehrere Epochen, in denen immer neue Anläufe der Auslegung und Begründung gemacht wurden. Im folgenden sei daher unterschieden zwischen der Würdevorstellung der griechischen und römischen Antike, der stoisch-christlichen Metaphysik, der humanistischen Renaissance und der idealistischen Vernunftphilosophie des ausgehenden 18. und der ersten Hälfte des 19. Jahrhunderts.

Distanziert betrachtet wird der Ausdruck *Würde* im Verlauf der Jahrhunderte jedoch stets nur auf zweierlei Weise ausgelegt: einmal als Seinsbestimmung, die dem Menschen als solchem kraft seines Menschseins zukommt, unabhängig von seinem Tun und den gesellschaftlichen Verhältnissen, in denen er lebt. So gesehen haben alle Wesen, die Menschenantlitz tragen, von Geburt an Würde. Dann aber bedeutete Würde auch einen Gestaltungsauftrag, demzufolge es hauptsächlich von den Menschen selbst abhängt, von ihren Lebensweisen und Umgangsformen, ob es Würde gibt, wobei sie in diesem Zusammenhang mal mehr als individuelles Verdienst, mal als gesellschaftliche Leistung dargestellt wurde.

Als Seinsbestimmung oder Wesensmerkmal ist die Würde vorgegeben, als Gestaltungsauftrag aufgegeben. In der abendländischen Geschichte wurden beide Bestimmungen fast immer miteinander verbunden, nur verschieden interpretiert und fundiert. In der Regel war es so, daß man die Würde als Gestaltungsauftrag aus der Würde als Wesensmerkmal ableitete. Man sagte, der Mensch solle sich seiner angeborenen Würde durch sein Denken und Tun als würdig erweisen. Allerdings wurde die Würde nicht durchgehend als angeborenes Wesensmerkmal vorgestellt.

Heute halten es viele für selbstverständlich, daß die politisch-rechtliche Idee der Menschenwürde auf das 18. Jahrhundert, das Jahrhundert der Erklärung der Menschenrechte, zurückgeht; ebenso scheint es selbstverständlich, daß sich die geistesgeschichtliche Idee der Menschenwürde bis in die Antike zurückverfolgen läßt. Doch wie sich die erste Annahme als falsch herausstellt, so ist die zweite zumindest problematisch.

Griechische und Römische Antike

Die uns geläufige Idee der Menschenwürde als unverlierbare Wesensbestimmung war nicht allen Zeiten und Kulturen bekannt. In den Zeugnissen der antiken Griechen und Römer, welche die Sklaverei für philosophisch begründbar hielten, sucht man sie vergebens. Die Alten bestritten nicht nur, daß alle Menschen die gleiche Würde haben, sie leugneten auch die Würde als natürliche Grundausstattung. Würde war für sie nicht etwas, das allen Menschen zukommt, noch weniger etwas, das allen zusteht.

Zwar gibt es im griechischen Altertum verschiedene Begriffe für Würde, wie „timē", „axia", „axioma", die man normalerweise mit Wert, Ehre oder Ansehen übersetzt; diese Ausdrücke bezeichnen aber in der Regel keine Eigenschaften, die der Mensch von Natur aus hat. Die Würde galt nicht als angeborenes Wesensmerkmal, sondern als Ergebnis moralischer Leistungen und Verdienste.

Ähnlich bezeichnet im römischen Sprachgebrauch Würde, „dignitas et excellentia", einen auf tugendhaftem Verhalten beruhenden Wert, eine innere Haltung, ein bestimmtes Auftreten und Benehmen des Menschen, wozu auch dessen äußere Erscheinungsweise gehört. Daneben hing Würde mit dem Ansehen des Einzelnen in der Öffentlichkeit zusammen, wobei häufig gesellschaftliche Stellung und Herkunft darüber entschieden. Allgemein galt der Grundsatz: Je höher die soziale Anerkennung, umso größer die Würde, die man entweder selbst erwarb oder von seinen Vorfahren ererbte. Die schönsten antiken Darstellungen würdevoller Persönlichkeiten stammen von Aristoteles und Cicero, weshalb auf diese näher eingegangen sei.

Nach *Aristoteles* verkörpert allein der sogenannte Großgesinnte einen würdigen Menschen[2], der weder zu Aufgeblasenheit und Prahlerei neige noch zu Kleinmütigkeit und Tiefstapelei. Doch sei erst derjenige im wahren Sinne großgesinnt, „der sich großer Dinge für würdig halte und es auch sei."[3] So ein Mensch erhebe sich niemals über andere, aber er krieche auch nicht vor ihnen, so daß alle ihm Ehrerbietung erweisen könnten.

Stets wahre der Großgesinnte das rechte Maß; er gehe maßvoll mit Reichtum und Macht um, und ertrage darüber hinaus sein Unglück, über das er sich nicht übermäßig betrübe, genauso gelassen wie sein Glück, durch das er sich nicht zu Übermut hinreißen lasse. Der Großgesinnte sei ein Mensch mit Augenmaß, dessen Aufwand an Mühe und Sorge stets im richtigen Verhältnis zu den angestrebten Zielen stehe – weder zu gering noch zu groß.

Nur ein solcher Mensch wisse sich zu beherrschen, was bereits Platon Besonnenheit nannte, deren genaues Gegenteil zügellose Ausschweifung sei. Der Großgesinnte aber erliege nicht seinen Leidenschaften, Lüsten und Begierden, sondern vermöge diese zu bändigen und sich von mäßigender Vernunft beherrschen zu lassen. Dabei strebe er mit Maß nach dem „Angenehmen für die Gesundheit und das körperliche Wohlbefinden."[4]

Aus dem Dargelegten wird deutlich, daß der Großgesinnte, wie man sagt, eine Persönlichkeit mit echtem Format ist, das sich auch in seinen Umgangsformen und seinem Äußeren spiegelt – im Gehen, Sprechen und der Ruhe, die er ausstrahlt. Er redet mit tiefer Stimme, niemals laut, läuft nicht zu schnell, sondern schreitet bedächtig und anmutig. Wie schon Aristoteles beklagte, besitzen nur wenige diese Würde, die keine Wesenseigenschaft darstellt, sondern auf persönlicher Leistung beruht.

Ähnlich beschreibt *Cicero* die Würde des Menschen als selbst erworben, bezieht diesen Begriff aber stärker als Aristoteles auf die politische und soziale Stellung des Einzelnen. Würde setzt seiner Ansicht nach Zugehörigkeit zum römischen Adel oder Bekleidung eines höheren Amtes voraus. Würdenträger sind demnach entweder adeliger Herkunft oder Menschen mit besonderem gesellschaftlichem Rang. Dieser verpflichte sie zu vorbildlichem, tadellosem Lebenswandel, der die ihnen bereits zuerkannte Würde noch weiter vergrößere, die als persönliches Verdienst einen moralischen Adel darstelle.

Nach Cicero besitzt Würde, wer seine Leidenschaften bezwingt, seine Gefühle beherrscht, die bitteren Härten des Lebens tapfer zu tragen vermag. „Frei muß man sein von jeder Verwirrung des Geistes, sowohl von Begierde und Furcht, als auch besonders von Kummer, großer Lust und Zorn, auf daß Ruhe der Seele und Ungestörtheit herrsche, die Beständigkeit und Würde mit sich bringt."[5] Wer sich dagegen an seine Triebe versklavt und das ausgewogene Gleichmaß nicht findet, lebt unfrei, wie überhaupt „körperliche Lust nicht recht des Vorranges des Menschen würdig"[6] ist; deshalb soll man diese auch geringschätzen. „Wenn es aber einen gibt, der etwas der Lust einräumt, so muß er in ihrem Genuß sorgsam Maß halten."[7] Das ganze Leben lang soll man „den Trieb der Vernunft gehorsam sein lassen"[8], um nicht Sklave seiner Leidenschaften zu werden. Wie für Aristoteles so ist auch für Cicero „Unglück und Glück unbeherrscht zu tragen, ein Zeichen von Haltlosigkeit"[9], die menschlicher Würde widerspricht, über welche nur standhafte, selbstbeherrschte Personen verfügen.

Anders im Wortlaut und dennoch gleichen Sinnes Jahrhunderte später *Schiller*, der ebenfalls in Würde eine persönliche Aufgabe sah, nicht aber eine metaphysische Vorgabe. In der Abhandlung *Über das Erhabene* lobt er auf ähnliche Weise wie Cicero jenen, der „gelernt hat zu ertragen, was er nicht ändern kann, und preiszugeben mit Würde, was er nicht retten kann!"[10] Und in *Anmut und Würde* betont er wie die alten Griechen und Römer: „Beherrschung der Triebe durch die moralische Kraft ist Geistesfreiheit, und Würde heißt ihr Ausdruck in der Erscheinung."[11] Auch für ihn bedeutet Würde soviel wie Unterordnung des Sinnlichen unter das Sittliche, was zwei Jahrtausende zuvor Platon und Aristoteles bereits Besonnenheit nannten. Schiller führt dazu näher aus, daß in einer würdevollen Persönlichkeit auf sichtbare Weise „der Geist [...] als Herrscher auf[trete]"[12], wodurch bei anderen Menschen ein Gefühl geweckt werde, „welches Achtung heiße, und von der Würde unzertrennlich sei."[13] Achtung ist seiner Auffassung nach eine aufrechte Haltung, die sich „beugt vor ihrem Gegenstande."[14] Dabei bedeutet für ihn Würde aber mehr als nur Beherrschung der Affekte und Moralität, gemeint ist damit vor allem deren Darstellung in der sichtbaren Welt.

Ähnlich zeigt sich nach Cicero die Würde eines Menschen in dessen äußeren Erscheinung, in Gestik und Mimik ebenso wie in

Körperpflege und Bekleidung. „Die Würde der Schönheit ist durch die Gesundheit der Hautfarbe zu schützen, die Farbe durch körperliche Übungen. Treiben muß man außerdem eine nicht zu auffallende und ausgesuchte Körperpflege, soweit sie eine unkultivierte und unmenschliche Nachlässigkeit zu meiden sucht. In derselben Weise ist die Kleidung zu behandeln [...]. Hüten muß man sich [überdies davor], daß man beim Gehen nicht zu lässige Langsamkeit an den Tag legt [...] oder bei Eile allzu große Schnelligkeit aufnimmt."[15] Eine Persönlichkeit, die gerne würdevoll genannt werden möchte, muß nach Cicero auf alles dies achten.

Jedoch hängt Würde nicht allein von freiwilliger Selbstbeherrschung und geglückter Selbstdarstellung ab, sondern, wie erwähnt, auch von sozialer Anerkennung – ob die Mitmenschen einen beispielsweise ernst nehmen und als freien Menschen respektieren. Besonders die Römer bezogen den Begriff Würde auf das Ansehen des Einzelnen in der Öffentlichkeit und sahen darin ein wesentliches Stück der eigenen Persönlichkeit. Solch hohe gesellschaftliche Achtung genossen vor allem jene, die für das Gemeinwesen nützliche Dienste leisteten, weshalb ihnen ehrenvolle Ämter anvertraut wurden. So verstanden die Römer unter Würde außer tugendhafter Lebensweise auch persönliche Wertschätzung durch die Allgemeinheit. Doch im einen wie im anderen Falle bezeichnete Würde nicht einen Wert, der dem Menschen an sich anhaftet, sondern eine menschliche Leistung, die als solche starken Schwankungen unterworfen war. Denn Würde galt als eine Größe, die man durch eigenes Zutun vermehren und verringern konnte, folglich niemals ein für allemal besaß. Sie nahm in dem Maße ab, wie die gesellschaftliche Anerkennung sank; sie vergrößerte sich, wenn diese stieg. Aber sie wuchs auch durch vernünftigen Lebenswandel, wohingegen ein ausschweifendes Leben sie gänzlich vernichtete.

Aus dem Gesagten erhellt, Würde war für die alten Griechen und Römer keine Wesensbestimmung, die allem, was Menschenantlitz trägt, von Geburt an zukommt, sondern eine Errungenschaft, die sich einige wenige durch persönliche Anstrengung erwarben. Infolge sittenwidrigen Verhaltens und fehlender gesellschaftlicher Anerkennung konnten diese ihren moralischen Adel aber auch wieder verlieren, was jedoch – wenigstens theoretisch – nicht die Möglichkeit ausschloß, ihn bei nächster Gelegenheit und entsprechender Lebensführung von neuem zu gewinnen.

Stoa, Patristik und Scholastik

So wenig die antiken Griechen und Römer die Idee der allgemeinen Wesenswürde kannten, gänzlich fremd war sie ihnen nicht. Obwohl es keine sicheren Belege dafür gibt, trat sie wohl zuerst in der mittleren Stoa auf, deren Begründer Panaitios griechische Kultur nach Rom brachte. Allgemein waren die Stoiker weltverklärende Pantheisten, die das Universum als einen göttlichen Ordnungszusammenhang vorstellten, welcher von einer alles durchdringenden Vernunft, auch Weltseele genannt, beherrscht und gelenkt werde. An dieser hätten die Menschen teil – und zwar unabhängig von ihrer sozialen Stellung, wodurch ihnen allen eine besondere Würde zufiel.

Allerdings war der allererste, der nachweislich von allgemeiner Menschenwürde sprach, *Cicero*, dem zufolge Würde bereits unserer Natur innewohnt und folglich mehr ist als nur eine geistige Grundhaltung, äußere Erscheinungsweise oder öffentliche Stellung und Anerkennung. Unmißverständlich schreibt er in *De officiis*, daß schon „in unserer Natur Erhabenheit und Würde"[16] liege. Soweit bekannt, sah er damit zum ersten Mal in allen Menschen Träger von Würde und nicht mehr nur in angesehenen Persönlichkeiten. Näher zeige sich die Würde des Menschen an dessen Stellung im Kosmos, am Rang seines Geistes und dessen Teilhabe an der Weltvernunft, durch die er alles erkennen könne und mit deren Hilfe er sein Leben so gut wie möglich gestalten solle. Diese Vorstellungen, denen Cicero große Bedeutung beimaß, sind stoischer, teilweise platonischer Herkunft.

Immer wieder kann man bei ihm lesen, „daß wir alle teilhaben an der Vernunft"[17], und daß wir nur deshalb wissen, „was Ordnung ist, was es ist, was sich ziemt, was das Maß in Taten und Worten ist."[18] Das unterscheide uns von den Tieren, denen grundsätzlich die Fähigkeit zu Willensbildung und Denken fehle. Seiner Auffassung nach ist die Differenz zwischen ihnen und uns nicht nur gradueller, sondern prinzipieller Art, was auf eine Vorrangstellung des Menschen vor allen übrigen Lebewesen hindeutet. Wie es scheint, dient der Begriff Wesenswürde, der die menschliche Einzigartigkeit auf bestimmte geistige Merkmale gründet, auch zur Abgrenzung des Menschen von anderen Lebewesen. So beginnt die Geschichte der Würdeidee mit einer einseitigen Privilegierung des Menschen allen übrigen Kreaturen gegenüber, die offenbar als würdelos empfunden werden. Denn Bestimmungen wie Vernunft und Freiheit verleihen nicht nur jedem Menschen eine eigene Würde, sie weisen ihm auch eine Sonderstellung innerhalb der Natur zu. Aus der angeborenen Würde jedes einzelnen Individuums folgt geradezu mit Notwendigkeit die Würde der gesamten Gattung. Deshalb hat nach Cicero jeder, „wer er auch sei, eben aus dem Grunde, weil dieser ein Mensch ist,"[19] nicht nur ein Recht auf Achtung und Anerkennung, er hat sogar die Pflicht, für sich und seinesgleichen mehr zu sorgen als für die übrigen Lebewesen.

Diese stoische Idee einer allen Menschen eigenen Würde kam anschließend im frühen Christentum zu voller Entfaltung und blieb im gesamten Mittelalter lebendig, wo aus der Gottebenbildlichkeit des Menschen und der Erlösungstat Christi auf die Vorrangstellung des Menschen vor allen übrigen Geschöpfen geschlossen wurde.

Dabei ging mit der Einführung des Würdebegriffes in die christliche Lehre von Anfang an eine kritische Auseinandersetzung mit dem bisherigen Würdeverständnis einher. Zahlreiche frühchristliche Schriftsteller verurteilten die römische Vorstellung der Würde als persönliche Leistung, äußere Erscheinungsweise oder Merkmal einer gehobenen Stellung und adeliger Geburt[20], nicht aber die stoische Idee der Würde als menschliche Teilhabe an der göttlichen Vernunft. So ermahnt uns der christliche Apologet *Minucius Felix*: „Mit Rutenbündeln und Purpurgewändern prahlst du? Eitle Verblendung des Menschen und hohles Achtungsbezeigen vor der Amtswürde ist es, zu glänzen im Purpurgewande, in der Gesinnung aber schmutzig zu sein. Aufgrund vornehmer Abkunft bist du edel? Erwähnst die glanzvollen Namen deiner Eltern? Alle werden wir doch nach gleichem Los geboren, allein nach der Tugend unterscheidet man uns."[21] Ähnlich sagt *Hilarius von Poitiers* in seinem Matthäuskommentar: „Was werden wir anführen bezüglich des Lebens? Die für zukünftige Handelsunternehmen bereitliegenden Tresore der Schätze der Erde, anspruchsvolle Würden- und Ruhmestitel oder alte Ahnenmarken eines eleganten Adels, glaube ich. Aber all dem müssen wir entsagen, um im Übermaß Besseres zu haben."[22] Deutlicher noch wird der Mailänder Bischof *Ambrosius*: „Jegliche weltliche Würde ist der Macht des Teufels unterworfen"[23], die wahre Würde des Menschen ist dagegen nicht von dieser Welt, weder erwerbbarer Ruhmestitel noch ererbbarer Adelstitel. Christlich gesehen ist sie eine Auszeichnung, die sich der Mensch nicht selbst geben kann, sondern von Gott empfängt, ein Gnadenerweis und Geschenk.

In diesem Sinne sind auch die Worte des *Theophilos von Antiochien* zu verstehen: „Als erstes deutet [Gott] die Würde des Menschen an [...], denn nur die Erschaffung des Menschen hält er für würdig, ein Werk seiner eigenen Hände zu sein."[24] Damit stimmt *Gregor von Nyssa* überein, dem zufolge die zur Herrschaft über die Welt bestimmte Menschenseele aufgrund ihrer Gottebenbildlichkeit und Unsterblichkeit königliche Würde besitzt: „Die Seele zeigt ihr von der gemeinen Niedrigkeit geschiedenes königliches und erhabenes Wesen schon darin, daß sie unabhängig und selbständig ist, nach eigenen Entschlüssen selbstmächtig waltend. Wem sonst ist dies eigen wenn nicht einem König? [...] So ward die menschliche Natur, als sie zur Herrschaft über alles andere ausgestattet wurde, durch ihre Ähnlichkeit mit dem König des Alls als lebendiges Bild aufgestellt, das mit dem Urbild sowohl die Würde wie den Namen gemein hat. Zwar trägt sie keinen Purpur und deutet nicht durch Szepter und Diadem ihre Würde an – auch das Urbild hat das ja nicht – doch statt des Purpurs ist sie mit der Tugend bekleidet, was wohl von allen Gewändern das königlichste ist. Statt des Zepters stützt sie sich auf die Seligkeiten der Unsterblichkeit, statt des königlichen Diadems ist sie mit der Krone der Gerechtigkeit geschmückt. So zeigt sie sich durchaus in der Würde des Königtums als getreue Nachbildung der urbildlichen Schönheit."[25]

In die gleiche Richtung weisen auch die Ausführungen des *Nemesios von Emesa*: „Wer dürfte wohl gebührend den Adel dieses Lebewesens bewundern, welches das Sterbliche mit dem Unsterblichen in sich verbindet und das Vernünftige mit dem Vernunftlosen vereint; das in seiner eigenen Natur das Bild der ganzen Schöpfung trägt [...]; das von Gott einer besonderen Fürsorge gewürdigt ist; um dessentwillen alles, das Gegenwärtige und das Zukünftige ist, um dessentwillen Gott selbst Mensch wurde."[26] Gleichfalls preist *Augustinus*, von der Würde der vernunftbegabten Seele überzeugt, deren Einzigartigkeit und Größe: „Wie Gott jedes Geschöpf an Würde übertrifft, so die Seele jede leibliche Schöpfung."[27] Ähnlich und doch mit anderem Schwerpunkt schreibt er weiter: „Welch große Würde dir Gott verliehen hat, erhellt am meisten daraus, daß Gott, der allein von Natur aus dein Herr ist, andere Güter geschaffen hat, über die auch du Herr bist."[28]

Papst *Leo der Große* wendet sich der menschlichen Würde vor allem in seinen Predigten zu. Anläßlich des Weihnachtsfestes rief er in einem Lobpreis der Menschwerdung Christi aus: „Erwache, Mensch, und erkenne die Würde deiner Natur. Erinnere dich, daß du nach dem Bilde Gottes gemacht bist, das zwar in Adams Fall verdorben, in Christus jedoch wiederhergestellt worden ist. Gerade bei dem religiösen Geheimnis des Geburtstages unseres Herrn laßt uns überlegen, was göttliche Gnade unserer Natur erwiesen hat."[29]

Fassen wir die verschiedenen Aspekte zusammen, die nach den griechischen und lateinischen Kirchenvätern die menschliche Würde ausmachen, so ergibt sich folgendes Bild: Die Würde des Menschen gründet vorwiegend auf dessen Gottebenbildlichkeit, darauf also, daß Gott den Menschen bei der Schöpfung nach seinem Bildnis formte und dadurch teilhaben läßt an seiner Vernunft und Macht. Deshalb soll der Mensch über die Erde und die übrigen Geschöpfe herrschen und ihnen allen einen Namen geben. Als Gottes Kind und Ebenbild besitzt er absoluten Wert, wodurch er sich von den übrigen Kreaturen unterscheidet. Aus dem Naturzusammenhang herausragend, wohnt er in der Mitte des Alls, das für ihn und um seinetwillen erschaffen wurde. Besonders aber zeigt sich seine Würde und Erhabenheit an der Menschwerdung Gottes und Erlösungstat Christi, das heißt daran, daß Gott selbst Fleisch wurde, um die Menschen durch Tod und Auferstehung zu erlösen. Weitere Adelszeichen sind der aufrechte Gang, der freie Wille und die Unsterblichkeit der vernunftbegabten Seele.

Für die Kirchenväter war es selbstverständlich, daß alle Menschen die gleiche Wesensnatur haben, und daß der Schöpfer jedem von uns eine eigene Würde mit auf die Welt gab. Deshalb mißbilligten sie auch, daß manche bloß aufgrund ihrer adeligen Herkunft, sozialen Stellung oder äußeren Vorzüge geschätzt wurden, und forderten, alle Menschen ihres bloßen Menschseins wegen zu achten. Hierbei schlossen sie aus der Wesenswürde des Einzelnen auf die Gleichheit aller – eine Idee, die im *Neuen Testament* bereits vorkommt und *Paulus* auf die Formel brachte: „Hier ist nicht Jude noch Grieche, hier ist nicht Sklave noch Freier, hier ist nicht Mann noch Frau, denn ihr seid alle einer in Christus Jesus"[30], was näherhin bedeutet, daß vor Gott alle Menschen gleich sind. Aber so sehr diese Auffassung auf das Neue Testament zurückgeht, sie ist sehr viel älter als die christliche Lehre. Nicht nur daß sie bereits in der stoischen Philosophie vorkommt, ihre Ursprünge gehen bis in die Sophistik, das 5. Jahrhundert vor Chr., zurück. Schon *Antiphon* betont: „Von Natur sind alle gleich, ob Barbaren oder Hellenen [...]. Denn wir atmen alle durch Mund und Nase und essen alle mit den Händen."[31]

Die Idee, daß alle Menschen unvergleichliche Würde besitzen, die sie nicht sich, sondern Gott verdanken, blieb bis in die mittelalterliche Scholastik erhalten. Thomas von Aquin zitiert den Kirchenvater *Hieronymus*, der Jahrhunderte zuvor geschrieben hat: „So groß ist die Würde der Seele, daß eine jede von Geburt an einen Engel zu ihrem Schutz zugewiesen erhält"[32]. Allerdings spielt die Würde in der Scholastik eine geringere Rolle als vermutet. Allgemein stellt sie für *Thomas von Aquin* eine Eigenschaft dar, die einer Sache ihrer selbst wegen zukommt: „Würde steht für sich und gehört zum Wesen."[33] Im besonderen aber sieht er den letzten Grund für die Würde des Menschen in dessen Personalität: „In der gesamten Natur bezeichnet Person das, was am vollkommensten ist. Der Name Person ist gegeben, um diejenigen zu kennzeichnen, die Würde haben."[34] „Person bringt [also] Würde mit sich"[35], ja, „Person scheint der Name der Würde zu sein."[36] Ähnliches kann man bei *Alexander von Hales* lesen: „Die menschliche Person ist ein moralisches Wesen, weil Menschsein Besitz von Würde bedeutet"[37], und bei *Philipp dem Kanzler*: „Das Sein der Person ist sittlich und auf Würde bezogen."[38] Aber die Würde des Menschen zeigt sich nicht nur an dessen innerer Natur, der Personalität, sondern auch im christlichen Heilsereignis: „Die Erlösung durch das Leiden Christi, woran der Mensch erkennt, wie sehr Gott ihn liebt, verleiht ihm höchste Würde."[39]

Es wird deutlich, daß sich hinter dem christlich-metaphysischen Verständnis der Menschenwürde ganz Unterschiedliches verbirgt, wovon drei Gesichtspunkte besonders hervorgehoben seien: einmal die Vorstellung vom Menschen als Geschöpf und Kind Gottes, das als Krone der Schöpfung einen festen Platz in der Mitte des Alls hat, das nach traditioneller Auffassung für ihn und um seinetwillen erschaffen wurde; dann die Interpretation des Menschen als Person, auf die seine Vernunft und Freiheit hindeuten; schließlich das Bild vom Menschen als erlösungsbedürftigem Sünder, der durch Christi Tod und Auferstehung göttliche Würde erlangte, wie es bis zum *Zweiten Vatikanischen Konzil* im Opfergebet der tridentinischen Messe hieß: „Gott, der Du die Würde der menschlichen Substanz in wunderbarer Weise begründet und noch wunderbarer erneuert hast, [...]."

Den verschiedenen Vorstellungen gemeinsam ist die begriffliche Kennzeichnung der Würde als Seinsqualität und Eigenwert, welcher dem Menschen aufgrund seiner besonderen Wesensnatur zukommt. Die so verstandene Würde ist eine Bestimmung, die der Einzelne von Gott empfängt, nicht aber aus sich heraus hat. Darum soll sie für jedermann, auch für Staat und Gesellschaft, unverfügbar bleiben; alle haben sie zu achten, zu schützen und zu bewahren. Das heißt, obwohl die Würde nicht mehr wie bei den antiken Griechen und Römern aus menschlichen Ausdrucks- und Umgangsformen abgeleitet wird, muß sie nach christlichem Verständnis doch gepflegt werden, wenn sie nicht verkümmern soll. Die Würde ist als Wesensmerkmal also zugleich ein Gestaltungsauftrag. Dementsprechend forderte bereits *Papst Leo der Große*: „Erkenne, Christ, deinen würdigen Rang, und teilhaftig göttlichen Wesens gemacht, kehre nicht in die alte Niedrigkeit zurück durch ein Verhalten, das deiner Art nicht entspricht."[40] Denn „nur wenn wir den göttlichen Willen nachahmen, wird in uns die Würde göttlicher Erhabenheit sein."[41] Gleichfalls kommt für *Thomas von Aquin* tugendhaftem Verhalten ein Höchstmaß an „Würde"[42] zu: „Würde wird einem Menschen [...] hauptsächlich auf Grund der Tugend zugesprochen"[43], während Zuchtlosigkeit „der Würde des Menschen am meisten widerspricht"[44]. Darüber hinaus besitzt nach Thomas „derjenige größere Würdigkeit, der die größere Fülle geistiger Gnadengaben besitzt. In anderer Weise [jener], der weniger heilig und weniger wissend, zum Gemeinwohl mehr beiträgt wegen seiner Machtstellung oder weltlichen Mühewaltung."[45] Je mehr Intelligenz und gesellschaftliches Engagement und je höher der soziale Rang, umso größer also die Würde, die in verschiedener Ausprägung jeder Mensch als Gottebenbild besitzt. Darum sollen nicht nur sogenannte Würdenträger sie achten, sondern alle, im Bewußtsein, sie durch Sünde, moralisches Fehlverhalten und Ungehorsam gegen Gott beschädigen zu können.

Schon *Platon* beschrieb in den *Gesetzen* die vernunftbegabte Seele als das göttlichste und wertvollste am Menschen, das dieser auf schlimmste Weise mißachte, wenn er sich wilden Begierden und rasender Liebesglut hingebe, statt ein besonnenes, einsichtsvolles, tapferes Leben zu führen.[46] Ähnlich beflecken nach den Kirchenvätern *Gregor von Nyssa* und *Tertullian* jene das allen Menschen innewohnende Bild Gottes, die es an ehrfürchtiger Achtung vor dem Schöpfer, den Nächsten und sich selbst fehlen lassen.[47] Doch bleibt auch der sündige Mensch Geschöpf und Kind Gottes, wie *Augustinus* betont: „Wenn auch unsere

Seele in ihren Sünden ganz versinkt, so ist sie immer noch erhabener und besser, als wenn sie etwa in sichtbares Licht verwandelt würde"[48]. Denn mag „sie von ihrer Zier noch soviel eingebüßt haben, sie wird ohne Zweifel alle Körper an Würde überragen."[49] Selbst dem Alkoholiker gebührt darum, „ungeachtet seines Lasters, bloß auf Grund der Würde seines Wesens, der höhere Rang vor jener in ihrer Art so lobenswerten Schöpfung, an der er sich in seiner Art vergangen hat."[50]

Das scheinen allerdings nicht alle so gesehen zu haben. Manche nahmen sogar an, daß man seine Würde durch lasterhaften Lebenswandel gänzlich vernichten könne. Beispielsweise glaubte *Thomas von Aquin*, „daß der Mensch, der durch Sünde von der Vernunftordnung abweicht, sich dadurch auch von der menschlichen Würde lossagt."[51] Solche Individuen setzte man damals gerne wilden Tieren gleich, nachdem man diesen bereits jegliche Würde aberkannt hatte. Schon in *Psalm 49* ist die Rede von uneinsichtigen Menschen, die „unverünftigem Vieh ähneln", und im *Staat* charakterisiert *Platon* vernunftlose Bürger als abartige Wesen, die „wie das Vieh stets nur abwärts schauen; zur Erde und über die Tische gebückt, fressen sie und bespringen sich auf der Weide."[52] Gleiches kann man in den Werken von Laktanz, Ambrosius und Augustinus lesen, die auf ähnlich drastische Weise sittenlose Sünder mit dumpfem Vieh und wilden Bestien vergleichen.[53]

Alles in allem war man davon überzeugt, daß der Einzelne seinen angeborenen Adelsstand durch eigenes Verschulden verletzen und verlieren könne; die meisten aber hielten die Würde für eine unzerstörbare Eigenschaft. Zwar könne man diese trüben, aber völlig auslöschen könne man sie nicht, da doch selbst der größte Sünder noch Krone der Schöpfung und Gottebenbild bleibe.

Rückblickend ergibt sich somit folgendes Bild: In der stoisch-christlichen Tradition tritt die Würde des Menschen erstmals als Gestaltungsauftrag und Wesensmerkmal hervor. Als letzteres zeigt sie sich besonders in Vernunft und Freiheit, am aufrechten Gang, an der Gottebenbildlichkeit und Sonderstellung des Menschen in der Natur wie auch an der Erlösungstat Christi. Alle genannten Punkte deuten auf die unvergleichliche Erhabenheit und Würde des Menschen hin. Damit steht fest, die Idee allgemeiner Menschenwürde entstammt ursprünglich der abendländischen Metaphysik, ist stoisch-christlicher Herkunft und ohne theologischen Deutungshorizont gar nicht verstehbar.

Humanismus und Renaissance

Besonderes Augenmerk fällt auf die Würdeidee in Humanismus und Renaissance, das heißt im Übergang vom Mittelalter zur Neuzeit. Anders als in Patristik und Scholastik entstehen nun sogar eine Reihe von Büchern mit dem Ausdruck Würde im Titel. An erster Stelle steht Facios Schrift *Über die Würde und Erhabenheit des Menschen*, gefolgt von Manettis *Über die Würde und Erhabenheit des Menschen*, dann Pico della Mirandolas *Rede über die Würde des Menschen*, weiter Boaistuaus *Kurze Abhandlung über die Erhabenheit und Würde des Menschen* und nicht zuletzt Pérez de Olivas *Dialog über die Würde des Menschen*. In allen Abhandlungen gewinnt der Ausdruck Menschenwürde – dignitas hominis – sein besonderes Gewicht aus der Gegenüberstellung zur mittelalterlichen Erfahrung menschlichen Elends – der miseria hominis.

Entscheidendes Dokument dafür ist eine Abhandlung von *Lotario de Segni*, dem späteren *Papst Innozenz III.*, der das philosophische und theologische Menschenbild des Mittelalters von seiner dunkelsten Seite her darstellt. Bemerkenswerterweise trägt sein Buch die Überschrift *Über das Elend des menschlichen Daseins*, dessen Armseligkeit und Nichtswürdigkeit er auf krasse Weise beschreibt: „Ich habe die Gelegenheit ergriffen, die Hinfälligkeit und Dürftigkeit der menschlichen Natur, soweit mir dies möglich war, zu schildern."[54]

Aber lange vor Papst Innozenz III. wurde bereits von Dichtern der griechischen Antike und Denkern der biblisch-jüdischen Tradition erkannt, daß der Mensch ein armes, jämmerliches Geschöpf ist, wie einige Beispiele beweisen. So schreibt *Homer*:

„Das haben die Götter verhängt über sterbliches Dasein: Leben in Leid"[55], und diesen Gedanken vertiefend, findet *Simonides*: „Gering ist der Menschen Macht, erfolglos ihr Streben, in knappem Dasein Mühsal um Mühsal; unentrinnbar hängt gleichmäßig über ihnen der Tod [...]. Es gibt kein Unglück, das nicht zu erwarten wäre bei Menschen."[56] *Pindar* kommt deshalb zu dem Schluß: „Der Mensch ist ein Schatten im Traum"[57], ein Tageswesen ohne feste, dauernde Substanz.

Ähnlich *Hiob*: „Der Mensch [...] lebt kurze Zeit und ist voll Unruhe; gehet auf und fällt ab; flieht wie ein Schatten und bleibt nicht."[58] Deutlicher noch *Salomo*: „Kurz und ärmlich ist unser Leben, [...] wir sind zufällig entstanden, und darnach werden wir sein, als hätten wir nie gelebt. Denn Rauch ist der Hauch in unserer Nase und das Denken ein Funke beim Schlag unseres Herzens. Erlischt er, wird zu Asche der Leib, während der Odem wie bloße Luft verweht. Auch unser Name wird mit der Zeit vergessen, und niemand wird sich unserer Taten erinnern; so vergeht unser Leben spurlos wie eine Wolke und löst sich wie der Nebel auf, den die Sonnenstrahlen verfolgen und ihre Hitze niederschlägt. Nur eines Schattens Auftritt ist unsere Zeit, und unwiderruflich ist unser Ende; ist es besiegelt, kehrt keiner zurück"[59], wie auch *Kohelet* meint, bei dem man lesen kann: „Der Mensch besitzt keinen Vorzug vor den Tieren; denn beide sind vergänglich [...]. Beide sind aus Staub entstanden und beide kehren zum Staub zurück."[60]

In dieser Tradition steht *Papst Innozenz III.*, wenn er mit eindringlichen Worten darlegt, daß die Menschen aus Staub und Asche geformt seien, aus Erde vom Ackerboden und unflätigem Samen, daß sie als Werk sündhafter Ausschweifungen schwach, gebrechlich und nackt zur Welt kommen, daß ihr von schmerzhaften Krankheiten und Ängsten gezeichneter Körper häßlich sei, von Nissen, Läusen und Würmern geplagt. Zu alledem erzeugten sie nur Schleim, Urin und Kot im Unterschied zu den Bäumen des Feldes, die Blüten und Früchte hervorbrächten. Das ganze menschliche Leben, das selbst bei Nacht keine Ruhe finde, sei eine einzige Plackerei und Mühsal – nur klebriger Dreck, wie er klagt.[61]

Gegen dieses überaus düstere Menschenbild erhoben die Humanisten vom 14. bis 16. Jahrhundert Einspruch, indem sie fast ebenso einseitig die menschliche Würde, Größe und Erhabenheit betonten. Ganz traditionell lasen sie diese an der Gottebenbildlichkeit des Menschen ab, seiner Vernunft und Freiheit, seiner ausgezeichneten Stellung im All, der Unsterblichkeit der Seele und – das war das Neue – an der Wohlgeformtheit des menschlichen Körpers. Dabei betrachteten sie wie alle vorherigen Denker, die sich mit der Würde des Menschen befaßt hatten, das irdische Leben als an sich wertvoll; nur hoben sie dieses nun stärker hervor.

So sah *Petrarca*, der die menschliche Gebrechlichkeit keineswegs bestritt, das wahre Wesen des Menschen doch allein in seiner Würde begründet: „Das Elend der menschlichen Situation ist groß und vielfältig, das bestreite ich nicht [...]. Aber blick' auch in die andere Richtung, und du wirst gleichfalls vieles sehen, was das Leben glücklich und angenehm macht. [...] Da ist jenes Bildgleichnis Gottes, des Schöpfers im Innern der menschlichen Seele, da sind Talent, Gedächtnis, Voraussicht, beredter Ausdruck, so viele Erfindungen, so viele Künste, [...] soviel Gunst der Umstände und der Bedürfnisbefriedigungen, dazu die ganze Mannigfaltigkeit der Dinge, die euch [...] zur Ergötzung dienen! [...] die ganze bunte Pracht der Blumen! an so vielen Gerüchen, Farben, Geschmäcken, Tönen, die aus Gegensätzen hervorgegangene Harmonie! so viele Lebewesen am Himmel, auf der Erde, im Meer, die nur zu eurem Gebrauch bestimmt sind und um einzig dem Menschen zu gehorchen erschaffen wurden! [...] Hierzu kommt: unser Leib, der sich, mag er auch hinfällig und zerbrechlich sein, dem Auge souverän darbietet und heiter und in aufrechter Haltung, die ihn zur Himmelsbetrachtung befähigt. Dazu: die Unsterblichkeit der Seele."[62] Deshalb stand für Petrarca gänzlich außer Frage, daß „die menschliche Natur einen erhabenen Platz unter den Geschöpfen einnimmt"[63], alle anderen Kreaturen „an Würde überragt"[64], denn „es gibt keines, auf das der Schöpfer die gleiche Sorgfalt verwendet hätte."[65]

Ähnliches liest man in den Werken *Ficinos*, der gleichermaßen erkannte, daß das menschliche Leben von Schmerz und Unruhe begleitet wird, und der sich deshalb auch nicht scheute, die ganze Trostlosigkeit des irdischen Daseins darzustellen. Doch so beschwerlich das Leben sei, dessen Vorzüge überwögen bei weitem die Nachteile. Für Ficino stand fest, „daß der Mensch wegen seines Verstandes das vollkommenste aller Lebewesen ist, ja überhaupt aller der Dinge, die sich unter dem Himmel befinden."[66] Ausgestattet mit einer unsterblichen Seele, bilde er das Zentrum der Natur und werde darum mit Recht die Weltmitte genannt.

Dieser Meinung war auch *Manetti*, für den es wie für *Pico della Mirandola* „nichts Wunderbareres als den Menschen"[67] gab. Allerdings besangen beide absolut einseitig die Würde und Erhabenheit des Menschen, indem sie von dessen Elend gänzlich absahen, als existierten Armut, Krankheit, Mangel und Entbehrung in der Welt nicht. Wie viele andere seiner Zeit pries Manetti, von der Gottebenbildlichkeit des Menschen und dessen Vorrangstellung in der Schöpfung überzeugt, die Schönheit des nackten Körpers und dessen aufrechten Gang, der jedem von uns den Blick zum bestaunenswerten Sternenhimmel ermögliche. Außerdem lobte er das menschliche Sehvermögen und Gehör, Hände und Finger, den zweigliedrigen Daumen, mit denen die Menschen wunderbare Dinge vollbrächten, und nannte sie darum göttliche Vollkommenheiten. Der menschliche Körper, im Altertum häufig Grab der Seele genannt, war für ihn ein Gottesbeweis. Dieser sei deshalb so vorzüglich geformt, „damit er durch seine Gestalt ein würdiges und zugleich passendes Gefäß für die vernünftige Seele bilden könne."[68] Denn nur ein vollkommener Körper sei der unsterblichen Seele angemessen, durch die der Mensch, die Mitte der Schöpfung, allen übrigen Lebewesen überlegen sei.

Aber Manetti stellte den Menschen nicht nur an die Spitze der Seinspyramide, er erklärte ihn auch zum Herrn und Eigentümer der Welt. Dementsprechend heißt es bei ihm, „daß alles, was immer gemacht ist, uns gehört [...]. Unser ist das Firmament, unser sind die Himmelskörper, unser die Gestirne, unser die Sterne, unser die Planeten."[69] Hieraus wird deutlich, wie sehr die Renaissance-Philosophen die Idee der Menschenwürde überdehnten, und es ist darum keineswegs verwunderlich, daß sie die Menschen nicht bloß als Gottes Ebenbild vorstellten, sondern teilweise auch vergöttlichten. So nannten Petrarca und Manetti, die Würde ins Grenzenlose steigernd[70], den Menschen tatsächlich einen „Gott“[71].

Gegen diese überspannten Bewertungen wandten sich anschließend wieder *Montaigne* und *Voltaire*[72], die stärker auf die Nichtigkeit des Menschen und dessen bescheidenen Platz im Weltall hinwiesen, jedoch nicht, um wie Papst Innozenz III. lediglich das Elend des menschlichen Daseins aufzuzeigen, sondern vielmehr um dessen übertriebenen Stolz und Hochmut zu brechen. Auf die Philosophie der Renaissance und auf Psalm 8 anspielend, in dem steht, daß Gott den Menschen wenig niedriger machte als sich selbst, indem er diesem alles unter seine Füße legte, schrieb Montaigne: „Die Anmaßung ist unsere natürliche Erbkrankheit. Das unglückseligste und gebrechlichste aller Geschöpfe ist der Mensch, und allzumal das hoffärtigste. Er sieht und fühlt sich hienieden im Kot und Auswurf der Erde hausen, in den übelsten, abgestorbensten und vermodertsten Winkel des Alls ausgesetzt und angeschmiedet [...]; und geht hin und setzt sich in seiner Einbildung über den Mondkreis und macht den Himmel zum Schemel seiner Füße. Aus dem Hochmut dieser gleichen Einbildung kommt, daß er sich Gott gleichstellt, daß er sich göttliche Eigenschaften beimißt, daß er sich auserlesen dünkt und vom großen Haufen der übrigen Geschöpfe absondert.“[73]

Dennoch glaubte der Katholik Montaigne an die Gottkindschaft der Erdenbürger, die in sich Elend und Größe vereinigten. Ein Jahrhundert später vertiefte und entwickelte *Pascal* diese Vorstellung weiter. Wie kaum ein anderer zuvor arbeitete er die „Doppelheit des Menschen“[74] heraus, der ebenso zu „maßlosester Anmaßung [wie] zu grauenvollster Niedergeschlagenheit“[75] neige. Unter der Überschrift „Größe und Elend“[76] verknüpfte er die Idee menschlicher Wichtigkeit mit der Erfahrung der Nichtigkeit und vermied so nach der einen Seite hin den übertriebenen Pessimismus von Papst Innozenz III., nach der anderen den überzogenen Optimismus einiger Renaissance-Philosophen. Der

Mensch sei weder Tier noch Engel, betonte er, sondern ein Wesen dazwischen. Dieses dürfe nie vergessen werden, da es gefährlich sei, „wenn man den Menschen zu sehr darauf hinweise, daß er den Tieren gleiche, ohne ihm zugleich seine Größe vor Augen zu führen."[77] Genauso gefährlich sei es aber, „wenn man ihm [nur] seine Größe ohne seine Niedrigkeit vor Augen führe."[78] Eindrucksvoll legt Pascal beide Aspekte im berühmten Fragment 347 seiner *Gedanken* dar: „Nur ein Schilfrohr, das zerbrechlichste in der Welt, ist der Mensch [...]: ein Windhauch, ein Wassertropfen reichen hin, um ihn zu töten. Aber wenn das All ihn vernichten würde, so wäre der Mensch doch edler als das, was ihn zerstört, denn er weiß, daß er stirbt, und er kennt die Übermacht des Weltalls über ihn; das Weltall aber weiß nichts davon. Unsere ganze Würde besteht also im Denken".[79] Das heißt, als vom Weltall umfaßtes Naturwesen ist der Mensch nach Pascal völlig unerheblich, als ein das Weltall umgreifendes Vernunftwesen dagegen höchst bedeutsam.

Zusammenfassend ergibt sich folgendes Bild: In Humanismus und Renaissance gilt die oftmals übertrieben vorgestellte Würde des Menschen als Wesensmerkmal, das dem Menschen als solchem zukommt, nicht allein gehobenem Stand, adeliger Herkunft und tadelloser Lebensweise. Aus diesem allen Menschen angeborenen Wesensmerkmal wird dann die Pflicht herausgelesen, ehrenhaft zu leben, sich selbst und andere zu achten, ohne daß die Würde auf diesen Gestaltungsauftrag reduziert wäre. Weit davon entfernt sich vom christlich-metaphysischen Menschenbild abzukehren, das die Renaissance-Philosophen im Gegenteil weiter ausmalten, gründeten sie Größe und Erhabenheit des Menschen auf dessen Gottebenbildlichkeit, Verstand und Sonderstellung in der Welt. Mögen demnach ihre Ausführungen zur Menschenwürde systematischer und umfangreicher sein als die der mittelalterlichen Philosophen, und mag ihre Vorstellung von der Erkennbarkeit der Würde am menschlichen Körper auch über das traditionelle Verständnis hinausgehen, den Boden der christlichen Metaphysik verlassen sie nie.

Neuzeitliche Vernunftphilosophie

Von Größe *und* Elend des Menschen überzeugt, überwand *Pascal* die einseitigen Darstellungen seiner Zeit, die entweder von Größe *oder* Elend des Menschen ausgingen. Zugleich leitete er einen Prozeß ein, in dessen Verlauf die religiös-metaphysische Begründung der Menschenwürde immer mehr an Bedeutung verlieren sollte. So gesehen markiert seine Philosophie eine Phase des Umbruchs, wenn nicht sogar den Beginn der Neuzeit, in der die Würde immer weniger auf die Gottebenbildlichkeit und Mittelpunktstellung des Menschen im Weltall zurückgeführt wird, sondern nur noch auf seine Vernunft und Freiheit. In dieser Geschichte der allmählichen Herauslösung der Würdeidee aus der alten religiös-metaphysischen Einbindung fällt Pascal eine wichtige Rolle zu. Denn obwohl ein gläubiger Christ, bestimmt er die Würde des Menschen nicht mehr über dessen Standort in der Welt. Unmißverständlich schreibt er: „Die ganze Würde des Menschen liegt im Denken“[80], und erläutert: „Nicht im Raum habe ich meine Würde zu suchen, sondern in der Ordnung meines Denkens [...]. Durch den Raum erfaßt mich das Weltall und verschlingt mich wie einen Punkt, durch das Denken erfasse ich es.“[81] Dieser Gedanke, demzufolge die menschliche Würde allein im Denken besteht, ist charakteristisch für die gesamte neuzeitliche Philosophie bis zu *John Stuart Mill*, der im 19. Jahrhundert den Begriff „Würde“[82] gleichfalls nur noch im menschlichen Verstand begründet sah.

Daß Pascal die Würde ausschließlich auf das Denken bezog, muß als Folge der verlorenen Sonderstellung des Menschen im Universum gesehen werden. Nach und nach hatte sich zu Beginn der Neuzeit die Erkenntnis von der Unendlichkeit des Alls durchgesetzt, die dem Menschen auf beunruhigende Weise seine Winzigkeit und Nichtigkeit vor Augen führte. Bereits *Kopernikus*, der anstatt unserer Erde die Sonne in den Mittelpunkt des Alls rückte und die doppelte Bewegung unseres Planeten erkannte – Drehung um die eigene Achse und Jahreslauf um die Sonne – betonte „die Unermeßlichkeit des Himmels in Beziehung zur Erdgröße"[83]. Mit eindringlichen Worten machte er darauf aufmerksam, daß „die Erde im Hinblick auf den Himmel wie ein Punkt zu einem Körper und wie ein Begrenztes zu einem Größenunbegrenzten sich verhält."[84] Allerdings war mit diesem allmählichen Übergang vom geo- und heliozentrischen Weltbild zum offen-unendlichen Weltall nicht nur die alte Vorstellung widerlegt, daß die Erde unbeweglich in der Mitte des Universums liege, sondern auch die Annahme, daß der Kosmos eine Stufenordnung darstelle – mit dem Menschen an der Spitze. Zudem wurde jetzt der Glaube immer zweifelhafter, daß die Welt für den Menschen und um dessentwillen erschaffen sei.

Erstaunlicherweise sah Kopernikus, der christlichen Glaubenssätzen niemals widersprach und weiter daran festhielt, daß die „Weltmaschine [...] um unseretwillen vom besten und genauesten Werkmeister gebaut sei"[85], in der Herausnahme des Menschen aus der Mitte des Alls aber noch keinen Einwand gegen dessen angemaßte Sonderstellung in der Natur. Daß sich nicht der ganze Sternenhimmel um die Erde dreht, schien ihm unwesentlich für die Beantwortung der Frage nach der Bedeutung des Menschen; dieser konnte Krone der Schöpfung auch außerhalb der Weltmitte sein, wie er meinte. Näher betrachtet, entkoppelten Kopernikus und Galilei diese Frage von der Kosmologie, indem sie die alles überragende Würde des Menschen lediglich an dessen Fähigkeit festmachten, als einziges unter allen irdischen Geschöpfen die Welt erforschen und erkennen zu können.[86]

Pascal vertrat eine verwandte Position, da auch er die Frage nach der Würde des Menschen von dessen Stellung im Kosmos ablöste. Ähnlich Kopernikus verband er die menschliche Wertbesonderheit weder mit seinem Wohnort in der Schöpfungsordnung – wie manche Philosophen des Mittelalters – noch mit seiner körperlichen Gestalt – wie einige Philosophen der Renaissance –, sondern ausschließlich mit seiner Denkfähigkeit.

Damit war der entscheidende Schritt zum neuzeitlichen Würdeverständnis vollzogen, den *Pico della Mirandola* mehr als ein Jahrhundert zuvor auf völlig andere Weise getan hatte. Kopernikus und Pascal vergleichbar zweifelte er niemals auch nur im entferntesten an der Existenz Gottes, obwohl er gleichfalls dem Menschen keinen hervorragenden Platz innerhalb der Schöpfung zuerkannte. Er löste den Menschen aus dem Gesamtzusammenhang heraus und schenkte ihm dadurch eine in der Philosophie bis dahin unbekannte Freiheit. Anders aber als Pascal und Kopernikus gründete er „die Würde des Menschen"[87] nicht auf dessen Denkfähigkeit, sondern auf besagte Freiheit. Dennoch ist ihnen, wie gesagt, eines gemeinsam: Sie machten die Würde des Menschen nicht länger an dessen privilegierten Position in der Welt fest. So läßt Pico Gott zu Adam sagen: „Wir haben dir keinen festen Wohnsitz gegeben, [...] kein eigenes Aussehen, noch irgendeine besondere Gabe, damit du den Wohnsitz, das Aussehen und die Gaben, die du selbst dir ausersiehst, entsprechend deinem Wunsch und Entschluß habest und besitzest. Die Natur der übrigen Geschöpfe ist fest bestimmt und wird innerhalb von uns vorgeschriebenen Gesetzen begrenzt. Du sollst dir deine ohne jede Einschränkung und Enge, nach deinem Ermessen, dem ich dich anvertraut habe, selber bestimmen [...]. Weder haben wir dich himmlisch noch irdisch, weder sterblich noch unsterblich geschaffen, damit du wie dein eigener in Ehre frei entscheidender, schöpferischer Bildhauer dich selbst zu der Gestalt ausformst, die du bevorzugst."[88] Dabei erschuf nach Pico Gott die Menschen deshalb wesensmäßig unbestimmt, weil er zuvor alle möglichen Wesensbestimmungen an andere Lebewesen verteilt und nun keine mehr für die Menschen übrig hatte.

Vorläufer dieser kuriosen Geschichte ist ein Mythos aus dem platonischen Dialog *Protagoras,* dem zufolge die Götter alle vorhandenen Wesensmerkmale an die vernunftlosen Tiere vergaben, so daß hierauf keine mehr für die vernunftbegabten Menschen da waren.[89]

Hiernach unterscheiden sich letztere durch ihr Nichtfestgelegtsein, ihre Freiheit, von den übrigen Lebewesen, die ohnmächtigen Marionetten gleichen. Im Gegensatz dazu kann der Mensch frei wählen zwischen verschiedenen Möglichkeiten; er ist sein eigener Herr und die Selbstbestimmung, auf der seine Würde beruht, sein kostbarstes Gut.

Diese Vorstellung, wonach weder Gott noch Natur das menschliche Denken und Handeln festlegen, sondern der Mensch Schöpfer seiner selbst ist, findet in den folgenden Jahrhunderten immer stärkeren Beifall. So spielt sie auch im modernen Existentialismus eine wesentliche Rolle. Wie Pico sieht *Sartre* die Würde des Menschen ausschließlich in dessen Freiheit begründet, wobei er sogar glaubt, daß der Existentialismus die einzige Theorie ist, „die dem Menschen eine Würde verleihen kann."[90] Deren höchster Grundsatz, der beweisen soll, „daß der Mensch eine größere Würde hat als der Stein oder der Tisch"[91], lautet: „Der Mensch ist, wozu er sich macht." Gleichfalls verankert *Jaspers* die „Würde"[92] des Menschen in dessen Fähigkeit, sich selbst selbst zu bestimmen und „im Äußersten selbst den Tod [zu] geben."[93]

Kein Geringerer als der berühmte Natur- und Völkerrechtler *Pufendorf* hatte bereits im 17. Jahrhundert den für Picos Würdeverständnis entscheidenden Begriff der Freiheit mit dem für Pascals Würdevorstellung charakteristischen Begriff des Denkens verbunden. Wie viele vor und nach ihm glaubte Pufendorf, daß „alle Menschen über das gleiche Maß Freiheit"[94] verfügten. Dabei unterschied er zwischen natürlicher und sittlicher Ordnung und differenzierte demgemäß zwischen naturhaften Gegenständen – „entia physica"[95] – und moralischen Dingen – „entia moralia"[96]. Dieses Begriffspaar geht bis auf das 12. Jahrhundert zurück, wurde jedoch erst im 17. Jahrhundert durch Pufendorf bekannter, um anschließend über Christian Wolf in Kants Philosophie zu gelangen.[97] Das „moralische Sein" bezeichnet das geistige Leben der Menschen insgesamt, besonders aber deren sittlich gebundene Freiheit, die im Unterschied zu den naturhaften Dingen eine eigene Würde besitzt, welche auch Pufendorf – wie Pascal und Kopernikus – nicht mehr auf die herausragende Stellung des Menschen im All stützte.

In seinem Handbüchlein *Über Menschen- und Bürgerpflicht nach dem Naturgesetz* schreibt Pufendorf: „Der Mensch ist ein Lebewesen, das nicht nur aufs eifrigste auf Selbsterhaltung bedacht ist, sondern dem auch eine ziemliche empfindliche Selbstachtung angeboren ist: Wenn diese irgendwie beeinträchtigt wird, dann pflegt er sich oft nicht weniger zu erregen als über einen seinem Körper oder seiner Habe zugefügten Schaden. Ja allein schon in dem Wort Mensch offenbart sich, daß in ihm eine besondere Würde liegt."[98] Gleiches steht in seinem Hauptwerk *Über Natur- und Völkerrecht*: „Allein schon mit dem Wort Mensch wird kundgetan, daß diesem eine gehörige Würde eignet."[99] Aber bereits zuvor führte er aus, daß „die überragende Würde des Menschen im Vergleich zu den unvernünftigen Wesen besonders ins Auge [springe], weil dieser mit der edelsten Seele ausgestattet sei, die starke Wirkung ausübe sowohl durch ihr Augenlicht, das sich dadurch auszeichne, die Dinge zu erkennen und zu unterscheiden, sowie durch die fein ausgebildete Beweglichkeit, dieselben zu suchen oder zu meiden."[100] Doch preist er auch in anderem Zusammenhang die „Würde des menschlichen Wesens", das „unter den übrigen Lebewesen hervorrage"[101]; dabei betont er: „Die höchste Würdigung hat der Mensch aufgrund der Tatsache, daß er eine unsterbliche Seele besitzt, die begabt ist mit dem Licht des Verstandes, der Fähigkeit, die Dinge zu beurteilen und auszuwählen, und mit schöpferischem Geschick für sehr viele Handlungsweisen."[102] Zusammenfassend besteht nach Pufendorf die allen Menschen gemeinsame Würde also einmal in der Unsterblichkeit der Seele, dann in deren Freiheit sowie schließlich in ihrer Denkfähigkeit.

Auffälligerweise interpretierte er – Pico und Pascal ähnlich – die Würde nur noch teilweise religiös-metaphysisch, obwohl er von der Wahrheit der christlichen Lehre überzeugt war. Alle drei gründeten die dem Menschen angeborene Erhabenheit weniger auf dessen Gottebenbildlichkeit und Stellung in der Welt als vielmehr auf seine besonderen Geistesgaben. Damit nahmen sie einen Gedanken Kants vorweg, der die unverlierbare Würde des Menschen einzig aus dessen Vernunft ableitete. Nach Kants Auffassung ist die letzte Grundlage der Würdeidee, die in seiner Moral- und Rechtsphilosophie eine zentrale Rolle spielt, die Fähigkeit des Einzelnen zu sittlicher Selbstbestimmung. Doch trotz der offensichtlichen Unterschiede zwischen dem Würdeverständnis der spätantiken und mittelalterlichen Tradition, der Renaissance und Vernunftphilosophie Kants sahen die Anhänger der erwähnten Geistesrichtungen in der Würde sowohl ein Wesensmerkmal als auch einen Gestaltungsauftrag. Jedoch darf diese grundlegende Übereinstimmung nicht darüber hinwegtäuschen, daß Kant ein in vielerlei Beziehung neues Würdeverständnis entwickelte.

Wie Pufendorf die Wirklichkeit in naturhaftes Seiendes – ens naturae – und moralisches Sein – ens morale – gliederte, so unterschied zu Beginn der Neuzeit Descartes zwischen ausgedehnter Natur – res extensa – und denkendem Geist – res cogitans. Bereits im Altertum betrachtete man den Menschen als Bürger zweier Welten, als Teil der sogenannten Sinnenwelt – mundus sensibilis – und Verstandeswelt – mundus intelligibilis. Auf dieser Linie bewegt sich auch *Kant*, wenn er den Menschen gleichfalls als Doppelwesen beschreibt. Als Lebewesen unter anderen – ens naturae, res extensa – gehöre er zur sichtbaren Welt, zum Reich der Natur, dem riesenhaften Kosmos; als sittlich gebundenes Vernunftwesen – ens morale, res cogitans – zur sittlichen Welt, einem der Natur entrückten Reich des Geistes. So existiere der Mensch einerseits im Weltall, das sich „ins unabsehlich Große mit Welten über Welten und Systemen von Systemen, überdem noch in grenzenlose Zeiten ihrer periodischen Bewegung"[103] erstrecke. Innerhalb dieses unermeßlichen Universums stelle er ein „Wesen von geringer Bedeutung" dar, das „mit den übrigen Tieren, als Erzeugnissen des Bodens, einen gemeinen Wert"[104] habe. Er sei ein „Teil der Erdgeschöpfe"[105], ein „tierisches Geschöpf, das die Materie, daraus es ward, dem Planeten (einem bloßen Punkt im Weltall) wieder zurückgeben müsse, nachdem es eine kurze Zeit [...] mit Lebenskraft versehen gewesen."[106]

Andererseits gebe es etwas im Menschen, das ihn von allen übrigen Lebewesen unterscheide und ihn trotz seiner kosmischen Entbehrlichkeit aus dem physischen Weltall heraushebe, ihn adele: „Daß der Mensch in seiner Vorstellung das Ich haben kann, erhebt ihn unendlich über alle andere auf Erden lebende Wesen. Dadurch ist er eine Person und [...] ein von Sachen [...] durch Rang und Würde ganz unterschiedenes Wesen"[107]. Doch ist es das Selbstbewußtsein nicht allein, das den Menschen über die Natur stellt, es ist auch „das moralische Gesetz in [ihm]"[108], das diesem „ein von der Tierheit und selbst von der ganzen Sinnenwelt unabhängiges Leben"[109] offenbart. So ist jeder Einzelne ein teils der Natur unterworfener „Tiermensch"[110], teils aus der Natur herausragender „Vernunftmensch"[111]. Erst beide Aspekte zusammengenommen, beschreiben den Menschen angemessen als ein „mit Vernunft begabtes Erdwesen."[112] Als letzteres verkörpert er ein Wesen unter anderen, als vernünftiges Ich dagegen eine Person mit besonderer Würde. Dabei wiegt für Kant wie bereits für Pascal das unermeßliche Weltall nichts gegen den menschlichen Geist; es tut dessen Wertbesonderheit keinerlei Abbruch, wie er zu sagen pflegt.

Trotz der Eigenständigkeit seines Ansatzes vertritt Kant einen eher traditionellen Standpunkt, denn auch er bewertet den Menschen wegen Vernunft und Geist höher als die übrigen Geschöpfe; jedoch definiert er im Gegensatz zu den Denkern der christlich-metaphysischen Tradition die Würde des Menschen nicht mehr mit dessen Gottebenbildlichkeit.

Allgemein hält Kant die Würde für einen „unbedingten, unvergleichlichen Wert"[113]. Würde zu haben heißt seiner Auffassung nach, absolut wertvoll zu sein, einen „inneren Wert"[114] zu besitzen und somit „über allen Preis erhaben"[115], unkäuflich zu sein. Er schreibt: In der Menschenwelt „hat alles entweder einen Preis oder eine Würde. Was einen Preis hat, an dessen Stelle kann auch etwas anderes als Äquivalent gesetzt werden; was dagegen über allen Preis erhaben ist, mithin kein Äquivalent verstattet, das hat eine Würde."[116] Demnach bedeutet einen Preis zu haben, einen nur äußeren Wert zu besitzen und damit ersetz- oder austauschbar zu sein. Jeder einzelne Mensch jedoch hat nach Kant einen inneren Wert und ist somit einmalig, unvertretbar durch andere.

Da er Vernunftwesen und nicht bloßes Naturwesen sei, habe er berechtigterweise Anspruch auf Achtung, umgekehrt aber auch die Pflicht, seinesgleichen zu achten. Hier wie sonst sind Anspruch und Verpflichtung eng miteinander verbunden. Kant formuliert das so: Der Mensch als aus der Natur herausragendes Vernunftwesen „besitzt eine Würde (einen absoluten inneren Wert), wodurch er allen anderen vernünftigen Weltwesen Achtung für ihn abnötigt."[117] Diese schulde man sogar jenen, die ihre Würde selbst verleugneten, welche man ihnen aber deshalb nicht absprechen dürfe, was auch gar nicht gehe, da sie unzerstörbar sei. Hiernach darf „ich selbst dem Lasterhaften als Menschen nicht alle Achtung versagen, die ihm wenigstens in der Qualität eines Menschen nicht entzogen werden kann; obzwar er durch seine Tat sich derselbst unwürdig macht."[118] Diese Auffassung vertraten Jahrhunderte zuvor bereits Augustinus und danach noch Fichte und Hegel, der einmal gesagt haben soll: „Selbst der verbrecherische Gedanke eines Bösewichts ist großartiger und erhabener als die Wunder des Himmels."[119]

Nach Kant haben wir nicht nur Rechte und Pflichten gegeneinander, sondern auch Verpflichtungen uns selbst gegenüber. Wie alle Vernunftwesen uns heilig und unverletzlich sein sollen, so sollen wir uns selbst auch achten. Genaugenommen ist ohne Selbstachtung die Achtung eines anderen gar nicht möglich. Unter der Überschrift „Pflichten gegen sich selbst"[120] fordert darum Kant jeden Einzelnen auf, die eigene Würde, „die ihn vor allen Geschöpfen adelt"[121] und ihm „Achtung gegen sich selbst einflößt"[122], niemals zu beleidigen. Daß man sich Schaden zufügen, Unrecht tun, gewissermaßen an sich selbst vergehen kann, davon waren bereits Platon und Aristoteles überzeugt.[123] Auch sie ermahnten den Menschen, sich stets seines besonderen Wertes bewußt zu bleiben und dementsprechend zu benehmen. Nach Kant gehört hierzu, niemals vor seinen Mitmenschen zu kriechen oder sich ihnen hündisch zu unterwerfen. Denn wer vor anderen freiwillig das Rückgrat beuge und dadurch den aufrechten Gang aufgebe, trete, näher betrachtet, die eigene Würde selbst mit Füßen. Deshalb sei das „Bücken und Schmiegen vor einem Menschen [...] in jedem Fall eines Menschen unwürdig."[124] Erst recht sei das „Hinknien oder Hinwerfen zur Erde, selbst um die Verehrung himmlischer Gegenstände sich dadurch zu versinnlichen, [...] der Menschenwürde zuwider"[125]. Nur ein Leben in gegenseitiger Anerkennung und aufrichtiger Selbstachtung ermögliche den aufrechten Gang als die dem Menschen einzig angemessene Körper- und Geisteshaltung. „Wer sich [aber dennoch] zum Wurme mache, [der dürfe] nachher nicht klagen, daß er mit Füßen getreten"[126] werde.

Nun ist damit allerdings nicht schon die Frage beantwortet, worauf sich die geforderte Achtung denn eigentlich bezieht. Was ist die Vernunft, die sich nicht in den Naturzusammenhang eingliedern läßt, uns absolute Würde verleiht und uneingeschränkte Hochachtung verdient? Kant beschreibt sie als Fähigkeit zu moralischer Selbstbestimmung, als sittlich gebundene Freiheit, Autonomie, und betont wie viele seiner Zeitgenossen, daß Freiheit das einzige dem Menschen angeborene Recht sei, das nicht auf dessen Setzung beruhe, sondern ihm von Geburt an zukomme und darum auch gesellschaftlich zustehe.[127] „Autonomie ist also der Grund der Würde der menschlichen und jeder vernünftigen Natur"[128], wobei Autonomie hier soviel bedeutet wie Selbstbestimmung zu Gehorsam gegen das sogenannte Sitten- oder Vernunftgesetz. „Also ist die Sittlichkeit [...] dasjenige, was allein Würde hat"[129], und die „Würde des reinen Vernunftgesetzes in uns"[130] oder die „Würde der Menschheit in unserer eigenen Person"[131] das, was besondere Achtung verdient. Hierbei versteht Kant unter Menschheit nicht die Gesamtheit aller Menschen, wie man vermuten könnte, sondern wieder Vernunft, Moralität, Freiheit.

Letztere äußere sich vor allem in der menschlichen Fähigkeit zum Abstandnehmen von den eigenen Begierden, Instinkten und Trieben. Als Vernunftwesen sei der Einzelne nicht nur von Naturgesetzen beherrscht, sondern vielmehr in der Lage, seine natürlichen Leidenschaften zu bezwingen, wenn er es nur ernsthaft wolle. Daß er es unbedingt sollte, daran bestand für Kant keinerlei Zweifel. So rief er die Menschen immer wieder dazu auf, sich von den Neigungen und Instinkten ihrer Triebnatur zu lösen, sich in Triebverzicht und Selbstbeherrschung zu üben. Denn je mehr einem dieses gelinge, umso deutlicher trete die uns allen innewohnende Würde hervor – ein seit den antiken Griechen und Römern geläufiger Gedanke mit dem einzigen Unterschied, daß die Alten die Würde fast ausschließlich als Gestaltungsauftrag darstellten, dagegen Kant, Pufendorf, Pascal, die Philosophen der Renaissance und des Mittelalters zusätzlich als Wesensmerkmal. Letzteren ähnlich fordert Kant, von der „Überlegenheit des übersinnlichen Menschen in uns über den sinnlichen"[132] ausgehend, daß das moralische Ich sich alle Lüste und Begierden unterwerfe. Dabei bewertet er schon die bloße Möglichkeit dazu als „Gegenstand der höchsten Bewunderung"[133], welcher den Menschen „gleichsam einen heiligen Schauer über die Größe und Erhabenheit seiner wahren Bestimmung fühlen"[134] lasse.

Jedoch ist damit die menschliche Freiheit erst negativ beschrieben, die mehr bedeutet als Unabhängigkeit von der eigenen Triebnatur; positiv verstanden, bezeichnet sie die Fähigkeit, sich selbst zu moralischem Handeln zu bestimmen. Wie erwähnt, huldigt Kant keinem schrankenlosen Individualismus, sondern verbindet Freiheit stets mit Moralität. Ein wirklich freier Wille ist seiner Auffassung nach ein Wille zur Sittlichkeit, ein im wahren Sinne des Wortes guter Wille, nicht aber entfesselte, ungebundene Willkür, die sich bei näherem Hinsehen als Ohnmacht, Fremdbestimmung, als entwürdigende Herrschaft der Triebe herausstelle. Im Gegensatz dazu orientiere sich ein moralischer Mensch am Sittengesetz, dem zufolge nur das gewollt werden soll, was alle Vernunftwesen wollen können, nachdem sie ihre triebhafte Selbstsucht in Schranken gewiesen haben. Stets soll man sich fragen, was geschehen würde, wenn alle so handelten, wie man selbst, und sich dann mit moralischer Gesinnung so verhalten, daß tatsächlich jeder wie man selbst handeln könnte, ohne daß dadurch Chaos, Ungerechtigkeit, Leid entstünden.

Die so interpretierte Freiheit offenbart den Menschen als Herrn über sich, erlaubt ihm aber nicht, selbstherrlich und unbegrenzt über sich zu verfügen. Kant schreibt: Der Mensch ist zwar „sein eigener Herr, aber nicht Eigentümer von sich selbst"[135]. Das heißt, als moralisches Vernunftwesen besitzt er zwar Macht über sich, darf diese aber nicht dazu mißbrauchen, sich ihrer zu entledigen. Auch wenn der Einzelne sein eigener Herr ist, so soll er sich dennoch nicht als Herr über sein Herrsein fühlen und aufspielen. Im Gegenteil soll die sittlich gebundene Freiheit dem Zugriff des Menschen entzogen bleiben, der dieser Achtung und Ehrerbietung schulde.

Der zu freier, verantwortlicher Selbstbestimmung fähige Mensch ist als Wesen mit absolutem Wert ein Zweck an sich. Er verkörpert kein bewußtloses Ding wie ein Stück Holz, kein bloßes Mittel wie ein Werkzeug, sondern steht ganz für sich, weshalb er auch sich selbst und andere achten soll. Demgemäß lautet das Sittengesetz: „Handle so, daß du die Menschheit, sowohl in deiner Person als in der Person eines jeden anderen, jederzeit zugleich als Zweck, niemals bloß als Mittel brauchst"[136], wobei Menschheit wieder soviel wie Moralität und Freiheit bedeutet. Als Person, das heißt als sittlich gebundenes Vernunftwesen mit achtungswürdigem Wert, soll der Einzelne nie als reines Mittel oder Werkzeug, Sache oder Objekt mißbraucht werden – nicht einmal durch sich selbst. Deshalb verbietet seine Würde ihm auch, sich als Sklave oder Prostituierte zu verdingen, sich selbst zu mißhandeln, zu verkaufen oder gar zu töten – aber nicht, weil das menschliche Leben Gott gehörte, sondern weil es für sich genommen bereits einen absoluten Wert darstellt. Sollte sich der Mensch trotzdem zu diesen Handlungen hinreißen lassen, so verletzt er nach Kant die eigene Würde und verleugnet damit sich selbst. Ähnliches gilt nicht allein für jene, die, „dem Trunke ergeben, unnatürliche Sünden begehen, alle Arten von Unmäßigkeit ausüben, welches [...] den Menschen weit unter die Tiere erniedrigt"[137], sondern genauso für solche Bürger, welche „die Würde der Menschheit durch die Lüge erniedrigen"[138], denn auch „Lüge ist Wegwerfung und gleichsam Vernichtung [der] Menschenwürde."[139]

Ebenfalls gefährden Tierquäler und Naturzerstörer die Menschenwürde, da die Pflicht zu sittlicher Selbstvervollkommnung nicht bloß jedes rohe Verhalten sich selbst und anderen gegenüber verbietet, sondern auch gegen die Tier- und Pflanzenwelt. Wie es scheint, sind wir zu rücksichtsvollem Umgang mit der außermenschlichen Natur nicht deshalb verpflichtet, weil diese ein Recht auf Achtung hätte, das bloß Vernunftwesen, keineswegs aber Tieren zustehe. In letzteren sah Kant nur „Sachen [...], mit denen man nach Belieben schalten und walten kann"[140]. Trotzdem lehnte er jede Brutalität gegen sie ab wegen der verrohenden Folgen, die solches Verhalten für den Umgang der Menschen untereinander hätte. Diese seien sich selbst gutes Benehmen gegen die Tier- und Pflanzenwelt schuldig, wie überhaupt alle Verpflichtungen der außermenschlichlichen Natur gegenüber den Pflichten des Menschen gegen sich selbst entsprängen: „In Ansehung des Schönen, obgleich Leblosen in der Natur ist ein Hang zum bloßen Zerstören der Pflicht des Menschen gegen sich selbst zuwider [...]. In Ansehung des lebenden, obgleich vernunftlosen Teils der Geschöpfe ist die Pflicht der Enthaltung von gewaltsamer und zugleich grausamer Behandlung der Tiere der Pflicht des Menschen gegen sich selbst [noch] weit inniglicher entgegengesetzt [...]. Dankbarkeit für lang geleistete Dienste eines alten Pferdes oder Hundes (gleich als ob sie Hausgenossen wären) gehört indirekt zur Pflicht des Menschen, nämlich in Ansehung dieser Tiere, direkt aber betrachtet ist sie immer nur Pflicht des Menschen gegen sich selbst."[141] Wenn das stimmt, worauf noch einzugehen sein wird, dann heißt, andere Lebewesen grausam zu behandeln, weniger nur sie zu schädigen als vielmehr sich selbst; es bedeutet, die eigene Würde zu beleidigen.

Statt dessen soll man in der alltäglichen Praxis versuchen das zu werden, was man in der philosophischen Theorie immer schon ist: eine würdevolle Persönlichkeit, die Achtung verdient. Hieraus wird deutlich, für Kant ist Menschenwürde als Inbegriff sittlicher Freiheit zugleich Wesensmerkmal und Gestaltungsauftrag, der jeden zu einem „moralisch-guten Lebenswandel"[142] gemahnt, zur „Gesinnung eines sittlich-wohlgeführten Lebens"[143], wie es unserer „Erhabenheit und Würde"[144] entspricht.

Allerdings darf niemand seinem Nachbarn ein solches Leben aufzwingen. Denn wenn auch erst ein der Moralität gegenüber aufgeschlossenes, von blinder Leidenschaft befreites Dasein den Menschen mit sich selbst versöhnt und diesem Selbstachtung verleiht, so gehört doch zur Achtung vor der Würde eines anderen, diesen nicht zu Selbstachtung zu nötigen. Mit Kants Worten: „Niemand kann mich zwingen auf seine Art [...] glücklich zu sein, sondern ein jeder darf seine Glückseligkeit auf dem Wege suchen, welcher ihm selbst gut dünkt, wenn er nur der Freiheit anderer, einem ähnlichen Zwecke nachzustreben, die mit der Freiheit von jedermann nach einem möglichen allgemeinen Gesetze zusammen bestehen kann [...], nicht Abbruch tut."[145] Tatsächlich kann sich der Einzelne erst in der Gesellschaft selbst verwirklichen, in der sich die Bürger gegenseitig als freie Wesen respektieren und dementsprechend behandeln; nur so ist überhaupt Freiheit im Sinne der „Unabhängigkeit von eines anderen nötigender Willkür"[146] möglich, meint Kant. Darum sollten wir Sorge dafür tragen, daß die eigene Freiheit mit der anderer Menschen auf der Grundlage fester Regeln zusammen bestehen und übereinstimmen kann. Hierzu gehört, daß man seine Nachbarn nicht dazu zwingt, dem eigenen Lebensweg zu folgen, sondern ihnen erlaubt, nach ihrer Fasson selig zu werden, solange sie die Freiheit ihrer Mitmenschen auch achten und anerkennen. Um es mit *Mill* zu sagen: Mögen die Menschen auch „Beweise für einen gewissen Zug von Torheit, von Mangel an persönlicher Würde und Selbstachtung liefern, [ihre Umgangsformen] sind nur dann Gegenstand moralischer Mißbilligung, wenn sie eine Pflichtverletzung gegen andere enthalten, um derentwillen der Betreffende gehalten ist, auf sich selbst zu achten."[147] Hiernach endet die eigene Freiheit erst dort, wo die der anderen beginnt.

Kant und Mill waren Anhänger eines politischen Liberalismus, nach dem nicht so sehr die Gewährleistung von Freiheit einer Begründung bedarf als vielmehr deren Begrenzung, die ihrer Auffassung nach wieder nur Freiheit, nämlich die Freiheit der anderen, zu rechtferigen vermag, welche der eigenen notwendigerweise eine Grenze zieht.

Nun dürfen diese grundsätzlichen Überlegungen aber nicht den Blick davor verschließen, daß Kant nicht jeden im politischen Sinne als frei anerkannte, sondern, den Vorstellungen seiner Zeit gemäß, nur die selbständigen Staatsbürger männlichen Geschlechts, was man kurz so ausdrücken kann: Für Kant sind alle Menschen frei – ausgenommen Kinder, Frauen, Bedienstete und Tagelöhner!

Zusammenfassend sei festgehalten: Die Würde des Menschen, dessen von allen zu achtender Eigenwert, besteht nach Kant in seiner aus der Natur herausragenden Vernunft, die jeden von uns in den Rang eines freien, sittlich gebundenen Wesens erhebt. Mit diesem Menschenbild bleibt Kant auf dem Boden der philosophischen Tradition. Denn ob Cicero, Augustinus, Leo der

Große, Thomas von Aquin, Manetti, Pascal oder Pufendorf, sie alle sahen in der Würde ein der Natur entrücktes Wesensmerkmal mit absolutem Wert, das einzig den Menschen zukomme, der übrigen Natur jedoch fehle. Darüber hinaus stimmten die genannten Denker in der Beschreibung der Menschenwürde als Verpflichtung, Chance, Aufgabe, kurz, als Gestaltungsauftrag überein. Im Unterschied aber zu den mittelalterlichen Denkern verabschiedeten die meisten Philosophen der Neuzeit die religiös-metaphysische Begründung der Würde – so auch Kant, der die Idee der Gottebenbildlichkeit fast gänzlich fallenließ.

Das verbindet ihn mit *Wilhelm von Humboldt*, der gleichfalls von „Würde der Menschheit"[148] sprach, darin eine Wesensbestimmung und einen Gestaltungsauftrag ohne besonderen religiösen Bezug erblickend. Jeder Mensch sei dazu berufen, das eigene Dasein durch Bildung „zu adeln, ihm eine bestimmte, seiner würdige Gestalt zu geben"[149], wobei schon die bloße Fähigkeit dazu eine „Achtung erregende Würde"[150] besitze. Allgemein formuliert verstand Humboldt unter Bildung eine durch Wissenschaft ermöglichte Entfaltung des Einzelnen zu sittlicher Vollkommenheit.

Nachdem so die Würde auf den Boden der sittlichen Vernunft als neue Grundlage gestellt worden war, kam es in der Philosophie des Deutschen Idealismus – wie wenige Jahrhunderte zuvor in der Renaissance – erneut zu einer Überbewertung des Menschen. Nun wurden Geist, Vernunft und Freiheit absolut gesetzt, teilweise sogar Gott gleichgesetzt. Im ganzen aber maßen die deutschen Idealisten dem Ausdruck Würde nur wenig Bedeutung bei.

In *Schellings* Philosophie kommt er so gut wie gar nicht vor. Vom Kantischen Grundsatz ausgehend, daß jeder von uns kraft seines Menschseins Achtung und Anerkennung verdiene, zog Schelling dem Freiheitsdrang des Menschen klare Grenzen. Er glaubte, daß schon der Anblick eines Fremden einen zwingen könne, die eigene Freiheit einzuschränken: „Schaudernd stehe ich still. Hier ist Menschheit! ruft es mir entgegen, ich darf nicht weiter."[151] Wie Kant gebrauchte er in diesem Zusammenhang den Ausdruck Menschheit im Sinne von Vernunft und Freiheit, überzeugt davon, daß ohne gegenseitige Achtung individuelle Selbstbestimmung unmöglich sei, ohne eine gewisse Selbstbeschränkung keine Gemeinschaft geistig freier Menschen entstehen könne. Dabei war auch er der Auffassung, daß die Erkenntnis der menschlichen Würde den Einzelnen zugleich darüber aufkläre, wie er sein Leben führen solle: „Gebt dem Menschen das Bewußtsein dessen, was er ist, er wird bald auch lernen, was er soll: gebt ihm theoretische Achtung vor sich selbst, die praktische wird bald nachfolgen"[152]. Mit Kant übereinstimmend, betonte Schelling immer wieder, daß der Mensch als freies Vernunftwesen „kein Ding, keine Sache, und seinem eigentlichen Sein nach überhaupt kein Objekt sei"[153], weshalb man ihn auch nicht als solches behandeln dürfe.

Ähnlich *Hegel,* der, selten genug, die Würde des Menschen wieder stärker aus dessen Fähigkeit ableitete, das Ganze der Wirklichkeit bis in alle Einzelheiten ergründen zu können. „Der Mensch, da er Geist ist," – schreibt er – „darf und soll sich selbst des Höchsten würdig achten; von der Größe und Macht seines Geistes kann er nicht groß genug denken. Und mit diesem Glauben wird nichts so spröde und hart sein, das sich ihm nicht eröffnete. Das zuerst verborgene und verschlossene Wesen des Universums hat keine Kraft, die dem Mute des Erkennens Widerstand leisten könnte; es muß sich vor ihm auftun und seinen Reichtum und seine Tiefen ihm vor Augen legen und zum Genusse geben."[154] Hiernach beruht die Würde des Menschen auf seiner Macht, die Wirklichkeit erkennen zu können, wie auch auf dem Vermögen, das eigene Leben an dieser Erkenntnis aus- und danach einzurichten: „denn Würde hat der Mensch [...] nur indem er von einem Anundfürsichseienden, einem Substantiellen weiß und diesem seinen natürlichen Willen unterwirft und gemäß macht."[155] Erst dadurch „erhält er eine Würde, und dann ist [...] das Leben selbst etwas wert."[156]

Schelling und Hegel ähnlich, gründet auch *Fichte* die „Würde des Menschen"[157] auf die menschliche Macht, die Welt nach Gesetzen der Vernunft zu gestalten, das Leben nach moralischen Regeln zu führen und zu sich selbst „Ich" sagen zu können – eine Fähigkeit, die allen Menschen, Verbrecher eingeschlossen, höchste Würde verleihe: „Das ist der Mensch; das ist jeder, der sich sagen kann: Ich bin Mensch. Sollte er nicht eine heilige Ehrfurcht vor sich selbst tragen, und schaudern und erbeben vor seiner eigenen Majestät! Das ist jeder, der mir sagen kann: Ich bin. – Wo du auch wohnest, du, der du nur Menschenantlitz trägst; – ob du auch noch so nahe grenzend mit dem Tiere, unter dem Stecken des Treibers Zuckerrohr pflanzest [...] – oder ob du nur der verworfenste, elendste Bösewicht scheinest – du bist doch, was ich bin; denn du kannst mir sagen: Ich bin."[158] Darum soll nach Fichte jedem Menschen ein Mindestmaß an Respekt entgegengebracht, allen mit Zurückhaltung, Scheu – „verecundia", wie die alten Römer sagten – begegnet werden.

Aufs große Ganze gesehen bietet sich am Ende dieses geschichtlichen Überblicks folgendes Bild: In der Antike bezeichnet die Menschenwürde vor allem einen Gestaltungsauftrag, einen moralischen Adel, den man durch eigene Leistung erwirbt. Im christlichen Mittelalter verwandelt sich die Würde in ein religiös-metaphysisches Wesensmerkmal, bleibt aber Gestaltungsauftrag. In der Neuzeit löst sich die Idee der Menschenwürde, weiter als Wesensmerkmal und Gestaltungsauftrag fortbestehend, aus der religiös-metaphysischen Einbindung heraus, um nun ihren letzten Grund in Vernunft, Moralität und Freiheit zu finden.

So reich die abendländische Philosophie an Auffassungen über die Menschenwürde ist, zur rechtlich-politischen Durchsetzung dieser Idee kam es in der Vergangenheit nicht. Jahrhunderte lang stellte die Menschenwürde entweder einen religiös-metaphysischen Seinswert oder ethisch gebundenen Vernunftwert dar, verfassungsgeschützter Rechtswert dagegen wurde sie erst im 20. Jahrhundert, wie ein Blick auf die neuzeitliche Verfassungsgeschichte beweist. Doch ausgerechnet heute, da die Würdeidee höchste Rechtsbedeutung besitzt und die Achtung davor als weltgesellschaftliche Herausforderung gilt, wissen wir nicht mehr so genau, was sie ist und worauf sie sich im Ernstfall noch gründen ließe.

3
Würde als höchster Rechtswert

Schiller schreibt im neunten Brief über ästhetische Erziehung: „Die Menschheit hat ihre Würde verloren, aber die Kunst hat sie gerettet und aufbewahrt."[1] Dazu paßt der Aufruf an die Dichter in seinem großen Gedicht *Die Künstler*: „Der Menschheit Würde ist in eure Hand gegeben/ Bewahret sie!/ Sie sinkt mit euch! Mit euch wird sie sich heben!"[2] Ähnliches verlangt Marquis Posa von König Philipp in *Don Carlos*, wo zum allerersten Mal in der abendländischen Geschichte Achtung und Schutz der Menschenwürde zur Staatsaufgabe erklärt wird: „Ich höre, Sire, wie klein, wie niedrig Sie von Menschenwürde denken [...]. Mir deucht, ich weiß, wer Sie dazu berechtigt. Die Menschen zwangen Sie dazu; die haben freiwillig ihres Adels sich begeben, freiwilig sich auf diese niedere Stufe herabgestellt. Erschrocken fliehen sie vor dem Gespenste ihrer inneren Größe, gefallen sich in ihrer Armut, schmücken mit feiger Weisheit ihre Ketten aus. [...] Wie könnten Sie in dieser traurigen Verstümmelung – Menschen ehren?"[3] Dennoch: „Weihen Sie dem Glück der Völker die Regentenkraft [...] – stellen Sie der Menschheit verlorenen Adel wieder her. Der Bürger sei wiederum, was er zuvor gewesen, der Krone Zweck – ihn binde keine Pflicht, als seiner Brüder gleich ehrwürdge Rechte."[4] Das sind schöne Worte, doch sollte es noch lange dauern, bis die Idee der Menschenwürde im 20. Jahrhundert tatsächlich den Weg ins Recht fand.

Abkommen, Erklärungen und Verfassungen

Heute werden die Begriffe Menschenwürde und Menschenrechte in einem Atemzug genannt, stets aufeinander bezogen und miteinander verbunden. Beide stünden nicht in loser Beziehung zueinander, wird gesagt, sondern erstere sei Grundlage der letzteren. Hierbei herrscht nicht nur die Meinung vor, daß die Menschenrechte auf der Idee der Menschenwürde fußen, jene in dieser also ihren letzten Verpflichtungs- und Bestimmungsgrund haben. Man betrachtet die Menschenwürde außerdem als obersten Wert der Rechtsordnung insgesamt, als absoluten Orientierungspunkt eines jeden grundrechtlichen Wertesystems.

Nun lassen aber die *Charta der Vereinten Nationen* von 1945 und die *Allgemeine Erklärung der Menschenrechte* von 1948 einen solchen Begründungszusammenhang zwischen Menschenwürde und Menschenrechten nicht ohne weiteres erkennen; beide stehen darin gleichrangig nebeneinander. Dennoch legen die genannten Dokumente eine Deutung der Würde als Wurzel und Quelle der Menschenrechte nahe, zumal die *Vereinten Nationen* das Verhältnis zwischen beiden in der Folge tatsächlich so beschrieben. Verschiedentlich wird darauf hingewiesen, daß die Menschenrechte Teil einer Wertordnung seien, an deren Spitze die Menschenwürde stehe, worin wiederum jene ihren letzten Grund hätten.

Sei es der *Internationale Pakt über bürgerliche und politische Rechte*, der *Internationale Pakt über wirtschaftliche, soziale und kulturelle Rechte*, beide aus dem Jahre 1966, oder das *Übereinkommen gegen Folter* von 1984 – jeweils in den Präambeln betonen die genannten Dokumente alle, „daß sich diese Rechte aus der dem Menschen innewohnenden Würde herleiten." Ähnlich heißt es in der *KSZE-Schlußakte* von 1975, daß sich die Menschenrechte „aus der dem Menschen innewohnenden Würde ergeben". Sie stellen Tatsachen und Forderungen dar, die aufs engste mit der Würdeidee verknüpft sind.

Daß Würde eine juristisch bedeutungsvolle Eigenschaft ist, aus der notwendigerweise Rechte und Pflichten hervorgehen, war ebenfalls die Auffassung unserer Verfassungsgründer. Denn auf

Art. 1 Abs. 1 des Grundgesetzes: „Die Würde des Menschen ist unantastbar", folgt Absatz 2 mit den Worten: „Das Deutsche Volk bekennt sich darum zu unverletzlichen und unveräußerlichen Menschenrechten [...]." Dieses „darum" bringt die Menschenrechte in direkte Beziehung zur Idee der Menschenwürde, die hier wie anderswo auch tragender Grund zu sein beansprucht. Anscheinend liegen im Begriff Würde Ansprüche beschlossen, die in den Menschenrechten zum Ausdruck kommen und sich darin Geltung verschaffen.

Wenn das stimmt, dann besitzt die Idee der Würde den Charakter eines Konstitutionsprinzips oder Fundaments, das als solches zwar kein Menschenrecht darstellt, aber eine Begründung für Menschenrechte bereitstellt. Aus diesem Grund befürchten einige, daß mit der Idee der Menschenwürde auch die Menschenrechte verschwinden könnten. Es ist aber äußerst fraglich, ob der Einzelne erst dann Rechte haben kann, wenn er auch Würde besitzt. Weiter bekommt man in diesem Zusammenhang häufig zu hören, daß die Menschenrechte schon in geschichtlicher Hinsicht der Menschenwürde nachgeordnet seien, diese ihnen also vorangehe. Historisch gesehen stammten die Menschenrechte aus der Menschenwürde, die älter sei als die Vorstellung der allen Menschen angeborenen Rechte. Doch wird eine geschichtliche Besonderheit hierbei leicht übersehen. So selbstverständlich mittlerweile die Begriffe Menschenwürde und Menschenrechte in gleichem Atemzug genannt werden, so wenig gehören sie von Anfang an zusammen. Bemerkenswerterweise spielte der Begriff Menschenwürde in allen europäischen Erklärungen und Verfassungen des 18. und 19. Jahrhunderts noch überhaupt keine Rolle.

Während von Menschenrechten in der politischen Wirklichkeit seit dem 18. Jahrhundert die Rede ist, erfolgte die politisch-rechtliche Institutionalisierung der Menschenwürde erst vor wenigen Jahrzehnten. Ein politisches Bekenntnis zur Menschenwürde findet sich erstmals in den Erklärungen und Verfassungen des 20. Jahrhunderts – zuallererst in Artikel 151 der *Weimarer Reichsverfassung* von 1919, welche der Berliner Staatsrechtler Hugo Preuß entworfen hatte, dessen wichtigster Berater Max

Weber war; danach seltsamerweise 1933 in Artikel 6 der ständestaatlich-faschistischen *Verfassung Portugals*, anschließend in der Präambel der *Irischen Verfassung* von 1937, dann vor allem in der *UN*-Charta aus dem Jahre 1945, in der „Würde und Wert der menschlichen Persönlichkeit" besonders hervorgehoben werden. Die am 26. Juni 1945 in San Francisco von allen 50 Teilnehmerstaaten unterzeichnete Stiftungsakte der Organisation der Vereinten Nationen, die auf Anregung des damaligen US-Präsidenten Roosevelt entstand, ist nachweislich der erste multilaterale Vertrag in der Geschichte, der sich mit Menschenrechten befaßt. Vorstufen und Anknüpfungspunkte hierfür boten die *Atlantik-Charta* aus dem Jahre 1941 sowie die Satzung des 1919 ins Leben gerufenen *Völkerbundes,* zu dessen Gründung der damalige US-Präsident Wilson den Anstoß gab. Allerdings kommt der Ausdruck Würde in beiden Urkunden noch nicht vor. Dafür findet man ihn umso häufiger in der am 10. Dezember 1945 von den Vereinten Nationen in New York beschlossenen *Allgemeinen Erklärung der Menschenrechte*, für die 48 der damals 56 anwesenden Mitgliedstaaten stimmten, während sich die übrigen 8 der Stimme enthielten: Tschechoslowakei, Jugoslawien, Polen, Saudiarabien, Südafrika, Ukraine, UdSSR und Weißrußland. Bereits in der Präambel wird von einer „allen Mitgliedern der menschlichen Familie innewohnende[n] Würde" gesprochen, von Glaube „an die Würde und den Wert der menschlichen Person". Weiter heißt es in Artikel 1: „Alle Menschen sind frei und gleich an Würde und Rechten geboren". Artikel 22 betont sogar, daß alle Menschen gleichen Anspruch darauf hätten, „in den Genuß der für [ihre] Würde [...] unentbehrlichen wirtschaftlichen, sozialen und kulturellen Rechte zu gelangen." Ähnliches steht in Artikel 23, dem zufolge jeder Arbeitnehmer Recht auf eine Entlohnung besitzt, „die ihm und seiner Familie einer der menschlichen Würde entsprechende Existenz sichert."

Im großen Ganzen der abendländischen Rechtsentwicklung nimmt das *Grundgesetz für die Bundesrepublik Deutschland* vom 23. Mai 1949 eine wichtige Stelle ein, da Art. 1 Abs. 1 erstmals die Menschenwürde zum tragenden Prinzip einer Staatsverfassung erhoben hat. Wenige Jahre zuvor hatten schon fünf deutsche Bundesländer die „Würde des Menschen" in ihre Landesverfassungen aufgenommen.

Als erstes sei Artikel 3 der *Hessischen Verfassung* genannt, angenommen am 1. Dezember 1946: „Leben und Gesundheit, Ehre und Würde des Menschen sind unantastbar"; dann Artikel 100 der *Bayerischen Verfassung,* die nur einen Tag später, am 2. Dezember 1946 ausgefertigt wurde und am 8. Dezember in Kraft trat: „Die Würde der menschlichen Persönlichkeit ist in Gesetzgebung, Verwaltung und Rechtspflege zu achten." Darauf folgte am 18. Mai 1947 die *Verfassung für Rheinland Pfalz*, die wiederum im „Vorspruch" auf die achtunggebietende „Würde des Menschen" hinweist, während die *Landesverfassung der Freien Hansestadt Bremen* vom 21. Oktober 1947 sowohl in der Präambel von „Würde des Menschen" spricht als auch in Artikel 5: „Die Würde der menschlichen Persönlichkeit wird anerkannt und vom Staate geachtet." Ähnlich Artikel 1 der *Saarländischen Verfassung* vom 15. Dezember 1947: „Jeder Mensch hat das Recht, als Einzelperson geachtet zu werden. Sein Recht auf Leben, auf Freiheit und auf Anerkennung der Menschenwürde bestimmt, in den Grenzen des Gesamtwohles, die Ordnung der Gemeinschaft."

Alle bis zur Verabschiedung des Grundgesetzes beschlossenen Landesverfassungen enthalten ein Bekenntnis zur Menschenwürde, das aber merkwürdigerweise in den folgenden Verfassungen fehlt. Weder die *Landessatzung für Schleswig-Holstein* vom 13. Dezember 1949 noch die *Verfassung des Landes Nordrhein-Westfalen* vom 28. Juni 1950 oder die *Berliner Verfassung* vom 1. September 1950 erwähnt die Würde des Menschen – ebensowenig die *Niedersächsische Verfassung* vom 3. April 1951 oder die *Verfassung der Freien Hansestadt Hamburg* vom 6. Juni 1952, was damit zusammenhängen mag, daß mittlerweile das Grundgesetz in Kraft getreten war, das für alle Bundesländer verbindlich Achtung und Schutz der Menschenwürde zur höchsten Rechtsnorm erklärte. Die Verfassung von Nordrhein Westfalen übernimmt in Artikel 4 ausdrücklich die Grundrechte des Grundgesetzes.

Jedenfalls taucht der Ausdruck „Würde des Menschen" erst wieder im „Vorspruch" der *Verfassung von Baden-Württemberg* vom 11. November 1953 auf – und Jahrzehnte danach in den Landesverfassungen der neuen Bundesländer: So garantiert die am 26. Mai 1992 verabschiedete *Sächsische Verfassung* in Artikel 7 und 14 allen Bürgern Schutz und Achtung der „Menschenwürde"; die am 16. Juli beschlossene *Verfassung von Sachsen-Anhalt* dagegen in Präambel und dem vierten Artikel. Am häufigsten kommt der Ausdruck Würde in der *Verfassung des Landes Brandenburg* vom 20. August 1992 vor: Während Präambel und Art. 7 Abs. 1 jedermann staatlichen Schutz seiner „Würde" zusichern, betont Art. 7 Abs. 2, daß grundsätzlich „jeder [...] jedem die Anerkennung seiner Würde" schulde. Art. 8 Abs. 1 gewährt jedem Bürger ein Recht auf „Achtung seiner Würde im Sterben", und Artikel 28 erklärt die „Achtung vor der Würde" zu einem erstrangigen Erziehungs- und Bildungsziel. Dazu paßt Art. 31 Abs. 2, dem zufolge wissenschaftliche Forschungen gesetzlichen Beschränkungen unterliegen sollen, „wenn sie geeignet sind, die Menschenwürde zu verletzen."

Das gleiche fordert Art. 7 Abs. 2 der *Verfassung des Landes Mecklenburg-Vorpommern* vom 23. Mai 1993, die darüber hinaus in Präambel und Art. 5 Abs. 2 die Entschlossenheit des Gesetzgebers äußert, „alle in diesem Land lebenden oder sich darin aufhaltenden Menschen zu achten und zu schützen." So ist es auch zu lesen in Präambel und Art. 1 Abs. 1 der *Verfassung des Freistaats Thüringen* vom 25. Oktober 1993, in der es heißt: „Die Würde des Menschen ist im Sterben zu achten und zu schützen." Außerdem betont Art. 22 Abs. 1: „Erziehung und Bildung haben die Aufgabe, [...] Achtung vor der Würde [...] zu fördern." Zuletzt erklärt die neue *Berliner Verfassung* den „Schutz der Menschenwürde" zu einer allgemeinen Staatsangelegenheit. Art. 1 Abs. 1 des Grundgesetzes zitierend, heißt es in Artikel 6: „Die Würde des Menschen ist unantastbar. Sie zu achten und zu schützen ist Verpflichtung aller staatlichen Gewalt."

Doch gilt nicht nur in Deutschland die Menschenwürde als höchster Rechtswert, in anderen europäischen Staaten ist es ebenso der Fall. So steht beispielsweise in *Griechenlands Verfassung*, daß es „Grundverpflichtung des Staates ist [...], die Würde des Menschen zu achten und zu schützen", oder in der *Charta der Spanier*: „Der spanische Staat verkündet als leitenden Grundsatz seiner Handlungen die Achtung der Würde [...] der menschlichen Person."

Ähnliche Formulierungen stehen in den meisten Erklärungen und Abkommen der Vereinten Nationen nach 1948, die zwar gewöhnlich nur Empfehlungen geben, von denen aber einige bereits völkerrechtliche Verbindlichkeit besitzen. Sei es der genannte *Internationale Pakt über bürgerliche und politische Rechte* einerseits, der über *wirtschaftliche, soziale und kulturelle Rechte* andererseits, das *Internationale Übereinkommen zur Beseitigung jeder Form von Rassendiskriminierung,* verabschiedet im Jahre 1966, sei es die *Schlußakte der KSZE* von 1975, die *Erklärung über die Beseitigung aller Formen von Intoleranz und Diskriminierung aufgrund der Religion oder der Überzeugung* von 1981, das *Übereinkommen gegen Folter* von 1984, die *Erklärung über die Beseitigung der Gewalt gegen Frauen* und das *Übereinkommen über die Rechte des Kindes,* beide von 1989 – alle genannten Dokumente enthalten ein Bekenntnis zur Wesenswürde des Menschen, ohne diese genauer zu bestimmen. Wie das *Grundgesetz* geben auch die *Vereinten Nationen* keine Antwort auf die Frage nach der Bedeutung und Begründung menschlicher Würde. Diese Situation wirkt besonders irritierend, wenn man bedenkt, daß die wenigsten Menschen wissen, was jenes vielzitierte Wort besagt und worauf es letztlich fußt. Bevor aber näher auf dieses Problem eingegangen werden soll, sei der Frage nachgegangen, warum die Würde des Menschen ausgerechnet im 20. Jahrhundert oberstes Richtmaß und tragendes Verfassungsprinzip wurde.

Warum gerade im 20. Jahrhundert?

Sowohl die alten Erklärungen der Menschenrechte als auch das neuere Bekenntnis zur Menschenwürde antworten auf Herausforderungen ihrer Zeit. Sie wurden in einer geschichtlichen Situation niedergeschrieben, in der die Aussichten für eine solche

Fixierung gut standen und vielen eine Besinnung auf die Grundlagen der menschlichen Zivilisation notwendig schien.

Wirkliche politische Relevanz erlangten aber zunächst nur die Menschenrechte, deren Anerkennung heute wegen anhaltender Mißachtung weltweit gefordert wird. Ihren klassischen Ausdruck fanden sie in den großen Proklamationen und Verfassungen des ausgehenden 18. Jahrhunderts. Ursprünglich waren sie Schutz- und Abwehrrechte der englischen Einwanderer in Nordamerika sowie des aufstrebenden Bürgertums in einigen westeuropäischen Staaten gegen Bevormundung und willkürliche Unterdrückung durch Staat und Kirche, deren selbstherrlichem Auftreten man Einhalt zu gebieten suchte.

Der älteste Menschenrechtskatalog stammt von der sogenannten *Repräsentativen Versammlung* der Kolonie Virginia, die der Verfassung vom 12. Juni 1776 eine *Bill of Rights* voranstellte, formuliert von George Mason, einem reichen Farmer in Virginia und Nachbarn von George Washington. Darin steht, daß „alle Menschen von Natur aus gleichermaßen frei und unabhängig sind und gewisse angeborene Rechte haben, deren sie, wenn sie in einen Gesellschaftszustand eintreten, ihre Nachkommen durch keine Abmachung berauben oder entkleiden können: nämlich den Genuß des Lebens und der Freiheit und dazu die Möglichkeit, Eigentum zu erwerben und zu besitzen und sein Glück zu suchen und zu finden." Nur drei Wochen später, am 4. Juli 1776, wurde die vom sogenannten *Komitee der Fünf* ausgearbeitete *Unabhängigkeitserklärung* der 13 Vereinigten nordamerikanischen Staaten verkündet, durch welche die nordamerikanischen Kolonien Großbritanniens ihre Loslösung vom Mutterland vollzogen. Wesentlich knapper als in der *Virginia Bill of Rights* heißt es darin, daß jeder ein Recht auf Leben, Freiheit, Gleichheit und Streben nach Glück habe. Sehr konkrete Anlässe führten zur Abfassung dieser beiden Dokumente, deren Grundideen philosophischer Herkunft sind, teilweise der Staatslehre Lockes[5] entstammen, der allerdings ein Recht auf Glücksstreben noch nicht kannte.

Die beiden klassischen Menschenrechtserklärungen mit der Idee der Freiheit und Gleichheit an der Spitze sind keineswegs aus dem Nichts entstanden; in England gab es bereits Gesetze zur Sicherung des Einzelnen vor staatlicher Willkür. Allen voran steht die *Magna Charta Libertatum* aus dem Jahre 1215, durch welche englische Barone ihren König Johann zur Achtung bestimmter Freiheitsrechte zwangen. Besonders erwähnenswert daraus ist Artikel 39, nach dem „kein freier Mann verhaftet, gefangen gehalten, enteignet, geächtet, verbannt oder auf irgendeine Art zugrunde gerichtet werden [darf], es sei denn aufgrund gesetzlichen Urteilsspruchs seiner Standesgenossen gemäß dem Rechte des Landes." Obwohl dieses Gesetz nur für den Personenkreis des Lehensrechts bestimmt war, also bloß für freie adelige Männer galt, ist es menschenrechtlich bedeutsam wegen der verbrieften Schutzzusicherung vor willkürlicher Verhaftung und Strafverfolgung.

Die von Sir Edward Coke, dem Verfasser der berühmten Gesamtdarstellung des alten englischen Rechts, mitgestaltete *Petition of Rights* von 1628 entwickelte die Grundidee der *Magna Charta* weiter. Ähnliches gilt für die sogenannte *Habeas-Corpus-Akte* von 1679, die nach den Anfangsworten: „Du sollst deinen Körper behalten" (im Sinne von „du sollst über deine Person verfügen") benannt ist. Erst dieses Gesetz garantierte allen Engländern, auch den Bürgern der Kolonien, Schutz vor willkürlicher Verhaftung. Kein Untertan der englischen Krone sollte künftig ohne schriftlichen Befehl verhaftet, ohne gerichtliche Untersuchung in Haft gehalten, ohne vorangegangenes Gesetz verurteilt – nulla poena sine lege – und niemand für ein und dieselbe Sache zweimal bestraft werden können – ne bis in idem. Ähnliches steht auch in der 1689 vom englischen Parlament beschlossenen *Bill of Rights*, nach der jeder Bürger Rechte besitzt, welche der König niemals ohne Zustimmung des Parlaments einschränken oder verändern darf.

Allgemein gesprochen enthielten die den klassischen Menschenrechtskatalogen vorausgegangenen Erklärungen hauptsächlich Regelungen zur Verhütung ungerechter Anklagen und unverhältnismäßiger Haftstrafen sowie Gesetze zum besseren Schutz der Untertanen vor der Willkür des Königs, der bis dahin Verhaftungen ohne Angabe irgendeines Grundes anordnen konnte. Aber mögen diese Dokumente die klassischen Menschenrechtserklärungen auch noch so stark beeinflußt haben, sie selbst stellen solche noch nicht dar. Nicht bloß daß sich aus ihnen nur wenige Forderungen des Einzelnen an den Staat ergaben, sie unterlagen auch zu sehr staatlicher Gesetzgebung wie überhaupt darin noch die Feststellung fehlte, daß alle Menschen frei und gleich geschaffen und von Geburt an mit unveräußerlichen Rechten ausgestattet sind.

Dazu kam es erst 1776 in der *Virginia Bill of Rights* und der *Unabhängigkeitserklärung* der 13 Vereinigten Staaten. Jene ist die erste geschriebene Verfassung der Neuzeit, der dann 1789 die gemeinsame Verfassung der amerikanischen Bundesstaaten folgte. Im gleichen Jahr fand in Frankreich die feierliche *Proklamation der Menschen- und Bürgerrechte* statt, in der wie in den Urkunden zuvor für jedermann ein Recht auf Freiheit, Eigentum, Gleichheit vor den Augen des Gesetzes und Schutz vor willkürlicher Verhaftung gefordert wurde; 1791 wurden diese Rechte in die französische Verfassung aufgenommen.

Inhaltlich brachte die französische Erklärung gegenüber der amerikanischen kaum Neues: Beide zählen grundlegende Rechte und Freiheiten des Einzelnen innerhalb des Staates auf. Die Unterschiede beziehen sich mehr auf die geschichtlichen Herausforderungen, auf welche sie antworteten. Während die amerikanische Unabhängigkeitserklärung die Herrschaftsanmaßungen des englischen Parlaments den Kolonien gegenüber zurückwies und dadurch deren Trennung vom Mutterland vollzog, wandte sich die französische Menschenrechtserklärung gegen die absolutistische Monarchie und die ständische Gesellschaftsordnung, um so der Forderung des Bürgertums nach Freiheit und Gleichheit Nachdruck zu verleihen und zum Siege zu verhelfen.

Die zu Beginn unseres Jahrhunderts geführte Diskussion über den wahren Ursprung der ersten verbrieften Menschenrechte darf mittlerweile als abgeschlossen gelten. Damals vertrat *Georg Jellinek* die Auffassung, daß das von den amerikanischen Siedlern zum ersten Mal schriftlich fixierte Recht auf Religionsfreiheit allen nachfolgenden Menschenrechten als Modell diente.[6]

Dagegen verankerte *Emile Boutmy* das Recht auf Religionsfreiheit in der französischen Aufklärungsphilosophie des 18. Jahrhunderts, deren Ideen die *Proklamation der Menschen- und Bürgerrechte* von 1789 nachweislich beeinflußt hätten.[7]

Heute steht fest, daß die französische Erklärung nach amerikanischem Vorbild verfaßt wurde, wofür auch die Tatsache spricht, daß *Marquis de Lafayette,* der Verfasser des ersten Entwurfs der französischen Erklärung, im amerikanischen Unabhängigkeitskrieg an der Seite George Washingtons kämpfte. Außerdem stand Lafayette bei Abfassung der französischen Erklärung in freundschaftlicher Beziehung zu *Thomas Jefferson,* unter dessen Federführung die Unabhängigkeitserklärung entstand; mit ihm besprach er mehrmals den französischen Entwurf in Paris. So gesehen hat Jellinek recht und nicht Boutmy. Mittlerweile hat aber *Martin Kriele* auf überzeugende Weise nachgewiesen, daß das allererste verbriefte Menschenrecht, sozusagen das Urgrundrecht, das Recht auf Schutz vor willkürlicher Verhaftung war, wie es die *Petition of Rights*, die *Habeas-Corpus-Akte* und Jahrhunderte zuvor die *Magna Charta Libertatum* zeichnen – und nicht erst das Recht auf konfessionelle Freiheit.[8]

Nun fällt bei alldem auf, daß, obgleich die Menschenrechte gegen bestehende Unterdrückung, Unfreiheit, Ungleichheit formuliert wurden, sie sich ursprünglich nicht auf die Idee der Menschenwürde als letzten Bestimmungsgrund stützten. Menschenwürde wurde, um es zu wiederholen, erst im 20. Jahrhundert höchster Rechtswert. Der wesentliche Anlaß dafür lag in den furchtbaren Erfahrungen mit dem Dritten Reich, auf die das Bekenntnis zur Menschenwürde eine Antwort sein sollte. Nach Jahren beispielloser Brutalität, dem kaltblütigen Mord an Millionen Unschuldiger, Kriegsverbrechen von bis dahin unbekanntem Ausmaß war ein Zeugnis für den Achtung und Schutz gebietenden Eigenwert des Menschen – und zwar jedes einzelnen Menschen – dringend erforderlich. So sahen es jedenfalls 1945 die „Vereinten Nationen – fest entschlossen, künftige Geschlechter vor der Geißel des Krieges zu bewahren, die zweimal zu unseren Lebzeiten unsagbares Leid über die Menschheit gebracht hat." Unter dem Eindruck der zahllosen Verbrechen gegen die Menschlichkeit und einer industriell betriebenen Vernichtung ganzer Menschenmassen besannen sie sich auf die Grundfesten der menschlichen Zivilisation.

Also waren es die menschenverachtenden Grausamkeiten der nationalsozialistischen Diktatur, die das politisch-rechtliche Bekenntnis zur Menschenwürde erzwangen – eine historische Tatsache, die das Grundgesetz und die meisten Landesverfassungen nicht eigens aussprechen. Lediglich die Verfassungen Bayerns, Bremens und Sachsens machen ausdrücklich darauf aufmerksam. So beginnt die *Landesverfassung Bremens* mit den Worten: „Erschüttert von der Vernichtung, die die autoritäre Regierung der Nationalsozialisten unter Mißachtung der persönlichen Freiheit und der Würde des Menschen [...] verursacht hat [...]". Gleichfalls ist in der *Sächsischen Verfassung* von „leidvollen Erfahrungen nationalsozialistischer und kommunistischer Gewaltherrschaft" die Rede. Aber mag die grauenhafte Selbsterniedrigung der Menschheit im Zweiten Weltkrieg auch nicht überall angesprochen sein, so ist doch die Erhebung der Menschenwürde zum obersten Rechtswert und höchsten Verfassungsprinzip im 20. Jahrhundert darauf zurückzuführen.

Darum kann man sagen: Zielten die Erklärungen der Menschenrechte im 18. Jahrhundert auf politische Befreiung und Herrschaftsbegrenzung hin, antwortet das heutige Bekenntnis zur Menschenwürde auf die nationalsozialistische Rechtsverwüstung und grauenvolle Barbarei. In unserem Jahrhundert geht es vor allem um angemessene Reaktion auf die schrecklichen Greueltaten des Nationalsozialismus, nicht aber wie einst in Amerika um rechtliche Unabhängigkeit vom englischen Mutterland, allerdings auch nicht um Abschaffung überkommener Standesprivilegien wie ehemals in Frankreich.

Damit ist geklärt, warum das Ideal der Menschenwürde im 20. Jahrhundert zum höchsten Rechtswert erhoben wurde; es bleibt aber weiterhin unklar, warum es im Recht des 18. Jahrhunderts fehlt, wenn tatsächlich zutrifft, daß die Menschenrechte auf der Menschenwürde ruhen. Hierfür scheint es mehrere Erklärungen zu geben.

Warum nicht schon im 18. Jahrhundert?

Eine naheliegende Vermutung ist, daß die Idee der Menschenwürde im Recht des 18. und 19. Jahrhunderts deshalb fehlt, weil sie zu dieser Zeit noch keine Fürsprecher hatte und sich so nicht zu Wort melden konnte, eine andere, weil sie sich in früheren Zeiten noch von selbst verstand, was jedoch nach dem Holocaust, der übergenug Zündstoff bereitstellte, nicht mehr ohne weiteres möglich war. Jetzt mußte grundrechtsdogmatisch festgeschrieben werden, was bis dahin im Alltagsleben zuvor zwar nie offiziell verkündet, aber öffentlich auch nicht in Zweifel gezogen worden war, daß nämlich jeder einzelne Mensch Würde besitzt als Zeichen seiner Art. Genau das stand nicht mehr fest nach den furchtbaren Greueltaten der beiden Weltkriege und des Stalinismus.

So kann man mutmaßen, und wenn diese Mutmaßungen zuträfen, dann wäre die Aufnahme der Idee der Menschenwürde in die verschiedenen Verfassungen und Erklärungen weniger ein Beweis ihrer Geschichtsmächtigkeit und Weltwirksamkeit als vielmehr Ausdruck ihrer Ohnmacht, Brüchigkeit und Schwäche. Die Menschen mußten sich ihrer Würde grundrechtsdogmatisch vergewissern, weil die politische Wirklichkeit Zweifel darüber aufkommen ließ, ob es sie überhaupt gibt. Dann jedoch wäre die Würde als Rechtswert hauptsächlich ein Krisenphänomen.

So sehr sie das tatsächlich ist, die Vermutung ist natürlich falsch, daß sich die Menschenwürde in der Vergangenheit von selbst verstand. Das beweisen die furchtbaren „Metzgereien und Räubereien der Geschichte"[9], in der, mit Benjamin gesprochen, „unablässig Trümmer auf Trümmer"[10] gehäuft wurden. Heute am Ende des 20. Jahrhunderts mit zwei Weltkriegen, Freiheitskämpfen, Stammesfehden, Revolutionen auf allen Kontinenten mit Millionen Toten, Krüppeln, Geschändeten, ihrer Würde beraubten Frauen, Männern und Kindern aller Altersstufen bietet die Geschichte nach wie vor ein Bild des Jammers, ein trostloses Schauspiel, das keinerlei Zweifel daran läßt, daß sie „nicht der Boden des Glücks"[11] ist, wie schon Hegel vermerkte.

Man denke bloß an die Untaten der Europäer auf dem amerikanischen Kontinent im 16. Jahrhundert. Ohne die Einzigartigkeit des nationalsozialistischen Völkermords in Abrede zu stellen, dürfte unbestritten sein, daß die an den Indios verübten Greueltaten den faschistischen Verbrechen gegen die Menschlichkeit in fast nichts nachstanden, obwohl Konzentrationslager – eine Erfindung der Briten, die sie im Burenkrieg mit „Erfolg" anwandten – damals noch gänzlich unbekannt waren. Das verdeutlicht bereits eine einfache Rechnung, bei der die Zahlen für sich sprechen: Von den um 1500 in Amerika etwa 80 Millionen lebenden Menschen fanden in der ersten Hälfte des 16. Jahrhunderts annähernd 70 Millionen den Tod, so daß nur ungefähr 10 Millionen überlebten.[12] Einer der wenigen Europäer, die sich damals für die Rechte der Indios einsetzten, war der Dominikaner Bartolomé de Las Casas. Mutig und entschlossen kämpfte er für die Eingeborenen, denen manche Europäer das Menschsein aberkannten, sie mit wilden Bestien, verachtungswürdigen Götzendienern und greulichen Menschenfressern verglichen.[13] Trotzdem war es nicht allein die Folge grauenhafter Massaker, daß die Indios vor allem von den Inseln des westindischen Raumes und der Küstengebiete „verschwunden" sind. Denn der Gedanke an planmäßige Ausrottung, an Genozid im strengen Sinne des Wortes lag den Spaniern fern, „wenn auch nicht aus edlen Motiven: Tote kann man nicht arbeiten lassen! Nach dem heutigen Stand unseres Wissens war etwas anderes ausschlaggebend: die fehlende Immunität gegen die aus der Alten Welt eingeführten Bakterien- und Virusinfektionen."[14] Den Indios fehlte die körperliche Immunität gegen die von den Weißen eingeschleppten Infektionskrankheiten. Dazu wurden sie zu harter, ihnen fremder Arbeit auf Plantagen und in Bergwerken herangezogen, der sie nicht allzu lange gewachsen waren, so daß es zu einem Massensterben kam.

Noch Jahrhunderte später wurden auf dem gleichen Kontinent Schwarze als Menschen zweiter Klasse behandelt. Kränkende Geringschätzung, schmerzliche Zurücksetzung, absolute Nichtachtung kennzeichneten das Verhältnis der Weißen zu den Farbigen auch nach der Proklamation der „selbstverständlichen Wahrheit" von 1776, daß alle Menschen frei und gleich geboren werden. So hatte man in den amerikanischen Verfassungen der 70er und 80er Jahre des 18. Jahrhunderts zwar allen Menschen ein Recht auf Freiheit und Gleichheit zuerkannt, die Sklaverei dauerte aber unvermindert fort. Erst als 1781 ein Sklave aus Massachusetts das von der Verfassung garantierte Recht auf Freiheit einklagte, wurde dort die Sklaverei abgeschafft. Andere Nordstaaten folgten, doch die Südstaaten hielten hartnäckig an der Sklaverei fest. Selbst nachdem die ersten 10 Zusatzartikel – Amendments – der Bundesverfassung von 1789 allen Amerikanern liberale Freiheitsrechte zugesichert hatten, waren die Südstaaten nicht bereit, diese der schwarzen Bevölkerung zu gewähren. Irritierenderweise gehörte hierzu auch der Staat Virginia, in dessen Verfassung es doch zum allerersten Mal hieß, „daß alle Menschen von Natur gleichermaßen frei und unabhängig sind." Es sollte noch fast ein ganzes Jahrhundert dauern und eines blutigen Bürgerkrieges (1861-1865) bedürfen, bis die Sklaverei formell aufgehoben war. Endlich erklärte der 13. Zusatzartikel sie im Jahre 1865 für verfassungswidrig, und der 14. Zusatzartikel verpflichtete daraufhin sogleich alle Bundesstaaten zur Gleichbehandlung ihrer Bürger. Allerdings war die reale Gleichstellung der Schwarzen damit noch lange nicht erreicht, was nicht verwundert, wenn man bedenkt, wie moralisch verroht und geistig stumpf die Menschen gelegentlich sein können. Noch Anfang der fünfziger Jahre galt die Rassentrennung für fast alle Bereiche des öffentlichen Lebens in den USA; es gab getrennte Schulen, Restaurants, Bahnwagen und Toiletten für Weiße und Schwarze. Erst 1954 verurteilte das höchste amerikanische Gericht das System der Rassentrennung als diskriminierend und rechtswidrig.

Aus diesen wenigen Beispielen, die stellvertretend für viele andere stehen, wird bereits ersichtlich, daß sich die Menschenwürde in den vergangenen Jahrhunderten keineswegs von selbst verstand. Das bedrückende Gegenteil ist die Wahrheit – und es ist zu offenkundig, als daß es weiterer Belege und Erklärungen brauchte. Der Menschheit war seit jeher ein schweres Los beschieden, und es ist eine Illusion zu glauben, daß erst im 20. Jahrhundert die Welt aus den Fugen geriet, zuvor aber in

Ordnung war. Schon immer schwelte oder brannte es an vielen Plätzen auf der Erde, weshalb sich einem die bange Frage aufdrängt, ob das Leben, statt würdevoll geführt, nicht einfach nur überstanden werden möchte.

Immer noch ungeklärt ist aber die Frage, wieso die Idee der Menschenwürde nicht schon früher im europäischen Recht auftauchte. Um hierauf schlüssig antworten zu können, ist ein Sprung vom konkret Geschichtlichen ins abstrakt Philosophische vonnöten.

Man brauchte die Idee der Menschenwürde im Recht des 18. Jahrhunderts nicht, weil man an deren Stellte etwas anderes besaß: Letzter Verpflichtungs- und Bestimmungsgrund der Menschenrechte war das sogenannte Natur- oder Gottesrecht. Dementsprechend heißt es in der *Virginia Bill of Rights*: „Alle Menschen sind von Natur aus gleichermaßen frei und unabhängig und besitzen gewisse angeborene Rechte", und in der amerikanischen *Unabhängigkeitserklärung* steht: „Wir halten diese Wahrheiten für evident, daß alle Menschen gleich erschaffen sind, daß sie von ihrem Schöpfer mit gewissen unveräußerlichen Rechten ausgestattet wurden."

Hier kann auf das Naturrecht in seinen historisch veränderlichen Erscheinungs- und Wirkungsweisen nicht näher eingegangen werden; dazu wären ausführlichere Betrachtungen nötig. Nur soviel sei gesagt: Herkömmlicherweise unterscheidet man zwischen christlich-mittelalterlichem und profan-neuzeitlichem Naturrecht, wobei ersteres stärker theologisch ausgerichtet ist, letzteres mehr rationalistisch. Was beide Formen des Naturrechts miteinander verbindet, ist die Ableitung der den Menschen angeborenen Rechte entweder aus der Beschaffenheit der Welt oder der Wesensnatur des Menschen. Dabei geht man gewöhnlich davon aus, daß der Mensch über besondere Geistesgaben verfügt, die ihm dem Zugang zum ewigen Recht und den unveränderlichen Menschenrechten eröffnen. Diese der Natur des Menschen oder der Schöpfung, aber auch dem Willen Gottes abgelauschten Rechte sollen für alle Völker und Zeiten Gültigkeit haben, immer und überall auf der Welt gelten.

Die Erklärungen und Verfassungen des 18. Jahrhunderts wurden besonders geprägt von den naturrechtlichen Konzeptionen der neuzeitlichen Denker Pufendorf, Grotius und Thomasius[15], aber auch von *Locke*, der in seiner *Zweiten Abhandlung über die Regierung* „die natürliche Freiheit des Menschen"[16] besonders würdigte, wie von *Rousseau*, der im *Gesellschaftsvertrag* schrieb: „Der Freiheit entsagen heißt seiner Eigenschaft als Mensch, den Menschenrechten, selbst seinen Pflichten entsagen."[17] Das sah *Kant* ähnlich, der ebenfalls von „angeborne[m] Recht der Freiheit"[18] sprach, das als ein „Naturrecht"[19] im Wesen des Menschen beschlossen liege und darum von diesem nicht erst erworben werden müsse.

Man erkennt, die Menschenrechte blieben im 18. Jahrhundert keineswegs unbegründet, obgleich die Idee der Menschenwürde als Rechtswert noch nicht zur Verfügung stand. Entweder sagte man, der Mensch sei von Gott frei und gleich erschaffen, oder man hielt ihn von Natur aus für frei und gleich, weshalb er auch politischen Anspruch auf Freiheit und Gleichheit habe. Doch sei dieser Punkt nicht vertieft; hier gilt es lediglich zur Kenntnis zu nehmen, daß die Menschenrechte im 18. Jahrhundert aus dem Naturrecht abgeleitet wurden, wodurch sich jede zusätzliche Begründung aus der Menschenwürde erübrigte.

Nun erwachten in der Folge aber große Zweifel an der Existenz angeborener, ewiger Rechte. Immer häufiger wurde bestritten, daß sich aus der Wesensnatur des Menschen oder der Welt solche ergeben. Mehr und mehr wurde das Bestehen von etwas Übergeschichtlichem in Zweifel gezogen, das in einem Strom des Werdens, alles Feste und Sichere zerstörend, unterzugehen drohte. So vollzog sich in der zweiten Hälfte des 19. Jahrhunderts eine allgemeine Wendung zum Geschichtlichen hin, die vor dem Recht nicht Halt machte.[20] Die Menschenrechtsbegründung durch das Naturrecht war inzwischen absolut fragwürdig geworden.

Gelehrte wie Ranke, Droysen, Burckhardt und Dilthey glaubten, daß alle Lebensformen und kulturellen Einrichtungen von der Geschichte abhingen, deren wahres Wesen Wandel und Veränderung sei.[21] Sie alle setzten die Geschichte mit unbeständigen Sinn-, Wert- und Zweckzusammenhängen gleich, von Dilthey Wirkungszusammenhänge genannt, mit denen die Vorstellung eines zeitenthobenen Rechts unvereinbar sei. *Dilthey* sah aber im Menschen nicht nur ein Produkt geschichtlicher und gesellschaftlicher Verhältnisse, die unser aller Leben ohne Gewalt und Autorität regierten, für ihn war die Geschichte zugleich auch die einzige Instanz menschlicher Orientierung; sie allein gebe uns zu verstehen, wie wir uns zu verstehen hätten. Wörtlich kann man bei ihm lesen: „Was der Mensch ist, sagt ihm nur seine Geschichte."[22]

Aus solchen Überlegungen entstand die *Historische Rechtsschule*, deren Mitbegründer und bekanntester Vertreter *Savigny*[23] hieß, der ein scharfer Gegner der traditionellen Naturrechtslehre war. Er führte das gesamte Recht auf den sogenannten Volksgeist zurück, und schrieb: „Das Recht wächst [...] mit dem Volke fort, bildet sich aus mit diesem, und stirbt endlich ab, so wie das Volk seine Eigentümlichkeit verliert."[24] Das Recht als Ausdruck und Produkt einer Nation, Erzeugnis einer geistig-kulturellen Welt erschien ihm als eingebunden in die geschichtliche Bewegung einer Gesellschaft, nicht aus übergeschichtlichen Kräften herleitbar. Näher betrachtet läßt sich Savignys Idee des Volksgeistes in dreierlei Richtung auslegen: *Metaphysisch* gesehen, ist der Volksgeist ein sich entwickelndes organisches Ganzes, aus dem das Recht mit Notwendigkeit erwächst; *lebensweltlich* interpretiert, steht der Volksgeist für die unterschiedlichen Lebensstile, Sitten und Institutionen einer Gesellschaft, denen das Recht eher zufälligerweise entspringt, wohingegen es aus *konservativer* Sicht das Erbe einer Jahrhunderte lang gewachsenen Rechtskultur ist, Ergebnis sorgfältiger Arbeit von Generationen, was für seine Vernünftigkeit spricht, ohne daß darum Rechtsveränderung ausgeschlossen wäre.

Welche Deutung des Volksgeistes auch zutrifft, alle Historisten sind sich darüber einig, daß die Geschichte nicht nur Recht erzeugt, sondern das Recht auch legitimiert; das aus der geistig-geschichtlichen Welt hervorgegangene und darin eingebettete Recht werde durch sie zugleich gerechtfertigt. Nach einhelliger Meinung der Rechtshistoristen sind somit beide, Entstehungs-

und Geltungsgrund des Rechts, miteinander aufs engste verknüpft, ja, einander identisch.

Von hier aus war es nur noch ein kleiner Schritt bis zur Erkenntnis, daß alles Recht auf menschlicher Setzung beruht, das heißt bis zum *Rechtspositivismus.* Aber Positivismus ist ein vieldeutiges Wort, dem bereits der späte Schelling mehrere Bedeutungen zuwies. Er setzte das „Positive" einmal mit dem Wirklichen gleich; dann nannte er alle Philosophien „positiv", welche die Welt auf eine frei gewollte Tat Gottes zurückführen; schließlich kennzeichnete er die alten Mythen und die christliche Offenbarung als „positiv".[25] In allen drei Fällen steht der Begriff des „Positiven" für etwas „Gesetztes", das sich nicht aus denknotwendigen Wesenszusammenhängen ergibt. Genauso verwenden auch die Rechtspositivisten des ausgehenden 19. und beginnenden 20. Jahrhunderts diesen Ausdruck, denen zufolge Recht weniger entdeckt und gefunden als vielmehr geschöpft und erfunden wird. Wie der Begründer des wissenschaftstheoretischen Positivismus Comte, dessen Ideen die Anhänger des sogenannten Wiener Kreises – Neurath, Carnap, Schlick – zu Beginn unseres Jahrhunderts weiterentwickelten, jede Art von Metaphysik ablehnten, so verwarfen auch die Rechtspositivisten alle spekulativen Gedankengebäude. Wichtigste Vertreter dieser Geistesrichtung waren Bergbohm, Kelsen und der frühe Radbruch. Gemeinsam bekämpften sie das Naturrecht, das ohne Fundament, gleichsam auf Sand gebaut sei, wie bereits die unterschiedlichen, teils gegensätzlichen Auffassungen darüber bewiesen. Davon abgesehen könne aus dem, was ist, ohnehin niemals erschlossen werden, was sein solle. Dazu noch bestehe das Naturrecht oftmals aus nichts als verkappten politischen Wünschen, die sich hinter großen Worten versteckten, um sich der öffentlichen Diskussion zu entziehen. Vor dem Hintergrund solcher Verdächtigungen mußte die rechtspositivistische Grundthese besonders plausibel erscheinen, die sich so zusammenfassen läßt: Recht ist allein das, was wir Menschen für Recht erklären und als solches durchsetzen können – nicht mehr und nicht weniger; die Idee der göttlichen Stiftung und metaphysischen Ursprünglichkeit des Rechts ist dagegen eine verlorene Illusion.

Mit *Kelsen* kann man somit sagen: Während der Naturrechtler glaubt, daß die „das gegenseitige Verhalten der Menschen regelnden Normen nicht [...] künstlich, von einer bestimmten menschlichen Autorität gesetzt sind, sondern [...] aus Gott, der Natur oder Vernunft stammen"[26], ist der Positivist davon überzeugt, daß Recht „durch menschlichen Willen gesetzt wird; [...] seine Normen aus der Willkür einer menschlichen Autorität stammen."[27] Anders als der Naturrechtler weiß der Positivist nicht mehr mit Bestimmtheit, was die Menschen tun und lassen sollen; im Gegenteil: Er öffnet dem Recht das Tor zu einem Relativismus, der selbst die Maßstäbe erfaßt, mit denen die unterschiedlichen Rechtsauffassungen sonst beurteilt werden.

Sicherlich sind in der Geschichte des abendländischen Denkens schon mehrere Rechtsvorstellungen entwickelt worden, die dem allgemeinen Bedürfnis nach Rechtssicherheit und Rechtsfrieden nicht genügten. Aber erst das geschichtliche Bewußtsein und der Rechtspositivismus erschütterten den Glauben an die Möglichkeit von gerechtem Recht von Grund auf; die Erkenntnis der historischen Bedingtheit aller Kulturformen sowie deren Rückführbarkeit auf das menschliche Leben brachten das Recht nach und nach in den Verdacht der Beliebigkeit. Wie berechtigt dieser Verdacht ist, wird deutlich, wenn man bedenkt, daß aus positivistischer Sicht das Recht nur noch unter der einen Anforderung steht, durchsetzbar, und das heißt erzwingbar zu sein.

In diesem Sinne waren auch Hitler und Stalin Rechtspositivisten, die sich zwar an die von ihnen selbst erlassenen Erlasse und Befehle hielten, aber einen übergeordneten Prüfungsmaßstab wie die Menschenrechte nicht anerkannten. *Hitlers* gegen die allgemeinen Menschenrechte gerichteter Ausspruch, der Deutsche „träumt vom Recht in den Sternen und verliert den Boden auf der Erde"[28], liest sich wie eine Erwiderung auf *Schiller*, der in *Wilhelm Tell* schreibt: „Wenn der Gedrückte nirgends Recht kann finden, wenn unerträglich wird die Last – greift er hinauf getrosten Mutes in den Himmel, und holt herunter seine ewgen Rechte, die droben hangen unveräußerlich und unzerbrechlich wie die Sterne selbst"[29]. Es waren die brutalen Massenmorde der nationalsozialistischen Gewaltherrschaft, welche den Rechtspositivismus bloßstellten und nach dem Zweiten Weltkrieg zu einer Erneuerung des Naturrechts führten. Hierzu kam es nicht zuletzt durch das besondere Einwirken des wegen seiner wissenschaftlichen Verdienste weithin bekannten Rechtsgelehrten *Gustav Radbruch*, der noch 1932, ein Jahr vor Hitlers Machtergreifung, geschrieben hatte: „Wer Recht durchzusetzen vermag, beweist damit, daß er Recht zu setzen berufen ist."[30] Nach der Hitler-Diktatur rückte er aber von dieser Position ab, und 1947, als den „Juristen die schwere Aufgabe gestellt [war], die Stätte der Zerstörung aufzuräumen und auf ihr den Neubau des Rechts zu errichten"[31], rief er zur Wiederbelebung des alten Naturrechts auf: „Die Rechtswissenschaft muß sich wieder auf die jahrtausendalte gemeinsame Weisheit der Antike, des christlichen Mittelalters und des Zeitalters der Aufklärung besinnen, daß es ein höheres Recht gebe als das Gesetz, ein Naturrecht, ein Gottesrecht, ein Vernunftrecht, kurz, ein übergesetzliches Recht, an dem gemessen das Unrecht Unrecht bleibt, auch wenn es in die Form des Gesetzes gegossen ist, – vor dem auch das auf Grund eines solchen ungerechten Gesetzes gesprochene Urteil nicht Rechtsprechung ist, vielmehr Unrecht."[32]

Allerdings beschritten die Urheber des Grundgesetzes diesen Weg nicht; zu verschiedenartig waren die naturrechtlichen Vorstellungen, als daß man sich hätte einigen können. So hielten sie es für angebracht, die weitverzweigten naturrechtlichen Diskussionen auf sich beruhen zu lassen. Selbst in den Menschenrechtserklärungen verzichtete man damals auf naturrechtliche Begründungen. Trotzdem sollten die nach den schrecklichen Erfahrungen des Dritten Reiches wieder stärker ins öffentliche Bewußtsein getretenen Menschenrechte nicht ohne höhere Begründung bleiben. Das war nun die Gelegenheit, gleichsam die Stunde für die Idee der Menschenwürde, die in der Folge gewissermaßen an die Stelle des Naturrechts trat.

Doch hat auch die Würdeidee die vom Naturrecht aufgeworfenen Probleme keineswegs beseitigt, sie hat diese nur verlagert, verschoben, hinter dem Glanz des Würdebegriffs verborgen, darin eingehüllt. Weit davon entfernt, die naturrechtliche Begründung der Menschenrechte zu ersetzen, scheint die Würdeidee die nach dem Ausfall des Naturrechts entstandene Begründungsnot mehr zu verschleiern als zu beheben. Statt eine Begründung für die Menschenrechte zu liefern, steht sie somit im Verdacht, ein als Begründung getarnter Begründungsersatz zu sein. Dieser Verdacht wird durch eine eingehende Beschäftigung mit dieser glanzvollen Wortschöpfung noch verstärkt. Deshalb muß man ernsthaft fragen: Was haben sich unsere Verfassungsväter und -mütter gedacht, als sie diesen vagen Rechtsbegriff ins Grundgesetz aufnahmen?

Der Parlamentarische Rat und Artikel 1 des Grundgesetzes

Nachdem am 1. Juli 1948 die drei westlichen Besatzungsmächte den elf Ministerpräsidenten Westdeutschlands die sogenannten *Frankfurter Dokumente* übergeben hatten, die sie autorisierte, eine verfassunggebende Versammlung einzuberufen, bestellte am 26. Juli 1948 die Ministerpräsidentenkonferenz einen Sachverständigenausschuß, der einen ersten Entwurf des künftigen Grundgesetztes ausarbeiten sollte. Auf Einladung des bayerischen Ministerpräsidenten tagte dieser noch vor dem ersten Zusammentritt des sogenannten *Parlamentarischen Rats*, unserer verfassunggebenden Versammlung, vom 10. bis 23. August in Herrenchiemsee, weshalb man ihn auch *Herrenchiemseer Verfassungskonvent* nennt. Das Ergebnis der Beratungen war ein vierteiliger Bericht, dessen dritter Abschnitt einen ersten Entwurf des Grundgesetzes enthält, der die nachfolgenden Debatten des Parlamentarischen Rates stark beeinflußte.[33]

Nach den Wahlen der Mitglieder in den elf Landtagen trat der Parlamentarische Rat erstmals am 1. September 1948 zusammen; Präsident wurde der spätere Bundeskanzler Konrad Adenauer. Beratungsort war die Pädagogische Akademie in Bonn, späterer Sitz von Bundesrat und Bundestag. Im einzelnen setzte sich der Rat, der 65 stimmberechtigte Mitglieder zählte, davon vier Frauen, aus jeweils 27 Vertretern von CDU/CSU und SPD, fünf

Stimmen der FDP und je zwei von Zentrum, DP und KPD zusammen. In weniger als zehn Monaten erarbeiteten sie gemeinsam das heutige *Grundgesetz*, das am 8. Mai 1949 mit einer Mehrheit von 53 gegen 12 Stimmen angenommen wurde. Schon vier Tage später, am 12. Mai 1949, billigten es die Westalliierten. Anschließend wurde darüber in den Landesparlamenten abgestimmt; mit Ausnahme Bayerns gaben alle Landtage ihre Zustimmung. Hiermit war die von den Besatzungsmächten vorgeschriebene Zweidrittelmehrheit erreicht, so daß das Grundgesetz am 23. Mai 1949 im Bundesgesetzblatt verkündet und gemäß Art. 145 Abs. 2 mit Ablauf des Tages der Verkündung in Kraft treten konnte. Daß man die Grundsätze der beschlossenen Rechtsordnung *Grundgesetz* statt *Verfassung* nannte, sollte den provisorischen Charakter anzeigen.

Bereits der *Herrenchiemseer Entwurf* sah eine Aufnahme der Würdeidee ins Grundgesetz vor, rückte sie aber nicht an den Anfang. Der ursprüngliche Wortlaut von Artikel 1 lautete: „(1) Der Staat ist um des Menschen willen da, nicht der Mensch um des Staates willen. (2) Die Würde der menschlichen Persönlichkeit ist unantastbar. Die öffentliche Gewalt ist in allen ihren Erscheinungsformen verpflichtet, die Menschenwürde zu achten und zu schützen." Durch diese verfassungsrechtliche Bevorzugung der Bürger vor der Macht des Staates sollte künftig jede totalitäre und autoritäre Staatsherrschaft verhindert und ausgeschlossen werden. Bereits *Aristoteles* vertrat die Auffassung, daß der Staat „um des [menschlichen] Überlebens willen entstanden ist und um des vollkommenen Lebens willen besteht"[34], und wie viele andere nach ihm war auch *Hobbes* der Meinung: „Der Staat ist nicht seinetwegen, sondern der Bürger wegen eingerichtet worden"[35]. Doch wurde dieser Grundsatz des Herrenchiemseer Konvents nicht in die Endfassung des Grundgesetzes aufgenommen, darin aber berücksichtigt. Bis der uns allen bekannte Artikel 1 feststand, waren verschiedene Vorschläge diskutiert und wieder verworfen worden. Die endgültige Formulierung: „Die Würde des Menschen ist unantastbar. Sie zu achten und zu schützen ist Verpflichtung aller staatlichen Gewalt" wurde am 29. Januar 1949 vom Allgemeinen Redaktionsausschuß gefunden und schon am gleichen Tag in den Hauptausschuß zur Begutachtung weitergeleitet.

Einzelheiten über die Menschenwürde erfährt man aus dieser Formulierung nicht – nur, daß sie an der Spitze der Rechtsordnung steht, unantastbar ist und der Staat sie zu achten und zu schützen hat. Heute wird viel von unantastbarer Menschenwürde und unveräußerlichen Menschenrechten gesprochen, ohne daß die Worte „unantastbar" und „unveräußerlich" näher bestimmt würden; geradezu blind verläßt man sich auf deren Allgemeinverständlichkeit, obwohl sie diese mitnichten besitzen. Doch haben sie im Unterschied zur Würde eine klar umrissene Bedeutung.

Der seit der französischen *Erklärung der Menschen- und Bürgerrechte* von 1789 gebräuchliche Ausdruck „unveräußerlich" bedeutet soviel wie unverkäuflich, unverschenk- und unverpfändbar. Dagegen heißt etwas veräußern, es durch Schenkung oder Verkauf an andere abtreten, was nach vorherrschender Meinung mit Menschenrechten unmöglich ist, da sie einem von Geburt an zukommen. Sie lassen sich weder kaufen noch verkaufen.

Ähnliches gilt für den zweideutigen Begriff der Unantastbarkeit, der zum einen besagt, daß die Würde nicht angetastet werden *darf*, zum anderen, daß sie nicht angetastet werden *kann*, weil sie dem Menschen wesenseigen ist. Schon daraus wird deutlich, daß die Verfasser des Grundgesetzes – wie zuvor zahlreiche Philosophen der abendländischen Geistesgeschichte – in der Würde einerseits eine Seinsgegebenheit erblickten, die dem Menschen nichts und niemand rauben oder absprechen kann; andererseits sahen sie darin eine verwundbare Eigenschaft, die der besonderen Achtung und des staatlichen Schutzes bedarf, kurz: einen Gestaltungsauftrag.

So gesehen markiert die unaufhebbare Menschenwürde gleichermaßen Grenze und Aufgabe der staatlichen Gewalt: Grenze, da sie dem Staat jede Mißachtung der Vorrangigkeit des Einzelnen vor der Allgemeinheit verbietet; Aufgabe, sofern sie dem Staat die Abwehr gewaltsamer Eingriffe in das Leben seiner Bürger und die Schaffung würdevoller Verhältnisse gebietet.

Wenn auch die Würde des Menschen unzerstörbar ist, so kann sie offenbar doch verletzt werden, und aus diesem Grund heraus bleibt sie auf staatlichen Schutz angewiesen. Vielleicht darf man sagen: Nur weil die Würde verletzlich ist, wurde sie als unverletzlich normiert – einmal durch Art. 1 Abs. 1 des Grundgesetzes, der ihr den Rang eines verfassungsgeschützten Rechtswerts verleiht, dann durch Art. 79 Abs 3, der sie jeder mehrheitsdemokratischen Beschlußfassung entzieht. Darin heißt es, daß die Würdeidee als tragendes Verfassungsprinzip von keiner Verfassungsänderung berührt werden darf, jede Artikel 1 betreffende Änderung des Grundgesetzes „unzulässig" ist. Nun ergibt sich aus dieser sogenannten Ewigkeitsgarantie für Artikel 1, die, nebenbei bemerkt, auch für Artikel 20 gilt, eine schwierige, wenn nicht gar widersprüchliche Situation. Denn ist es nicht überflüssig, ja, unsinnig, ein grundsätzlich unzerstörbares Wesensmerkmal noch zusätzlich durch die Rechtsordnung zu schützen? Ein wirklich unantastbares Rechtsgut bedarf eines solchen Schutzes nicht, es sei denn, es wäre doch antastbar. In diesem Falle müßte aber gesagt werden, die Würde des Menschen ist zwar unantastbar, jedoch in der ständigen Gefahr, angetastet zu werden. Dieses Paradox löst sich auf, wenn man die erwähnte Zweideutigkeit des Ausdrucks Unantastbarkeit weiter im Blick behält, welche besagt, daß die menschliche Würde zwar unzerstörbar ist, nicht aber unverwundbar. Beides zusammengenommen ergibt keineswegs einen Widerspruch, denn warum soll es unmöglich sein, einem unvernichtbaren Wesensmerkmal – ens indelebile – einen Schaden zuzufügen?

Man erkennt, das Grundgesetzes legt bereits durch das Wort Unantastbarkeit die Menschenwürde als Wesensmerkmal und als Gestaltungsauftrag fest. Art. 1 Abs. 1 gibt aber keine Auskunft darüber, was der Ausdruck Menschenwürde bedeutet und worauf sich dieses Ideal stützt, in dessen Namen nun schon seit Jahrzehnten gegen alle von Menschen begangenen Grausamkeiten aufbegehrt wird. Das Grundgesetz enthält also keinerlei Hinweis auf Herkunft, Bedeutung und Geltung dieser Idee, die nach Art. 79 Abs. 3 größtmögliche Verbindlichkeit für uns alle besitzt.

Allerdings gibt es einen guten Grund für diese merkwürdige

Unbestimmtheit, wie die Sitzungen des *Parlamentarischen Rates* von 1948/49 beweisen, in denen das Problem der theoretischen Rechtfertigung der Würdeidee überaus lebhaft diskutiert wurde. Der Grundsatzausschuß des Parlamentarischen Rates befaßte sich in der 4. Sitzung am 23. September 1948 mit der Frage, ob sich die Idee der Menschenwürde naturrechtlich verankern lasse. Folgende Fassung von Artikel 1 wurde damals eingehend besprochen: „Die Würde des Menschen ruht auf ewigen, einem jedem von Natur aus eigenen Rechten."[36] Doch wurde zum Bedauern einiger Ratsmitglieder die naturrechtliche Begründung der Würdeidee von der Mehrheit der Abgeordneten abgelehnt. Wie sollte das Naturrecht auch eine Idee begründen können, die im Begriff war, an dessen Stelle zu treten? Davon abgesehen gab es zu keiner Zeit eine einheitliche Bestimmung des Naturrechts; denn setzten es die einen mehr mit diesem gleich, so andere wieder mehr mit jenem. Darüber hinaus war nach wie vor der Grundsatz unwiderlegt, daß aus dem, was ist, niemals folgt, was sein soll. Diese und ähnliche Probleme ließen den Parlamentarischen Rat auf jede naturrechtliche Begründung der Würdeidee verzichten – ein Verzicht, der nachweislich manchem Abgeordneten schwer fiel. Aber es gibt nun einmal keine Regel, die besagt, daß eine Idee nur dann richtig ist, wenn sie den Menschen Sicherheit und Orientierung verspricht, wie es umgekehrt keine Logik gibt, nach der ein Urteil bloß deswegen falsch ist, weil es Juristen verlegen und Philosophen ratlos macht.

Ähnlich wie dem Naturrecht erging es im Parlamentarischen Rat auch dem Antrag auf religiös-metaphysische Verankerung der Würdeidee: In der 6. Sitzung vom 20. Oktober 1948 wurde die Frage diskutiert, ob die Würde nicht ihre „fundamentalen Wurzeln [...] im Metaphysischen habe"[37], und ob sie darum nicht auch im Grundgesetz metaphysisch verankert werden sollte – „eine Verankerung, die etwa in der Weise geschehen könnte, daß zu dem Artikel 1 der Grundrechte, wo es heißt: Sie – die Würde des Menschen – ist begründet in ewigen Rechten, etwa der Zusatz hinzugefügt wird: Die Würde des Menschen ist begründet in ewigen, von Gott gegebenen Rechten."[38] Mit dieser Frage befaßte sich der Parlamentarische Rat auch in der 42. Sitzung vom 18. Januar 1949, in der aufs neue verhandelt wurde, ob die Worte „von Gott gegeben"[39] in Artikel 1 eingefügt werden sollten. Einige vertraten damals die Auffassung, daß der Mensch „nur dann wirklich frei [sein kann], wenn er [...] dem Gesetz untertan ist, das er von Gott gegeben in sich trägt"[40], während andere der Meinung waren, daß Menschenwürde und Menschenrechte „nicht von Gott gegeben sind"[41]. Zwar bestritt niemand, daß die moralischen und geistigen Fundamente der Würdeidee im Christentum liegen, einen Hinweis auf die Gottgegebenheit der Menschenwürde wollten aber die meisten nicht im Grundgesetz stehen haben. Bemerkenswerterweise ist dieser Antrag nur mit einer knappen Mehrheit von 11 gegen 10 Stimmen abgelehnt worden, was nicht sonderlich überrascht, da sich doch fast alle damaligen Bundesbürger als Christen verstanden.

Trotzdem verzichtete der Parlamentarische Rat auf jede naturrechtliche und religiös-metaphysische Verankerung der Würde, weil das Naturrecht als solches fragwürdig sei und über den Glauben an Gott keine gesellschaftliche Vereinbarung bestehe. Auf Vorschlag des Abgeordneten *Heuss* beschloß man, dem höchsten Rechtswert zwar absolute Geltung zu verleihen, ihn aber „uninterpretiert" zu lassen.[42] Hierzu paßt, daß aus dem Entwurf der *Allgemeinen Erklärung der Menschenrechte* ebenfalls der zunächst vorgesehene Bezug zu Gott und der Natur wieder gestrichen wurde.

So verständlich diese zurückhaltende Entscheidung ist, verwunderlich bleibt sie doch, bedenkt man, welch stürmischen Aufschwung das totgesagte Naturrecht noch in den ersten Nachkriegsjahren in Deutschland erfuhr. Überdeutlich hatte der Nationalsozialismus gezeigt, daß es durchaus ungerechtes Recht gibt, die Werturteile von Gut und Böse mitnichten relative Formeln, keine bloßen Geschmacksfragen sind.[43] Besonders im katholischen Lager blühte nach dem Zweiten Weltkrieg die scholastisch-mittelalterliche Naturrechtslehre wieder auf, die zwar insgesamt wenig erfolgreich, aber nicht ohne jeden Einfluß auf das damalige Rechtsleben war.[44] So setzte sich der erste Präsident des Bundesgerichtshofs Hermann Weinkauff nachdrücklich für eine Anwendung des Naturrechts in der Rechtsprechung ein, wozu es dann auch tatsächlich kam.[45] Man glaubte wieder stärker an das von Natur aus Rechte und Gerechte, das mit den Mitteln der natürlichen Vernunft erkennbar sei, vermied aber das Wort Naturrecht in aller Regel. Das hing damit zusammen, daß die Schwierigkeiten, welche die Historisten und Rechtspositivisten herausarbeitet hatten, nach wie vor bestanden und allen gegenteiligen Behauptungen zum Trotz nicht überwunden waren. Aus diesem Grund distanzierte sich das Bundesverfassungsgericht schon bald wieder von naturrechtlichen Vorstellungen, wie ein Urteil aus dem Jahre 1959 beweist. Darin heißt es, daß sich jede verfassungsrechtliche Prüfung von Gesetzen an naturrechtlichen Grundsätzen verbiete wegen der „Vielfalt der Naturrechtslehren, die zutage tritt, sobald der Bereich fundamentaler Rechtsgrundsätze verlassen wird."[46] Mit dieser Absage stellte sich das Bundverfassungsgericht hinter die Entscheidung des Parlamentarischen Rates, auf jede naturrechtliche Begründung der Würdeidee zu verzichten.

Dieser Beschluß ist überaus verständlich; schwerer zu begreifen ist dagegen der völlige Verzicht auf eine religiös-metaphysische Verankerung des Würdebegriffs, schließlich beginnt das Grundgesetz mit einer Präambel, die von „Verantwortung vor Gott" spricht, womit damals natürlich der christliche Gott gemeint war. Auch die Landesverfassungen von Bayern, Rheinland-Pfalz, Nordrhein-Westfalen, Baden-Württemberg, Sachsen-Anhalt und Thüringen bekennen sich offen zur christlichen Tradition. Einige erklären sogar „Ehrfurcht vor Gott" und „Gottesfurcht" zu allgemeinen Erziehungszielen – so etwa Artikel 131 der Bayerischen Verfassung, Artikel 33 der Verfassung von Rheinland-Pfalz, Artikel 39 der Verfassung des Saarlandes, Artikel 7 der Verfassung von Nordrhein-Westfalen und Artikel 12 der Verfassung von Baden-Württemberg. Mit *Pawloswki* gesprochen: „Die Bundesrepublik und ihre Länder haben sich damals durchaus noch als christliche Staaten konstituiert, die sich zwar verpflichteten, allen anderen Glaubensrichtungen gegenüber Toleranz zu üben, die sich in der Tradition des christlichen Abendlandes aber selbst den überkommenen christlichen Normen oder Werten verpflichtet fühlten und von daher ihre rechtlichen Urteile ableiteten (christlicher Toleranzstaat). Dieser überkommene gemeinsame christliche Hintergrund ist heute verschwunden."[47] Ähnlich *Kriele*, nach dem religiöse Formeln im Recht gegenwärtig keine allgemeine Zustimmung mehr fänden: „sie atmen den Geist einer versunkenen Epoche und machen den Wertewandel, der sich seither vollzogen hat, anschaulich."[48] Umso erstaunlicher ist es, daß einige neue Bundesländer die Gottesformel wieder in ihre Verfassungen aufgenommen haben, obwohl die meisten Menschen dort inzwischen dem Christentum fernstehen. Zweifellos hängt das damit zusammen, daß ihre Verfassungen in Anlehnung an Texte der alten Bundesländer formuliert wurden – und dazu noch von solchen Personen, die sich den Grundwerten des christlichen Abendlandes besonders verbunden fühlen, was selbstverständlich zulässig ist.

Aber heute wie damals scheiden sich die Geister bei der Frage nach der Berechtigung der Berufung auf Gott zu Beginn des Grundgesetzes. Jedoch beruhigen sie sich wieder bei dem Gedanken, daß die verfassungsrechtlich garantierte Offenheit und Toleranz des Staates gegen unterschiedliche Weltanschauungen von der Gottesklausel nicht berührt werden. Die Gottesformel legt das Grundgesetz nicht auf die christliche Lehre fest, sondern soll lediglich verdeutlichen, daß Menschenwürde und Menschenrechte den Bürgern nicht vom Staat verliehen werden, ihnen unabhängig von aller staatlichen Gewalt zukommen. Wenn man aber bloß das damit ausdrücken wollte, warum tat man es nicht? Der Verdacht ist schwer zu entkräften, daß diese Interpretation der Gottesformel mehr eine den Anforderungen unserer Zeit angepaßte Zurechtlegung als eine sachangemessene Auslegung ist. Doch selbst wenn sie letzteres wäre, so erscheint der rechtliche Gebrauch des Ausdrucks Gott in einer zunehmend säkularen Welt immer problematischer. Angesichts dieser Schwierigkeiten ist der Verzicht des Parlamentarischen Rates von 1949 auf die Worte „von Gott gegeben" in Artikel 1 als weitsichtig und klug zu bewerten. Allerdings sahen das in den fünfziger Jahren einige noch ganz anders; *Dürig* beispielsweise bedauerte zutiefst, daß in Artikel 1 des Grundgesetzes „ein Hinweis auf Gott als den Urgrund alles Geschaffenen nicht durchgesetzt werden konnte."[49]

Trotz aller Unbestimmtheit vertraute der Parlamentarische Rat fast blind auf die Plausiblilität des Würdebegriffs und überließ dessen Präzisierung der demokratischen Auseinandersetzung der Folgejahre. Die Bürger sollten sich selbst ein Bild über die Wesenswürde des Menschen machen und sich für eine der möglichen Geltungsquellen entscheiden, sei es für Gott, Natur, Vernunft oder Freiheit, solange nur jeder von ihnen die Würde des anderen achte. Damit blieb die drängende Frage, was achtunggebietende Würde im Recht sei, vorerst unbeantwortet.

In einer pluralistischen Rechtsgemeinschaft wie der unsrigen gibt es mehrere Würdevorstellungen, und kaum eine davon ist frei von Widersprüchen. Manchmal scheint es, als ließe sich fast alles aus der Würdeidee ableiten, dann wieder nichts, woraufhin sie völlig überflüssig würde. Doch mag der Ausdruck Würde noch so vieldeutig sein und die unterschiedlichsten Assoziationen wecken, beliebig ist er nicht. Es muß zwar zugegeben werden, daß sich seine Unschärfe niemals ganz beseitigen läßt, aber der Spielraum möglicher Bedeutungen ist darum noch keineswegs unbegrenzt. Statt seine Auslegungsbreite zu beklagen, sollte man darin eher einen Vorteil sehen, denn nur so bleibt die Würdeidee anpassungsfähig an die wechselnden Herausforderungen der Zeit und aller damit verbundenen Rechtsprobleme. Sie muß mit dem Wandel der öffentlichen Meinung und der allgemeinen Wertvorstellungen Schritt halten können, wenn sie nicht unzeitgemäß werden will; doch darf die Würdeidee die jeweiligen Tagesmeinungen nicht ungeprüft als Richtmaß übernehmen. Wie begrenzt unser Bedarf an Wirklichkeit auch ist, wir sollten sie als eine Instanz akzeptieren lernen, die einerseits Tatsachen vorgibt, denen wir Gehorsam schulden, andererseits Probleme aufgibt, die wir lösen müssen. So ist in Philosophie und Recht außer Intelligenz und Engagement auch Sinn für Realität gefragt. Es ist aber fraglich, ob die Wirklichkeit uns den Weg zu einem zuverlässigen Würdeverständnis weist. Jedenfalls steckt hinter den meisten Würdeinterpretationen von heute mehr Ratlosigkeit als Sicherheit. Man kann sogar sagen, in der Gegenwart gleicht jede auf der Grundlage ausgewogener Argumente herbeigeführte Entscheidung für ein bestimmtes Würdeverständnis mehr einem Wagnis als einer wissenschaftlichen Erkenntnis. Der rechtsethische Normalfall ist in einer pluralistischen Gesellschaft wie der unsrigen der Konfliktfall und die Meinungsverschiedenheit; darum geht es nicht ohne eine Instanz, die für alle Bürger verbindlich entscheidet.

Aus diesem Grund konnte die Auslegung unseres obersten Verfassungswertes auf Dauer nicht den Bürgern selbst überlassen bleiben. Schon bald mußte der anfänglich uninterpretierte Art. 1 Abs. 1 von höchster Stelle interpretiert werden. Es hatte sich gezeigt, daß bereits jede gerichtliche Untersuchung einer Würdeverletzung, aber auch jede politische Anwendung des Würdebegriffs eine genauere Definition voraussetzt. Deshalb sah sich wenige Jahre nach Gründung der Bundesrepublik Deutschland das Bundesverfassungsgericht gezwungen, den höchsten Verfassungswert doch rechtsverbindlich zu definieren.

Die Würde in der Rechtsprechung des Bundesverfassungsgerichts

Zum Schutz und als Garant des Grundgesetzes wurde 1951 das Bundesverfassungsgericht gegründet, das den gleichen Status besitzt wie der Bundestag, Bundesrat, Bundespräsident und die Bundesregierung. Es besteht aus zwei Senaten mit je acht Richtern, von denen drei zuvor Bundesrichter gewesen sein müssen, die übrigen fünf lediglich Assessoren. Gemäß Artikel 94 des Grundgesetzes werden die Mitglieder des Bundesverfassungsgerichts mit Zweidrittelmehrheit je zur Hälfte von Bundestag und Bundesrat gewählt. Die Amtszeit der Richter dauert zwölf Jahre; eine Wiederwahl ist nicht möglich. Wegen der erforderlichen Zweidrittelmehrheit müssen Absprachen unter den großen Parteien getroffen werden; hierdurch erhalten die Richter eine breitere Legitimation für ihre Arbeit. Während der Bundesrat mit sämtlichen 68 Stimmen seiner sechzehn Länder wählt, bestimmt der Bundestag die Richter durch einen zwölfköpfigen Wahlausschuß und somit nicht durch das Plenum.

Aus rechtsphilosophischer Sicht vertritt das Bundesverfassungsgericht das jedem Bürger zustehende Recht auf Widerstand gegen den Staat, sobald dieser gegen das Grundgesetz verstößt, und dient somit der Erhaltung des inneren Friedens, da es Schutz vor verfassungswidrigen Verordnungen und Gesetzen bietet. Aus diesem Grund nennt man die Richter des Obersten Gerichtshofs auch „Hüter der Verfassung" – eine Formulierung von *Carl Schmitt*, der sich in der Weimarer Republik jedoch nachdrücklich gegen die Einrichtung eines Verfassungsgerichtshofs aussprach. Schmitt erblickte damals den wahren „Hüter und Wahrer der verfassungsmäßigen Einheit"[50] im Reichspräsidenten. Dagegen hat sich der Parlamentarische Rat für die Schaffung eines höchsten Staatsgerichtshofs entschieden, dessen Aufgaben in Artikel 93 des Grundgesetzes festgelegt sind. Allgemein formuliert wacht das Bundesverfassungsgericht über die Einhaltung des Grundgesetzes durch alle Bürger und Einrichtungen des Landes. Im besonderen kann es auf Antrag des Bundesrates, Bundestages und der Bundesregierung solche Parteien verbieten, die zum Umsturz der freiheitlich-demokratischen Rechtsordnung aufrufen. Das geschah im Jahre 1952 und 1956, als die rechtsextreme Sozialistische Reichspartei und linksextreme Kommmunistische Partei für verfassungswidrig erklärt wurden. Darüber hinaus ist das höchste Gericht für alle Verfassungsstreitigkeiten zwischen den Parteien, der Bundesregierung und Opposition, aber auch zwischen dem Bund und den Ländern zuständig. Außerdem kann es sogenannte „Normenkontrollverfahren" einleiten, falls der begründete Verdacht besteht, daß ein Gesetz gegen die Verfassung verstößt. Weiter muß es sogenannte „Organstreitigkeiten" entscheiden, wenn die Kompetenzen der unterschiedlichen Staatseinrichtungen, der sogenannten Verfassungsorgane, unklar oder umstritten sind.

Mögliche Antragsteller beim Bundesverfassungsgericht sind außer Bundespräsident, Bundesrat, Bundestag und Bundesregierung die Landesregierungen und alle Bürger, sofern sie sich in ihren Grundrechten verletzt fühlen. Am häufigsten hat sich das Oberste Gericht mit „Verfassungsbeschwerden" aus den

Reihen der Bürger auseinanderzusetzen, Klagen gegen Verletzungen der Menschenwürde gehören dazu.

Heute, da der Ausdruck „Menschenwürde" öffentliches Ansehen genießt, ja, sich großer Popularität erfreut, besteht die Gefahr, daß fast jede Unannehmlichkeit als Würdeverstoß empfunden wird, die Erfüllbarkeit aller menschlichen Bedürfnisse als Würdeanspruch gilt. So mißverstehen viele die von der Verfassung gegebene Würdegarantie als Pflicht des Staates, das Leben seiner Bürger so angenehm wie möglich zu gestalten und jeden ihrer Wünsche zu verwirklichen. Das Verlangen danach ist verständlich, ja, menschlich, die Hoffnung darauf aber unrealistisch, geradezu maßlos. Darum warnen zahlreiche Rechtswissenschaftler vor einer Überstrapazierung der Würdeidee, vor zu hochgespannten Erwartungen und überspannten Empfindlichkeiten.

Dürig[51] und *Vitzthum*[52] haben mit Recht darauf hingewiesen, daß eine „inflationäre Verwendung" des Menschenwürdearguments zwangsläufig zur Entwertung von Artikel 1 als „kleine Münze" führe; es bestehe dann die Gefahr, daß die Würdegarantie zur „Wanderdüne ohne Halt"[53] werde, wie *Starck* meint. Deshalb sei ein zurückhaltender Gebrauch des Würdebegriffs dringend geboten. Doch wie soll das Bundesverfassungsgericht diesen Rat befolgen können, wenn die Bürger immer wieder mit überzogenen, teils unsinnigen Beschwerden an es herantreten?

Hierfür einige Beispiele: Einmal mußte sich das Bundesverfassungsgericht mit der Frage befassen, ob es die Menschenwürde verletze, wenn die Finanzverwaltung eine Betriebsprüfung durch die Steuerfahndung durchführen lasse[54], ein anderes Mal, ob das Verbot der Unfallflucht gegen die Unantastbarkeit der Menschenwürde verstoße.[55] In den siebziger Jahren hatte es sich mit der Frage auseinanderzusetzen, ob es gegen das Grundrecht auf Achtung und Schutz der Menschenwürde verstoße, wenn man nach dem Tode seinen Leichnam nicht auf dem eigenen Grundstück beisetzen lassen darf.[56] Jedoch bedeutet das fast nichts, verglichen mit einer Klage, die das Bundesverwaltungsgericht Ende der sechziger Jahre zu entscheiden hatte. Damals prozessierte ein Bürger gegen die Deutsche Bundespost, weil in den an ihn gerichteten Telefonrechnungen der in seinem Namen enthaltene Umlaut „ö" durch die Vokale „oe" wiedergegeben wurde. Nach Meinung des Klägers verletze die Post dadurch die Verpflichtung der staatlichen Gewalt, die Würde des Menschen zu achten und zu schützen![57]

Die erwähnten Verfassungsbeschwerden, die begreiflicherweise alle abgewiesen wurden, beweisen aufs deutlichste, wie notwendig richterliche Zurückhaltung bei der Anwendung des Würdeartikels ist, wenn dieser nicht zur „kleinen Münze" werden soll. Die Amerikaner sprechen in diesem Zusammenhang von richterlicher Selbstzügelung – „judical self-restraint"[58] –, was einmal größtmögliche Unparteilichkeit bei der Beurteilung staatlicher Anordnungen und Gesetze besagt, dann aber auch äußerste Sparsamkeit bei deren Verurteilung als verfassungswidrig.

Wie schwer ersteres fällt, beweist schon ein flüchtiger Blick auf die Rechtsprechung des Bundesverfassungsgerichts seit seinem Bestehen. So wenig die Entscheidungen des höchsten Gerichts weltanschaulich gefärbt und parteipolitisch geprägt sein sollten, die bisherigen Urteile waren nicht immer von dieser Art: Während das Bundesverfassungsgericht in den ersten dreißig Jahren seines Bestehens nachweislich eine eher konservative Linie verfolgte, fährt es, wie *Wesel* zeigt, in den achtziger Jahren „einen erstaunlichen Zick-Zack-Kurs, [...], und entscheidet mal im Sinne der Regierung, mal nicht"[59], um dann, „öfter vom Zorn der Konservativen begleitet"[60], in den neunziger Jahren eine liberalere Richtung einzuschlagen. Nun seien diese unterschiedlichen Tendenzen nicht weiter ausgeführt; deren Hervorhebung soll lediglich den Blick für das grundsätzliche Problem unparteiischer Rechtsauslegung schärfen. Es gibt keine Rechtsprechung, die nur methodische Ableitung wäre, denn das Element der Entscheidung läßt sich daraus niemals ganz verbannen, weshalb es auch künftig in Verfassungsfragen immer wieder zu Meinungsverschiedenheiten kommen wird. Dabei ruft ein Urteil des höchsten Gerichts umso größere Zustimmung in der Bevölkerung hervor, je mehr sich die darin angeführten Argumente mit den Einstellungen und Überzeugungen der Bürger decken.

Bei der Auslegung der in Artikel 1 aufgenommenen Würdeidee

versuchte man lange Zeit das Problem der Unparteilichkeit durch Aufwertung ihrer Vieldeutigkeit zu lösen. Die Bundesverfassungsrichter stellten die Unbestimmtheit des Würdebegriffs, dessen Bedeutungsvielfalt und Auslegungsbreite, immer wieder als großen Vorteil dar und betonten, daß eine eindeutige Fixierung der Würdeidee eher von Nachteil wäre. Am besten noch könne deren Bedeutung mit Hilfe der sogenannten negativen Interpretationsmethode ermittelt werden, die vom konkreten Verletzungsvorgang ausgehe. Wörtlich heißt es: Was Menschenwürde ist, läßt sich „nicht generell sagen, sondern immer nur in Ansehung des konkreten Falles. Allgemeine Formeln [...] können lediglich die Richtung andeuten, in der Fälle der Verletzung der Menschenwürde gefunden werden können."[61] Doch man benötige solche allgemeinen Formeln in der Rechtspraxis fast gar nicht, da es dort hauptsächlich um die Berurteilung konkreter Einzelvorgänge gehe. Sicherlich weise schon der Begriff Unantastbarkeit in eine bestimmte Richtung, eine klare Linie ziehe er jedoch nicht aus. Ähnlich zeige der Würdebegriff zwar einen Weg, den Recht und Gesetz zu gehen hätten, er gebe aber keine konkreten Antworten, die von Fall zu Fall neu gesucht werden müßten.

Diese Argumentation hat einiges für sich, da sie in überschaubaren Zusammenhängen bleibt, den Einzelfall besonders gewichtet, greifbare Antworten auf konkrete Würdeverletzungen sucht – sich aber nicht in abstrakten Deduktionen verliert. Überdies scheint die Interpretation der Menschenwürde vom Verletzungstatbestand her besser auf die wechselnden Bedrohungen der Würdeidee reagieren zu können als jede abgehobene Begriffsspekulation.

Aber so einleuchtend diese Überlegungen klingen, näher betrachtet spiegeln sie die rechtsethische Unsicherheit in der mehrfach erwähnten Bestimmungs- und Begründungsfrage wider, auf die eine pluralistische Gesellschaft wie die unsrige offenbar keine überzeugende Antwort zu geben vermag. Dennoch durfte das Recht nicht bei der Entscheidung bloßer Einzelfälle stehenbleiben, es mußte allgemeine Grundsätze finden, wenn es Orientierungssicherheit schaffen und Willkür ausschließen wollte. Eigentlich setzt jede Verurteilung eines Vorganges als würdeverletzend bereits einen klaren Würdebegriff, ein bestimmtes Menschenbild und eine allgemeine Wertordnung als Maßstab voraus. Darum sah sich das Bundesverfassungsgericht schließlich doch veranlaßt, die Würde des Menschen näher zu bestimmen.

Noch vor Inkrafttreten des Grundgesetzes unternahm der *Bayerische Verfassungsgerichtshof* am 22. März 1948 einen ersten Versuch, die in Artikel 100 der Bayerischen Landesverfassung aufgenommene Idee der Menschenwürde rechtsverbindlich zu definieren: „Der Mensch als Person ist Träger höchster geistig-sittlicher Werte und verkörpert einen sittlichen Eigenwert, der unverlierbar und jedem Anspruch der Gemeinschaft, insbesondere allen rechtlichen und politischen Zugriffen des Staates und der Gesellschaft gegenüber eigenständig und unantastbar ist. Würde ist dieser innere und zugleich soziale Wert- und Achtungsanspruch, der dem Menschen um dessentwillen zukommt."[62] Dieses Menschenbild, das von Max Schelers[63] und Nicolai Hartmanns[64] Wertethik beeinflußt ist, haben die Bundesverfassungsrichter größtenteils übernommen, jedoch knüpfen ihre Ausführungen überwiegend an die Darlegungen *Dürigs* und *Nipperdeys* an.

Ersterer vertrat die Auffassung, daß „die Würde des Menschen [...] als etwas immer Seiendes, als etwas unverlierbar und unverzichtbar immer Vorhandenes"[65] einen „Eigenwert"[66] mit „absolute[m], gegen alle möglichen Angreifer gerichtetem Achtungsanspruch"[67] darstelle, und daß diese „Seinsgegebenheit, die unabhängig von Raum und Zeit ist und rechtlich verwirklicht werden soll"[68], sich insbesondere an der menschlichen Personalität zeige: „Der Mensch ist Person (Individuum) kraft seines Geistes, der ihn abhebt von der unpersönlichen Natur und ihn aus eigener Entscheidung dazu befähigt, sich selbst bewußt zu werden, sich selbst zu bestimmen und zu gestalten."[69] Als solcher stehe der Einzelne unter moralischen Gesetzen, sei er „Träger höchster geistig-sittlicher Werte"[70] und damit zugleich „verantwortliche Persönlichkeit"[71], nicht aber „bindungslose[s] Individuum"[72]. Im Gegenteil gefährde er das eigene Menschsein, wenn er sich „aus der Bindung an die Gemeinschaft befrei[e] und in rücksichtslose egoistische Gewinnsucht verfall[e]."[73]

Dieser Meinung war auch Nipperdey, für den die Würde die „Wesenheit des Menschen"[74] darstellt, die „in der Freiheit der Entscheidung und einem Geöffnetsein [...] für das Reich der sittlichen und geistigen Werte, für die Wertfülle des Lebens"[75] bestehe.

Von diesen Interpretationen beeinflußt, erklärte das Bundesverfassungsgericht schon in den fünfziger Jahren die Achtung der Menschenwürde, welche den „obersten Wert"[76] unserer Rechtsordnung bilde, zur vornehmsten Pflicht des Staates. Darum gehöre Artikel 1 zu den „tragenden Konstitutionsprinzipien"[77] unserer Verfassung, die allen übrigen Rechtsbestimmungen zugrundelägen. Es stand für die Bundesverfassungsrichter von Anfang an fest, daß dem Menschen schon vor aller Rechtsetzung eine eigene Würde zukommt, diese somit vorstaatliche Geltungskraft besitzt. In diesem Zusammenhang weist das höchste Gericht, überzeugt davon, daß der Mensch eine „geistig-sittliche Person"[78] darstellt, immer wieder auf deren „Eigenwert"[79] hin, der sich in ihrer „Freiheit"[80] und „Fähigkeit zu eigenverantwortlicher Lebensgestaltung"[81] äußere. Deshalb müsse jedem Menschen ein Recht auf „möglichst weitgehende Entfaltung seiner Persönlichkeit"[82], „geistige, politische und wirtschaftliche Freiheit"[83], kurz, ein Recht auf „Geistes-„[84] und „Handlungsfreiheit"[85] zugebilligt werden. Freiheit sei konstitutiv für die „unverlierbare Würde des Menschen"[86]; sie allein hebe die „menschliche Persönlichkeit auf die höchste Stufe der Wertordnung"[87]. Aus diesem Grund gebühre jedem Einzelnen auch ein „unantastbare[r] Bereich privater Lebensgestaltung, der der Einwirkung der öffentlichen Gewalt entzogen"[88] sei. Jedem Bürger soll „ein Innenraum verbleiben, in dem er sich selbst besitzt und in den er sich zurückziehen kann, zu dem die Umwelt keinen Zutritt hat, in dem man in Ruhe gelassen wird und ein Recht auf Einsamkeit genießt."[89]

Allerdings wollte das höchste Gericht damit nicht einem bindungslosen Individualismus oder einer schrankenlosen Freiheit das Wort reden: „Das Menschenbild des Grundgesetzes ist nicht das eines isolierten souveränen Individuums; das Grundgesetz hat vielmehr die Spannung Individuum-Gemeinschaft im Sinne der Gemeinschaftsbezogenheit und Gemeinschaftsgebundenheit der Person entschieden, ohne dabei deren Eigenwert anzutasten."[90] Anders formuliert: „Das Grundgesetz ist eine wertgebundene Ordnung, die den Schutz von Freiheit und Menschenwürde als den obersten Zweck allen Rechts erkennt; sein Menschenbild ist nicht das des selbstherrlichen Individuums, sondern das der in der Gemeinschaft stehenden und ihr vielfältig verpflichteten Persönlichkeit."[91] Noch einmal anders: „Der Staatsgewalt ist in allen ihren Erscheinungsformen die Verpflichtung auferlegt, die Würde des Menschen zu achten und sie zu schützen. Dem liegt die Vorstellung vom Menschen als einem geistig-sittlichen Wesen zugrunde, das darauf angelegt ist, in Freiheit sich selbst zu bestimmen und zu entfalten. Diese Freiheit versteht das Grundgesetz nicht als diejenige eines isolierten und selbstherrlichen, sondern als die eines gemeinschaftsbezogenen und gemeinschaftsgebundenen Individuums. Sie kann im Hinblick auf diese Gemeinschaftsgebundenheit nicht prinzipiell unbegrenzt sein. Der Einzelne muß sich diejenigen Schranken seiner Handlungsfreiheit gefallen lassen, die der Gesetzgeber zur Pflege und Förderung des sozialen Zusammenlebens in den Grenzen des bei dem gegebenen Sachverhalt allgemein Zumutbaren zieht; doch muß die Eigenständigkeit der Person gewahrt bleiben."[92]

Zu diesem Bild paßt, daß in der Entwertung des Einzelnen zum Objekt, sei es durch Mitbürger, Staat oder Verwaltung, vom Bundesverfassungsgericht Würdeverletzungen ersten Ranges gesehen werden. Unmißverständlich weist das höchste Gericht darauf hin: „Es widerspricht der menschlichen Würde, den Menschen zum bloßen Objekt im Staat zu machen."[93] An anderer Stelle heißt es ausführlicher: „Mit dem Begriff der Menschenwürde [...] ist der soziale Wert- und Achtungsanspruch verbunden, der es verbietet, den Menschen zum bloßen Objekt des Staates zu machen oder ihn einer Behandlung auszusetzen, die seine Subjektqualität prinzipiell in Frage stellt."[94] Danach darf der Mensch weder zum wehrlosen Mittel staatlicher Zwecke noch zum machtlosen Gegenstand politischer Willkür herabgesetzt werden.

Diese Formulierungen des Bundesverfassungsgerichts gehen auf *Dürig* zurück, bei dem zu lesen ist: „Die Menschenwürde als solche ist getroffen, wenn der konkrete Mensch zum Objekt, zu einem bloßen Mittel, zur vertretbaren Größe herabgewürdigt wird."[95] Ähnliches steht bei *Nipperdey*, der gleichfalls betont: „Die Menschenwürde erfordert es, den Einzelnen nicht als Objekt öffentlicher Machtausübung, sei es auch fürsorglicher Art, zu behandeln."[96] Niemand darf als bloße Sache behandelt, unter die vollständige Verfügungsgewalt des Staates oder eines anderen Menschen gestellt, als anonyme Nummer oder ohnmächtiges Rädchen im Getriebe entwertet werden. Darauf zielt die genannte Objektformel, die aufgrund ihrer Allgemeinheit jedoch wieder nur eine Richtung andeutet, in welcher Würdeverletzungen aufgespürt werden können.

Nun ist zwar die sogenannte Objektformel erst durch Dürig in die Urteile des Bundesverfassungsgerichts eingeflossen, doch stammt sie nicht von ihm. Ihr wahrer Urheber heißt Kant, der, wie bereits ausgeführt, den Menschen als sittlich gebundenes, freies Wesen beschreibt, das niemals nur als Objekt oder Mittel gebraucht werden darf. Somit ist Kants Moralphilosophie die eigentliche geistesgeschichtliche Quelle des Bundesverfassungsgerichts, wie überhaupt auf ihn die Bestimmung des Menschen als geistig-sittlichen Wesens zurückgeht, die Begründung der Menschenwürde aus der sittlichen Autonomie des Einzelnen, aus dessen Fähigkeit zu verantwortlicher Selbstbestimmung.

Doch schränkte das Bundesverfassungsgericht 1970 die Objektformel überraschenderweise ein. Damals vertraten die Richter die Auffassung, daß eine Verletzung der Menschenwürde nicht schon durch die Entwertung des Einzelnen zum Mittel oder Objekt hervorgerufen werde, sondern erst durch eine zusätzliche, damit verbundene negative Grundhaltung. Man sagte, die Herabsetzung des Menschen zum Objekt wird erst dann eine Würdeverletzung, wenn dem auch eine menschenverachtende Einstellung zugrundeliege. Wörtlich heißt es: „Der Mensch ist nicht selten bloßes Objekt nicht nur der Verhältnisse und der gesellschaftlichen Entwicklung, sondern auch des Rechts, insofern er ohne Rücksicht auf seine Interessen sich fügen muß. Eine Verletzung der Menschenwürde kann darin allein nicht gefunden werden. Hinzukommen muß, [...] daß in der Behandlung im konkreten Fall eine willkürliche Mißachtung der Würde des Menschen liegt. Die Behandlung des Menschen durch die öffentliche Hand [...] muß also, wenn sie die Menschenwürde berühren soll, Ausdruck der Verachtung des Wertes, der dem Menschen kraft seines Personseins zukommt, also in diesem eine verächtliche Behandlung sein."[97] Diese Relativierung der Objektformel stieß in der Fachwelt gleichermaßen auf Unverständnis und Ablehnung wie auf Verständnis und Zustimmung.

Hintergrund der Einschränkung war die Frage nach der Zulässigkeit geheimer Überwachungsmaßnahmen zum Schutze der Staatssicherheit. Diese standen im Verdacht, die betroffenen Bürger zu reinen Objekten nachrichtendienstlicher Tätigkeiten zu machen, was, wenn es so wäre, gegen die menschliche Würde verstieße. Allgemein rechtfertigten die Befürworter alle bis dahin erfolgten Abhörungen und Beschattungen mit dem Argument, daß die Menschenwürde zwar Vorrang habe gegenüber dem Staat, aber nachrangig sei gegenüber dem Schutz seiner Sicherheit, der ein verfassungsrechtliches Gebot höchsten Ranges darstelle, dem die Würdegarantie unter bestimmten Umständen nachgeordnet sei. Sicherlich falle das vielen schwer zu akzeptieren, aber der Staat habe nun einmal Schutzpflichten nicht bloß dem Einzelnen gegenüber, sondern gegen alle Bürger und damit zusammenhängend auch gegen die freiheitlich-demokratische Grundordnung, ohne die es keine menschenwürdigen Verhältnisse geben könne. Wer das verstanden habe, der sehe auch die Notwendigkeit sogenannter „Lauschangriffe" ein, die bereits dadurch vertretbar würden, daß sie gerichtlicher Kontrolle unterstünden und die Betroffenen nachträglich von ihrer Überwachung erführen, solange freilich der Zweck der Überwachung dadurch nicht gefährdet sei.

Doch ob man dem zustimmt oder nicht, das grundsätzliche Problem – daß solche Maßnahmen die überprüften Bürger zu Objekten staatlicher Gewalt machen – ist damit nicht gelöst. Dabei stellen geheime Überwachungen nicht nur nach der Objektformel einen schweren Verstoß gegen die Menschenwürde dar, sie stellen die Würde als höchsten Wert und oberstes Verfassungsprinzip überhaupt in Frage. Aus genau diesem Grunde schränkte man 1970 die Objektformel ein, nun plötzlich überzeugt, daß die Herabsetzung eines Bürgers als Objekts nicht automatisch seine Würde verletze. Allerdings blieb dieser Meinungsumschwung der höchsten Richter nicht unwidersprochen. Zahlreiche Juristen erhoben hiergegen ihre Stimme, darauf beharrend, daß die Behandlung des Menschen als Objekts auch dann eine Würdeverletzung darstelle, wenn sich dahinter keine Geringschätzung der Person verberge.[98] Diese Auffassung deckte sich mit dem abweichenden Sondervotum eines Verfassungsrichters, der meinte, daß der Mensch „nicht unpersönlich, nicht wie ein Gegenstand behandelt werden [dürfe], auch wenn es nicht aus Mißachtung des Personenwertes, sondern in guter Absicht"[99] geschehe. Dem massiven Druck der Fachwelt nachgebend, ließ das Bundesverfassungsgericht in der Folge die genannte Einschränkung wieder fallen und erneuerte die Objektformel in ihrer ursprünglichen Form.

Jedoch war damit das Rechtsverhältnis zwischen der durch Artikel 1 geschützten Privatsphäre und dem Schutz der inneren Sicherheit nach wie vor ungeklärt. Hierzu sei vermerkt, daß weder damals noch heute eine glatte Lösung dieses Problems in Sicht ist und mehr als ein Kompromiß nicht zu erwarten steht. Dieser könnte sich aus der Erkenntnis ergeben, daß Sicherung des freiheitlich-demokratischen Staates tatsächlich zugleich Schutz der individuellen Würde der Bürger bedeutet, woraufhin alle dazu durchgeführten Überwachungsmaßnahmen, obwohl sie gegen die Objektformel und damit die Menschenwürde verstießen, letztlich doch in deren Dienste stünden. Wenn das stimmt, dann sollten die Bürger schon aus wohlverstandenem Eigeninteresse Verständnis für grundrechtliche Beschränkungen aufbringen, wie das Grundgesetz sie in Artikel 10 ausdrücklich fordert, wobei selbstverständlich die individuelle Würde immer wieder von neuem gegen die freiheitlich-demokratische Grundordnung abgewogen werden muß.

Aber nicht nur unter diesem Aspekt scheint eine Einschränkung der Objektformel unumgänglich zu sein, in einer anderen ist sie ebenso unvermeidlich: Wir können nicht umhin, uns anderer Personen als Werkzeuge für eigene Ziele zu bedienen. In der modernen Massengesellschaft sind die Menschen oftmals füreinander Objekt und Mittel zum Zweck: der Busfahrer für den Fahrgast, der narkotisierte Patient für den ihn operierenden Arzt, der Bürger für die Verwaltung. Aber eine Würdeverletzung stellen diese zeitweiligen Aufhebungen menschlicher Personalität nicht dar, solange im Gegenüber immer auch ein Subjekt mit unbedingtem Selbstwert gesehen wird. Behandelte man dieses dagegen ausschließlich als Objekt, so beschädigte man ohne Frage seine Würde. Aus diesem Grund schrieb Kant, daß niemand bloß als Objekt oder Mittel für andere mißbraucht werden darf, nicht aber, daß ein Mensch überhaupt nicht als Objekt oder Mittel gebraucht werden darf. Er hielt eine Verdinglichung und Vereinnahmung anderer Menschen für eigene Zwecke mit ihrer Würde vereinbar, wenn die Betroffenen zugleich als freie, sittliche Personen anerkannt blieben.

Solch eine vernunftphilosophische Würdeauffassung steht im Mittelpunkt unseres grundrechtlichen Wertesystems, für das darüber hinaus Achtung der Menschenrechte, Gewaltenteilung, Volkssouveränität, Chancengleichheit der Parteien und ähnliche Grundsätze kennzeichnend sind. Diese bilden zusammen die sogenannte „Wertordnung des Grundgesetzes" mit der Menschenwürde als „oberste[m] Wert."[100]

Aber warum soll man ausgerechnet eine vernunftphilosophische Auslegung der Würdeidee befürworten? Wie läßt sich eine solche Bevorzugung vor allen religiös-metaphysischen und naturrechtlichen Begründungen rechtfertigen, die der Parlamentarische Rat zurückgewiesen hatte? Freilich ist eine Würdeinterpretation, die auf der Philosophie Kants fußt, an sich nicht verwerflich, die Frage allein ist, ob die „Hüter der Verfassung" durch solch eine Interpretation nicht mit einemmal zu „Herrn der Verfassung" geworden sind, wie *Carl Schmitt* meinte.[101] Im ganzen lassen sich drei Formen der Grundgesetzauslegung unterscheiden: Ableitung, Deutung und Fortbildung. Mehrfach wurde bereits darauf hingewiesen, daß die Interpretation der Würdeidee keine methodische Ableitung von etwas im voraus schon Feststehendem ist. Das heißt, aus dem mehr als zweitausend Jahre alten Würdebegriff läßt sich nicht seine wahre Bedeutung deduzieren. Statt dessen kann man nur mehr oder weniger überzeugende Interpretationsvorschläge ausarbeiten, bei denen das Moment der persönlichen Entscheidung immer eine gewisse Rolle spielen wird. Eine Rechtsauslegung auf rein logischem Wege ist jedenfalls unmöglich; deshalb vollzieht sich auch die Verfassungsrechtsprechung von Anbeginn im Erwägen und Abwägen unterschiedlicher Argumente, die es manchmal als gerechtfertigt erscheinen lassen, der einen oder anderen Bedeutungsvariante des Würdebegriffs den Vorzug zu geben.

Nun stellt sich mit Blick auf diese allgemeine Erkenntnis die delikate Frage, ob die vernunftphilosophische Auslegung der Würdeidee über solche Argumente verfügt. Weiter ist zu fragen, ob besagte Würdeinterpretation eher eine rechtsdeutende oder rechtsschöpferische Leistung darstellt: Holen die Bundesverfassungsrichter aus dem Würdebegriff einen ihm innewohnenden Sinn heraus oder legen sie einen solchen erst hinein, um so die bekannten Unklarheiten bezüglich der Würdeidee zu beseitigen? Angenommen, letzteres wäre der Fall, dann überschritte das Bundesverfassungsgericht die Grenzen der bloßen Deutung, da es eine Rechtsergänzung durchführte bzw. eine Rechtslücke ausfüllte. Die höchsten Richter bildeten das Recht fort, ja, sie erzeugten dieses erst, und setzten dadurch ihre vielgerühmte Unabhängigkeit aufs Spiel. Um es mit *Carl Schmitt* zu sagen: „Sieht man die Aufgabe eines Verfassungsgerichtshofes darin, daß er Zweifel über den Inhalt einer Verfassungsbestimmung außer Zweifel stellt, so ist das, was er tut [...] nicht mehr Justiz, sondern eine unklare Verbindung von Gesetzgebung und juristischer Begutachtung."[102] Dann aber dürften die „Hüter der Verfassung" so nicht mehr genannt werden, es wäre besser, sie „Herren der Verfassung" zu nennen.

Bis heute ist das dargelegte Problem, ob und wieweit das Bundesverfassungsgericht rechtsschöpferisch tätig werden darf, unentschieden, umstritten, und auch hier kann es nicht auf zufriedenstellende Weise gelöst werden. Ohnehin geht es an dieser Stelle um ein viel grundsätzlicheres Problem als um die bloße Feststellung, daß die Richter, indem sie „Würde" definieren, weniger Recht erklären als vielmehr erschaffen. Es geht um die grundsätzliche Erkenntnis, daß das höchste Gericht die Würde des Menschen erst dann bestimmen und begründen kann, wenn es auch rechtsschöpferisch oder rechtsergänzend tätig werden darf; andernfalls kann es überhaupt keine klare Vorstellung von Würde entwickeln. Wenn das zutrifft, und daran zu zweifeln besteht keinerlei Anlaß, dann können die Bundesverfassungsrichter gar nicht anders, als bei der Beschreibung der Menschenwürde von einem bestimmten Menschenbild auszugehen, welches auch immer es sein mag. Hierauf zu verzichten hieße, alle Begründungsfragen bezüglich der Menschenwürde auszuklammern und diese bis zu dem Punkt zu entleeren, an dem sie so gut wie nichts mehr beinhaltete.

Soll sich aber die unantastbare Wesenswürde des Menschen nicht völlig verflüchtigen, so scheint deren Interpretation mit Hilfe religiös-metaphysischer oder vernunftphilosophischer Ideen unumgänglich zu sein. Darum treten heute die meisten Denker entweder für eine vernunftphilosophische Würdeinterpretation ein oder für die Fortsetzung der christlich-metaphysischen Tradition, da sich nur so die alte Würdeidee retten lasse, während wieder andere grundsätzliche Zweifel an der Wahrheit und Verbindlichkeit unseres kostbarsten Verfassungswertes hegen.

4
Die Würde des Menschen – Eine Illusion

Herkömmlicherweise wird zwischen überpositivem und positivem Recht unterschieden, wobei ersteres für alle Rechte steht, die sich aus der Wesensnatur des Menschen ergeben, diesem also aufgrund seines Menschseins zukommen. Rechte dieser Art besitzen universale Gültigkeit; sie gelten als dem Menschen angeboren und haben deshalb vorstaatlichen Charakter – keine Rechtsordnung kann sie erschaffen; sie sind vorgegeben, denn sie verdanken ihre Existenz nicht den Menschen. Deshalb können die Bürger sie auch niemals vom Staat verliehen bekommen, dessen Verfügung sie gänzlich entzogen sind. Keinesfalls dürfen sie als vom Staat gewährte Privilegien verstanden werden, die dieser seinen Bürgern nach Belieben gewähren oder wegnehmen darf. Das widerspräche ihrer „Überpositivität", der zufolge sie ja über jede menschliche Setzung und Vereinbarung erhaben sind.

Im Gegensatz dazu bezeichnet das positive Recht das von Menschen geschaffene Recht, wobei als rechtsetzende Instanz ein König, eine Gruppe von Machthabern oder das ganze Volk in Frage kommt. Wie bereits ausgeführt, nennt man einen solchen Standpunkt, nach dem die Rechtsordnung einzig und allein auf menschlicher Autorität gründet, Rechtspositivismus. Doch bedeutet dieser Ausdruck nicht nur soviel wie originäre Rechtserschaffung, sondern auch Aufnahme rechtlicher Grundsätze in geltende Gesetze oder eine geschriebene Verfassung. So gesehen meint Rechtspositivierung zweierlei: einerseits Recht setzen, andererseits gesetztes Recht einbinden in eine erst zu etablierende oder bereits institutionalisierte Rechtsordnung, um es dadurch zu sichern, durchsetzbar und einklagbar zu machen. Allerdings läßt sich nicht allein von Menschen geschaffenes Recht in eine verfassungspolitische Ordnung eingliedern und dadurch in erzwingbares Recht verwandeln, sondern auch überpositives Recht. Dieses ist nur unvereinbar mit dem reinen Rechtspositivismus als dem genauen Gegenteil des Naturrechts. Näher betrachtet ist es sogar so, daß das überpositive, vorstaatliche Recht, wenn es geschützt und einforderbar werden soll, der rechtlichen Positivierung durch Aufnahme in eine Verfassung bedarf.

Dann heißt, das überpositive Recht in positivem zu verankern, es aus dem metaphysisch-moralischen Rahmen herauszunehmen und in den Schutzbereich einer Staatsordnung hineinzustellen. Durch solche Einbindung vorstaatlicher, metaphysisch-moralischer Rechte in ein staatliches Rechtssystem werden den Bürgern aber keine überpositiven Rechte *gewährt* - was deshalb unmöglich ist, da angeborene Rechtsansprüche sich grundsätzlich nicht verleihen lassen – sondern diese lediglich *gewährleistet*, das heißt bloß deren Schutz und Achtung garantiert.

Nun besitzen, wenn überhaupt, nur wenige Rechte überpositive Gültigkeit; die meisten beruhen auf menschlicher Vereinbarung und haben so ausschließlich positiven Charakter. Von Rechten dieser Art wird im allgemeinen erwartet, daß sie sich an den überpositiven messen lassen, mit diesen vereinbar sind, ihnen nicht widersprechen; andernfalls sollen sie nicht als echtes Recht anerkannt werden. Damit fungiert das positivierte überpositive Recht zugleich als übergeordneter Maßstab für die Beurteilung der Rechtmäßigkeit des bloß positiven Rechts, gleichsam als ein Fundament, auf dem letzteres errichtet sein soll. Nur soweit und solange das rein positive Recht mit dem überpositiven übereinstimmt, gilt es als gerecht und gerechtfertigt. So hat das positivierte überpositive Recht, das zunächst für sich steht und um seiner selbst willen geachtet werden soll, gleichzeitig die Aufgabe, rein positives Recht zu normieren, limitieren und zu legitimieren.

Mit ihrem Bekenntnis zur unantastbaren Menschenwürde haben der *Parlamentarische Rat* und das *Bundesverfassungsgericht* überpositives Recht für gültig erklärt. Wörtlich heißt es in einem höchstrichterlichen Urteil: „Das Bundesverfassungsgericht erkennt die Existenz überpositiven, auch den Verfassungsgesetzgeber bindenden Rechts an und ist zuständig, das gesetzte Recht daran zu messen."[1] Schon die Würdeidee sei ein solches vorstaatliches, überpositives Rechtsgut, welches seit Bestehen des Bundesverfassungsgerichts immer wieder mit Hilfe der kantischen Vernunftphilosophie ausgelegt wird, ohne daß man diese ausdrücklich nennt. Nun halten einige diesen Ansatz aber für zu schwach, um den höchsten Rechtswert darauf gründen zu können, wohingegen andere, wie gesagt, dessen Vorstaatlichkeit und Überpositivität überhaupt in Zweifel ziehen.

Das Problem der weltanschaulichen Neutralität

Bei *Ludwig Feuerbach* kann man lesen, „der Glaube an Gott [ist] nichts als der Glaube an die menschliche Würde"[2], die eine religiöse Eigenschaft darstelle. Tatsächlich sind heute zahlreiche Menschen davon überzeugt, daß die politisch-rechtliche Idee der Menschenwürde, die für sich betrachtet überpositive, vorstaatliche Gültigkeit habe, nicht allein christlichen Ursprungs sei, sondern auch von religiös-metaphysischen Hintergrundannahmen zehre, ohne die sie zugrunde gehen müsse. Verständlicherweise vertreten die großen Kirchen einen solchen Standpunkt. Dazu heißt es im *Evangelischen Erwachsenenkatechismus*: „Recht kann zwischen Menschen nur gesetzt und unter ihnen bewahrt werden, wenn wir uns bewußt bleiben, daß wir Leben und Würde nicht aus eigener Macht besitzen"[3], sondern von Gott empfangen haben. Dieser habe uns Menschen eine unverlierbare Würde verliehen, indem er uns als sein Ebenbild erschuf, durch Christus erlöste und uns die Freiheit schenkte, das Leben in eigener Verantwortung zu führen.

Das gleiche steht im *Katechismus der Katholischen Kirche*: „Die Würde des Menschen wurzelt in seiner Erschaffung nach

Gottes Bild und Ähnlichkeit."[4] Niemand sei hiervon ausgenommen, was üblicherweise so begründet wird: „Weil alle Menschen nach dem Bilde des einzigen Gottes geschaffen und mit der gleichen vernunftbegabten Seele ausgestattet sind, haben sie die gleiche Natur und den gleichen Ursprung. Da sie durch das Opfer Christi erlöst wurden, sind alle berufen, an der gleichen göttlichen Seligkeit teilzuhaben. Alle Menschen erfreuen sich somit der gleichen Würde"[5], die sich ebenso an ihrer Fähigkeit zu freiem, sittlichem Handeln zeige. Mit ähnlichen Worten wird die sogenannte „Königswürde des Menschen"[6] auch in fast allen neueren *Enzykliken*[7] und den Dokumenten des *Zweiten Vatikanischen Konzils*[8] beschrieben.

Hochangesehene Gelehrte der Gegenwart haben sich dieser Position der beiden großen Kirchen angeschlossen, überzeugt davon, daß die Menschenwürde ein wahres Geschenk des Himmels sei, das in Gott gründe, der höher stehe als alle Vernunft. So schreibt etwa der katholische Existentialist *Marcel*: Um den Menschen mit „seine[r] wesenhafte[n] Würde"[9] angemessen begreifen zu können, ist es notwendig, diese als „heilige Qualität zu erklären"[10]. Politischer in der Formulierung, aber gleichen Sinns auch *Starck*: „Das Recht [...] muß das Unergründliche des Menschen in Betracht ziehen, also das Fenster zur Metaphysik offenhalten. [Denn] ohne Metaphysik wäre der Mensch restlos der überlegenen staatlichen Macht ausgeliefert"[11]. Damit es nicht dazu kommt, darf nicht auf jede metaphysische Begründung der Menschenwürde verzichtet werden, was außer Starck auch *Kriele* findet, bei dem man lesen kann: „Die Idee der Menschenwürde steht und fällt mit der Annahme, daß [...] vor dem Urknall noch der Logos war, aus dem alles geworden und ohne den nichts geworden ist, und daß dieser in irgendeiner Weise in das menschliche Leben hineinwirkt – eine solche oder ähnliche Annahme ist heute wie früher Mindestbedingung für die Achtung vor dem Menschen. Menschenwürde im Verständnis der politischen Aufklärung ist ein metaphysischer Begriff"[12], dessen geistige Wurzeln im christlichen Abendland liegen. Daher hieße das Recht davon abschneiden, der menschlichen Wesenswürde die Grundlage zu entziehen.

Diese Meinung teilen außer Ratschow[13] und Beck[14] auch Isensee, Spaemann und Böckenförde, denen zufolge die Idee der Menschenwürde eine Anerkennung der christlichen Tradition voraussetzt: „Die dignitas humana hat keine andere Begründung als den christlichen Glauben"[15], schreibt *Isensee*, und *Böckenförde* unterstreicht, daß ohne religiös-theologisches Fundament die Menschenwürde keinen tragfähigen Grund mehr habe, da sie von Voraussetzungen lebe, die sie sich selbst nicht geben könne.[16] Die gleiche Meinung vertritt, wie gesagt, *Kriele*, für den die Menschenwürde „ohne ihre metaphysischen und religiösen Wurzeln nicht zu begreifen"[17] ist. Ähnlich *Spaemann*: „Der Begriff Würde meint etwas Sakrales: er ist im Grunde ein religiös metaphysischer."[18] Allerdings versieht er diese These mit einer wichtigen Einschränkung, wenn er betont, „daß die Achtung der Menschenwürde nicht vom christlichen Glauben abhängt. Auch Atheisten können die Menschenwürde achten, sind aber letztlich außerstande, dies schlüssig zu begründen."[19]

Spaemann zustimmend, beurteilen alle genannten Autoren rein vernunftphilosophische Begründungsansätze als verfehlt und gescheitert. Das Bild vom Menschen als eines mit Vernunft und freiem Willen begabten, zu Verantwortung fähigen Wesens sei ohne Einbettung in religiös-metaphysische Deutungsmuster haltlos, gleichsam ohne festen Boden. Deshalb können, so *Ratschow*, „Würde und Unantastbarkeit des Menschen [...] nicht allein aus seiner Vernunftnatur[20] abgeleitet werden, zumal letztere ohnehin nichts als die säkularisierte Form der christlichen Personalitätsidee sei. Dem entsprechend versuchen alle religiösen Denker der Gegenwart den Würdebegriff in eine krisensichere theologische Begriffsform zu bringen, in der festen Überzeugung, daß die Erhabenheit der menschlichen Person weniger von ihrer Vernunft als von ihrer Geschöpflichkeit abhänge.

Nun ist aber in einer pluralistischen Gesellschaft wie der unsrigen, in der sich die multikulturellen Gegensätze zunehmend verschärfen, das christlich-metaphysische Würdeverständnis schon lange nicht mehr für jedermann nachvollziehbar. Durch die auf allen gesellschaftlichen Ebenen ablaufenden Säkularisierungsprozesse ist der christliche Glaube mittlerweile für zahlreiche Menschen unverständlich geworden – und die Menge derer, auf die das zutrifft, wächst.

Allgemein versteht man unter Säkularisierung einen Prozeß, durch den Teile der Gesellschaft aus der Herrschaft religiöser Institutionen entlassen werden. Dazu gehören die moderne Trennung von Staat und Kirche, die Entflechtung von Politik und Religion, die Emanzipation des Rechts- und Bildungswesens sowie der Erziehung, Kunst, Philosophie und Wissenschaft von der Autorität der christlichen Kirchen. Religion sei reine Privatangelegenheit, wird gesagt, nicht aber Sache des Staates, der zu seiner Legitimation heute keinen religiösen Hintergrund mehr benötige.

Darüber hinaus bedeutet Säkularisierung aber auch Abschwächung des kirchlichen Einflusses auf unsere verschiedenen kulturellen Bereiche. Mit dem Schwinden der Religion aus der Gesellschaft und ihrer Entwertung zu einem gesellschaftlichen Teilsystem unter anderen ist ein Verlust des religiösen Deutungsmonopols letzter Wahrheiten verbunden. Hierzu paßt, daß in Wirtschaft und Technologie, Politik und Verwaltung, Wissenschaft und Recht, Kultur und Kunst religiös-metaphysische Vorstellungen kaum noch eine Rolle spielen. Eine solche Abnahme der prägenden Kraft religiöser Inhalte in den verschiedenen Bereichen der Gesellschaft ist eine unbestreitbare Tatsache. Doch sind die Strukturen der modernen Welt nicht nur für sich betrachtet säkular, von ihnen geht auch eine nicht zu unterschätzende säkularisierende Wirkung aus. Moderne Massendemokratie, Verstädterung, wachsende Mobilität, Gruppenpluralismus, die industrielle Arbeitswelt und Dienstleistungsgesellschaft sowie die modernen Formen des Freizeitverhaltens, der Unterhaltung, Geselligkeit, Bildung, Kunst und Kommunikation stehen nicht nur außerhalb jeder religiösen Wirklichkeitsdeutung, sie produzieren auch ständig Reflexionsstrukturen, in denen immer weniger Platz für metaphysische Deutungen übrigbleibt. So gibt es außer einer Säkularisierung von Kultur und Gesellschaft auch eine des Bewußtseins. Sie bezeichnet die zunehmende Irrelevanz religiöser Momente für das tägliche Leben der heutigen Menschen und damit einhergehend deren wachsende

Distanz zu Religion und Kirche. In einer liberalen Gesellschaft wie der unsrigen, in der eine Vielzahl konkurrierender Überzeugungen und Wertesysteme nebeneinander bestehen, erklären sich immer mehr Bürger ihr Dasein auch ohne religiöse Deutungsmuster.

Vor diesem Hintergrund erscheint es nur allzu verständlich, daß sich die bisherige Rechtsprechung des Bundesverfassungsgerichts jede religiös-metaphysische Begründung der Menschenwürde versagte. Angesichts einer immer weiter um sich greifenden Säkularisierung besitzt die stärker im Weltlichen verbleibende vernunftphilosophische Interpretation der Menschenwürde eine größere Plausibilität als alle religiös-metaphysischen Deutungsansätze, und findet darum auch beim Bundesverfassungsgericht mehr Zustimmung, wie weiter oben dargelegt wurde.

In der heutigen Philosophie gibt es verschiedene Versuche, den Menschen von der Vernunft her zu auszulegen; stellvertretend für viele andere seien nur zwei Ansätze genannt. Auf der Linie Kants erblicken *Honnefelder* und *Baumgartner* die Würde des Menschen in dessen Fähigkeit zu freiem, moralischem Handeln sowie in der Macht, sich von den Neigungen der eigenen Triebnatur zu lösen. Sie sind der Auffassung, daß „Würde jedem Menschen zukommt, insofern er ein individuelles sittliches Subjekt, d.h. ein in Freiheit durch Vernunft sich zum Handeln bestimmendes Wesen ist“[21], und betonen in diesem Zusammenhang, daß die Achtung vor der Würde des Menschen das „Fundament aller moralischen Verbindlichkeit“[22] bildet. Ähnlich vermerkt *Wagner*, dessen Überlegungen stärker neukantianisch ausgerichtet sind, „daß der Mensch und er allein eine unantastbare Würde besitzt.“[23] Denn nur der Mensch sei leistendes Subjekt, Träger von Wahrheit, trotz aller Endlichkeit und Bedingtheit fähig zu objektiver Welterkenntnis, zweckmäßiger Verhaltenslenkung sowie technischer Wissensanwendung, worauf seine einzigartige Würde beruhe: „Darin, daß der Mensch (jedenfalls auch) Subjekt ist und daß er allein Subjekt in der Welt und Natur ist, – darin wurzelt die einmalige, absolute, unantastbare Würde des Menschen, und darum ist der Beweis für die Würde des

Menschen mittels des Beweises seines Subjektcharakters zu führen."[24] Kein anderes Lebewesen außer dem Menschen besitze objektiv gültiges Wissen, was ihn auf eine höhere Stufe als alle übrigen Geschöpfe stelle und seine einmalige Würde beweise. Wenn auch „die menschliche Spezies wie jede andere lebende Art ein Produkt der Natur"[25] sei, so dürfe der Mensch doch niemals bloß als „ein Stück Natur und Welt"[26] angesehen werden. Denn als Erkenntnissubjekt gehört er, so Wagner, „nicht zu dem, was sein Objekt ist; und weil prinzipiell alles sein Objekt werden kann, gehört das Subjekt als Subjekt prinzipiell nicht zum All möglicher Objekte, gehört er nicht zur Welt."[27] Man erkennt, wie zwei Jahrhunderte zuvor für Kant so ist auch für Wagner der Mensch ein teils der Natur zugehöriges Lebewesen, teils der Natur entrücktes Vernunftwesen.

Nun wird heute jedoch nicht nur die Gottebenbildlichkeit des Menschen und seine damit verbundene Sonderstellung in der Natur angezweifelt, sondern auch jede Deutung des Menschen als eines aus der Natur herausragenden, sittlich gebundenen, freien Vernunftwesens; Hinweise auf irgendwelche Änderung der allgemeinen Richtung des Zeitgeistes sind nicht zu erkennen. Schwerer als diese gesellschaftliche Entwicklungstendenz wiegt allerdings die grundsätzliche Erkenntnis, daß jede religiös-metaphysische oder vernunftphilosophische Interpretation der Menschenwürde durch das Bundesverfassungsgericht im Widerspruch zur grundrechtsdogmatisch verankerten Neutralität unseres Staates steht. So ist es diesem verboten, seine Bürger auf eine bestimmte Weltanschauung festzulegen, was aber genau dann der Fall wäre, wenn man das christliche oder vernunftphilosophische Menschenbild der Idee der Menschenwürde auf allgemeinverbindliche Weise unterlegte.

Dem widerspricht bereits der einfache Sachverhalt, daß sich ein weltanschauungsneutrales, liberales Gemeinwesen doch gerade durch Freiheit und Vielheit, das heißt durch ein Stimmengewirr zahlreicher Interessengruppen mit unterschiedlichen Menschenbildern, Weltanschauungen und Wertvorstellungen auszeichnet. Trotz sich verschärfender Gegensätze existieren diese bei uns verhältnismäßig friedlich nebeneinander. Heute gelten

Meinungsvielfalt und Unterschiedlichkeit als charakteristische Merkmale einer intakten Gesellschaft, in der es ein weites Spektrum einander widersprechender Ansichten darüber gibt, woraus die Welt im letzten besteht und wie ein rechtschaffenes oder gelungenes Leben aussehen sollte. Zweifellos verdient solch eine offene Gesellschaft, in der die Bürger einander ihre Meinung lassen und sich gegenseitig achten, unser aller Unterstützung, doch ist nicht zu übersehen, daß der Pluralismus auch ein schweres Hindernis darstellen kann bei der Lösung konkreter ethischer Fragen. Davon abgesehen muß dem Pluralismus schon allein deshalb eine Grenze der Toleranz gesetzt werden, weil nur innerhalb eines bestimmten Rahmens Freiheit und Vielheit möglich sind, worauf noch näher einzugehen sein wird.

Alles in allem ist aber der Pluralismus, sei er religiöser, weltanschaulicher oder politischer Art, das Markenzeichen einer freien Welt, in der Menschen mit ganz unterschiedlichen Überzeugungen, Weltanschauungen und Wertvorstellungen zu friedlicher Koexistenz aufgefordert sind. Darum sollte man eine Öffentlichkeit mit einander widerstreitenden Interessen, verschiedenen Lebensformen und gegensätzlichen Menschenbildern auch weniger beklagen als vielmehr gutheißen, da es eine unerträgliche Form der Tyrannei wäre, wenn Staat und Gesellschaft heute dem Einzelnen noch bestimmte Lebensformen, Glaubenssätze oder Überzeugungen aufzwingen würden. Genau das hat in der Vergangenheit häufig zu Religions- und Bürgerkriegen und später zu Diktaturen geführt. Deshalb haben unsere Verfassungsväter durch Art. 3 Abs. 3 und Art. 4 Abs. 1 des *Grundgesetzes*, in welchen den Bürgern Weltanschauungsfreiheit garantiert wird, dem Pluralismus eine rechtliche Grundlage geschaffen.[28] Wörtlich heißt es in den genannten Artikeln: „Die Freiheit des Glaubens, des Gewissens und die Freiheit des religiösen und weltanschaulichen Bekenntnisses sind unverletzlich. [...] Niemand darf wegen [...] seines Glaubens, seiner religiösen und politischen Anschauungen benachteiligt oder bevorzugt werden." Man hatte erkannt, daß das friedliche Zusammenleben freier Menschen erst in einer Gesellschaft möglich ist, die ihren Bürgern gestattet, in weltanschaulichen Fragen unterschiedlicher Meinung zu sein.

Darum betont auch Artikel 18 der *Allgemeinen Erklärung der Menschenrechte*: „Jeder Mensch hat Anspruch auf Gedanken-, Gewissens- und Religionsfreiheit."

Hinter dieser liberalen Haltung der zivilisierten Staaten steckt einmal die pragmatische Erkenntnis, daß wir Menschen uns in Fragen nach dem Wert des Lebens und dem Sinn der Welt wohl niemals ganz einigen werden, dann die philosophische Überzeugung, daß sich auf Weltanschauungsfragen keine allgemeinverbindlichen Antworten geben lassen, und schließlich die juristische Einsicht, daß pluralistische Gesellschaften ihren Bürgern selbst die Beantwortung weltanschaulicher Fragen überlassen müssen, wenn sie als solche gelten wollen.

Die institutionelle Durchsetzung dieser grundlegenden Erkenntnisse muß als große Errungenschaft bewertet werden. Noch im 19. Jahrhundert tobte in Deutschland ein erbitterter „Kampf der Weltanschauungen"[29], wie *Haeckel* den Konflikt zwischen Religion und Naturwissenschaften nannte. Heute betrachtet man gerne jene Auseinandersetzungen, in denen wissenschaftliche Welterklärung und religiöse Weltdeutung einander scharf gegenüberstanden, als erledigt. Der Konflikt scheint weitgehend entschärft, weil man wissenschaftliche Tatsachen von weltanschaulichen Aussagen zu unterscheiden gelernt hat. Es herrscht ein breiter Konsens darüber, daß Wissenschaft kein Glaubensersatz, Glaube kein Wissenschaftsersatz sein kann. Deshalb ist es mittlerweile nicht mehr vorstellbar, daß es im Bundestag zu Debatten über die Vereinbarkeit von Darwins Abstammungslehre mit der christlichen Schöpfungsidee kommen könnte wie 1883 im Preußischen Landtag, was Lübbe treffend erkannte.[30] Andererseits läßt sich kaum leugnen, daß auch hinter manch politischer Diskussion unserer Tage ein mit den damaligen Wortgefechten vergleichbarer Kampf der Weltanschauungen steht. Man denke nur an den Streit um den §218 StGB, auf den an späterer Stelle ausführlich eingegangen sei.

Nun hat aber die Philosophie des ausgehenden 19. und beginnenden 20. Jahrhunderts gezeigt, daß Weltanschauungsfragen, die sich auf die gesamte Wirklichkeit und das Leben im letzten beziehen, nicht allgemeingültig beantwortbar sind. Herkömmlicherweise waren für deren Beantwortung Religion und Metaphysik zuständig, die mit der Weltanschauungsphilosophie, welche erst in der zweiten Hälfte des 19. Jahrhunderts entstanden ist, eines verbindet: Auch ihnen geht es um das Ganze des Seins, die Frage nach der Bedeutung des Menschen eingeschlossen. Im Unterschied zur Weltanschauungsphilosophie war aber die traditionelle Metaphysik davon überzeugt, das Ganze der Wirklichkeit auf der Grundlage zwingender Beweise mit absoluter Gewißheit erkennen zu können. Nur hat sie ihr Versprechen nicht gehalten; genaugenommen ist sie gerade an ihrem Anspruch sicherer Beweisführungen auf klägliche Weise gescheitert. Nach und nach mußte man einsehen, daß es auf dem Gebiet der letzten Fragen keine festen Wahrheiten und endgültigen Gewißheiten gibt.

Für diese Ernüchterung steht die Weltanschauungsphilosophie, welche davon ausgeht, daß die letzten Menschheitsfragen auch ohne zwingende Beweise beantwortet werden können, und zu deren Eigenart gehört, die Forderung nach strenger Allgemeingültigkeit und sicherer Begründung aufgegeben zu haben. Doch enthält sich die Weltanschauungsphilosophie jeder Vergewisserung durch letzte Gründe nicht etwa aus philosophischer Faulheit oder bloßer Nachlässigkeit; der weltanschauliche Begründungsverzicht muß vielmehr als Antwort auf die metaphysische Begründungsnot gesehen werden; das heißt als Antwort auf die Erkenntnis, daß wir nicht im Besitz privilegierter Erkenntnisquellen sind, um das Ganze des Seins sicher erfassen zu können. Diese Annahme als richtig unterstellt, läßt sich keiner der einander bekämpfenden und ausschließenden Weltanschauungen, etwa Theismus, Pantheismus oder Materialismus, einen absoluten Vorzug einräumen, keine von ihnen als die einzig wahre auszeichnen, da sie alle sicherer Begründungen und endgültiger Beweise entbehren, wie Dilthey, Weber und Jaspers glauben nachgewiesen zu haben.[31] Sie vertreten die Auffassung, daß Weltanschauungen mehr oder weniger gleichrangige Orientierungsmöglichkeiten bieten, von denen sich wegen der erwähnten Begründungsnot keine als die reine, volle, ganze Wahrheit privilegieren läßt. Das schließt zwar nicht aus, daß der Einzelne für sich gute Gründe finden und haben kann, von der Glaubwürdigkeit der einen oder anderen Weltanschauung überzeugt zu sein; diese sind aber niemals von solcher Art, daß sie ihn berechtigen könnten, anderen die eigene Meinung aufzuzwingen. Das wäre selbst dann eines zivilisierten Menschen unwürdig, wenn sich die eine oder andere Weltanschauung als absolute Wahrheit beweisen ließe, da es doch so etwas wie ein Recht auf Irrtum gibt. Im Grunde genommen stellt sich aber das beschriebene Problem nicht, weil es jeder Antwort bezüglich des Lebens- und Welträtsels an der dafür notwendigen Sicherheit fehlt; Weltanschauungen können zwar Überzeugungskraft, niemals aber Beweiskraft besitzen, weshalb die Entscheidung dafür oder dagegen, die jeder vor sich selbst zu verantworten hat, auch dem Einzelnen selbst überlassen bleiben sollte; sie ist Privatangelegenheit.

Die politische Umsetzung dieser philosophischen Einsichten erfolgte bei uns in Art. 3 Abs. 3 und Art. 4 Abs. 1 des Grundgesetzes, in denen der Staat, sich in Glaubens- und Gewissensfragen unmißverständlich zu Neutralität bekennend, seinen Bürgern fast unbegrenzte Weltanschauungsfreiheit zugesteht.

Nun haben aber die zur Auslegung der Menschenwürde herangezogenen christlichen und vernunftphilosophischen Ideen selbst auch weltanschaulichen Charakter; jedenfalls enthalten sie nicht verallgemeinerungsfähige weltanschauliche Elemente. Dazu gehören einmal die Auffassung, daß menschliches Leben ein mit einer Geistseele ausgestattetes Gottesgeschenk ist, dann die Vorstellung des Menschen als Ebenbild Gottes, Krone und Mitte der Schöpfung, und nicht zuletzt der Schöpfungsgedanke selbst, dem zufolge Gott die Welt erschuf, weshalb sie nach theologischer Auffassung auch sein Eigentum ist. Ähnlich steht es mit der Deutung des Menschen als eines aus der Natur herausragenden Vernunftwesens, das, außerhalb der sinnlich empirischen Erscheinungswelt angesiedelt, völlig losgelöst von der Natur existiere. Die religiöse Überzeugung, daß die Anfänge menschlichen Lebens niemals nur biologisch erklärbar seien, oder die gängige Meinung, daß menschliches Geistesleben nicht von biologischen Gesetzmäßigkeiten abhänge, sind mittlerweile keine weltanschaulichen Annahmen mehr; sie sind nach dem heutigen Stand der wissenschaftlichen Erkenntnis einfach falsch.

Dennoch bleibt es in einer freien Gesellschaft jederzeit möglich, auch an das Unwahrscheinliche zu glauben – Blitze und Donner, die elektrische Entladungen sind, für das Grollen auf den Menschen neidischer Götter zu halten. Um es deutlicher zu artikulieren: Jeder darf in weltanschaulichen und konfessionellen Fragen für wahr halten, was er möchte. Darum sei niemandem verwehrt anzunehmen, daß die Würde des Menschen ein angeborenes Wesensmerkmal darstellt, auf religiösen, metaphysischen oder vernunftphilosophischen Vorstellungen beruht. Nur darf keiner seine Mitmenschen zwingen, das genauso zu sehen, niemand soll auf seinen Nachbarn in weltanschaulichen Fragen Zwang ausüben. Noch weniger darf der zu weltanschaulicher Neutralität verpflichtete Staat seinen Bürgern weltanschaulich gebundene Werte und Ideen diktieren. Es ist ihm schlicht verboten, diesen ein religiöses Weltbild aufzuzwingen, sie weltanschaulich zu bevormunden. So selbstverständlich das für uns Heutige klingt, so wenig versteht es sich von selbst, wenn man bedenkt, wie sehr die Menschen in der Vergangenheit einander allein deshalb verfolgten, weil sie unterschiedlicher Meinung oder verschiedenen Glaubens waren, und wie viele noch in unserer Zeit dazu neigen, Andersdenkende mit Gewalt von ihren Anschauungen zu überzeugen. Aus diesem Grund muß der allgemeinen Menschenrechtsforderung nach Religions- und Weltanschauungsfreiheit, deren Erfüllung bei uns verfassungsmäßig garantiert wird, weltweit immer wieder Nachdruck verliehen werden. Keine Regierung darf ihren Bürgern vorschreiben, wie sie über geistige Werte und religiöse Fragen zu denken haben. Es fällt nicht in ihre Zuständigkeit, den Mitgliedern der Gesellschaft weltanschauungsgebundene Orientierungsmuster vorzugeben, sie auf nicht verallgemeinerungsfähige Werte festzulegen und ihnen damit das Recht abzusprechen, selbst zu entscheiden, woran sie glauben möchten.

Natürlich sollen damit weder private noch öffentliche Streitgespräche ausgeschlossen werden; die kontroverse Diskussion gehört zu einem pluralistischen Gemeinwesen grundsätzlich dazu. Nur sollte der weltanschaulich neutrale Staat seinen Bürgern keine Lebens- und Weltdeutung als die einzig wahre aufzwingen wollen, und die Angehörigen eines solchen Gemeinwesens sollten sich selbst möglichst tolerant zueinander verhalten. Niemand darf gezwungen werden, den Standpunkt seines Nachbarn zu übernehmen, dessen Meinung zu teilen. Sobald es um Weltanschauungsfragen geht, muß man außer der eigenen Ansicht auch andere gelten lassen können.

Doch gibt es Grenzen der Toleranz. Einem liberalen Gemeinwesen kann und soll es nicht gleichgültig bleiben, welches Bild seine Bürger von sich selbst haben. Es darf dem Staat nicht verwehrt werden, ein bestimmtes Menschenbild und das sich daraus ergebende Wertesystem zu schützen, wenn dieses weltanschauungsneutral ist. In diesem Sinne bekennt sich das Grundgesetz einerseits zu weltanschaulicher Neutralität, andererseits zu einer besonderen Wertordnung. Allerdings kommt die bange Frage auf, ob nicht jede Wertvorstellung weltanschaulich geprägt ist, ob es überhaupt weltanschauungsneutrale Werte gibt.

Solche wären verallgemeinerungsfähige Leitsätze, die nicht auf einer Letztinterpretation von Mensch und Welt beruhten, so daß sie jedermann zugemutet und von allen anerkannt werden könnten, gleich, welches Bild der Einzelne sonst noch von sich hätte. Demnach darf der weltanschaulich neutrale Staat seine Bürger, wenn überhaupt, lediglich auf verallgemeinerungsfähige Wertorientierungen festlegen, das heißt auf Existenzweisen, die sich von universellen Werten bestimmen lassen. Doch ist heute bereits mehr als fraglich, ob die Menschenwürde solch ein Wert ist. Genau das Gegenteil scheint der Fall zu sein: Wie immer die gesuchten weltanschauungsneutralen Werte heißen, die „unantastbare Wesenswürde" gehört offenbar nicht dazu, da sie auf einem weltanschaulich gebundenen Menschenbild fußt und somit keine tragfähige Grundlage für eine pluralistische Weltgemeinschaft bieten kann. Die Vorstellung der Würde als angeborener ideeller Qualität, als eines absoluten Werts, den jeder Einzelne in sich trägt, bleibt ohne weltanschauliche Hintergrundannahmen unverständlich, ja bedeutungslos. Deshalb stehen der

Parlamentarische Rat und das *Bundesverfassungsgericht* auch im Verdacht, einander Ausschließendes miteinannder verbinden zu wollen, ohne sich der Unmöglichkeit dieser Vereinigung in voller Schärfe bewußt zu sein; gemeint ist die Verknüpfung der überpositiven Wesenswürde mit der Idee der weltanschaulichen Neutralität des Staates.

Beide Prinzipien passen nicht zusammen, weil der Begriff Wesenswürde ohne weltanschauliche Annahmen religiöser, metaphysischer oder vernunftphilosophischer Art nichtssagend bleibt. Aus diesem Grund konnten und können die obersten Richter gar nicht anders, als von einem weltanschaulich gebundenen Menschenbild auszugehen. Wenn der Würdebegriff keine Leerformel bleiben soll, müssen sie ihn mit Inhalt füllen. Doch genau das dürfen sie wieder nicht, wollen sie das in Artikel 3 und 4 garantierte Recht auf Weltanschauungsfreiheit nicht verletzen. Diesem zufolge muß es in der Frage nach der Wesenswürde des Menschen wie in der Frage nach der Existenz Gottes jedermann erlaubt sein, daran zu glauben oder nicht, weil sie eine Sache der persönlichen Entscheidung ist, die in die Privatsphäre fällt.

Den aufgezeigten Widerspruch mildert man heute für gewöhnlich durch einen Kompromiß, bei dem ein mittlerer Weg zwischen starker weltanschaulicher Festlegung und schwacher begrifflicher Bestimmung eingeschlagen wird; völlig beseitigen läßt sich aber besagter Widerspruch hierdurch nicht. Im Gegenteil tritt er umso deutlicher hervor, je genauer man die Wesenswürde zu beschreiben sucht, dagegen bleibt er fast gänzlich verdeckt, wenn man diese im Vagen läßt. In der Logik dieses Gedankens liegt, daß ein konsequent neutraler Staat gezwungen ist, entweder alle Bedeutungs- und Begründungsfragen bezüglich der Wesenswürde des Menschen auszuklammern oder diesen Begriff soweit auszuhöhlen, bis er praktisch nichts mehr bedeutet. So gesehen führt der weltanschauliche Neutralismus des säkularen Staates geradezu zwangsläufig zu einer allmählichen Entleerung der Jahrhunderte alten Idee menschlicher Wesenswürde.

Zweifelhafter Anthropozentrismus

Zum weltanschaulichen Neutralismus hinzu tritt als weiteres Problem die dem Begriff der Wesenswürde innewohnende Privilegierung des Menschen vor allen übrigen Lebewesen. Bereits *Adorno* entlarvte die Idee der „Würde als Selbsterhöhung des Tiers Mensch über die Tierheit“[32]. Ähnlich erkennen viele heutige Zeitgenossen hinter der Würdeidee eine Abspaltung des Menschen von der Natur und damit zusammenhängend eine Entwertung aller außermenschlichen Geschöpfe als würdelos. Doch bevorzugt die alte Würdeidee nicht bloß den Menschen vor allen anderen Lebewesen, sie ist zugleich auch die Rechtfertigung dafür. Anders formuliert: Der rechtsmetaphysische Ausdruck Würde bezeichnet einen höchst fragwürdigen Anthropozentrismus, nach welchem dem Menschen eine herausragende Stellung in der Welt zukommt. Üblicherweise verbirgt sich hinter dem Wort Anthropozentrismus dreierlei, das oft genug nicht auseinandergehalten wird. Es wird zwischen kosmologischer, ontologischer und teleologischer Mittelpunktstellung des Menschen unterschieden: kosmologische bedeutet, daß sich die Erde und mit ihr der Mensch im räumlichen Zentrum der Welt befinden, ontologische, daß der Mensch in der Stufenordnung der Natur einen ausgezeichneten Rang hat, und teleologische, daß für den Menschen und um seinetwillen alles geschaffen und eingerichtet ist. Mit dem Wechsel vom geschlossenen zum offenen Universum zu Beginn der Neuzeit fiel der kosmologische Anthropozentrismus weg, nicht aber der teleologische, nach dem die Natur einzig und allein zum Nutzen der Menschen da ist. Diese Vorstellung stützt sich seit jeher auf die ontologische Sonderstellung des Menschen, derzufolge die Spezies Homo sapiens sapiens aufgrund bestimmter Eigenschaften rangmäßig über allen anderen Naturwesen steht. Was sie vom Tier unterscheide, seien außer Vernunftnatur die Freiheit und Unsterblichkeit der Seele als Ausdruck der gottgeschenkten Würde jedes Einzelnen sowie Mitleidsgefühl, Schamempfinden, Höflichkeitssinn und das Wissen um Gut und Böse. Ausschließlich der Mensch sei zu alledem fähig, nicht aber die außermenschlichen

Lebewesen, denen es daher an der entsprechenden Würde fehle.

Mittlerweile lehnen viele diese Position ab und verurteilen den seit zwei Jahrtausenden vorherrschenden Anthropozentrismus der abendländischen Kultur als menschliche Überheblichkeit und Anmaßung. Sie fordern, der Natur etwas von der Würde zurückzugeben, welche der Mensch, ungeachtet seiner biologischen Nähe zum Tier, jahrhundertelang ausschließlich für sich beansprucht habe. Diesem Umstand vor allem sei es zu verdanken, daß noch heute viele in der Natur nur eine verfüg- und ausbeutbare Quelle menschlicher Selbsterhaltung und des Wohlstands sähen. Mit *Jonas* gesprochen: „Der Natur der Dinge ist keine Würde für sich selbst verblieben. Alle Würde gehört dem Menschen: was keine Ehrfurcht gebietet, darüber kann geboten werden, und alle Dinge sind zum Gebrauch."[33] Dagegen ist nach Ansicht vieler der Mensch erst dann wieder zu Bewahrung und Erhaltung der Natur fähig, wenn er auch auf die ihr innewohnende Würde achtet. Das setze aber einen anderen als nur bedürfnisorientierten Blick auf die Pflanzen- und Tierwelt voraus; gefordert sei eine Sichtweise, die statt des reinen Nutzwertes in der Natur in ihr auch einen Eigenwert sehe.

Daß man in der abendländischen Geistesgeschichte fast immer davon überzeugt war, die Natur sei einzig für den Menschen da, beweisen aufs deutlichste die beiden miteinander konkurrierenden Eigentumslehren unserer Kultur: die Okkupations- und Arbeitstheorie.[34]

Schon der Römer Cicero war Anhänger der sogenannten Okkupationstheorie, die anschließend Kirchenväter wie Ambrosius von Mailand und Scholastiker wie Thomas von Aquin weiterentwickelten, von denen wiederum die neuzeitlichen Rechtsphilosophen Grotius und Kant sie übernahmen. Alle Okkupationstheoretiker gehen davon aus, daß bei Erschaffung der Welt Gott die Natur allen Menschen zur Verfügung gestellt habe, weshalb es am Anfang auch kein persönliches Eigentum gab, sondern eine kommunistische Gütergemeinschaft herrschte. Diese fühlte sich bereits als Besitzer der gesamten Natur, überzeugt davon, daß alle außermenschlichen Naturwesen ausschließlich zu ihrem Wohle und Nutzen geschaffen seien.

Solch eine anmaßende Vorstellung spricht für die Richtigkeit der neuerdings immer wieder aufgestellten Behauptung, daß der in der christlichen Würdeidee enthaltene Anthropozentrismus mit an der neuzeitlichen Naturzerstörung schuld sei.[35] Freilich kann man dafür das Christentum nicht direkt verantwortlich machen. Im Gegenteil, zeigt doch das christliche Leben lange Zeit keinerlei Interesse an Natur und Technik. Davon abgesehen haben die Menschen immer schon, mindestens in seßhaften bäuerlichen Gesellschaften (auf dem Gebiet des heutigen Deutschland seit etwa 7000 Jahren), die Natur beschädigt und ausgebeutet auch ohne irgendwelche anthropozentrischen Theorien. Das Bevölkerungswachstum und andere harte Nöte und Schwierigkeiten zwangen sie einfach dazu. Das scheint die alte Auffassung zu bestätigen, daß die Menschheitsgeschichte meist stärker von realen Faktoren abhängt als von philosophischen und religiösen Vorstellungen. Dennoch besteht ein ideeller Zusammenhang zwischen dem christlichen Anthropozentrismus und der neuzeitlichen Naturerorberung durch den Menschen. Auch wenn deren Fehlentwicklung jenem nicht unmittelbar angelastet werden darf, so hat er doch einem Denken den Boden bereitet, das in diese Richtung ging. Denn wer die Menschen als Gottes Ebenbild an der Herrschaft des Schöpfers über die Natur teilhaben läßt, der ermöglicht nicht nur Naturwissenschaft und Technik, sondern eben auch Naturausbeutung und Umweltzerstörung. Hinzu kommt, daß der Schöpfungsgedanke selbst schon eine Entheiligung der Natur darstellt, wodurch von ideeller Seite her rücksichtsloses Verhalten ihr gegenüber erst richtig möglich wurde. Für die Griechen war die Welt noch heilig, ein göttlicher Sinnzusammenhang ohne zeitlichen Anfang und Ende, für die Christen ist sie ein vergängliches Geschöpf, eine entzauberte Seinsordnung mit begrenzter Existenzdauer. Allerdings konnte auch das göttliche Naturverständnis die Athener nicht davon abhalten, früh ihre dürftigen Wälder als Bauholz für die Schiffahrt zu verbrauchen – ebensowenig wie die Spartaner im Peloponnesischen Krieg, die Weinstöcke und Ölbäume der Athener in Massen umzuhacken.

Zurück zur Okkupationstheorie, nach der allen Menschen gemeinsam die von Gott erschaffene Natur gehört. Diese baut jedenfalls auf Ideen anthropozentrischer Art auf. Als Krone der Schöpfung sei der Mensch Herr über Luft, Wasser und Boden, die Pflanzen- und Tierwelt. Angeblich hätten die Urmenschen jedoch diese anfängliche Gütergemeinschaft bald schon wieder aufgelöst, so daß es nun möglich wurde persönliches Eigentum zu erwerben. Für diesen gesellschaftlichen Wandel gibt es nach Ansicht der Okkupationstheoretiker mehrere Ursachen: einmal die allmähliche Verrohung und Verwilderung der ersten Menschen, was ein Leben in friedlichem Gemeinbesitz immer schwerer machte; dann die alltägliche Erfahrung, daß jeder die größte Sorge und Sorgfalt nur auf das verwendet, was ihm persönlich gehört, und schließlich die bittere Erkenntnis, daß gemeinschaftliches Eigentum oftmals zu Faulheit und Nachlässigkeit verführt. Aus diesen und ähnlichen Gründen ging man dazu über, die bis dahin gemeinsam besessenen und genutzten Güter untereinander aufzuteilen. Dabei galt der Grundsatz: Wer sich zuerst herrenloses Land aneignet, okkupiert, dem gehört es auch! Nach diesem Prinzip der ersten Landnahme – prima occupatio – wurde die das abendländische Denken bis in die Neuzeit prägende Okkupationstheorie benannt. Freilich gab es von Anfang an auch erbitterte Gegner von persönlichem Besitztum. Diese sahen in Privateigentum einen Verstoß gegen die Naturordnung und setzten sich deshalb für eine Wiedereinführung der Gütergemeinschaft ein. Allerdings hatten ihre Ideen keinen Erfolg, denn in Mittelalter und früher Neuzeit wurde die Möglichkeit zu persönlichem Besitz überwiegend positiv beurteilt, die Einrichtung von Privateigentum im allgemeinen anerkannt.[36]

Trotzdem war man sich einig, daß es einen naturrechtlichen Anspruch auf privates Eigentum nicht gibt, weil dieses eine Erfindung der Menschen sei, welche Privatbesitz um des jeweils eigenen Vorteils und Nutzens willen eingeführt hätten. Im Gegensatz zur ursprünglichen Gütergemeinschaft, die in überpositivem Recht gründe, sei Privateigentum als Ergebnis menschlicher Absprachen und Übereinkünfte rein positives Recht, das zwar von Gott gebilligt, aber nicht gewährt werde, da es eben ausschließlich auf menschlichen Abmachungen und Gesetzen beruhe. Jedoch sollte dieses in mindestens einer Beziehung abhängig bleiben vom ursprünglichen Güterkommunismus. Einerseits vertrat man die Auffassung, daß einem Menschen niemals sein Eigentum willkürlich weggenommen werden dürfe; andererseits verpflichtete man die wohlhabenden Bürger dazu, Armen in Notzeiten zu helfen, da Gott seine Werke allen Menschen zur Verfügung gestellt habe. Aus dem gleichen Grund habe der Staat auch das Recht, Steuern zu erheben, in das Eigentum seiner Bürger einzugreifen, um auf diese Weise materielle Güter umverteilen zu können, sie benachteiligten Bevölkerungsschichten zugute kommen zu lassen. Zwangsmaßnahmen dieser Art seien nicht nur zulässig, weil Gott die Natur ursprünglich allen Menschen zu gemeinsamem Gebrauch geschenkt habe, sie seien sogar unerläßlich, da sich die Menge der vorhandenen Güter nicht wesentlich vermehren lasse; infolgedessen bedeute Reichtum der einen Armut für die anderen. Hauptsächlich hieraus schlossen die Okkupationstheoretiker auf die Gemeinwohlpflicht des Eigentums, und räumten so den Notleidenden ein Recht auf Teilhabe am Überfluß der Wohlhabenderen ein. Dabei betrachteten sie alle Menschen – die ursprüngliche Gütergemeinschaft ebenso wie die Privateigentümer, die Wohlhabenden und Armen – als Herren der Natur, die, bar jeder höheren Würde, einzig und allein für sie da sei.

Das änderte sich auch in der Neuzeit nicht, in der sich diese Sichtweise sogar noch verstärkte. Nun glaubte man an den Überfluß der natürlichen Ressourcen, als ob diese niemals knapp werden könnten. Darüber hinaus setzte sich immer mehr die Meinung durch, die Menge der den Menschen von Gott zur Verfügung gestellten Güter durch eigene Arbeit um ein Mehrfaches vergrößern zu können. Mit wachsender Geschwindigkeit begann die technologisch-industrielle Eroberung der Natur ihren bis heute ungebremsten Siegeszug, wie ihn Francis Bacon zu Beginn der Neuzeit vorausgesehen hatte.[37] Parallel dazu entwikkelte sich eine neue Eigentumstheorie, deren Urheber John Locke heißt, von dem Hegel, Schopenhauer und Marx sie anschließend übernahmen: die sogenannte Arbeitstheorie.[38]

Deren Ausgangspunkt bildet die allgemeine Feststellung, daß der Mensch Eigentümer seiner selbst sei und darum ein Besitzrecht auf alle Güter habe, die ihm angeboren seien – Leben, Leib und Freiheit. In dieser Einschätzung stimmten Grotius, Pufendorf und Locke überein, wobei letzterer dem Einzelnen zusätzlich ein Recht auf all das zuerkannte, was dieser aus eigener Kraft hervorbringe. Locke vertrat die Ansicht, daß zum Besitzrecht des Menschen an der eigenen Person zugleich alle Dinge gehörten, in welche diese durch ihr gestalterisches Wirken ein Stück von sich selbst hineingetragen habe. Sein Grundsatz lautete: Arbeit schafft Eigentum![39] Auf welch herrenlose Naturstücke der Einzelne auch seine schöpferischen Kräfte verwende, indem er sich durch Arbeit mit ihnen vermische, mache er sie zu einem Teil von sich selbst und damit zu seinem Besitz. Wer etwa ein Feld bestelle, das bisher niemandem gehörte, oder etwas herstelle, das es bislang noch nicht gab, der habe bereits das Land oder Ding rechtmäßig als Eigentum erworben. Sie seien gleichsam Glieder der arbeitenden Person geworden, die ihr niemand mehr abnehmen dürfe, falls diese es nicht ausdrücklich erlaube, wie außer Locke auch Schopenhauer glaubte. Zugespitzt formuliert, galt der Mensch jetzt nicht mehr als Teil der Natur, sondern die Natur als Teil des Menschen.

Im Unterschied zu den Okkupationstheoretikern, denen zufolge Privateigentum eine Schöpfung der Kultur und damit ausschließlich positives Recht ist, betrachten die Arbeitstheoretiker es als überpositives Naturrecht. Eigentum könne noch vor jeder gesellschaftlichen Konvention und staatlichen Rechtsetzung durch Arbeit erworben werden, meinten sie, hierzu bedürfe es weder der Zustimmung anderer Menschen noch irgendeines Gesellschaftsvertrages; einzig Arbeit vermöge ein Verfügungs- und Verwertungsrecht an Sachen zu begründen.

Ist aber Privateigentum ein vorstaatliches Naturrecht, so muß auch jeder Eingriff darin, selbst zum Wohl Notleidender und der Allgemeinheit, als unzulässig verworfen werden. Denn mit der Vorstellung von persönlichem Besitz als überpositivem Rechtsgut ist die Idee der Sozialbindung von Privateigentum unvereinbar. Jeder Übergriff darauf kommt dann einem Angriff auf die

Person gleich, der diese Gegenstände gehören. Darum darf der Staat einem Eigentümer seine Güter auch nicht wegnehmen, um sie Bedürftigen zu geben oder sozialen Ausgleich zu schaffen. Jede Enteignung der Bürger zugunsten von mehr sozialer Gerechtigkeit steht im Widerspruch zur Arbeitstheorie, welche Armen kein Recht auf finanzielle Unterstützung, Benachteiligten keinen Anspruch auf soziale Förderung zuerkennt. Im Gegenteil sah Locke eine wichtige Aufgabe des Staates in der Sicherung des Privateigentums seiner Bürger. Er glaubte, daß die Armen an ihrem Elend selbst schuld seien, da sie sich ja soviel Arbeit und Land beschaffen könnten, wie sie nur wollten, wovon es übergenug gebe, das sogar im Überfluß vorhanden sei. Deshalb lehnte Locke auch fast jede Sozial- und Wohlfahrtspolitik ab, welche die Armen nur für ihre Träg- und Faulheit belohne. Erst wenn die Armut im Lande so groß werde, daß sie den sozialen Frieden gefährde, seien wohlfahrtsstaatliche Maßnahmen zu ergreifen und gerechtfertigt. Darüber hinaus hätten selbstverständlich durch Schicksalsschläge in Not geratene Menschen moralischen Anspruch auf Unterstützung und Hilfe, jedoch kein einklagbares Recht hierauf.

Nun sei an dieser Stelle noch nicht nach der Plausibilitität dieser Eigentumslehre gefragt; worauf es ankommt, ist die Erkenntnis, daß auch sie – wie zuvor die Okkupationstheorie – die Menschen zur Aneignung der Welt ermächtigt, weil sie von deren Besitzanspruch auf die Natur überzeugt ist, welcher unter solchen Umständen keine Würde mehr verbleibt. Das verband die Demokratien des Westens seit jeher mit den sozialistischen Staaten des Ostblocks. Obwohl Marx das Recht auf Privateigentum abschaffte, hielt auch er die Arbeitstheorie für richtig. Er kritisierte lediglich, daß in der modernen Industriegesellschaft die Arbeiter besitzlos blieben, während die Besitzer nichts arbeiteten, Arbeit und Eigentum infolgedessen auseinanderfielen. Doch hätten die Werktätigen einen Anspruch auf die von ihnen produzierten Güter, die ihnen zwar nicht privat, dafür aber gemeinsam gehören sollten. Wie alle Arbeitstheoretiker der Neuzeit glaubte somit auch Marx, daß Arbeit Eigentum schaffe, und damit zusammenhängend an die uneingeschränkte Herrschaftsgewalt des Menschen über die Natur. Dieser sollte sich die ihn umgebende Welt unterwerfen und nutzbar machen, um so seine Existenz zu sichern sowie den gesellschaftlichen Wohlstand zu mehren.

Allerdings ist die Arbeitstheorie durch eine Reihe von Schwierigkeiten belastet, die auch die Frage nach der Menschenwürde betreffen. Als erstes sei die Unvergleichbarkeit von unmittelbaren Selbstzuschreibungen, wie „Gedanken" und „Handlungen", mit äußerem Besitz hervorgehoben. Man hat nicht ein „Haus" oder „Auto" wie man „Vorstellungen" und „Hände" besitzt, die man seinen Freunden zum Gruße reicht. Ausdrücke wie „mein Körper" oder „meine Erkältung" dürfen nicht possessiv verstanden werden; zwischen ihnen und demjenigen, der sie hat, besteht keine Besitzrelation, da sie persönliche Eigenschaften, nicht aber privates Eigentum darstellen, und es ist ein Irrtum zu glauben, daß äußere Güter genauso Teil einer Person werden können, wie es deren Leib, seine Glieder und die eigenen Gedanken immer schon sind. Treffend bemerkt *Brocker*, daß es keine Kontinuität zwischen den Zuständen eines Ich und den von ihm besessenen Gegenständen gibt.[40] Darum sei die Vorstellung falsch, daß durch Bearbeitung angeeignete Gegenstände einem ebenso gehören könnten wie „Gedanken" und „Handlungen", nur weil man seine Kraft darauf verwendet und seinen Willen darauf konzentriert.

Damit hat sich also das wichtigste arbeitstheoretische Argument für die Anerkennung individueller Besitzrechte auf äußere Gegenstände als unhaltbar herausgestellt. Denn naturhafte Gegenstände können niemals, auch nicht durch körperliche Bearbeitung, Teil von jemandem werden, selbst wenn es stimmen sollte, daß ein Teil einer Person zu sein bedeutet, einen Anspruch hierauf zu haben und auch nicht mehr ohne persönliche Zustimmung von ihr getrennt werden zu dürfen. Davon abgesehen ist nicht zu erkennen, wieso sich aus dem Ergreifen, Formen und Verändern von Naturdingen bereits ein Besitzrecht ergeben sollte. Hinzu kommt, daß die Menschen nur selten wirklich neue Dinge erschaffen, von künstlerischen, wissenschaftlichen und technologischen Werken abgesehen; meistens formen sie nur Vorhandenes um.

In der Schöpfungslehre gilt Gott als Herr und Eigentümer der Welt, weil er sie aus dem Nichts erschuf. Solchen Besitzanspruch an der Natur kann dem Menschen nicht zuerkannt werden, weil er die Stoffe, die er durch Technik und Arbeit umgestaltet, nicht selbst hervorgebracht hat. Früher wies man diesen Einwand gelegentlich mit dem Argument zurück, daß die Rohstoffe dieser Erde, mag Gott sie auch erschaffen haben, an sich wertlos, gleichsam nichts seien, da es sie in Hülle und Fülle gebe. Man glaubte, alles, was im Überfluß existierte, sei nicht wertvoll, als ob nur knappe Güter kostbar sein könnten, und behauptete anschließend, daß erst durch menschliche Arbeit die Natur eine Existenzberechtigung, einen Wert erhielte; daher sollte sie auch denen gehören, die ihnen einen Wert zu geben verstünden.[41] Heute wissen wir, daß dieses Argument schon deshalb nicht stimmt, weil die Ressourcen der Natur weitaus knapper und somit kostbarer sind, als von den Arbeitstheoretikern angenommen. Doch sei dieser Punkt nicht weiter vertieft; es gilt allein zu erkennen, daß der Natur jede Werthaftigkeit abzuerkennen bedeutet, ihr jegliche Würde abzusprechen, so daß man sich an ihr grundsätzlich „nicht [mehr] versündigen kann, man darf ihr [jetzt] alles antun, alles mit ihr anstellen, ohne sich an ihr schuldig zu machen“[42], wie *Jonas* besorgt feststellte.

Aus dem Dargelegten erhellt, fast die gesamte abendländische Geistesgeschichte wird von der Vorstellung geleitet, daß die Natur einzig für den Menschen da ist, der für sich eine Würde beansprucht, die er den übrigen Lebewesen nicht zuerkennt. Das sollte am Beispiel der Okkupations- und Arbeitstheorie verdeutlicht werden.

Wenn aber die Natur an sich – Luft, Wasser, Boden, Pflanzen- und Tierwelt – jeder Würde entbehrt, warum soll man sie dann überhaupt achten und schonen? Diese Frage drängt sich umso mehr auf, je weiter die von Menschen verursachte Naturzerstörung fortschreitet. Die noch immer einfachste Antwort hierauf lautet: Um der Menschheit selbst willen, da die Natur der Ast ist, auf dem jene sitzt, an welchem sie schon aus wohlverstandenem Eigeninteresse nicht sägen sollte. Solch eine Sichtweise deckt sich mit dem anthropozentrisch orientierten Würdeverständnis der abendländischen Kultur und trifft heute, wenn auch auf nicht ungeteilte, so doch auf große Zustimmung. Namhafte Denker der Gegenwart leiten die Anweisungen zu bewahrendem Umgang mit der Natur vornehmlich von der menschlichen Vernunft her. An Kant anknüpfend, betonen etwa Höffe, Wagner und *Schäfer*, „Verantwortung für die Natur kann nur auftauchen als Teilbereich einer Verantwortung des Menschen für den Menschen"[43], der gleichermaßen zu Selbsterhaltung und Selbstvervollkommnung verpflichtet sei. Letztere Pflicht – die Selbsterhebung aus der „Tierheit" zur „Menschheit", wie Kant sagte – verbiete jegliche Verrohung der eigenen Persönlichkeit und damit auch jedes rohe Verhalten der Natur gegenüber. Dieses Argument wurde bereits dargelegt. Es untersagt dem Menschen jede rücksichtslose Behandlung von Pflanze und Tier, weil dieser dadurch seine eigene Würde verletzt, aber nicht die außermenschlicher Lebewesen, die grundsätzlich keine hätten. Das heißt, wie *Wagner* schreibt, „nicht Rechte, die sie hätten, sind es, nicht ein Wert oder eine Würde, die sie besäßen, ist es, was uns moralisch verpflichtet, sondern allein, aber verbindlich, unsere eigene Menschenwürde."[44] Demnach sollen wir die Natur nicht um ihrer selbst willen, sondern bloß um unserer selbst willen achten; nur uns selbst schuldeten wir eine schonende Behandlung der Tier- und Pflanzenwelt. Dazu gesellt sich als zweite Pflicht noch das menschliche Selbsterhaltungsgebot, nach dem die Bedingungen in der äußeren Natur so zu bewahren sind, daß menschliches Wohlbefinden, das heißt körperliche und seelische Gesundheit, auf unbegrenzte Zeit möglich bleiben.

Man erkennt, alle vernunftphilosophischen Verpflichtungen der Umwelt gegenüber entspringen der Achtung des Menschen vor sich selbst, aber nicht einem Respekt vor der außermenschlichen Natur, und stehen somit in der Tradition des abendländischen Anthropozentrismus.

Auf der gleichen Basis steht unsere Verfassung, die in Artikel 20 a den „Schutz der natürlichen Lebensgrundlagen [...] auch in

Verantwortung für die künftigen Generationen" fordert. Wie für fast alle internationalen Menschenrechtsabkommen ist für das Grundgesetz eine anthropozentrische Grundeinstellung charakteristisch, in deren Mittelpunkt der Mensch, dessen Freiheit und Würde stehen. Er ist der entscheidende Bezugspunkt und zugleich der übergeordnete Maßstab, an dem der Wert der außermenschlichen Natur gemessen wird. Ähnlich anthropozentrisch ausgerichtet waren in den siebziger Jahren die Programme der großen politischen Parteien hierzulande, die bis auf die „Grünen" die Menschenwürde als obersten Richtwert auch für den Bereich des Naturschutzes ansahen.[45]

Erstaunlicherweise änderte sich das in den achtziger Jahren, als mit Ausnahme der FDP alle Parteien begannen, einen stärker physiozentrischen Standpunkt einzunehmen, nach dem wir Menschen die Natur auch um ihrer selbst willen bewahren und schonen sollten, da sie einen achtunggebietenden Eigenwert besitze.[46]

Hiermit stimmt eine Änderung des BGB überein, in dem bis 1990 Tiere als Sachen galten, mit denen ihre Eigentümer willkürlich verfahren durften. Solch eine Auffassung wurde in der abendländischen Philosophie schon oft vertreten. Beispielsweise schrieb *Hobbes*: „Man kann nach Belieben die Tiere, welche sich zähmen und zu Diensten gebrauchen lassen, in das Joch spannen und die übrigen [...] verfolgen und vernichten."[47], und *Kant* glaubte, daß Tiere, rechtlich gesehen, „Sachen"[48] seien, „mit denen man nach Belieben schalten und walten"[49] dürfe. Diese Auffassung geht auf das römische Recht zurück. Dagegen heißt es im 1990 geänderten §90a des BGB: „Tiere sind keine Sachen. Sie werden durch besondere Gesetze geschützt [...] „, und in §903 ähnlich: „ [...] Der Eigentümer eines Tieres hat bei der Ausübung seiner Befugnisse die besonderen Vorschriften zum Schutz der Tiere zu beachten", auf die noch näher einzugehen sein wird.

In diesem Einstellungswandel des Gesetzgebers außermenschlichen Lebewesen gegenüber, der Ersetzung der rein anthropozentrischen Sichtweise durch eine stärker physiozentrische, sehen viele Zeitgenossen einen Fortschritt, ohne sich allerdings die Frage vorzulegen, worin denn der Selbstwert der Natur eigentlich bestehe – eine Frage, die keineswegs mit einer geänderten Einstellung der Natur gegenüber schon beantwortet ist. Mag es noch so wünschenswert sein, die angemaßte Wesenswürde des Menschen zu relativieren, indem man die Natur und alle darin lebenden Wesen auf sein Wertniveau hinaufhebt, Tieren und Pflanzen einen Eigenwert zuerkennt, so sind damit allein noch nicht die bekannten Probleme hinsichtlich des Würdebegriffs gelöst. Bezeichnenderweise haben mit Ausnahme der CDU/CSU alle großen Parteien vergessen, dem von ihnen anerkannten Selbstwert der Natur ein rechtsethisches oder rechtsmetaphysisches Fundament zu geben. Sie messen der Natur zwar eigene Würde zu, sagen aber nicht, worin diese besteht und worauf sie sich gründet. Bloß die CDU/CSU interpretiert die Würde der Natur christlich-metaphysisch und führt sie so auf eine religiöse Weltanschauung zurück. Sicherlich ist das zulässig; nur läßt sich daraus noch kein allgemeinverbindliches Gesetz erbauen, da in einem Gemeinwesen, das sich in Weltanschauungsfragen grundsätzlich zu Neutralität bekennt, religiösmetaphysische Vorstellungen keinen Einfluß auf die Gesetzgebung haben dürfen. Offensichtlich gerät die Idee der Naturwürde in die gleiche Sackgasse wie der Begriff der Menschenwürde: Läßt man sie unbestimmt und unbegründet, so verflüchtigt sie sich; bestimmt und begründet man sie, so verstößt man gegen das Gebot der weltanschaulichen Neutralität, dem zufolge weder der Einzelne seinen Nächsten noch der Staat seinen Bürgern vorschreiben darf, was sie glauben sollen. Ein Drittes scheint es nicht zu geben – tertium non datur; und so empfinden viele denn auch ein großes Unbehagen.

Damit aber nicht genug: Heutzutage existieren nicht nur verschiedene weltanschauliche Vorstellungen von Naturwürde, es ist überhaupt zweifelhaft, ob die Natur eine eigene Würde besitzt. Angenommen, diese Vermutung bestätigte sich, so wäre der naturethische Anthropozentrismus des Grundgesetzes möglicherweise die einzig vertretbare – weil verallgemeinerungsfähige – Position. Zwar hieße es dann nicht mehr unbedingt, daß die Welt für uns und um unseretwillen erschaffen wurde, dafür aber, daß sie für uns und um unseretwillen zu erhalten sei. Ein solcher Standpunkt besitzt auch ohne die starke Annahme metaphysischer Wesenswürde große Überzeugungskraft. Nun fehlt aber letztere möglicherweise nicht nur der Natur, sondern womöglich auch uns Menschen; jedenfalls läßt sich nicht von vornherein ausschließen, daß die Idee der Menschenwürde eine große Illusion darstellt.

Heute wird dieser Verdacht durch die sich immer weiter verbreitende naturwissenschaftliche Weltauffassung fast Gewißheit. Noch nie war die grundsätzliche Bereitschaft unter den Philosophen so groß, die Überlegenheit der modernen Naturwissenschaften über alle anderen Wissensformen oder Denkstrukturen anzuerkennen und den sogenannten Naturalismus geduldig hinzunehmen, ihn, wenn nötig, sogar zu verteidigen und dadurch die Idee der Menschenwürde vollständig zu zerstören.

Wissenschaftlicher Naturalismus

Normalerweise unterscheidet man zwischen einem eher allgemeinen und einem stärker methodischen Naturalismus. Nach ersterem soll die sinn- und wertfreie Natur, das unermeßliche Weltall mit uns Menschen als winzigen Staubkörnchen darin, bereits alles sein, was es gibt. Letzterer dagegen behauptet, die gesamte Wirklichkeit, soweit sie uns bekannt ist, mit Hilfe der modernen Naturwissenschaften hypothetisch erklären zu können. Es ist üblich, jemanden, der einen dieser beiden Standpunkte vertritt, als Naturalisten zu bezeichnen.[50] Bereits in der Antike gab es naturalistische Welt- und Menschenbilder, deren bekanntesten von Leukipp, Demokrit, Epikur und Lukrez stammen. Aber nie fehlte es an kritischen Stimmen dazu, ob von den Stoikern, Kirchenvätern, Scholastikern oder neuzeitlichen Rationalisten.[51]

Auf besonders heftige Ablehnung stößt der Naturalismus bei zahlreichen Denkern der Moderne, sei es bei Idealisten, Neukantianern, Phänomenologen und Lebensphilosophen. Einmütig verwerfen sie sowohl die Verabsolutierung der sinn- und wertfreien Natur als auch die Alleinherrschaft der Naturwissenschaften, und treten so als Verbündete im Kampf gegen die naturalistische Denkweise auf.

Bereits *Kant* sprach von „den frechen und das Feld der Vernunft verengenden Behauptungen des Materialismus, Naturalismus, Fatalismus"[52], und *Fichte* versuchte zu zeigen, daß der Naturalismus eine „ohnmächtige Behauptung und Versicherung"[53] sei, wohingegen der Idealismus „die einzige wahre Philosophie"[54] darstelle. Ähnlich abfällig äußerte sich auch *Schelling* über den „Naturalist[en], welcher dogmatisch behaupte: alles sei Natur, und außer und über der Natur sei nichts"[55].

Zu Beginn unseres Jahrhunderts kämpften insbesondere Neukantianer, Lebensphilosophen, Hermeneuten und Phänomenologen gegen den methodischen Naturalismus, der schon damals eine große Anhängerschaft hatte und mit Namen wie Comte, Haeckel und Spencer verbunden war. Im Gegensatz zu diesen bestritten jene die Übertragbarkeit naturwissenschaftlicher Methoden auf die Geistes- oder Kulturwissenschaften wie auf die Philosophie insgesamt. So wehrte sich *Dilthey* „gegen die Herrschaft der Naturwissenschaften über die Philosophie"[56], und der Historiker *Droysen* bezweifelte, daß die „geschichtliche Welt auf die Mechanik der Atome zurückgeführt"[57] werden könne. Er leugnete, daß nur das Wissenschaft genannt werden dürfe, „was in der naturwissenschaftlichen Methode sich bewegt."[58] Ähnlich *Troeltsch*, der von einer „furchtbaren Naturalisierung und Verödung des Lebens"[59] sprach und, das Eigenwesen der Geschichte herausstellend, in der „Befreiung von der Übergewalt des Naturalismus"[60] eine große Herausforderung für seine Zeit sah.

Gleichfalls kämpfte der Neukantianer *Rickert* „gegen die Proklamierung der naturwissenschaftlichen Methode als der allein berechtigten"[61] und bestritt damit ebenso, „daß diejenigen recht haben, die die Naturwissenschaft für die einzige Wissenschaft halten."[62] Der „Glaube an die unbedingte und ausschließliche Herrschaft der Naturwissenschaft"[63] sei gänzlich unhaltbar, „der Idealismus dem Naturalismus [...] sowohl in wissenschaftlicher wie in weltanschaulicher Hinsicht überlegen."[64]

Diese Auffassung teilte schließlich auch *Husserl*, der in einem Brief an Rickert schrieb, „wir kämpfen als Bundesgenossen gegen den Naturalismus als unseren gemeinsamen Feind."[65] „Der Naturalist [...] sieht nichts anderes als Natur und zunächst physische Natur."[66] Er schreckt nicht einmal vor einer „Naturalisierung des Bewußtseins"[67] oder „Naturalisierung der Ideen"[68] zurück; es ist bekannt, daß er auch die „Vernunft naturalisiert"[69], in der er nur eine Tätigkeit des Neocortex sieht. Nach Husserl ist es aber Widersinn, „alles Sein überhaupt auf die Natur zurückzuführen"[70], zumal der menschliche Geist „nie ein Stück der Natur"[71] sei.

So leisteten Hermeneuten, Neukantianer, Phänomenologen und Lebensphilosophen wie Bergson von ihren teilweise entgegengesetzten Ausgangspositionen aus gemeinsam Widerstand sowohl gegen den metaphysischen als auch den damals tonangebenden methodischen Naturalismus.

Dabei ging es den protestierenden Geistesrichtungen aber stets um mehr als nur um die Beseitigung erkenntnistheoretischer Ungereimtheiten und Widersprüche, mit denen der Naturalismus bis auf den heutigen Tag zu kämpfen hat.[72] Lebensphilosophen wie Bergson erstrebten beispielsweise eine philosopische Rettung der Welt als eines begrifflich uneinholbaren, wogenden Sinngeschehens. Neukantianer wie Rickert oder Phänomenologen wie Husserl versuchten dagegen die herkömmliche Vorstellung der Welt als eines wohlgegliederten Vernunftzusammenhanges zu bewahren, in welchem sittlich gebundene Autonomie möglich ist, und mit dem die Idee eines alles hervorbringenden göttlichen Absoluten zumindest vereinbar wäre. Die philosophischen Bemühungen von Hermeneuten wie Droysen und Dilthey galten wiederum vornehmlich dem Aufbau der Geisteswissenschaften, deren Grundlage eben die Hermeneutik sei, mit deren Hilfe sie dem Eindringen naturwissenschaftlicher Methoden in den Bereich der geschichtlich-kulturellen Welt Einhalt zu gebieten suchten.

Heute sehen viele im Naturalismus auch eine Bedrohung für die Idee der Menschenwürde, wie sie bisher niemals existiert habe. Trotzdem nehmen hierzulande die meisten Verfassungsrechtler diese Gefahr kaum wahr. Ohne Rücksicht auf die Ergebnisse der modernen Naturwissenschaften interpretieren sie die Würdeidee so, als stünde ein für allemal fest, daß der Mensch ein der Natur entrücktes Vernunftwesen sei und nicht bloß ein zweibeiniges ungefiedertes Säugetier. *Kriele* gehört zu den wenigen Ausnahmen; geradeheraus nennt er das Problem beim Namen: „Vor dem Hintergrund einer ausschließlich naturalistischen Betrachtungsweise verlöre der Begriff Menschenwürde seinen spezifischen Inhalt, und die unbedingte Verpflichtung zur Respektierung der Menschenwürde ließe sich nicht begründen."[73] Diese Aussage noch verschärfend, meint er sogar, „naturalistische Reduktion des Menschen"[74] bedeute „Auslöschung der Idee der Menschenwürde"[75]. Ähnliches kann man bei *Spaemann* lesen, der deswegen den „naturalistischen Reduktionismus"[76] auf das entschiedenste bekämpft. Besorgt stellt er fest, daß die neuzeitliche Wissenschaft, für welche die Welt bloß aus wert- und sinnfreien Gegenständen bestehe, auch vor dem Menschen nicht Halt mache, der, als reines Naturgebilde betrachtet, nicht mehr „jemand", sondern nur noch „etwas" sei.[77] Jede menschliche Betrachtung des Menschen, die Wahrnehmung des Einzelnen als Vernunftwesens, müsse aus naturalistischer Sicht sogar als unzulässiger Anthropomorphismus[78] abgelehnt werden, womit selbstverständlich auch die Idee der Menschenwürde unhaltbar werde. *Wagner* beschreibt diesen Besorgnis erregenden Sachverhalt so: Wenn der Mensch nur „ein Stück Natur und Welt"[79], „ein – obzwar etwas eigenartig entwickeltes – Lebewesen"[80] ist, und wenn Lebewesen nichts als „merkwürdig komplizierte Materiegebilde"[81] sind, dann fehlt der Vorstellung menschlicher Wesenswürde jede theoretische Grundlage. Der „Naturalismus der Naturwissenschaften"[82] vernichtet die Idee „von einer schlechthin singulären und unantastbaren Würde des Menschen."[83]

Infolgedessen wirken auch alle neueren Bemühungen, die Würde des Menschen auf artspezifische Besonderheiten zurückzuführen und dadurch zu stützen, wie aufrechten Gang, Daumenstellung, Oberflächengröße des Cortex, Komplexität des Organismus, eher peinlich als überzeugend, mehr lächerlich als glaubwürdig, im ganzen wie schlechte Verlegenheitslösungen.

Mit *Kriele* gesprochen: „Würde läßt sich von einem naturalistischen Verständnis des Menschen her nicht begründen. Sie ist ein metaphysischer Begriff"[84], der, so *Spaemann*, in einer „metaphysischen Ontologie"[85] zu verankern wäre. Damit steht fest: Heute ist die Menschenwürde nicht mehr allein in praktischer Hinsicht bedroht, sondern auch theoretisch gefährdet.[86]

Aber so sehr man sich darum bemüht, den Naturalismus in die Schranken zu weisen, um hierdurch wieder Platz für die alten Würdevorstellungen zu bekommen, niemand vermochte bisher den sich immer weiter ausbreitenden Naturalismus zu begrenzen und aufzuhalten, der gerade in unserem Jahrhundert eine eigene Attraktivität gewonnen hat. Zwar mag es sein, daß er das hohe Ansehen nicht verdient, das er in der heutigen Geisteswelt genießt; dennoch stellt er eine Macht dar, die es ernst zu nehmen gilt, weshalb er bei der Suche nach einem überzeugenden zeitgemäßen Würdeverständnis nicht einfach außer acht gelassen werden kann.

Zweifellos hängt die heutige Vorherrschaft des Naturalismus eng mit dem Zusammenbruch der traditionellen Metaphysik zusammen, zu deren Plausbilitätsverlust die Erfolge der modernen Naturwissenschaften einen wesentlichen Teil beigetragen haben, wie schon *Kelsen* vermerkte, nach dem „durch den Fortschritt der Erfahrungswissenschaften"[87] alle höheren Ideen „inhaltlose Formeln"[88] geworden seien. Gerade heutzutage steht man der Annahme besonderer metaphysischer Erkenntnisquellen – wie „cognitio Dei naturalis", „bona mens", „lumen naturalis rationis", „illuminatio", „recta ratio" – äußerst skeptisch gegenüber. Immer wieder rügt man am Lehrsystem der überkommenen Metaphysik deren mangelnde Berücksichtigung der Grenzen menschlichen Erkennens. Man sagt, Metaphysik sei unmöglich, weil der Bereich des Erkennbaren auf das empirisch Erfahrbare beschränkt sei. Deshalb empfahl bereits *Hume*, alle Schriften „über Gotteslehre oder Schulmetaphysik [...] ins Feuer"[89] zu werfen, wenn sie keinen auf sinnliche Erfahrung gestützten Gedankengang enthielten; denn in diesem Falle seien sie nichts als „Blendwerk und Täuschung"[90].

Darüber hinaus gelten metaphysische Aussagen religions- und

vernunftphilosophischer Art auch oftmals als völlig gehaltlos. Es wird gesagt, daß metaphysische Systeme nicht nur den Bereich möglicher Erfahrung übersteigen, sondern sogar den Bereich des sinnvoll Denk- und Sagbaren. So versuchten zu Beginn des 20. Jahrhunderts die Neoempiristen des Wiener Kreises – Schlick, Neurath, Carnap – und viele Vertreter der daraus entstandenen sprachanalytischen Philosophie zu beweisen, daß Metaphysiker vergessen hätten, ihren Sätzen wirkliche Bedeutung zu geben.

Dazu gibt es vielfältige Bemühungen, Metaphysik im religiösen und vernunftphilosophischen Sinne als Ausdruck von etwas ganz Anderem zu entlarven. Viele glauben, daß sie aus illusionärem Wunschdenken, falschen Bedürfnissen, sozio-ökonomischen Mißverhältnissen erwachsen sei oder ganz einfach aus geschöpflich-menschlicher Angst. Von Hume über Nietzsche und Marx bis Freud wurden Ansätze in dieser Richtung entwickelt, die unterschiedlichsten Versuche unternommen, Metaphysik aus ihr wesensfremden Mächten zu erklären und so zu widerlegen.

Nehmen wir alle diese metaphysikkritischen Bedenken ernst, zu denen sich problemlos weitere hinzufügen ließen, so können wir nicht umhin zuzugeben, daß die metaphysische Idee menschlicher Wesenswürde von geistesgeschichtlichen Voraussetzungen zehrt, die gegenwärtig nicht mehr gesichert sind; sie lebt von Mythen, Religionen und Metaphysiken, welche ihr zwar Glanz, Gewicht und Bedeutung verleihen könnten, falls sie noch möglich wären, die aber heute fast alle als überholt gelten. Um es mit Luhmann auszudrücken: „Die Sprache der Ehrfurcht ist durch den Untergang der Metaphysik diskreditiert"[91], keine vertrauenswürdige Begriffsform mehr, wodurch der sich immer stärker durchsetzende Naturalismus weiteren Auftrieb erhält.

Selbst wenn es demnach stimmen sollte, daß die Würdeidee die traditionelle Metaphysik zum Überleben braucht, ist diese darum noch lange nicht glaubwürdig. Jedoch allein das zählt! Hier wie sonst auch kommt es nicht so sehr darauf an, ob etwas wünschenswert ist, als vielmehr ob es überzeugt. Dabei geht die bislang größte Bedrohung für die Würdeidee nicht einmal vom Ende der traditionellen Metaphysik aus, sondern eigentlich von den modernen Naturwissenschaften.

So stürzt die neuzeitliche *Kosmologie* die stolze Anmaßung des Menschen, Mitte und Krone der Welt zu sein, in eine tiefe Plausibilititätskrise. Heute ist bekannt, daß wir in einem unermeßlichen Weltall mit Milliarden von Sonnen und Galaxien aus Wasserstoff und Helium angesiedelt sind, an dessen Größe gemessen, Erde und Mensch noch nicht einmal wie flüchtige Pünktchen erscheinen. Vor Jahrmilliarden existierte die Menschheit überhaupt nicht, und irgendwann wird sie von der Erdoberfläche wieder verschwunden sein, ohne daß deshalb das Universum aufhörte zu bestehen. Es „wird sich nichts begeben haben"[92], wenn es mit uns wieder vorbei ist, wie *Nietzsche*, Monod, Russell und Hans Blumenberg sagen, und auch *Lévi-Strauss*, der nachdrücklich darauf hinweist, daß der Mensch „früher nicht auf der Erde war und es nicht immer sein wird und daß mit seinem unvermeidlichen Verschwinden von der Oberfläche eines Planeten, der ebenfalls dem Tod geweiht ist, auch seine Mühen, seine Schmerzen, seine Freuden, seine Hoffnungen und seine Werke schwinden, als hätten sie nie existiert, da kein Bewußtsein mehr da ist, um auch nur die Erinnerung an jene ephemeren Bewegungen zu bewahren."[93] Wem in Anbetracht dieser Erkenntnisse keine Zweifel an der Wesenswürde des Menschen kommen, hat nicht verstanden oder will nicht verstehen.

Betrachten wir das rand- und mittelose All, in dem unser Blick nur auf unermeßliche Weiten und das Ohr bloß auf beängstigende Stille trifft, und das dem Menschen wie nichts sonst seine Winzigkeit und Unerheblichkeit vor Augen führt, so wird es unmöglich, das gesamte Weltgeschehen noch auf diesen zu beziehen; nichts scheint für ihn und um seinetwillen geschaffen zu sein. Diese Ahnung verdichtet sich zur Gewißheit, sobald man mit Hilfe seiner Vorstellungskraft einen Blick aus dem All auf die Erde und die Menschheit darauf wirft. Dann muß man zugeben, daß alle Versuche, die Welt vom Menschen her zu verstehen und auszulegen, vor diesem Hintergrund geradezu als lächerlich erscheinen.

Thomas Nagel nennt den Blick von außen „Blick von nirgendwo"[94], welchem sich ein riesenhaftes Weltall darbietet, in dem wir Menschen wie unsichtbare Staubkörnchen, als unbedeutende, überflüssige Eintagswesen vorkommen. Solche Außenperspektive ist in der Neuzeit öfter empfohlen worden. Schon *Montaigne* spricht vom Weltall als „Spiegel, in den wir schauen müssen, um uns im richtigen Winkel zu sehen"[95], und auch *Voltaire* beschreibt in seiner Erzählung *Micromégas* die Menschen als „kluge Stäubchen"[96], deren Ansprüche auf Wertbesonderheit sich vor dem Hintergrund des unendlichen Weltalls als unglaubliche Anmaßungen erwiesen.

Außerdem haben *Hans Blumenberg* in die „Vollzähligkeit der Sterne"[97] und *Günter Anders* in „Reflexionen über Weltraumflüge" den Blick aus dem Weltall, den Blick von nirgendwo, als Blick vom Mond beschrieben, und dabei gezeigt, „daß das entscheidende Ereignis der [ersten] Raumflüge nicht in der Erreichung der fernen Regionen des Weltalls [bestand], sondern darin, daß die Erde zum ersten Mal die Chance [erhielt], sich selbst [so] zu sehen [...], wie sich bisher nur der im Spiegel sich reflektierende Mensch [gesehen hatte]."[98] Dieser konnte fortan nicht mehr in die unendliche Tiefe und Weite des Alls hineinblicken, ohne von dorther auf sich zurückzublicken. Daher war das vielleicht größere Ereignis des Fluges zum Mond auch nicht die Mondlandung selbst gewesen, als vielmehr der Blick vom Mond auf die Erde. Denn nun sah man, was man schon lange wußte, aber eben nur wußte, bisher jedoch niemals mit eigenen Augen gesehen hatte: einen unbeträchtlichen Himmelskörper, den wir Menschen Erde nennen, eine „durch die Schwärze des Raums rollende irrelevante Kugel"[99], die „wie eine nirgendwo verankerte und im Ozean des Raums schiffbrüchig herumschwimmende Boje"[100] aussah, welche „vom Dasein des ihn bekriechenden Menschengeschlechts nicht das Mindeste verriet."[101] Mit anderen Worten: Aus der Außenperspektive erscheinen wir Menschen als in die Menge alles anderen irdisch Existierenden eingebunden, nicht mehr wissend, welch besondere Würde uns davon noch unterscheiden könnte.

Diese Kränkung des menschlichen Selbstwertgefühls versucht man neuerdings durch das sogenannte *Anthropische Prinzip* zu entschärfen, wobei zwischen einer schwachen und starken Version unterschieden wird. Ausgangspunkt für beide ist die allgemeine Erkenntnis, daß schon kleine Abweichungen der Anfangsbedingungen des Universums die Möglichkeit von bewußtem Leben ausgeschlossen hätten. Wäre das All ursprünglich nur ein wenig anders gewesen, hätte die Menschheit nicht entstehen können. Daraus schließen die Befürworter des *schwachen Anthropischen Prinzips*, daß von Anfang an Leben und Geist im Universum möglich gewesen sein müssen, da sie sich sonst nicht hätten entwickeln können: „Weil es in diesem Universum Beobachter gibt, muß das Universum Eigenschaften besitzen, die die Existenz dieser Beobachter zulassen."[102]

Das ist zweifellos richtig, nur folgt daraus noch nichts. Denn daß bereits der im Urknall entstandenen Materie die Möglichkeit zu Leben und Geist innewohnte, bedeutet keineswegs, daß von allen denkbaren Anfangsbedingungen genau diejenigen ausgewählt wurden, welche die Entstehung von Natur und Mensch begünstigten. Das läßt sich daraus ebensowenig ableiten wie, daß die Welt für uns und um unseretwillen auf die bekannte Weise eingerichtet wurde.

Das gleiche gilt für das sogenannte *starke Anthropische Prinzip*: „Das Universum muß in seinen Gesetzen und in seinem speziellen Aufbau so beschaffen sein, daß es irgendwann unweigerlich einen Beobachter hervorbringt."[103] Sollte das zutreffen, wäre das Weltall deshalb so beschaffen, wie es ist, um Leben und Geist hervorzubringen; dann aber dürfte im Menschen das eigentliche Ziel der kosmischen Entwicklung erblickt werden, und der teleologische Anthropozentrismus, nach dem die Welt für uns und um unseretwillen da ist, hätte doch recht. Das Auftreten der Menschheit auf einem winzigen, vergänglichen Planeten am Rande einer durchschnittlichen Spiralgalaxie des mehr als hundert Milliarden Galaxien umfassenden Weltalls nach Jahrmilliarden seines Bestehens wäre nicht ganz so unwahrscheinlich gewesen, wie es für uns heute den Anschein hat. Im Gegenteil, der Mensch dürfte sich nun wieder als eigentlichen Zielpunkt einer Entwicklung sehen, in kosmischer Beziehung als bedeutsam empfinden; auch die Vorstellung der Menschenwürde als besonderer Gattungseigenschaft wäre nicht mehr völlig abwegig. Aber mag diese Auszeichnung noch so wünschenswert sein, genauer betrachtet ergibt sie sich nicht aus der einfachen Erkenntnis, daß bei veränderter Ausgangslage die gesamte Weltentwicklung einen anderen Verlauf genommen hätte. Was wir menschliche Wesenswürde nennen, folgt nicht aus dem Anthropischen Prinzip. Somit bleibt es bei dem bedrückenden Befund: Im unendlichen All fehlt jeder Hinweis auf eine besondere Würde des Menschen.

Ein solcher läßt sich auch nicht der biologischen *Evolutionslehre* entnehmen, durch welche die Menschheit, Zufallsprodukt einer langen, ungerichteten Entwicklung, erbarmungslos in das Naturgeschehen hineingezogen wird. Von Pascal bis Kant und auch später noch stellte man den Menschen immer wieder zweigeteilt dar: als vergängliches, unerhebliches Naturwesen inmitten des riesigen Universums einerseits, als denkendes Vernunftwesen, Ebenbild Gottes, der Natur entrückte Geistseele mit eigener Würde andererseits. Die moderne Evolutionstheorie hob diese Teilung auf, indem sie den ganzen Menschen in den seit Jahrmillionen dauernden Naturprozeß eingliederte, der keineswegs so geradlinig verlief, wie oftmals angenommen wird. Die zwei geläufigen Bilder der Naturgeschichte – die Leiter des Fortschritts und der Kegel der wachsenden Vielfalt – haben sich vor dem Hintergrund der großen Veränderungen, die in den vergangenen 700 Millionen Jahren manchmal bis zu 95 Prozent der jeweils bestehenden Arten ausrotteten, als problematisch erwiesen. Denn die Entwicklung des Lebens ging keineswegs ständig aufwärts zu einem immer Höheren und Komplexeren, sondern ist gekennzeichnet von Phasen massenhaften Aussterbens mit anschließender Differenzierung der überlebenden Stämme. So soll im Kambrium, vor rund 600 bis 500 Millionen Jahren, die Verschiedenartigkeit des Lebens am größten gewesen sein, während in den darauffolgenden Jahrmillionen nach heutigem Stand der Erkenntnis ein ungeheurer Dezimierungsprozeß aller bis dahin entstandenen Lebewesen stattfand. Allein im Perm, vor rund 225 Millionen Jahren, gingen wissenschaftlichen Schätzungen zufolge mehr als 90 Prozent aller aus dem Meer stammenden Arten zugrunde, und wenn am Ende der Kreidezeit, vor rund 65 Millionen Jahren, die Dinosaurier nicht ausgestorben wären, dann hätten die bis dahin nur in Nischen überlebenden Säugetiere sich gar nicht weiterentwickeln können. Daraus tauchte vor nahezu zwei Millionen Jahren die erste Menschenform empor, der Homo habilis, aus der dann der frühe Homo erectus und schließlich der archaische Homo sapiens in Afrika vor 400000, in Ostasien vor 200000 bis 300000 Jahren entstand. Der anatomisch moderne Mensch, wie die Spezies Homo sapiens sapiens heute bezeichnet wird, existiert seit mehr als 100000 Jahren auf der Erde; der Homo sapiens sapiens selbst aber erst seit rund 40000 Jahren. Weit davon entfernt, strahlender Höhepunkt und Endzweck einer auf ihn ausgerichteten Naturentwicklung zu sein, ist der Mensch das Ergebnis eines vermutlich richtungslosen, zumindest höchst wechselvollen Evolutionsdramas und darin nur ein flüchtiges Detail, ein winziger Zweig von einem Ast des üppigen Naturbaums – und wahrscheinlich nicht mehr.[104] So gesehen sind wir Menschen wie alle Lebewesen nichts als vergängliche Teile einer wissenschaftlich entzauberten Natur, die eines Tages wieder in anorganische Leblosigkeit versinken wird; eine besondere Würde ist daraus kaum abzuleiten.

Hinzu kommt, daß im Zeitalter der modernen Naturwissenschaften die Frage nach dem Menschen immer öfter mit dem Hinweis auf das *Genom*, die Gesamtmenge seiner Erbanlagen, beantwortet wird, die man auf mehr als 50000 Gene schätzt. Was uns zu Menschen macht, so heißt es von naturwissenschaftlicher Seite, seien nicht unabhängige Vernunft und Geistseele, sondern die wenigen DNA-Regionen, in denen sich die Menschen von den übrigen Primaten unterscheiden. Heute wissen wir, daß der genetische Unterschied zwischen Mensch und Schimpanse nur ungefähr 1,6 Prozent beträgt, unsere Gene also zu fast 99 Prozent mit denen der Großen Menschenaffen übereinstimmen. Hiervor darf man nicht die Augen verschließen, wenn man, nach der Bedeutung des Menschen gefragt, ernst genommen werden möchte, und sicherlich werden die modernen Biowissenschaften künftig noch für weitere schmerzliche Überraschungen sorgen. Schon heute erklären sie das spezifisch Menschliche, auf das man einst die Idee der Würde gründete, fast vollständig weg, und der Abstand zwischen Mensch und Tier wird bald mit jeder neuen biowissenschaftlichen Erkenntnis immer geringer.

Doch ist die schrittweise Annäherung beider aneinander, die Aufhebung der als fundamental erlebten Unterschiede, nicht das eigentlich Beängstigende. So empfindet nur, wer den Begriff Tier von vornherein abwertend gebraucht. Man könnte aber auch umgekehrt argumentieren: In der lauten Entrüstung über die Schande, welche die Lehre von der genetischen Gleichartigkeit von Mensch und Tier unserer Würde antut, wird nämlich für gewöhnlich übersehen, „daß nach dem gleichen Prinzip dem Gesamtreich des Lebens etwas von seiner Würde zurückgegeben wird. Ist der Mensch mit den Tieren verwandt, dann sind auch die Tiere mit dem Menschen verwandt"[105] – und jene somit gleichfalls Träger der Würde, die der Mensch bisher stets für sich allein beansprucht hat, wie *Jonas* betont. Allerdings bleibt immer noch fraglich, ob der Mensch überhaupt Würde besitzt. Denn das wirklich Beunruhigende an der fast vollständigen genetischen Übereinstimmung zwischen Mensch und Tier besteht – wenn nicht in der Einebnung der Gattungsunterschiede – so doch in der damit einhergehenden Abwertung des Menschen zu einem von Genen determinierten Naturgebilde – eine Vorstellung, mit der sich die Idee menschlicher Wesenswürde kaum vereinbaren läßt.

Heute gibt es ganz unterschiedliche Versuche, die Lebensäußerungen des Menschen von seinem Willen entzogenen Kräften bestimmt sein zu lassen, von anonymen Prozessen also, die sein Verhalten steuern und lenken sollen. Es wird behauptet, der Mensch sei nichts als ein ohnmächtiges Glied im Spiel subjektloser Kräfte, sein bewußtes Leben abhängig von Abläufen naturhafter oder geschichtlicher Art. Diese hätten ihn nicht nur von dem Thron gestürzt, auf den die abendländische Kultur ihn vor Jahrhunderten gesetzt habe, sondern darüber hinaus als philosophischen Mythos entlarvt. In philosophischen Ansätzen dieser Art kann die Idee der Menschenwürde erst gar nicht mehr aufkommen.

Im Gegenteil, darin ist häufig von „Ende des Ich" oder „Tod des Subjekts" die Rede, das eine Illusion darstelle, soweit es für sich Selbständigkeit und Unabhängigkeit beanspruche. Im 18. Jahrhundert schrieb bereits *Lichtenberg*, „daß man nicht sagen sollte: ich denke, sondern ‚es denkt' so wie man sagt: es blitzt."[106] Ähnlich *Schelling* wenige Jahrzehnte später: „Es denkt in mir, es wird in mir gedacht."[107] Doch geht erst im 20. Jahrhundert die allgemeine Tendenz dahin, das bewußte Leben der Menschen in ihnen vor- und übergeordneten Prozessen und Strukturen aufzulösen, das Subjekt, wie es sich selbst sieht und von anderen gesehen wird, zu etwas Antiquiertem zu erklären, gleichsam in Ruhestand zu versetzen.

In diesem Sinne versuchte vor Jahrzehnten der bekannte Experimentalpsychologe *Skinner* unter der Überschrift „Abschaffung des autonomen Menschen"[108] dessen Denken und Handeln durch seine jeweiligen Lebensbedingungen zu erklären, das Verhalten des Einzelnen also auf äußere Umstände zurückzuführen, die Außenwelt dafür verantwortlich zu machen. Skinner ersetzte so „die autonome Kraft, der Verhalten gewöhnlich zugeschrieben wird, durch den Begriff der Umwelt"[109] und verband dabei jene mit der Idee der Würde wie zwei Jahrhunderte zuvor Kant. Da es nun diese autonome Kraft aber nicht gebe, müsse die Würde folglich eine Illusion sein; der Mensch existiere „jenseits von Freiheit und Würde".[110]

Die Zahl der Wissenschaften, die das menschliche Ich für tot erklären, ist mittlerweile groß. Hierzu gehören auch alle strukturalistischen und poststrukturalistischen Strömungen unserer Zeit, die den Menschen mit einem Objekt oder Spielzeug bewußtloser Zeichen, Regeln und Codes gleichsetzen, hinter denen er gänzlich verschwindet. So fordert der bekannte Ethnologe *Lévi-Strauss*, „vom Subjekt zu abstrahieren – jenem unerträglich verwöhnten Kind, das allzu lange die philosophische Szene beherrscht"[111] habe, und den Blick nur noch auf die Strukturen zu lenken, die sein Leben bestimmen. Ähnlich *Foucault*, der das Subjekt in zufallsblinde Geschichtsprozesse auflöst.

Er entwickelte die sogenannte Diskurstheorie, nach welcher die Geschichte ein subjektlos-anonymes Geschehen darstellt. Dabei verstand er unter Diskurs ein uns Menschen vorgegebenes Aussage- oder Wissenssystem, das selbst festlege, welche Objekte zu welcher Zeit in welcher Ordnung für uns in Erscheinung treten;

niemals seien sie „die majestätisch abgewickelte Manifestation eines denkenden, erkennenden und sie aussprechenden Subjekts"[112]. Im Gegenteil unterstehe der Mensch ganz den unbewußten Strukturen der Diskurse, die von sich aus völlig willkürlich sein Denken und Handeln bestimmten. Später ordnete Foucault den Diskursen des Wissens Machtpraktiken und Machttechnologien zu und betrachtete jene als darin fundiert. Jetzt sollten die Diskurse als Ergebnisse anonymer Machtbeziehungen zugleich selbst im Dienst der Macht stehen, die durch Ausschließungen und Disziplinierungen repressive Ordnungen errichtet haben. In beiden Epochen seines Denkens stellte Foucault das menschliche Ich als eine Art geschichtlicher Illusion dar. Jahrzehntelang sprach er nur vom „Verschwinden des Subjekts"[113] oder der „Leere des verschwundenen Menschen"[114], an dessen Stelle anonyme Wissensstrukturen und Machtverhältnisse getreten seien. Das verbindet ihn mit vielen französischen Denkern seiner Zeit, wie Derrida, Baudrillard, Lyotard und Deleuze, die gleichfalls das menschliche Subjekt in diesem vorgeordnete Strukturen und Prozesse auflösen, die keine Rückschlüsse mehr auf eine den Menschen angeborene Würde erlauben.

Ordnete Foucault das menschliche Ich anonymen Geschichtsprozessen unter, so setzen heutige Biowissenschaftler den Menschen immer wieder mit seinen Erbanlagen gleich. Mittlerweile ist man sich einig, daß wir weit mehr genetisch festgelegt sind als wir für gewöhnlich glauben und wahrhaben wollen. „Jeder von uns hat seinen individuellen genetischen Schatten, und keiner von uns kann über seinen genetischen Schatten springen"[115], betont *Mohr.* Heute neigen viele Wissenschaftler dazu, das gesamte menschliche Denken und Handeln, Lieben und Hassen in biologische Begriffe zu übersetzen und dabei das bewußte Leben als Epiphänomen molekularer Großstrukturen zu erklären. Allerdings ist nach wie vor unklar, wie weit sich menschliches Verhalten tatsächlich auf genetische Determinanten zurückführen läßt, wie eindeutig Erbprogramme menschliches Denken und Handeln steuern.

Mit *Bayertz* kann man zwischen schwachem und starkem Determinismus unterscheiden. Der erste geht davon aus, daß menschliches Verhalten zwar biologische Wurzeln hat, der Mensch als Produkt der Evolution also kein freischwebender Geist ist, sondern in seinen Lebensäußerungen an Naturgesetze gebunden bleibt, daß er aber zugleich über einen sei es auch noch so engen Spielraum für freie Entscheidungen verfügt, aus eigener Kraft sich von natürlichen Handlungsantrieben teilweise befreien kann.[116]

Im Gegensatz dazu ist nach der starken These das gesamte menschliche Denken und Handeln erbbiologisch festgelegt, wodurch Begriffe wie Selbstbestimmung, Freiheit, Autonomie völlig bedeutungslos werden. Besonders drastisch hat *Dawkins* dies formuliert, für den das Individuum „eine eigennützige Maschine [darstellt], die so programmiert ist, daß sie das tut, was immer für ihre Gene als Gesamtheit am besten ist."[117] Wir Menschen seien „Überlebensmaschinen, Roboter, blind programmiert zur Erhaltung der selbstsüchtigen Moleküle, die Gene genannt werden"[118]; eine Mutter sei folglich nichts als „eine Maschine zur optimalen Ausbreitung ihrer Gene"[119]. So gesehen hat die Natur den Menschen „nicht als Subjekt, sondern als Objekt"[120] konzipiert, als ohnmächtigen Spielball übermächtiger Naturkräfte, wie Bayertz bemerkt. Doch sollte man Aussagen dieser Art mit Vorsicht zur Kenntnis nehmen, da das bisherige Wissen über den Menschen größtenteils aus Mutmaßungen besteht; vieles ist nach wie vor ungeklärt. Andererseits wiegen die heutigen Erkenntnisse bereits schwer genug, um die Idee menschlicher Wesenswürde radikal in Frage stellen zu können und sie als Schall und Rauch erscheinen zu lassen.

Den Verdacht der Nichtigkeit menschlicher Würde rufen auch die seit einigen Jahren in den Mittelpunkt philosophischen Interesses gerückten Ergebnisse der *Neurowissenschaften* hervor, denen zufolge unser Geistesleben stärker als bislang vermutet von corticalen Vorgängen abhängt. Heute begnügt man sich längst nicht mehr damit, die Wesenswürde in genetische Determinanten aufzulösen, man zersetzt sie zudem in neurophysiologischen Prozessen. Nach dem gegenwärtigen Stand der Forschung besteht eine so enge Verbindung des Bewußtseins mit Hirnvorgängen, daß es gerechtfertigt zu sein scheint, den Menschen als ohnmächtigen Träger einer von Naturereignissen vorbestimmten Rolle zu bezeichnen, als Marionette, nicht aber als freien Architekten seines Lebens. Sollte das stimmen, hätte die Idee der Würde nicht einmal mehr ornamentale, geschweige fundamentale Bedeutung; denn ist das Ich eine Illusion, dann ist es die Wesenwürde auch.

Natürlich stimmt diese Sichtweise nicht mit dem überein, was wir Tag für Tag erleben: Menschen, die sich Gedanken über ihr Dasein, mit Heidegger gesprochen, Sorgen um ihr In-der-Welt-sein machen. In ihrem wahrnehmenden, fühlenden, denkenden, wollenden Alltagsleben wissen sie nichts über Hirnmechanismen, die ihr Verhalten steuern, von dem, was in ihrem Gehirn abläuft. Das meiste hiervon bleibt dem bewußten Erleben unzugänglich, verborgen, und doch ist es der wissenschaftlichen Forschung möglich, beobachtbares Verhalten als gehirngesteuerte Prozesse zu erklären.[121]

Vermutlich ist das menschliche Gehirn das komplexeste Gebilde im Universum: Es besteht aus einer Billion Zellen, von denen allein hundert Milliarden Nervenzellen, Neuronen, sind. Die aus mehreren Teilen zusammengesetzte Großhirnrinde, der Cortex, gilt als Sitz des Bewußtseins, an dessen Entstehung auch andere Hirnteile beteiligt sind. Das sogenannte limbische System bringt Affekte und Werte hervor, weshalb es gefühlsmäßiges Verhaltensbewertungssystem genannt wird, das anatomisch und funktional ebenfalls mit angrenzenden Hirnarealen eng verbunden ist. Allgemein betrachtet entsteht „Bewußtsein [...] unter Beteiligung der verschiedensten, das gesamte Gehirn durchziehenden Systeme“[122], worauf nicht näher eingegangen sei. Festzuhalten bleibt allein: Wann immer eine Person geistig tätig ist, laufen in ihrem Körper bestimmte festgelegte neurophysiologische Prozesse ab.

In der Gegenwart üben die Forschungsergebnisse aus den Bereichen Neurobiologie und Computerwissenschaft eine starke Anziehungskraft, fast magische Wirkung auf die philosophische Fachwelt aus. Viele Denker sind von einer weitgehenden Reduzierbarkeit des Mentalen auf physiologische Vorgänge überzeugt. Im 18. Jahrhundert hatten bereits Lamettrie und Holbach die vollständige Abhängigkeit des Geistigen von Naturhaftem behauptet, im Denken eine Tätigkeit der Materie gesehen, Seele und Körper als dasselbe vorgestellt, betrachtet unter verschiedenen Gesichtspunkten. Aber die denkbar radikalste Naturalisierung des menschlichen Subjekts führten in unserem Jahrhundert Philosophen wie Paul Churchland und Richard Rorty durch. Sie vertraten nicht nur die Auffassung, daß sich unsere Empfindungen, Vorstellungen, Gedanken, Urteile als gehirngesteuertes Geschehen in neurophysiologische Ausdrücke übersetzen und dadurch erklären lassen. Lange Zeit waren sie sogar davon überzeugt, daß es keinerlei bewußte Zustände gebe, und daß die „mentalistische" Sprache ohne Verlust eliminierbar sei. Das Subjekt existiere nicht im Sinne einer eigenständigen Wirklichkeit, sondern lasse sich vollständig in neuronale Prozesse auflösen. *Rorty* nannte diese Position „eliminativen Materialismus"[123], dem zufolge die Rede von bewußten Zuständen der Annahme von Dämonen entspricht, an deren Stelle heute physikalische Kausalursachen getreten seien: „Die Bezugnahme auf mentale Zustände könnte irgendwann ebenso veraltet sein wie die Bezugnahme auf Dämonen, und dann könnte man ganz selbstverständlich sagen, wir hätten nun, obwohl Menschen früher glaubten, es gäbe mentale Zustände, entdeckt, daß es nichts dergleichen gibt."[124] Berichte über Gedanken, Wünsche oder Empfindungen wären dann nicht mehr nur in Gehirnprozesse übersetzbar, sondern sogar durch solche ersetzbar, und die Idee der Menschenwürde hätte sich dann endgültig als veraltet, ja, als illusorisch erwiesen.

Nicht so radikal, dafür aber genauso bedrohlich sind die verschiedenen Spielarten des sogenannten Epiphänomenalismus, in welchem der Mensch gleichfalls nur als ohnmächtiges Stück Natur vorkommt. Hier gelten menschliche Gefühle und Gedanken – wenn nicht als bloße Einbildungen – so doch als unwesentliche Begleiterscheinungen physikalischer Ereignisse. Es gebe sie zwar, aber sie seien einseitig abhängig von neuronalen Prozessen.

Andere sind in der strittigen Frage zurückhaltender, indem sie entweder von einer Identität oder Parallelität mentaler und neuronaler Vorgänge ausgehen, ohne hierbei jene auf letztere völlig zu reduzieren. Sie sagen, wenn eine Person geistig tätig ist, dann laufen diese und jene Prozesse in ihrem Gehirn ab, mit denen das bewußte Leben aufs engste zusammenhängt, im Grenzfall sogar zusammenfällt.

Alles in allem gibt es offenbar ebenso erbitterte wie gemäßigte Geistphilosophen in unserer Zeit. Die einen glauben tendenziell an die vollständige Reduzierbarkeit des Psychischen aufs Physische. Hierfür sprechen eine Reihe von Experimenten mit Patienten, die bei elektrischen Reizungen bestimmter Hirnareale Stimmen oder Melodien zu hören glaubten, sich an bestimmte Erlebnisse erinnerten oder plötzlich ihre Finger bewegten. Hinzu kommt die Entdeckung einer merkwürdigen Zeitverzögerung. Man hat herausgefunden, daß das menschliche Hirn, noch ehe der Einzelne den Entschluß faßt, seine Hände zu bewegen, schon mit der Vorbereitung dieser Bewegung beginnt, wodurch die alte Idee menschlicher Willensfreiheit – jedenfalls bezüglich unserer Körperbewegungen – ins Wanken gerät.

Allerdings gibt es daneben heute auch noch die gemäßigten Geistphilosophen, die nicht von einer strengen Determination menschlichen Denkens und Handelns ausgehen. Abgesehen davon, daß wir unser konkretes Verhalten wohl niemals bis in die Einzelheiten vollständig erklären können, weil es zu komplex ist, steht keineswegs fest, daß wir in jeder Beziehung durch anonyme Naturprozesse festgelegt sind. Theorien, welche diese Auffassung vertreten, lassen nach wie vor sehr zu wünschen übrig; sie enthalten zu viele Unverständlichkeiten, Widersprüche, offene Fragen. Wahrscheinlich schießt die Annahme, nach welcher der Einzelne nichts als ein ohnmächtiges Stück Natur ist, über das Ziel hinaus. Doch soll damit keineswegs geleugnet werden, daß wir neurowissenschaftlich und molekularbiologisch betrachtet vermutlich abhängiger sind, als wir heute bereits ahnen. Es sei auch nicht bestritten, daß der traditionelle Leib-Seele-Dualismus keine tragfähige Grundlage mehr hat, und daß der Mensch trotz Fähigkeit zu bewußtem Denken und Handeln ein Lebewesen unter anderen ist[125], dessen Abstand zum Tier, was das Hirn anbelangt, längst nicht so groß ist, wie herkömmlicherweise angenommen wird. Inzwischen weiß man, „daß das menschliche Gehirn denselben Grundaufbau wie das Gehirn aller anderen Wirbeltiere hat. Es ist vom Gehirn der übrigen Säugetiere in den meisten Details nicht unterschieden. [...] Vom Gehirn unserer nächsten biologischen Verwandten, der Menschenaffen, ist unser Gehirn mit Ausnahme seiner Größe nahezu ununterscheidbar."[126] Das sind wichtige Erkenntnisse, die zwar nicht die absolute Determination des Menschen beweisen, aber dem traditionellen Menschenbild einen niederschmetternden Schlag versetzen. Vor ihrem Hintergrund wirkt die Idee menschlicher Wesenswürde bedeutungslos und blaß.

Fassen wir die Ergebnisse von Kosmologie, Evolutionsbiologie, Molekulargenetik und Neurophysiologie zusammen, so wird der Schluß unvermeidlich: Der Mensch ist keineswegs der vornehmste Buchstabe im Buch der Natur, denn es gibt nichts darin, was er als Zeichen für seine Besonderheit und Wichtigkeit, als Kennzeichnen seiner Würde auf sich beziehen könnte. So gesehen desillusionieren die modernen Wissenschaften jedes Vorhaben, hinter der nackten Faktizität des menschlichen Daseins noch eine höhere Wertbestimmung ausfindig zu machen. Mit unserer Gottebenbildlichkeit scheint es nicht weit her zu sein, und mit der Erhebung des Menschen zu einem alles überragenden Vernunftwesen scheint es nicht viel besser zu stehen. Trotz aufrechtem Gang und damit verknüpfter Ausbildung der Hand – einem Zeichen von Kraft und Größe, dem Gegenteil hündischer Unterwürfigkeit – ist der Mensch wahrscheinlich nur ein vergängliches Stück um sich besorgter Natur – ein „ens naturae". Damit aber wäre verspielt, was er einst besaß: Wesenswürde.

An Dürigs Objektformel anknüpfend, welche nachweislich auf der Philosophie Kants gründet, weisen die Bundesverfassungsrichter immer wieder darauf hin, daß die Würde des Menschen verletze, wer ihn als Sache entwerte oder als bloßes Mittel mißbrauche. Dabei haben sie besonders die willkürliche Ausnutzung und Verplanung des Einzelnen durch Staatsgewalt und Bürokratie, aber auch durch Mitbürger vor Augen. Ausdrücklich wird betont, daß es der menschlichen Würde widerspreche,

„den Menschen zum bloßen Objekt im Staat zu machen"[127], da dieser dadurch „einer Behandlung ausgesetzt wäre, die seine Subjektqualität prinzipiell in Frage stellt[e]."[128]

Hierbei übersehen die Bundesverfassungsrichter vollständig, daß von den heutigen Naturwissenschaften eine ganz ähnliche Gefahr ausgeht. Auch sie betrachten den Menschen als materielles Etwas, indem sie ihn zu einem ohnmächtigen Objekt im Spiel subjektloser, anonymer Kräfte machen, und der Naturalismus liefert das passende Weltbild dazu, auf dem der Einzelne nur noch als ein an sich gleichgültiges Naturstück erscheint. Selbstverständlich läßt ein solches Bild keinerlei Rückschlüsse mehr auf die Wesenswürde des Menschen zu; an der besagten Objektformel gemessen, erscheint es sogar als würdeverletzend, was, verallgemeinert gesprochen, beweist, daß naturwissenschaftliche Erkenntisse rechtliche Grundsätze in Frage stellen können. Denn nicht nur daß sie dem *Grundgesetz* und der *Allgemeinen Erklärung der Menschenrechte* manchmal widersprechen, sie scheinen für das Recht insgesamt von Bedeutung zu sein und somit auch für das Strafrecht.

Die Fragwürdigkeit menschlicher Strafwürdigkeit

Im Unterschied zu Tadel hat Strafe Zwangscharakter und greift dadurch tiefer als jede Form der moralischen Mißbilligung in die persönliche Freiheit des Einzelnen ein. Schon deshalb ist jegliche Bestrafung für sich genommen problematisch, der Rechtfertigung bedürftiger, als es Rügen, Verweise und die übrigen Arten der Kritik sind. Heute unterscheidet man zwei große Straftheorien: die sogenannte *retrospektiv-retributive* und die *prospektiv-präventive*.[129]

Erstere bezieht sich ausschließlich auf eine in der Vergangenheit begangene Straftat und heißt darum retrospektiv. Jemand wird bestraft, weil er etwas verbrochen hat. Dabei rechtfertigt man seine Bestrafung mit der Schuld, die er auf sich geladen hat.

Keine Strafe ohne Schuld – nulla poena sine culpa – lautet ein alter Grundsatz. Schuld aber setzt freie Urheberschaft voraus, „persönliche Freiheit als reale Macht"[130], wie *Nicolai Hartmann* betont. Ohne Freiheit kann ein Straftäter nicht für sein Handeln verantwortlich gemacht werden, nicht als zurechnnungs- und schuldfähig gelten.[131] Ohne Freiheit kann aber auch niemand ernsthaft Versprechen geben, Verträge schließen, Verpflichtungen eingehen; niemand könnte garantieren, sich daran zu halten, dem Versprochenen nachzukommen – wie dem in der Wirklichkeit auch oft genug so ist. Menschen machen sich schuldig, wenn sie anders hätten handeln können, als sie es taten, und darum bemißt man das „ob" und „wie lange" einer Freiheitsstrafe außer an der Größe des Verbrechens auch und vor allem am Grad der Freiwilligkeit und Absichtlichkeit der Straftat. Nach der retrospektiv-retributiven Straftheorie sollen Schwere der Tat und Größe der Schuld über das Strafmaß entscheiden. Dabei fordern die Anhänger dieser Theorie gewöhnlich eine Gleichheit von Straftat und Strafe gemäß dem Talionsprinzip: „Auge um Auge, Zahn um Zahn". Angetanes Übel sei entweder in gleicher oder anderer, dafür aber gleichwertiger Münze zurückzuzahlen – nicht unbedingt heimzuzahlen. Deswegen nennt man diese Theorie auch retributiv, was soviel bedeutet wie „zurückgebend" oder „wiederherstellend". Die retrospektiv-retributive Straftheorie, welche die Vernunftphilosophen *Kant* und *Hegel* vertraten, ist vergeltungsorientiert.

Anders dagegen die prospektiv-präventive Straftheorie, welche die Utilitaristen *Bentham* und *Mill* befürworteten. Diese blickten hauptsächlich auf die künftigen Wirkungen der Strafe und waren so eher verhütungs- als vergeltungsorientiert, weshalb man ihre Theorie auch prospektiv-präventiv nennt. Die Frage nach Schuld, Verantwortlichkeit, Zurechnungsfähigkeit und damit Freiheit bleibt bei ihnen weitgehend ausgeklammert. Es gilt der Grundsatz: Das Vergangene läßt sich nicht mehr ungeschehen machen; das einzige, was man tun kann, ist dafür zu sorgen, daß es sich künftig nicht wiederholt. Der eigentliche Strafzweck ist sonach Verhindern durch Zuvorkommen, kurz, Prävention. Im einzelnen unterscheidet man vier Arten der Prävention: die sogenannte *negative Spezialprävention* – Strafe als Abschreckung des Täters vor künftigen Straftaten sowie als Schutz der Allgemeinheit; dann *positive Spezialprävention* – Strafvollzug als Versuch, den Straftäter zu bessern und zu heilen mit dem Ziel seiner Wiedereingliederung in die Gesellschaft, von der er auf Zeit ausgeschlossen wurde; drittens *negative Generalprävention* – Strafe eines Verbrechers als Warnung für all jene, die mit dem Gedanken spielen, eine Straftat zu begehen, und schließlich *positive Generalprävention*, derzufolge die Bestrafung eines Täters die übrigen Bürger in ihrer Rechtstreue stärken und zur Einhaltung der Gesetze ermutigen soll.

Nach alldem wird gestraft entweder, *weil* gefehlt *wurde* – punitur, quia peccatum est – oder, *damit* nicht gefehlt *wird* – punitur, ne peccetur.

Sei es Kant, Fichte, Schelling oder Hegel, sie alle waren von der menschlichen Schuldfähigkeit überzeugt und befürworteten deshalb die retrospektiv-retributive Straftheorie, derzufolge einer bestraft werden soll, weil er gefehlt hat. Sie glaubten an die Freiheit des Menschen nicht nur dem Naturgeschehen, sondern auch moralischen Geboten gegenüber, denn es liege in der Macht des Einzelnen, diese zu befolgen oder nicht. Dabei sei es sogar so: Wer sich im Zustand absoluter Zurechnungsfähigkeit eines Verbrechens schuldig mache, einen Einbruch begehe oder Mord verübe, der verdiene nicht bloß Strafe, er habe zudem ein Recht darauf.

Einen Menschen zu bestrafen, weil er Schuld auf sich geladen habe, heiße nämlich, ihn als freie Person anzuerkennen, weshalb Bestrafung zur Achtung der Würde eines Verbrechers gehöre. Diesen kann man nur dann von jeder Schud freisprechen, obwohl er sich etwas zuschulden kommen ließ, wenn sich für sein Fehlverhalten äußere Umstände oder innere Zwänge verantwortlich machen lassen. Dann muß man ihn für unzurechnungsfähig erklären, als ohnmächtig und fremdbestimmt ansehen, ihm damit aber die Würde aberkennen, die ja auch das Bundesverfassungsgericht auf die menschliche Freiheit gründet. Wie die Dinge liegen, kann man einen Verbrecher nur mit Hilfe der retrospektiv-retributiven Straftheorie als vollwertiges Subjekt würdigen.

In diesem Sinne schrieb bereits *Platon,* daß dem Menschen nichts Schlimmeres widerfahren könne, als daß er Unrecht tue und nicht dafür bestraft werde[132], worauf er als freie Person aber berechtigten Anspruch habe. *Hegel* sagte sogar: „Die Verletzung, die dem Verbrecher [durch Strafe] widerfährt, ist nicht nur an sich gerecht – als gerecht ist sie zugleich sein an sich seiender Wille, ein Dasein seiner Freiheit, sein Recht. [...] Daß die Strafe [...] als sein eigenes Recht [...] angesehen wird, darin wird der Verbrecher als Vernünftiges geehrt."[133] Diese Ehre werde ihm durch den Schuldspruch zuteil, durch den er als geistig-sittliches Wesen geachtet werde. Selbst *Marx* war der Auffassung, daß nur die retrospektiv-retributive „Theorie der Bestrafung [...] die menschliche Würde"[134] anerkennt. Am deutlichsten allerdings formuliert das *Nicolai Hartmann*: „Ein sittlich hochentwickelter Mensch [...] erhebt [...] Anspruch auf Zurechnung; ja er sieht sich in seiner Menschenwürde verletzt, wenn ihm die Zurechnung seiner Taten versagt wird. Solches Versagen empfindet er als Unzurechnungsfähigkeits-Erklärung, als ein Absprechen seines sittlichen Werts als Person, und darum als eine Art Entmündigung und Entwürdigung. Sogar die gutgemeinte Entschuldigung – sei es aufgrund von Umständen oder seelischen Zuständen – weist der sittlich Reife mit Recht zurück. Er will verantwortlich sein, wo er sich verantwortlich fühlt. Darum wacht er über der Anerkennung seiner Zurechnungsfähigkeit. [...] Rechne ich dem anderen nicht zu, was im Bereich seiner Verantwortung liegt, so negiere ich damit [...] ihn selbst als sittliche Person. Nimmt mir jemand die Verantwortung ab, die ich trage, so vergeht er sich an meinem Grundwesen als Person."[135] Das heißt, „wer Schuld auf sich geladen hat, kann sie nur um den Preis der eigenen autonomen Person von sich abwälzen. [...] Gibt aber die Person ihre Autonomie [...] preis, so gibt sie sich selbst preis. Das entlastete Wesen ist dann nicht mehr das volle Menschenwesen, nicht mehr die vollwertige Person."[136] Wer also eine Straftat begangen hat und trotzdem als Mensch geachtet werden möchte, der muß geradezu auf seine Bestrafung bestehen, wenn er seine Selbstachtung und Würde behalten möchte und nicht als ohnmächtige Marionette von Natur oder Gesellschaft gelten will.

Dem deutschen *Strafrecht* liegt ein Menschenbild zugrunde, das von der grundsätzlichen Freiheit und Schuldfähigkeit des Menschen ausgeht, also die retrospektiv-retributive Straftheorie verteidigt. So heißt es in §46 des *Strafgesetzbuches*: „Die Schuld des Täters ist Grundlage für die Zumessung der Strafe", wobei die Umstände, die für und gegen den Täter sprechen, vom Gericht gegeneinander abzuwägen seien, wie überhaupt die Beweggründe, Ziele und Gesinnung des Täters, aber auch die Schwere der Tat nicht außer acht gelassen werden dürfen. Strafzweck sei aber vor allem die Vergeltung schuldhaft begangenen Unrechts.

Doch werden auch spezialpräventive Gesichtspunkte anerkannt. So heißt es weiter in §46 des Strafgesetzbuches: „Die Wirkungen, die von der Strafe für das künftige Leben des Täters in der Gesellschaft zu erwarten sind, sind zu berücksichtigen." Diese Formulierung zielt auf positive Spezialprävention, auf Resozialisierung, Besserung, Heilung des Straftäters. Anders im Ausdruck und dennoch gleichen Sinns §2 des *Strafvollzugsgesetzes*: „Im Vollzug der Freiheitsstrafe soll der Gefangene fähig werden, künftig in sozialer Verantwortung ein Leben ohne Straftaten zu führen. Der Vollzug der Freiheitsstrafe dient auch dem Schutz der Allgemeinheit vor weiteren Straftaten." Während der erste Satz mit der Idee der positiven Spezialprävention übereinstimmt, ist der zweite Satz ein Beispiel für die negative Spezialprävention.

Bezüglich der Generalprävention wird dagegen immer wieder betont, daß sie weder Ziel noch Aufgabe der Bestrafung sein dürfe. Niemand soll bestraft werden, nur um andere davon abzuhalten, straffällig zu werden oder um die Bürger zur Anerkennung der Rechtsordnung zu bewegen. Der gesetzmäßige Strafvollzug und die Androhung von Zwangsmaßnahmen dürften zwar solcherlei bewirken, und man solle es auch gutheißen, wenn sie dieses wirklich täten. Rein generalpräventiver Strafvollzug sei aber mit der Würde des Menschen unvereinbar, weil der Einzelne dadurch zum bloßen Objekt staatlichen Handelns, Mittel zum Zweck, Werkzeug und Instrument degradiert werde. Entsprechend verfügte das Bundesverfassungsgericht, daß „der Täter nicht zum bloßen Objekt der Verbrechensbekämpfung un-

Abschreckung für andere

ter Verletzung seines verfassungsrechtlich geschützten sozialen Wert- und Achtungsanspruchs"[137] gemacht werden dürfe, wenn auch generalpräventive Aspekte mit zu berücksichtigen seien für den Fall, daß ein Straftäter durch sein Verhalten anderen ein schlechtes Beispiel gegeben habe.

Man erkennt, beide großen Straftheorien spielen im deutschen Recht eine wesentliche Rolle, obgleich die retrospektiv-retributive Straftheorie in der Rangfolge höher bewertet wird als die prospektiv-präventive. Darin wiederum wird normalerweise die Resozialisierung stärker gewichtet als Abschreckung und Schutz der Allgemeinheit, ohne daß darum letztere vernachlässigt würden.

Nun ist es aber im Zeitalter des wissenschaftlichen Naturalismus leicht möglich zu denken, daß wir ohnmächtige Spielbälle in einem Spiel ohne Spieler sind, folglich freiheitliche Selbstbestimmung eine Täuschung, Schuld eine Illusion darstellt[138] – einem Ausspruch *Nietzsches* gemäß: „Die völlige Unverantwortlichkeit des Menschen für sein Handeln und sein Wesen ist der bitterste Tropfen, welchen der Erkennende schlucken muß [...]; er darf nicht mehr loben, nicht tadeln, denn es ist ungereimt, die Natur und die Notwendigkeit zu loben und zu tadeln."[139] Dann aber wäre die retrospektiv-präventive Straftheorie absolut hinfällig. Lediglich die prospektiv-präventive Straftheorie ist mit dem wissenschaftlichen Naturalismus teilweise vereinbar, da sie das Phänomen der Schuld auf sich beruhen läßt und den Blick ausschließlich auf die Wirkungen der Strafe beim Täter und der Gesellschaft lenkt. Aber wie schon bezüglich der Generalprävention heißt es auch hinsichtlich der Spezialprävention, daß sie mit der Idee der Menschenwürde unverträglich sei, da sie gleichfalls den Straftäter nicht als Person respektiere, sondern zum bloßen Mittel übergeordneter Zwecke degradiere. Ob das Strafziel Abschreckung, Besserung oder Resozialisierung heiße, in jedem Falle sei die Gefahr der Herabwürdigung des Straftäters zu einem bloßen Behandlungsobjekt, seine sozialtherapeutische Instrumentalisierung zu groß, als daß sie unwidersprochen hingenommen werden könne. In diesem Sinne sind bereits die Worte *Kants* zu verstehen: „Richterliche Strafe [...] kann niemals bloß als Mittel, ein anderes Gute zu befördern, für den Verbrecher selbst, oder für die bürgerliche Gesellschaft, sondern muß jederzeit nur darum wider ihn verhängt werden, weil er verbrochen hat; denn der Mensch kann nie bloß als Mittel zu den Absichten eines anderen gehandhabt und unter die Gegenstände des Sachenrechts gemengt werden, wowider ihn seine angeborne Persönlichkeit schützt [...]. Er muß vorher strafbar befunden worden sein, ehe noch daran gedacht wird, aus dieser Strafe einigen Nutzen für ihn selbst oder seine Mitbürger zu ziehen."[140] Ähnlich *Hegel*, der im Strafzweck der „Abschreckung und Besserung"[141] ebenfalls eine Abwertung des Menschen zur bloßen Sache sah – eine Sichtweise, welche zur naturalistischen Vorstellung des Menschen als bloßen Objekts gut paßt, womit die Idee der Menschenwürde jedoch völlig unvereinbar ist, wie Kant, Hegel, Marx und in unserem Jahrhundert Nicolai Hartmann oder Robert Spaemann betonen.

Rückblickend ergibt sich folgendes Bild: Droht der *weltanschauliche Neutralitätsanspruch* des säkularen Staates den Ausdruck Menschenwürde gänzlich zu entleeren, so neigt der *starke Anthropozentrismus* der abendländischen Geistesgeschichte dazu, die Würdeidee zu überspannen, während die *modernen Naturwissenschaften* und der *philosophische Naturalismus* wiederum im Begriff sind, das stolze Wort Würde zu zerstören. Damit gibt unsere Zeit einhundert Jahre nach *Nietzsche* diesem doch noch recht, der von „Würde des Menschen"[142] als von „schönen Verführungs- und Beruhigungsworte[n]"[143] sprach, von „Begriffs-Hallucinationen, [...] Phantomen"[144]. Denn „das Menschending [sei nur] ein schmähliches und klägliches Nichts und eines Schattens Traum"[145], wie er betonte, dabei auf den antiken Dichter *Pindar* anspielend, der die Menschen mit einem „Schatten im Traum"[146] verglich. Allerdings ist nicht nur bei Nietzsche zu lesen, „daß der Mensch an sich [...] weder Würde noch Rechte noch Pflichten besitzt"[147], Jahrzehnte zuvor beklagte bereits *Schopenhauer* die „Leerheit"[148] des Ausdrucks „Würde des Menschen"[149], der durch seinen „erhabenen Klang dermaßen imponiert, daß nicht leicht einer sich untersteht, heranzutreten, um sie in der Nähe zu untersuchen, wo er dann finden würde, daß [...] sie nur eine hohle Hyperbel ist."[150] Für ihn ist „der Begriff der Würde auf ein am Willen so sündliches, am Geiste so beschränktes, am Körper so verletzbares und hinfälliges Wesen wie der Mensch nur ironisch anwendbar."[151]

Wenn das stimmen sollte, dann stehen wir heute vor der unerträglichen Alternative, entweder weiter einer Illusion hinterherzulaufen oder ein Fall für den Verfassungsschutz zu werden!

ironisch: weil Mensch ist vergänglich / hinfällig

5
Wie die Würde das eigene Ende überdauert

Seit *Aischylos'* Tragödie *Der gefesselte Prometheus* gilt der Sohn des Titanen Iapetos und der Klymene, der den himmlischen Göttern das Feuer stahl, um es den Menschen auf der Erde zu bringen, als Licht- und Kulturbringer. Wenn *Hans Blumenberg* recht hat, dann soll mit dem Prometheus-Mythos aber mehr als dieses ausgesagt werden: „Prometheus erzwingt die Aufwertung des verächtlichen Eintagsgeschlechts zu einer Weltgröße, die auch Zeus nicht wieder unsichtbar machen, in den Hades verschwinden lassen konnte. Aus der objektiven Nichtswürdigkeit der Menschen mehr als ihre Existenzfähigkeit – ihre Existenzwürdigkeit gemacht zu haben, ist der von Prometheus selbst unbestrittene Verstoß gegen die Weltordnung."[1] Darum sollte ihm seine mutige Tat, durch welche er die Menschen aus ihrer Unwissenheit und ihrem Elend befreite, auch zum Verhängnis werden. Zeus verurteilte Prometheus zu einer harten Strafe: Angefesselt im Kaukasus, wurde er auf schlimmste Weise Tag für Tag von einem Adler gequält, der sich jeden Morgen von neuem auf Prometheus' in der Nacht nachgewachsene Leber stürzte und sie zerriß und fraß, bis Herakles ihn schließlich befreite. Den Göttern das Feuer zu stehlen, erwies sich somit als genauso schlimm wie vom Baum der Erkenntnis verbotene Früchte zu essen, was bekanntlich zur Vertreibung Adams und Evas aus dem Paradies führte.

Dennoch besteht das Tragische der menschlichen Auflehnung

und Selbstbehauptung gegen Gott weniger in der schweren Buße für ein einzelnes Verbrechen, als vielmehr in der Entdekkung, daß das gleiche menschliche Selbst- und Weltbewußtsein, das die Erdenbürger aus ihrer ursprünglichen Nichtswürdigkeit herausholte, sie im Laufe der Jahrhunderte wieder dorthin zurückbrachte. Denn Geist, Verstand, Vernunft, die Fähigkeit, Welt und Mensch erkennen zu können – einst Zeichen menschlicher Würde – haben sich nach und nach gegen sich selbst gewandt, indem sie von sich aus anfingen, ihren besonderen Rang in der Welt zu bestreiten. Der menschliche Geist hat nämlich selbst die kränkende Erkenntnis hervorgebracht, daß es mit ihm als Teil der Natur und so auch mit seiner angemaßten Würde nicht weit her sein kann. Diese bittere Erfahrung bleibt heute nur noch denjenigen erspart, die von den Ergebnissen der modernen Wissenschaften kaum Notiz nehmen. Wer sich aber ein ausgewogenes Urteil über die Bedeutung des Menschen in der Welt bilden möchte, kann nicht umhin, sich darüber zu informieren, will er ernst genommen werden; er hat die Pflicht, tiefer darin einzudringen, auch wenn sich dabei die Idee einer dem Menschen angeborenen Würde als fixe Idee herausstellen sollte.

Selbstbehauptung der Menschenwürde

Angesichts der unaufgebbaren Forderung nach *weltanschaulicher Neutralität* im öffentlichen Leben, aber auch der großen Fragwürdigkeit des *abendländischen Anthropozentrismus* im kulturellen Leben sowie der unleugbaren Vorherrschaft der *mathematischen Naturwissenschaften* in der heutigen Zeit scheinen mittlerweile nicht mehr nur Unbestimmtheit und Unbegründbarkeit der Würdeidee festzustehen, sondern auch deren Phantom-Charakter. Je weiter wir uns auf eine völlig säkularisierte Kultur mit zunehmend naturwissenschaftlichem Weltbild zubewegen, umso fragwürdiger wird die Vorstellung einer uns von Natur aus zukommenden Wesenswürde.

Trotzdem ist es natürlich zulässig, darin eine Wirklichkeit sui generis zu sehen. Der Glaube an die Wesenswürde bleibt auch gegen ein Maximum kritischer Argumente möglich, da Religions- und Weltanschauungsfreiheit – die Möglichkeit, persönlich Ideen anzuhängen, die andere für falsch halten – zu den grundlegenden Rechten der Bürger eines liberalen Gemeinwesens gehört. Mit Kant und Mill gesprochen, sollten alle Menschen so leben dürfen, wie sie möchten, solange sie es auf ihre eigenen Kosten und nicht auf die anderer tun. Das schließt zwar nicht aus, daß man seine Nachbarn von der Richtigkeit der eigenen Auffassung zu überzeugen sucht, ihnen manchmal Ratschläge gibt, Ermahnungen ausspricht, doch sollte sich niemand in die Angelegenheiten seiner Mitmenschen einmischen mit der Absicht, ihnen das eigene Welt- und Menschenbild aufzuzwingen. Aus diesem Grund darf weder der Glaube an die Idee menschlicher Wesenswürde verboten noch der wissenschaftliche Naturalismus anderen vorgeschrieben werden, mag auch noch so viel für dessen Richtigkeit sprechen.

Die modernen Naturwissenschaften haben in den letzten Jahrhunderten großartige Siege errungen, und vermutlich werden sie noch viele davontragen, so daß sich die Waage auch künftig mehr zugunsten des wissenschaftlichen Naturalismus als für irgendeine Art höherer Metaphysik verschieben wird. Aber so sehr die Wissenschaften unsere Erwartungen ans Ideelle und Höhere auch enttäuschen, mit einer völligen Verwerfung der Würdeidee werden wir uns wohl niemals ganz anfreunden oder auch nur abfinden können. Die Anlässe für deren Aufnahme ins Recht – die unfaßbaren Verbrechen an der Menschheit zur Zeit des Nationalsozialismus und Stalinismus – wiegen zu schwer, als daß man darauf wieder verzichten könnte. Nach der Abschlachtung von Millionen Unschuldiger sollten nie mehr Akte der Barbarei die Idee der Menschenwürde zum Schweigen bringen, die trotz aller neueren Greueltaten – man denke nur an die Massaker von Srebrenica als größten Massenmord in Europa nach dem Zweiten Weltkrieg – fest im allgemeinen Bewußtsein verankert ist, so daß sie nicht mehr einfach aus der Geschichte weggedacht werden kann.

Das Übermaß an Leid und Ungerechtigkeit auch in der heutigen Welt läßt einen Verzicht auf die Idee menschlicher Würde sogar als verantwortungslos erscheinen und ruft nicht nur zu deren Achtung in der alltäglichen Praxis auf, sondern auch zu deren Bewahrung in der philosophischen Theorie. Denn gerade in einer Wirklichkeit ohne höheren Sinn kommt es darauf an, an der Idee der Menschenwürde festzuhalten, weil sie eines Tages vielleicht der einzige immaterielle Wert sein könnte, der uns darin noch verbleibt. So scheint die Situation paradox: Je mehr der religiös-metaphysische und vernunftphilosophische Hintergrund verblaßt, aus dem die Idee der Menschenwürde einst ihre Kraft und Glaubwürdigkeit bezog, um so nötiger haben wir sie. Daher können wir nicht der Frage entkommen, wie trotz *weltanschaulichem Neutralismus, überspanntem Anthropozentrismus* und *wissenschaftlichem Naturalismus* die Idee der Menschenwürde dennoch lebendig bleiben könnte.

Als Anspruch meldet sie sich überall dort lautstark zu Wort, wo sie verletzt wird, und die Beispiele hierfür sind seit jeher Legion. Unrechtserfahrungen wie üble Verleumdung, grausame Unterdrückung und unmenschliche Bestrafung legen sonach nicht nur die Aufnahme der Würdeidee ins Recht nahe, sie machen überhaupt erst darauf aufmerksam, wie der ehemalige Innenminister *Maihofer* betont: „Daß es so etwas wirklich gibt wie eine Würde des Menschen und was sie bedeutet, wird uns nirgendwo eindrücklicher erfahrbar als in den Grenzsituationen ihrer äußersten Infragestellung."[2] Denn wehr- und hilflos der Willkür des übermächtigen Staates oder seiner Bürger ausgeliefert zu sein heißt, ein würdeloses Dasein führen zu müssen, menschenunwürdig behandelt zu werden. Gerade in diesem Sinne machen die an der Menschheit verübten Grausamkeiten auf die Idee der Menschenwürde aufmerksam. In pointierter Zuspitzung gesprochen: Die Tatsache, daß Menschen diskriminiert werden aufgrund ihrer religiösen, weltanschaulichen und politischen Überzeugungen, ihrer Hautfarbe, Sprache oder sexuellen Neigung, daß ihnen Nahrung, Unterkunft und Bildung als Voraussetzung für ein mündiges Leben vorenthalten werden, daß es Staaten gibt, die ihre Bürger fürchterlichen Torturen aussetzen, sie an durchaus heilbaren Krankheiten sterben lassen, ihre persönlichen Verhältnisse einschränken, ihnen vorsätzlich Leid zufügen – das alles beweist, daß es eine Menschenwürde gibt, und daß sie auf die verschiedenen Formen ihrer Verletzung wie auf Leid, Unfreiheit und Ungerechtigkeit als deren Negation bezogen ist. Anders formuliert, entspringt das Ideal der Menschlichkeit insbesondere der Erfahrung der Unmenschlichkeit.

Wohl mit die schlimmsten Würdeverletzungen stellen seit jeher Folterungen dar, gewaltsame Eingriffe in die Körper fremder Menschen, um ihnen durch Zufügung physischer Schmerzen den Willen zu brechen oder unfreiwillige Geständnisse zu erzwingen. Gerade hierbei kennen die von Menschen an Menschen begangenen Verbrechen keine Grenzen: Schläge mit der Faust ins Gesicht, brutales Zerschmettern der Vorderzähne, Penetration der weiblichen Geschlechtsorgane mit elektrifizierten Knüppeln, Elektroschocks an den Hoden, um nur einige Scheußlichkeiten zu nennen. Gegen Grausamkeiten dieser Art wendet sich Artikel 5 der *Allgemeinen Erklärung der Menschenrechte* mit eindringlichen Worten: „Niemand darf der Folter oder grausamer, unmenschlicher oder erniedrigender Behandlung oder Strafe unterworfen werden.“ Denn Achtung des Menschen schließt Ächtung von Folter, Verurteilung von Vergewaltigung, Verstümmelung und Ausbeutung ein.

Doch scheinen Not und Elend die menschliche Normalsituation zu sein, nicht aber Überfluß und Größe. Das wird in den wirtschaftlich entwickelten Demokratien unserer Zeit allzu leicht vergessen, während es in den Entwicklungsländern unübersehbar ist. Besonders hier läßt sich die Idee der Würde eher an Mangelerscheinungen und Notlagen erkennen als an höheren Wesensbestimmungen. Verallgemeinert gesprochen: Unsere Verwundbarkeit in vielerlei Hinsicht, unsere Empfindlichkeit für Verletzungen der unterschiedlichsten Art, aber auch unsere Sehnsucht nach gelingender Lebensführung, freiheitlicher Selbstbestimmung und ungestörter Selbstentfaltung machen in auffälliger Weise eine Hilfs- und Schutzbedürftigkeit sichtbar, in der sich ein weltanschaulich neutraler Anspruch auf würdevolle Behandlung mit geradezu bezwingender Evidenz Geltung verschafft. Man könnte das die Selbstbehauptung der Menschenwürde durch das Bewußtwerden ihrer möglichen und wirklichen Mißachtung nennen.

Hierbei beweisen gerade das Verlangen nach einem von Not und Furcht befreiten Leben wie aber auch willkürlicher Freiheitsentzug, grausame Unterdrückung und bittere Armut, die Angstschreie Tausender mit gekrümmtem Rücken und nach oben schielenden Augen, daß der Mensch auch als Naturwesen mehr ist als bloß ein Stück daraus. Alle Nöte und Sorgen dieser Welt besitzen eine unauflösbare Eigenbedeutung, gleichsam einen Mehrwert, der über die dem Denken und Handeln zugrundeliegenden Naturprozesse hinausweist.

Niemand wird bestreiten, daß der Mensch der Selbstzuschreibung, Reflexion und Selbstbewußtwerdung, des Erkennens, der Stellungnahme zu sich und der Welt fähig ist. Wieviele theoretische Argumente auch gegen die Behauptung eines sich selbst bestimmenden Ich sprechen, praktisch dürfte dessen Ausschaltung unmöglich sein. Hierzu passen *Kants* Worte: „Die physiologische Menschenkenntnis geht auf die Forschung dessen, was die Natur aus dem Menschen macht, die pragmatische auf das, was er als frei handelndes Wesen aus sich selber macht, oder machen kann und soll."[3] Die heutigen Naturalisten neigen dazu, das Pragmatische im Physiologischen untergehen zu lassen, doch die Tatsache des wirklich gelebten Lebens steht diesem Vorgehen macht- und eindrucksvoll entgegen. Trotzdem bekommt man das menschliche Subjekt theoretisch nicht so zu fassen, daß man sich von seiner Realität zweifelsfrei überzeugen könnte. Sittengesetz, Existenzangst, Schuld- und Verantwortungsgefühl, das Wissen um unsere menschliche Selbstbestimmung sowie die Erfahrung davon reichen nicht aus, um uns zu beweisen, daß es das menschliche Ich wirklich gibt, daß Selbstbestimmung keine Täuschung oder Illusion ist, wie manche glauben, denn die unser Denken und Handeln bestimmenden Kräfte müssen nicht notwendig ins Bewußtsein treten; sie können uns durchaus verborgen bleiben.

Nach wie vor werden Vorstellungen dieser Art von vielen als demütigend empfunden, seit Freud und Carnap als Kränkungen des menschlichen Selbstwertgefühls bezeichnet. Alle Versuche, das menschliche Subjekt in ihm vor- und übergeordnete Naturprozesse aufzulösen, stehen in diesem Katalog der theoretischen Erniedrigungen des Menschen. Weiter gehören dazu Namen wie Kopernikus, der die Erde aus dem Mittelpunkt des Alls entfernte, Darwin, der auf die Abstammung des Menschen aus dem Tierreich hinwies, Marx, der die Geschichte durch materielle Faktoren erklärte, Nietzsche, der die Moral auf niedere Instinkte zurückführte und Freud selbst, nach dem das vielgerühmte Ich von Es und Über-Ich beherrscht wird.[4]

Doch ist keineswegs sicher, ob man die Rettung des heute oftmals totgesagten Subjekts überhaupt wünschen soll. Denn im Schutz des eigenen Nichtseins, das heißt völliger Ohnmacht und Abhängigkeit, zu existieren, könnte möglicherweise angenehmer sein, als unter der unabwälzbaren Last, sein Leben selbstverantwortlich führen zu müssen und zudem noch ein gutes Leben führen zu sollen. So gesehen ist der Tod des Subjekts weniger kränkend als häufig angenommen wird. Im Gegenteil erscheint er sogar als tröstlich, bedeutet er doch ein Leben ohne Grund zur Sorge. Im Schatten absoluter Determination sein Leben zu führen, gibt nämlich Grund zur Hoffnung, sich nicht mehr mit der eigenen beschwerlichen Existenz abmühen zu müssen, sondern sich getrost der Leitung seiner Gene und Neuronen überlassen zu können, weshalb der Tod des Subjekts weniger gefürchtet als vielmehr begrüßt werden sollte.

Aber so einfach liegen die Dinge leider nicht: Wie winzig wir Menschen, von einer fernen Galaxie in den beängstigenden Weiten des unermeßlichen Weltalls betrachtet, auch aussehen mögen, wie unwahrscheinlich unser Auftreten in der Entwicklung des Ganzen von Anbeginn war, wie kurz unser Leben auf der Erde, gemessen an den ungeheuren Zeiträumen des Alls, auch währt und wie tief schließlich die unserem Willen entzogenen genetischen Programme und neurophysiologischen Abläufe in unser Dasein hineinreichen – wir sind dazu verurteilt, unsere not- und sorgenvolle Existenz selbst zu gestalten, mit ihren Aufgaben und Problemen alleine fertig zu werden. Dabei können wir weder unsere Gene noch Neuronen befragen, sondern bleiben wie bisher auf unsere Klugheit und Urteilskraft angewiesen.

Menschliches Leben mag ein ohnmächtiger Vorgang der Natur sein, es ist immer auch Sorge um sich, und, so verstanden, mühsam, anstrengend, seines Gelingens niemals sicher. Die Möglichkeit zu scheitern, liegt stets auf der Lauer und muß immer wieder von neuem abgewehrt werden. Somit bleibt auch eine in die verwissenschaftlichte Natur eingegliederte Menschheit in allen Fragen des Lebens sich völlig selbst überlassen, ihrer eigenen Intelligenz anvertraut, die sie bedauerlicherweise viel zu oft ungenutzt läßt.

Wenn das stimmen sollte, und jeder Zweifel daran wird durch unser täglich gelebtes Leben widerlegt, dann ist der Mensch auch als gleichgültiges Objekt der Natur zugleich ein um sich selbst bekümmertes Subjekt, „ein geplagtes Ich"[5], wie *Jonas*, an Heideggers Beschreibung des menschlichen Daseins als Sorge anknüpfend, einmal sagte, für das auch im Zeitalter des wissenschaftlichen Naturalismus die Frage nach seiner Würde bedeutsam bleibt. Das erkannte der mittlere *Rorty*, der schrieb, daß „keine Hoffnung oder Gefahr besteht, daß die Erkenntnis seiner selbst als en-soi, jemandes Existenz als pour-soi ein Ende machen wird."[6] Bildhaft gesprochen: Liebesgefühle mögen als Zusammenspiel von Hormonen und Neuronen erklärbar sein, Töne als Schalldruckwellen mit bestimmter Frequenz, Rhythmen und Harmonien als nach numerischen Regeln geordnete Zeitabläufe und Frequenzverhältnisse, Farben als elektromagnetische Strahlungen bestimmter Wellenlängen, trotzdem bleiben eine gelungen Partnerschaft, eine uns ansprechende Melodie und ein uns berührendes Bild, was sie für uns schon immer waren: ein Sinnerleben eigener Art. Sicherlich hat dieses physiologische Grundlagen, aber „wer will eine Messe von Palestrina widerlegen, oder wer will die Madonna Raffaels des Irrtums zeihen?"[7]

Noch einmal anders gewendet: Was auch immer wir Menschen aus naturwissenschaftlicher Sicht sind, im privaten und öffentlichen Alltag, in Fragen der Berufs- und Partnerwahl und den weniger brisanten der Kleidung oder des Urlaubs können wir nicht die unserem Denken und Handeln zugrundeliegenden Naturprozesse befragen, sondern sind auf uns selbst gestellt und auf Verständigung mit unseresgleichen angewiesen. So nichtig das Leben vielleicht ist und so sehr die darin getroffenen Entscheidungen auch außerhalb der Reichweite unseres Willens liegen, ernst nehmen müssen wir sie doch. Selbst wenn es Freiheit an sich nicht geben sollte, Freiheit im alltäglichen, politischen und rechtlichen Sinne als Möglichkeit zu Selbstentfaltung bleibt ein schützenswertes Gut, jeweils begrenzt durch die Freiheit unserer Mitmenschen. Gleichfalls können und werden wir nicht aufhören, unsere Kinder, Jugendlichen und Erwachsenen zu erziehen und an deren Lernfähigkeit zu glauben. Auch als ohnmächtige Anhängsel anonymer Naturprozesse sind wir zu Selbsbestimmung gezwungen, leiden wir an den Widersprüchen zwischen unseren Vorhaben und deren Scheitern, unterscheiden wir wie zuvor zwischen gelingender und mißlingender Lebensführung, beschäftigen wir uns mit Themen wie Selbstachtung und gegenseitigem Verstehen, empören uns über Unterdrückung und Ungerechtigkeit, empfinden alle das Leben erniedrigenden Kräfte als grausam, gleichsam unter aller Würde und bestimmte gesellschaftliche Verhältnisse als völlig würdelos. Darum wird der noch so harte Naturalist wohl niemandem das Recht einräumen wollen, seine Mitmenschen bloß als Objekte zu behandeln, nur weil er eine wissenschaftliche Theorie vertritt, nach welcher der Mensch ein bloßes Objekt ist.[8] Denn schwerer als die Erkenntnis absoluter Determination wiegen das Freiheitsverlangen der Menschen sowie deren Sorgen und Nöte, die uns immer wieder zu mehr Einsatz für eine leidfreiere, gerechtere Gesellschaft gemahnen. Das heißt, auch im säkularen Naturalismus muß man mit *Camus* fragen: „Wie kann man leben, wenn man weder an Gott noch an die Vernunft glaubt?“[9] Genaugenommen ist es sogar so, je tiefer der Mensch in die entzauberte Natur hineingezogen wird, umso wichtiger wird eine am Wohlergehen aller Bürger, an den Ideen der Freiheit und Gerechtigkeit orientierte Politik und Rechtsordnung, weil jetzt nur noch sie uns Würde und Wert zu geben vermögen.

Aus alldem wird deutlich: Die Entwertung des menschlichen Daseins zu einem ohnmächtigen Stück Natur bedeutet keineswegs Entlastung von der Sorge um sich oder Befreiung von der

Suche nach orientierenden Werten und Deutungen, da „wir, auch wenn wir alle objektiv wahren Beschreibungen unserer selbst kennen, [...] noch nicht wissen, was wir mit uns anfangen wollen."[10] Als materielles Etwas weiß man sich nicht mehr von vorgegebenen Deutungsmustern metaphysischer Art festgelegt und getragen. Deshalb bedeutet ein bloßes Stück Natur zu sein nicht nur, trotzdem sein Leben selbst führen zu müssen, sondern auch in Fragen der Weltauslegung, des Selbstverständnisses und der Gesellschaft sich selbst überlassen zu sein.

Jahrhunderte lang war man von der Existenz einer metaphysischen Wesensnatur des Menschen überzeugt, in dem die philosophische Tradition ein Geschöpf ersten Ranges sah: einen Teil der göttlichen Vernunft die Denker der Antike, ein alle übrigen Lebewesen an Vollkommenheit überragendes Ebenbild Gottes die Philosophen des Mittelalters und der Neuzeit, ein aus der Natur herausragendes Vernunftwesen oder absolutes Ich die deutschen Idealisten. Nietzsche verkehrte diese menschlichen Selbstbildnisse ins Gegenteil, indem er den Menschen nur noch als reines Macht- und Triebwesen darstellte. Allerdings stimmen seine Ausführungen mit der philosophischen Tradition insofern überein, als auch er vorgab zu wissen, wer oder was der Mensch im letzten ist, wie dieser sein Leben führen und worauf er es stellen soll. Lebensdeutung und Lebensorientierung bleiben bei ihm wie bei fast allen Denkern der abendländischen Philosophie aufs engste miteinander verbunden. Immer glaubte man, daß sich aus dem, was der Mensch ist, ableiten lasse, was er oder sie zu tun haben, daß menschliche Faktizität also Normativität enthalte, menschliches Handeln – agere – dem vorgegebenem Sein – esse – folgen solle. Demzufolge herrschte also nicht nur Sicherheit darüber, was der Mensch wesensmäßig ist, sondern auch woran er sich im Leben halten soll – nämlich an sein Wesensinneres. Selbstbestimmung hieß Freiheit zur Erfüllung des eigenen Wesensgesetzes, Entfaltung zu dem, was man im Grunde schon ist, wobei jedoch die Meinungen darüber geteilt waren. Für die einen bedeutete es ein Leben gemäß dem Geiste und der Vernunft, für die anderen soviel wie Hinwendung zu Gott und den Nächsten, für wieder andere Ausleben der individuellen

Triebe oder im Gegenteil deren völlige Beherrschung, wenn nicht Ausschaltung.

In dem Maße nun, wie sich die Vorstellung vom Menschen als ohnmächtigem Teil der biologischen Natur durchsetzte, wurde auch die Idee der metaphysischen Natur des Menschen und damit jede Form von normativer Wesensbestimmung fragwürdig. Die Erkenntnis, daß wir aus „sechs Fuß einer bestimmten molekularen Reihenfolge von Kohlenstoff-, Wasserstoff-, Sauerstoff-, Stickstoff- und Phosphor-Atomen"[11] bestehen, erschütterte den Glauben an das metaphysische Wesensinnere des Menschen. Doch bedeutet diese theoretische Auflösung des Menschen in lebenspraktischer Beziehung so gut wie nichts; im Gegenteil, sie erschwert sogar noch unser ohnehin beschwerliches Dasein in der Welt. Denn als unerhebliche Teilchen der Natur müssen wir nicht nur trotzdem unser Leben selbst führen, sondern uns auch selbst deuten und alle die Werte festsetzen, an denen wir uns orientieren möchten. Mit anderen Worten, den Menschen metaphysisch zu „entkernen" heißt, seine Natur stumm werden lassen auf die Frage, als was er sich verstehen und worauf er sein Leben stellen soll. Darum kann man sagen, je mehr der Einzelne ohmächtiger Teil der verwissenschaftlichten Natur wird, umso stärker erweisen sich Weltdeutung, Selbstverständnis und Gesellschaft als davon abhängig, wie er oder sie sich selbst erfindet und beschreibt. Seines metaphysischen Charakters beraubt, erweist sich das menschliche Dasein als „auf Nichts gestellt"[12], wie *Stirner* sagt, als Wesen „ohne Eigenschaften"[13], wie *Musil* es ausdrückt, als Selbst, dessen „Existenz der Essenz"[14] vorausgeht, wie *Sartre* betont, ein Leben, das durch „Nichtfestgelegtsein, [...] Ortlossein, [...] Schweben"[15] gekennzeichnet ist, wie außer Gehlen, Plessner und Rorty auch *Walter Schulz* findet.

Jedoch ist damit nicht bereits das Verhältnis der den Menschen bestimmenden Kräfte zu seinem unter Handlungszwang und Orientierungsdruck stehenden Alltagsleben geklärt. Offenkundig stehen hier zwei unversöhnliche Standpunkte einander gegenüber. Denn trotz allem bleibt es dabei: Je stärker anonyme Naturprozesse unser Leben determinieren, umso mehr sind

Selbstbestimmung und Freiheit eine Illusion. Hieran ändert auch die Tatsache nichts, daß wir nicht umhin können, uns selbst um unser Wohlergehen zu kümmern, die Zukunft gemeinsam zu planen, persönliche Entscheidungen zu fällen, überlegt und verantwortlich zu handeln. Nun soll hier aber nicht über Grad und Ausmaß unserer Abhängigkeit spekuliert werden; vermutlich geht die Annahme absoluter Determination zu weit und stellt eine maßlose Übertreibung dar, wenn auch freilich nicht ausgeschlossen werden kann, daß Freiheit als Voraussetzung für Verantwortung und Schuld bloße Täuschung ist. Doch wirklich beweisen können hat das bisher noch niemand. Gewöhnlich bleibt es bei der bloßen Versicherung, daß unser Verhalten absolut determiniert sei, bestimmt von genetischen Programmen und neurophysiologischen Prozessen. Solange aber der Beweis dafür fehlt, lebt diese Position, wie *Popper* und *Spaemann* betonen, auf Schuldschein, gleichsam auf Kredit und Pump.[16]

Andererseits wäre es naiv leugnen zu wollen, daß viele unserer Neigungen und Wünsche biologische Wurzeln haben, weshalb sich Moral und Recht nicht einfach darüber hinwegsetzen dürfen, sondern besondere Rücksicht darauf nehmen sollten. Denn im Unterschied zu anderen Bestimmungen sind dem Menschen seine sexuelle Orientierung wie auch seine Abhängigkeit von Charakter, Erziehung, Temperament, die Macht des Unbewußten, der Triebe und gesellschaftlichen Verhältnisse, jener Verhaltensmuster und Wertungen also, in die man fast ohne eigenes Zutun hineinwächst, durchaus bewußt, so daß sie auch berücksichtigt werden können. Zwar bleibt die Mehrzahl dieser Bestimmungen oft unbemerkt und unerkannt, allgemein bekannt sind sie dennoch. Jedoch wie sehr der Mensch im einzelnen auch festgelegt ist, er muß trotzdem entscheiden, wie er leben möchte, mag sein Einfluß darauf auch geringer sein, als er normalerweise glaubt.

Das angesprochene Problem scheint unlösbar zu sein, eine Aporie zu bilden: Auf der einen Seite steht die gutbegründete Erkenntnis der Abhängigkeit menschlichen Denkens, Fühlens und Handelns von gen- und gehirngesteuerten Prozessen; auf der anderen Seite müssen wir unser auf Existenzerhaltung angelegtes und auf Daseinserfüllung bedachtes Leben dennoch selbst führen. Nichtig und ohnmächtig wie es ist, stellt es jeden Tag aufs neue höchste Ansprüche an uns. Beide Seiten sind kaum miteinander in Einklang zu bringen; jedenfalls ist keine überzeugende Synthese in Sicht. Eine schlechte Lösung dieses Problems wäre, eine der beiden Seiten zu verleugnen, sie hinter der jeweils anderen zu verstecken, auch wenn solch eine Vorgehensweise die allgemeine Forderung nach Widerspruchsfreiheit wohl noch am ehesten erfüllen könnte. Nur hätte sie den Nachteil, entweder die theoretischen Befunde der Wissenschaften unberücksichtigt lassen zu müssen oder die praktischen Fragen der Lebenswelt zu sehr zu verdrängen. Dennoch, mögen die wissenschaftlichen Erkenntnisse sein, wie sie wollen, die Menschen bleiben auf sich selbst gestellt – sie bleiben Lebewesen, die sich um sich selbst kümmern, mit den meisten Fragen alleine fertig werden müssen und die auch dann noch anerkannt und ernst genommen werden möchten, wenn der Naturalismus recht hätte. Deshalb müssen wir selbst ohne Wesensmetaphysik eine Antwort auf die Frage finden, wieviel wir uns selbst wert sein möchten; wir müssen einen Weg ausfindig machen, der nichts von dem beseitigt oder unterdrückt, was für menschliche Selbstachtung und Würde wesentlich ist.

Worin auch immer die Würde des Menschen besteht, in einer pluralistischen Gesellschaft mit zunehmend naturwissenschaftlichem Weltbild kann sie nicht mehr als metaphysischer Seinswert, als unzerstörbare Eigenschaft vorgestellt werden. Unter den skizzierten Bedingungen erscheint sie sogar als ein Luftschloß, dessen Farben bereits verblichen sind, dessen Glanz allmählich verblaßt. Die Wertbesonderheit des zu punktueller Nichtigkeit im Raum geschrumpften Menschen: Ist sie nicht eine gar zu unwahrscheinliche Sache, eine bloße Wunschvorstellung? Mit *Gottfried Benn* gesprochen: „Die Krone der Schöpfung, das Schwein, der Mensch –: [...] Mit siebzehn Jahren Filzläuse, [...] Mit vierzig fängt die Blase an zu laufen –: Meint ihr, um solch Geknolle wuchs die Erde von Sonne bis zum Mond –?“[17]

Ist aber erst einmal die Wesenswürde des Menschen vor dem Tageslicht der rauhen Wirklichkeit geschwunden, so ist auch nicht mehr zu erkennen, wie die Idee der Würde überhaupt noch Grundlage der Menschenrechte, deren unverbrüchlicher Ableitungsgrund bleiben kann. Darüber hinaus ist nicht mehr einzusehen, warum dem Menschen allein Würde zukommen soll, ist er doch ein Lebewesen unter Lebewesen, zwar höher entwickelt und mit hervorragenden Geistesgaben ausgestattet, aber doch nur Produkt und Teil der Natur wie alle anderen auch. Deshalb stellt sich immer wieder neu die Frage, was Menschenwürde heute noch bedeuten kann, die sich paradoxerweise dort am deutlichsten zeigt, wo sie am meisten verletzt, mit Füßen getreten wird.

Nun ist die Idee der Wesenswürde aber nicht bloß nur mit dem naturwissenschaftlichen Weltbild der heutigen Zeit schwer vereinbar, sie steht erwiesenermaßen auch im Widerspruch zu den Grundlagen unseres liberalen Gemeinwesens wie zur pluralen Völkergemeinschaft insgesamt – weniger aufgrund der genannten Zweifel an einer den Menschen von Gott, der Natur oder Vernunft verliehenen Wesenswürde, als vielmehr wegen deren Eingebundensein in weltanschauliche Deutungsmuster, die als Privatangelegenheit nicht Sache von Politik und Recht sein sollten. Unter dem Druck dieser Erkenntnisse haben inzwischen eine Reihe einander geistesverwandte Denker der Moderne, die den Ausdruck Würde nicht gänzlich aufgeben wollen, neue Wege betreten, die, näher betrachtet, so neu nicht sind.

Neue Wege in sumpfigem Gelände

Es liegt wenig Tröstliches in der Erkenntnis, daß unsere Ideen ebenso wie unser Leben unter dem Gesetz von Aufstieg und Niedergang stehen, bedenkt man, daß der Verlust von Liebgewonnenem, das sich nicht einfach vergessen läßt, enttäuschte Sehnsucht danach zurückläßt; kein Verlangen erlischt im Schmerz des Verzichts. Aber früher oder später tritt die Wirklichkeit mit ihrer ernüchternden Härte an jeden von uns heran und zwingt einen, den Tagträumen Lebewohl zu sagen und sich einzurichten in der Welt, wie sie ist. Auf die gleiche Weise legen uns heute der säkulare Pluralismus und wissenschaftliche Naturalismus die Verabschiedung der Wesenswürde nahe, obgleich uns dieser Schritt wehtut und deshalb die Einwilligung darein schwer fällt. *Aber Würde ist im nachmetaphysischen Zeitalter nicht mehr als abstraktes Wesensmerkmal vorstellbar, sondern bestenfalls als konkreter Gestaltungsauftrag.*

Wie *Luhmann* treffend feststellt, „ist Würde ein Wunschbegriff, der [...] gelungene Selbstdarstellung bezeichnet. Die Würde des Menschen ist keineswegs eine Naturausstattung wie vermutlich gewisse Grundanlagen der Intelligenz. Sie ist auch nicht einfach ein Wert, den der Mensch [...] in sich trägt. [...] Würde muß konstituiert werden. Sie ist das Ergebnis schwieriger [...] Darstellungsleistungen [und damit] eines der empfindlichsten menschlichen Güter [...]. Eine einzige Entgleisung, eine einzige Indiskretion kann sie radikal zerstören. Sie ist also alles andere als unantastbar."[18] Dieser Meinung war auch *Ulrike Meinhof*, die in politisch höchst zweifelhaften Aufsätzen über das Nachkriegsdeutschland schrieb: „Die Würde des Menschen ist antastbar."[19] Doch erscheint aus weltanschauungsneutraler Sicht die Menschenwürde tatsächlich nicht mehr als vorgegeben, sondern nur noch als aufgegeben, was Luhmann so ausdrückt: „Seine Würde hat der Mensch [...] in erster Linie selbst zu verantworten"[20], und er fährt fort: „Das Problem der Würde [...] ist die Schwierigkeit einer konsistenten und überzeugenden Selbstdarstellung und die Eigenverantwortung des Menschen für die Lösung dieser Aufgabe."[21] Offenkundig ist für Luhmann Würde nur noch als persönliche Leistung denkbar, die der Einzelne erbringen, aber auch verfehlen kann, ein Gebot des Sollens, eine normative Forderung, jedoch kein Wesensmerkmal mehr.[22] Allerdings führt er nicht näher aus, was er unter gelungener Selbstdarstellung versteht, durch die der Mensch überhaupt erst Würde erhalten soll; fest steht nur, daß Selbstachtung, Selbstwertgefühl, aber auch Selbstbeherrschung sowie selbstbewußtes Auftreten dazu gehören. Deshalb verletzt es beispielsweise die Würde eines notleidenden Menschen, wenn ihm fremde Hilfe mit Herablassung gewährt wird.

Nun sind zahlreiche Einwände gegen Luhmanns Würdeinterpretation erhoben worden – insbesondere von den Anhängern metaphysischer Würdebilder, die hier nicht noch einmal dargestellt zu werden brauchen. Kritisch sei gegen Luhmann lediglich angemerkt, daß seine einseitige Hervorhebung der Eigenverantwortung des Menschen zu wenig die Idee der moralisch gebotenen Fremdverantwortung berücksichtigt.[23] Darum soll sein Würdebegriff in diese Richtung erweitert werden, in die bereits *Tugendhat* gegangen ist, der in einer Haltungsethik der universellen Achtung größtes Gewicht auf den Aspekt der gegenseitigen Anerkennung legt, ohne dabei das Moment der Selbstachtung zu vernachlässigen. Wie Luhmann setzt auch er Würde nicht mehr mit einer Seinstatsache gleich, sondern statt dessen mit einer Wertbestimmung, die immer wieder neu errungen werden muß. Mit eindringlichen Worten legt er dar: „Es ist nicht sinnvoll zu sagen: den Menschen kommt an und für sich [...] Würde zu [...]. Das bleiben leere Worte, deren Sinn nicht ausweisbar ist. Hingegen kann man sagen: indem wir einen Menschen als ein Rechtssubjekt achten und das heißt als ein Wesen, demgegenüber wir absolute Pflichten haben, verleihen wir ihm Würde und einen absoluten Wert. Dann sind absoluter Wert und Würde auf diese Weise definiert und nicht als etwas Vorhandenes vorausgesetzt."[24] Nach dieser Auffassung kommt Würde erst dann zustande, wenn die Menschen einander mit Achtung begegnen, sich gegenseitig Respekt bezeigen, wozu selbstverständlich auch Rücksichtnahme, Anstand, Höflichkeit gehören, aber vor allem wechselseitige Anerkennung als Personen mit gleichen Rechten. Obwohl Tugendhat davon überzeugt ist, daß es die eine „Vernunft nicht gibt"[25], wie sie der kantischen Moralphilosophie zugrundeliegt, entwickelt er seine Ethik mit kantischen Begriffen. Seine Grundnorm heißt: Achte jeden als Rechtssubjekt, gebrauche niemanden nur als Mittel und Werkzeug, berücksichtige die Interessen deiner Mitmenschen![26] Das schließt ein, daß man niemanden absichtlich schädigt, anderen gegenüber Wort hält und bei Bedarf hilft, wie auch, daß man einander mit Ehrfurcht begegnet und sich so gibt, daß die anderen einem genauso begegnen können.[27] Erst dann entsteht Würde, für welche eben Achtung des Nächsten, wohlgemerkt aber nicht Liebe charakteristisch ist.

Beides – Liebe und Achtung – sind Formen gegenseitiger Anerkennung. Erstere äußert sich vor allem in emotional-erotischen Zweierverbindungen, Freundschaften und Eltern-Kind-Beziehungen. Tief empfunden, ermöglicht sie entgrenzende Verschmelzung mit dem anderen wie auch angst- und sorgloses Alleinseinkönnen ohne ihn. Im Gegensatz dazu bedeutet Achtung freundliche Anerkennung des anderen als eigenständigen, gleichwertigen Rechtssubjekts, die weder Selbstaufopferung für ihn noch Selbstpreisgabe in ihm fordert. Natürlich sind auch in Liebes- und Freundschaftsbeziehungen gegenseitige Achtung notwendig, ja, diese können ohne würdevollen Umgang miteinander überhaupt nicht gelingen; dennoch muß Achtung von intensiver emotionaler Zuwendung unterschieden werden.

Luhmann und Tugendhat machen deutlich, daß Würde weniger Voraussetzung menschlicher Achtung ist als vielmehr deren Resultat. Doch geht der Geltungsbereich des Würdebegriffs über gelungene Selbstdarstellung und gegenseitige Anerkennung noch hinaus. Da Not bekanntlich Würde ausschließt, stellt sich nämlich zudem die Frage nach menschenwürdigen Verhältnissen, ohne welche die Rede von Würde eine leere Phrase bleibt. Deshalb kann man sagen: Einerseits bedeutet jetzt Würde weniger als in der Vergangenheit, in der sie außer als Gestaltungsauftrag auch als Wesensmerkmal vorgestellt wurde; andererseits bezeichnet sie nun aber auch mehr, da sich der neue Würdebegriff auf die ganze Mannigfaltigkeit und Fülle der menschlichen Daseinsgestaltung bezieht.

Bereits im 18. Jahrhundert schrieb der bekannte Naturforscher, Weltumsegler und Reiseschriftsteller *Georg Forster*: „Der wohlhabendere Mann, der allen Überfluß seiner fetten Äcker und Weiden genießt, gut gekleidet ist und in einem netten, reinen, mit schönem Geräte versehenen Haus wohnt, [...] fängt an, sich seiner Menschenwürde bewußt zu sein. Der ausgemergelte Sklave [...] hingegen, in einer morschen, räucherigen, nackten Hütte, im schmutzigen Schafspelze, vom Ungeziefer halb verzehrt, bei schwerer Arbeit und geringer, wo nicht gar ungesunder Kost, kennt bloß tierische Affekte, ruhet gedankenleer von seiner Anstrengung, und stirbt hin, ohne den höheren Sinnengenuß gekostet, ohne sich seiner Geisteskräfte gefreuet [...] zu haben."[28] Ihm fehlt die Möglichkeit zu einem menschenwürdigen Dasein, auf dessen Bedingungen ebenfalls *Schiller* hinweist. Geradezu klassenkämpferisch liest sich sein Ausspruch: „Würde des Menschen – Nichts mehr davon, ich bitt euch. Zu essen gebt ihm, zu wohnen, habt ihr die Blöße bedeckt, gibt sich die Würde von selbst."[29] In der gleichen Bedeutung ist der Würdebegriff anschließend von den Frühsozialisten Proudhon und Lassalle gebraucht worden. Vom Elend der damaligen Arbeiter gerührt und betroffen, fordert *Lassalle*, Mitbegründer und erster Präsident des 1863 gegründeten *Allgemeinen Deutschen Arbeitervereins*, die staatliche Gewährleistung eines menschenwürdigen Daseins auch für den besitzlosen „vierten Stand". Seiner Ansicht nach ist „die ganze nicht Kapital besitzende Klasse berechtigt [...], vom Staate zu verlangen, daß er sein ganzes Sinnen und Trachten darauf richt[e], wie die kummervolle und notbeladene materielle Lage der arbeitenden Klassen zu verbessern, und wie auch ihnen [...] zu einem reichlicheren und gesicherten Erwerbe und damit wieder zu der Möglichkeit geistiger Bildung und somit erst zu einem wahrhaft *menschenwürdigen Dasein* zu verhelfen"[30] sei. Die gesamte Staatstätigkeit, welche Dienst am Menschen, nicht aber Herrschaft über Menschen sein dürfe, solle sich von diesem Ziel leiten lassen. Die *Weimarer Reichsverfassung* von 1919 scheint Lassalles Forderung aufgegriffen zu haben, wenn sie in Artikel 151 am Anfang des „Fünften Abschnitts – Das Wirtschaftsleben" festlegt: „Die Ordnung des Wirtschaftslebens muß den Grundsätzen der Gerechtigkeit mit dem Ziele der Gewährleistung eines *menschenwürdigen Daseins* für alle entsprechen. In diesen Grenzen ist die wirtschaftliche Freiheit des einzelnen zu sichern [...]."

Um die Voraussetzungen eines menschenwürdigen Lebens geht es auch *Karl Kraus*, dem berühmten Sprachkritiker und Satiriker des frühen 20. Jahrhunderts: „Würde ist die konditionale Form von dem, was einer ist"[31], schreibt er und gebraucht dabei den Ausdruck Würde mit scharfsinnigem Witz auf zweideutige

Weise. Er verwendet ihn einmal grammatisch als Konditionalform: ‚*Würde* man würdig leben, hätte man auch Würde'; dann aber auch semantisch als Wertbegriff: ‚Was einer ist, hängt davon ab, ob und wieviel *Würde* er besitzt.' Dennoch läßt er uns über die Bedeutung des Würdebegriffs im unklaren wie übrigens auch darüber, ob er sie für angeboren oder erworben hält. Allerdings spricht seine starke Verurteilung der heuchlerischen Moral des damaligen Besitz- und Bildungsbürgertums Österreichs eher für letzteres.

Völlig eindeutig sind dagegen *Blochs* Ausführungen, der sein Buch *Naturrecht und menschliche Würde* selbst einen „Beitrag [...] zu den Problemen des aufrechten Gangs"[32] nannte, überzeugt davon, daß „der aufrechte Gang [...] erst zu etwas [veranlagt], das gewonnen werden muß."[33] In diesem Zusammenhang schreibt er: „es gibt sowenig menschliche Würde ohne Ende der Not, wie menschgemäßes Glück ohne Ende alter oder neuer Untertänigkeit."[34] Anscheinend sieht auch er in der Würde kein Wesensmerkmal mehr, sondern nur noch einen Gestaltungsauftrag. Das eigene verletzliche Dasein in leiblicher und geistiger Unversehrtheit selbst leben zu dürfen, gehört für ihn und viele andere zu den grundlegenden Bedingungen, unter denen würdevolles Leben überhaupt erst entstehen kann.

Kein Geringerer als *Maxim Gorki* bringt in seinem bekannten Drama *Nachtasyl* aus der Gesellschaft verstoßene und vom Leben zertretene Menschen auf die Bühne: Dirnen, Diebe, Trinker, die, durch Not und Siechtum heruntergekommen, trotzdem einen Anspruch auf Würde hätten, den sie selbst niemals preisgeben dürften: „Der Mensch muß sich [...] achten"[35], mahnt einer der Erniedrigten und Beleidigten in diesem Theaterstück. Berühmt geworden sind daraus die Sätze Satins, eines ehemaligen Sträflings, Falschspielers und Totschlägers: „Was heißt überhaupt Mensch? Das bist nicht du, und nicht ich bin's, und nicht sie sind es ... nein! Sondern du, ich, sie, der alte Luka, Napoleon, Mohammed ... alle miteinander sind es! Verstanden! Das ist – etwas ganz Großes: [...] Der Mensch! Einfach großartig. Wie stolz das klingt: Ein Mensch! Man soll den Menschen respektieren! Nicht bemitleiden ... nicht durch Mitleid erniedrigen soll man ihn ... sondern respektieren!"[36] Das Bemerkenswerte dieser einfachen Worte liegt darin, daß sie ein absolut Unglücklicher und Verlorener ausspricht, der offenbar selbst für die Verkommensten der Gesellschaft noch eine Möglichkeit zu Vollkommenheit sieht.

Erst recht trifft dies auf all jene zu, die bloß in den Augen anderer würdelos leben. Auf diese richtet vor allem *Diderot* seine Aufmerksamkeit im Dialog *Rameaus Neffe*, der sein lasterhaftes Leben gegen die Einwände eines Philosophen mit den Worten verteidigt: „(Er) Ich finde nichts Sonderbares daran. Ich will mich wohl wegwerfen, aber ohne Zwang; ich will von meiner Würde heruntersteigen .. Ihr lacht? (Ich) Ja! Eure Würde macht mich lachen. (Er) Jeder hat die seinige. Ich will die meine vergessen, aber nach Belieben und nicht auf fremden Befehl [...]. Der Wurm kriecht wohl, ich auch, und wir wandern beide so fort, wenn man uns gehn läßt; aber wir bäumen uns auf, wenn man uns auf den Schwanz tritt."[37] Diderot bringt mit diesen Worten seine Überzeugung zum Ausdruck, daß der Einzelne seine Würde selbst in der Erniedrigung wahren kann, wenn er diese freiwillig wählt, nicht aber, wenn er dazu gezwungen wird; dann kann er sich nur noch wehren.

Näher betrachtet münden alle diese Überlegungen in dieselbe Erkenntnis, daß nämlich die Preisgabe der menschlichen Wesenswürde nicht notwendigerweise zum Ende der Würdeidee überhaupt führt. Mögen die metaphysischen Wurzeln des Würdebegriffs auch absterben, der Anspruch auf würdevolles Verhalten und menschenwürdige Verhältnisse bleibt bestehen. Darum wäre es moralisch falsch und politisch unklug, auf diesen Begriff gänzlich zu verzichten. Allerdings hat sich gezeigt, daß Würde auch als Gestaltungsauftrag unterschiedlich ausgelegt werden kann, wobei man die zahlreichen Aspekte nicht gegeneinander isolieren, sondern vielmehr in einem Zusammenhang sehen sollte. *Bildhaft formuliert, weisen sie in drei Richtungen: einmal nach oben als gelungene Selbstdarstellung, wozu auch Selbstachtung gehört, welche all jenen zu fehlen scheint, die den Anspruch auf körperliche Unversehrtheit und geistige Selbstbestimmung aufgegeben haben; dann zur Seite hin als Achtung der Bürger voreinander, die nicht nur Rücksicht, Toleranz und Gerechtigkeit in Tausch- und Konfliktsituationen einschließt, sondern auch Bereitschaft zu gegenseitiger Hilfe, wo sie not tut; schließlich nach unten, sofern ein menschenwürdiges Dasein ohne materielle Sicherheit kaum vorstellbar ist.* Ein Leben, das es wert ist, würdevoll genannt zu werden, wird auf keinen dieser drei Aspekte jemals freiwillig verzichten, da niemand seine endliche Existenz gerne in materieller Not und geistiger Unterdrükkung zubringen möchte.

Mit dieser weltanschauungsneutralen Interpretation der Menschenwürde als Gestaltungsauftrag kehrt die abendländische Philosophie gleichsam zu ihren Anfängen zurück. Denn der dargestellte Gegenentwurf zur traditionellen Würdevorstellung steht keineswegs auf neuem Fundament, sondern eher auf einem alten; er schlägt gewissermaßen einen Bogen zurück zur Antike, in der die Würde gleichfalls mehr als Gestaltungsauftrag denn als Wesensmerkmal gesehen wurde.[38] Trotzdem hebt sich das erst in flüchtigen Umrissen erkennbare neue Würdebild auf zweifache Weise vom Würdeverständnis der alten Griechen und Römer ab: Im Gegensatz zu damals gilt heutzutage jedermann als möglicher Würdenträger, nicht nur Angehörige eines höheren Standes, Personen mit adeliger Herkunft, Bürger von gesellschaftlichem Rang; heute soll niemand mehr vom Anspruch auf Achtung ausgenommen werden. Außerdem wird in der Gegenwart stärker als in der Antike nach den sozialen und materiellen Voraussetzungen menschenwürdiger Verhältnisse gefragt, die Sicherung eines menschenwürdigen Daseins sogar zur höchsten Staatsaufgabe erklärt und damit in den Mittelpunkt der Staatstätigkeit gerückt. Doch ist mittlerweile für viele von uns wie schon für die alten Philosophen menschliche Würde fast nur noch als individuelle und kollektive Leistung denkbar, nicht mehr aber als angeborene Eigenschaft. Weltanschauungsneutral betrachtet, ist sie jedenfalls nicht von selbst da, sondern ergibt sich erst aus dem Umgang des Einzelnen mit sich und seinesgleichen sowie des Staates mit seinen Bürgern.[39] So gesehen ist Würde eine soziale Konstruktion, ein Artefakt, das erst erzeugt werden muß und kein irgendwie vorhandenes Faktum, wenngleich es natürlich jedermann erlaubt bleibt, weiterhin an die Existenz eines solchen zu glauben, wie schon mehrfach betont.

Bedürftigkeit statt Würdigkeit

Ist erst einmal der metaphysische Traditionsfaden gerissen, so sind die alten philosophischen und theologischen Würdevorstellungen nicht mehr ohne weiteres nachvollziehbar. Jetzt hat Würde mehr mit dem Boden unter uns als mit dem Himmel über uns zu tun; weniger mit dem Menschen als Krone und Mitte der Schöpfung als mit einem notvollen, hochbedürftigen, unvollkommenen Lebewesen. Schon der ehemalige Präsident des Bundesverfassungsgerichts *Benda* warf die Frage auf, „ob es – entgegen der bisherigen Annahme – wirklich der dem Menschen zugemessene, ihn von der unpersönlichen Natur abhebende Geist ist, seine Fähigkeit zu eigenverantwortlicher sittlicher Entscheidung, die sein Wesen im Kern ausmachen, oder nicht vielmehr seine Unvollkommenheit und Unzulänglichkeit."[40] In der Tat, eher als alle Würdigkeit des Menschen tritt dessen Unvollkommenheit und Bedürftigkeit hervor, auf die nach dem Zerfall der traditionellen Metaphysik die Idee der Würde nur noch gegründet werden kann. Soll uns Menschen also auch im Zeitalter des weltanschaulichen Neutralismus und wissenschaftlichen Naturalismus noch Würde zukommen, so muß von unserer Bedürftigkeit ausgegangen, gleichsam von dieser her aufwärts gestiegen werden und nicht wie sonst von der Wesenswürde, Gottebenbildlichkeit und Vernunft aus abwärts zu unseren Unzulänglichkeiten, Beschwernissen und Sehnsüchten. Was den Menschen zu einem besonders schützenswerten Wesen macht, ist seit jeher weniger seine Wertbesonderheit als vielmehr seine angeborene Hilfsbedürftigkeit, wie sie besonders deutlich am nackten Neugeborenen hervortritt, sobald es das Licht der Welt erblickt, die viele von uns oft schon sehr früh genauso hilflos wieder verlassen. Sie soll Ausgangspunkt der weiteren Überlegungen sein.

Bereits bei *Hiob* kann man lesen: „Nackt kam ich aus meiner Mutter Leib, nackt kehre ich dorthin zurück."[41] Ähnlich bemerkt als einer der ersten in der Geschichte der abendländischen Philosophie *Platon* in seinem Dialog *Protagoras*, „daß die übrigen Lebewesen mit allem angemessen ausgestattet seien, daß aber der Mensch nackt, ohne Schuhe, ohne Decken und ohne Waffen blieb."[42] Geradezu berühmt sind die Worte des römischen Dichters und Philosophen *Lukrez*: „Weiter dann das Kind: wie der Schiffer, den rasende Wogen warfen an Land, liegt nackt es am Boden, zart und bedürftig jeglicher Hilfe des Lebens, sobald in des Lichtes Bereiche es aus der Mutter Leib die Natur mit Wehen geschleudert, füllt mit traurigem Schreien die Gegend, wie billig für einen, dem so viel an Leid im Leben bleibt zu durchstehen."[43] Daran knüpfte Jahrhunderte später *Herder* an, indem er schrieb: Der Mensch „ist das verwaisetste Kind der Natur: Nackt und bloß, schwach und bedürftig, schüchtern und unbewaffnet."[44] Gleichfalls steht in der Anthropologie *Gehlens*: Der Mensch ist „im Gegensatz zu allen höheren Säugern hauptsächlich durch Mängel bestimmt [...]. Es fehlt das Haarkleid und damit der natürliche Witterungsschutz; es fehlen natürliche Angriffsorgane, aber auch eine zur Flucht geeignete Körperbildung; der Mensch [...] hat einen geradezu lebensgefährlichen Mangel an echten Instinkten und er unterliegt während der ganzen Säuglings- und Kinderzeit einer ganz unvergleichlich langfristigen Schutzbedürftigkeit."[45]

Nun sind gegen die Interpretation der menschlichen Nacktheit als Wehrlosigkeit zahlreiche Einwände erhoben worden, die jedoch fast alle gegenstandslos sind.[46] Der kritische Hinweis namhafter Biologen, daß mit der Verminderung des Haarkleids die Entwicklung von Schweißdrüsen am ganzen Körper einhergegangen sei, und daß erst durch die daraus entstandene menschliche Nacktheit der bei anstrengender Tätigkeit überhitzte Körper in die Lage versetzt werde, Wärme rasch abzugeben – eine notwendige Voraussetzung für körperliche Arbeit – ist sicherlich richtig, verfehlt aber, worum es den alten und neueren Philosophen geht, wenn sie von Nacktheit sprechen. In *Hans Blumenbergs* Worten: Geboren werden heißt, „der Geborgenheit im Mutterschoß"[47] verlustig gehen und damit als schutzloses Wesen sichtbar werden. Darum bedeutet Sichtbarkeit auch soviel wie Angreifbarkeit und Verwundbarkeit und drängt dem Einzelnen ein „Bewußtsein seiner Nacktheit und Wehrlosigkeit auf"[48], das ihn anfällig macht für eine Flucht in die Unsichtbarkeit von Natur- und Kulturhöhlen – wie beheizte Zimmer, abgeschiedene Klöster, verdunkelte Konzertsäle.

Besonders deutlich offenbart sich die menschliche Ohnmacht aber, wie gesagt, am Neugeborenen, das aufgrund seiner angeborenen Hilflosigkeit liebevoller Zuwendung und Fürsorge bedarf; *Jonas* spricht in diesem Zusammenhang von „Hegebedürftigkeit des Kindes"[49], dessen bedrohter Natur seine Eltern wie auch andere Menschen zu Hilfe kommen müssen, was diese jedoch nur können, wenn sie auch genügend hilfsbereit sind. Genaugenommen bleiben wir alle das ganze Leben lang auf fremde Hilfe angewiesen, so sehr wir uns auch selbst zu helfen wissen, wie schon *Pufendorf*, der große Naturrechtler des 17. Jahrhunderts, erkannte.

Ein wichtiger Begriff seiner Rechtsphilosophie ist die „imbecillitas"[50], die Hilflosigkeit des auf sich selbst gestellten Menschen, der um des schlichten Überlebens willen die Gemeinschaft mit anderen – socialitas – sucht. Außerhalb jeder Gesellschaft müßte der Einzelne zugrunde gehen, wie vor zwei Jahrtausenden bereits Aristoteles betonte, dem zufolge der Staat zwar des guten Lebens wegen besteht, aber um des Überlebens willen entstand. So sah es auch der reformierte Niederländer Grotius, dessen Auffassung nach die Menschen von Natur aus der Gemeinschaft bedürfen. Ihr Selbsterhaltungstrieb strebe nicht bloß Gesundheit, Kraft und Wohlergehen an, sondern schließe auch Liebe zu den eigenen Kindern, Freunden und Bekannten, ja, zur gesamten Menschheit ein. Diese idealistische Vorstellung ist der stoischen „Oikeiosis"-Lehre entlehnt, nach der alle Menschen einander nahestehen, weil sie miteinander verwandt sind. Sowohl Pufendorf als auch Grotius betrachteten die Hilflosigkeit des Menschen – imbecillitas – und dessen Geselligkeitstrieb – appetitus societatis – als Grundlage des Naturrechts, worauf an dieser Stelle noch einmal eingegangen sei.

Schon *Aristoteles* unterschied zwischen Naturrecht und von Menschen gesetztem Recht, und erläuterte diesen Unterschied wie folgt: „Das natürliche Recht hat überall dieselbe Autorität und hängt nicht von der Meinung der Menschen ab; beim gesetzlichen Recht kommt es ursprünglich nicht darauf an, ob es so oder anders ist, und es kommt erst durch menschliche Festsetzung zustande."[51] Ähnlich beschrieb *Cicero* das Naturrecht: „Das wahre Gesetz ist die mit der Natur übereinstimmende rechte Vernunft, an der alle teilhaben und die beständig und ewig ist, die befehlend zur Pflicht ruft und verbietend vom Bösen abschreckt [...]. Diesem Gesetz darf weder die Gültigkeit genommen, es darf weder beschränkt noch abgeschafft werden; weder der Senat noch das Volk können uns von der Verpflichtung ihm gegenüber entbinden; es ist weder in Rom noch in Athen, weder jetzt noch später anders, sondern alle Völker umspannt zu allen Zeiten ein ewiges und unwandelbares Gesetz."[52] Grotius und Pufendorf stehen in dieser Tradition, wenn sie das Naturrecht auch als universal gültig bezeichnen.

Aber fast niemand außer Pufendorf sonst hat es auf die menschliche Schwäche und Hilflosigkeit gegründet; im platonischen Dialog *Gorgias* errichtet Kallikles – wie Nietzsche über zweitausend Jahre später – es umgekehrt auf der menschlichen Stärke. Für beide bedeutet Naturrecht soviel wie Herrschaft der Stärkeren über die Schwächeren, die sich jenen unterzuordnen hätten. Auch Hobbes geht in seinen naturrechtlichen Überlegungen von der menschlichen Stärke aus, ist aber im Unterschied zu Kallikles und Nietzsche der Auffassung, daß das Naturrecht gerade die Macht des Stärkeren über den Schwächeren begrenzen solle. Aufs Ganze der abendländischen Geschichte des Naturrechts gesehen, spielt die Frage nach Stärke und Schwäche des Menschen eher eine untergeordnete Rolle.

Im stoisch-christlichen Naturrecht von Spätantike und Mittelalter wurde unterschieden zwischen ewigem Gesetz – lex aeterna – natürlichem Gesetz – lex naturalis – und von Menschen gesetzem, wandelbarem Gesetz – lex humana oder lex temporis. Dabei setzten die Stoiker das ewige Gesetz mit der sogenannten Weltvernunft gleich, welche das All lenke; christliche Philosophen wie Augustinus und Thomas von Aquin identifizierten es dagegen mit der Schöpfungsordnung und Vernunft Gottes, aus der sie anschließend das natürliche Gesetz oder Naturrecht ableiteten. Alle waren davon überzeugt, daß sich das Naturrecht entweder an der außermenschlichen Seinsordnung, der „Welt da draußen", oder an der menschlichen Innerlichkeit, der „Welt hier drinnen", ablesen lasse. Damit verbanden sie in der Folge wiederum das wandelbare Menschengesetz, das nur insofern rechtmäßig sei, als es mit dem unwandelbaren Naturrecht übereinstimme.

Jahrhunderte lang stellte sich die Frage nicht, ob das Naturrecht – etwa das Gebot, nicht zu stehlen, zu lügen oder in Not befindlichen Menschen zu helfen – auch unabhängig von Gottes Vernunft und Willen wahr sei. Diese Frage drängte sich erst den Philosophen des ausgehenden Mittelalters auf. Jetzt vertraten die einen die Auffassung, das Naturrecht sei nur gut, weil Gott es gegeben habe, nicht aber, weil es an sich gut sei. Andere meinten dagegen, daß es nicht von Gott abhänge, was als gut und gerecht zu gelten habe; auch der Allmächtige könne nur gebieten, was an sich – per se et sua natura – gut sei. Die Natur der Dinge könne selbst er nicht ändern, wie die spanischen Spätscholastiker Gabriel Vasquez, Franz Suarez und Franz von Vitoria betonten, denen zufolge das Gute an sich gut, das Schlechte an sich schlecht ist.[53] Grotius war sogar davon überzeugt, daß, obgleich Gott das Naturrecht erschaffen habe, dieses auch dann gültig wäre, wenn er gar nicht existierte. Das sahen Duns Scotus, Ockham und Luther wieder anders, deren Ansicht nach das Gute nur darum gut ist, weil Gott es so gewollt hat, was genauer betrachtet zweierlei besagen kann: einmal, daß sich das Gute ausschließlich im menschlichen Gewissen und in der Heiligen Schrift offenbart, nicht aber in der Natur der Dinge; dann, daß Gott zwar das Gute auch an der Natur der Dinge und in der menschlichen Vernunft erkennbar macht, daß es aber ganz anders aussehen würde, wenn er eine andere Welt erschaffen und uns eine andere Vernunft gegeben hätte. Doch wie gewaltig der göttliche Wille auch ist, er bleibt an das Gesetz des zu vermeidenden Widerspruchs gebunden wie durch seine Güte begrenzt; Gott kann nach Auffassung aller Philosophen des ausgehenden Mittelalters und der beginnenden Neuzeit weder Widersprüchliches hervorbringen noch Schlechtes wollen. Das sah Pufendorf genauso, dem zufolge die hilfsbedürftige menschliche Natur ebenso wie die sich daraus ergebenden naturrechtlichen Bestimmungen auf Gottes freiem Willen gründen.

Nun ist eines die Frage, ob religiös-metaphysische Begründungen für Moral und Recht noch überzeugen, worauf bereits ausführlich eingegangen wurde, ein anderes, ob aus der angeborenen Hilflosigkeit und Nacktheit des Menschen, auf die besonders Pufendorf abhebt, sich naturrechtliche Gebote ableiten lassen. Hieran bestehen heute wie schon vor hundert Jahren berechtigte Zweifel. Unmißverständlich schreibt *Bloch*: „Es gibt keine angeborenen Rechte, sie sind alle erworben oder müssen im Kampf noch erworben werden."[54] In der Tat muß eine weltanschaulich neutrale Definition der Menschenwürde ohne Naturrecht auskommen, woraus aber nicht notwendigerweise folgt, daß nun jedes Recht rechtens ist. Mit *Tugendhat* gesprochen: Es gibt „keine Naturrechte, sondern Rechte werden gesetzt, aber sie werden dadurch zu keinen Fiktionen, es sei denn, man erklärt alles für eine Fiktion, was nicht von Natur aus gegeben ist."[55]

Handlungsnormen und Rechtsregeln lassen sich nicht aus der Natur ableiten, wie bereits Hume und Moore zeigten, denen zufolge kein Weg vom Sein zum Sollen führt, mag das Sein auch menschliche Hilfsbedürfigkeit heißen. Deshalb hat es auch keinen Sinn mehr zu sagen, die Menschen hätten von Natur aus ein Recht auf Leben, Freiheit, Wohlergehen und Sicherheit. Der Gedanke, daß Leben bereits das Recht zu leben enthält, gehört zu den schönsten Irrtümern der abendländischen Philosophie. Denn was es von Natur aus gibt, ist höchstens ein Verlangen nach Leben, Freiheit, Wohlergehen, Sicherheit. Allerdings muß uns das nicht davon abhalten, in der Frage, woran die Angemessenheit menschlichen Verhaltens erkennbar ist, das menschliche Wohlbefinden zum Ausgangspunkt und Maßstab zu nehmen. Was immer das Überleben der Menschen bedroht, die Gesundheit ihres Organismus gefährdet, dessen Wohlergehen beeinträchtigt, sollte nicht einfach als naturgegeben hingenommen werden, wenn es sich beseitigen läßt. Dennoch haben unsere Verletzlichkeit, Hilfsbedürftigkeit, Nacktheit keine normative Funktion; sie sind bloß Indikator unzumutbarer Verhältnisse, die unsere Aufmerksamkeit so auf sich ziehen können, daß wir uns möglicherweise veranlaßt sehen, dagegen vorzugehen.

Anders gesprochen: Wir allein können uns und der Welt die Freundlichkeit erweisen, Bedürfnisse und Wünsche in einklagbares Recht zu verwandeln. Aber aus welchen Gründen sollten wir dies tun? Normalerweise sind wir alle bestrebt, nicht leiden zu müssen, uns frei entfalten zu dürfen, sicher und glücklich leben zu können. Allerdings ist seit jeher nur schwer einsichtig zu machen, weshalb man durch Recht und Gesetz jedem Menschen die gleichen Überlebens- und Erfüllungsmöglichkeiten einräumen sollte. Warum darf ich, wenn es mir möglich ist, mich nicht vor anderen bevorzugen? Im Grenzfall, der für gewöhnlich der Normalfall ist, geht einem doch nichts über sich selbst, wie einst Stirner treffend bemerkte.[56] Daher ist es nicht überzogen zu fragen, warum einem an Unversehrtheit, Gerechtigkeit, Freiheit und Sicherheit aller gelegen sein soll. Wie auch immer die Antwort hierauf lauten mag, schon jetzt steht fest, daß sie nur die eine Grundidee auffächern wird: Menschenwürde als Gestaltungsauftrag.

Ein neues Würdebild

„Der nackte Mensch"[57], so ein Buchtitel des berühmten Ethnologen *Lévi-Strauss*, ist auf die Hilfe seiner Mitmenschen angewiesen, was sich als nackte Tatsache wohl kaum verbergen läßt. Wie schon angedeutet, steht in der philosophischen Tradition der Begriff Nacktheit – außer für das Rätsel der Existenz[58] – ebenfalls für die ursprüngliche Hilf- und Wehrlosigkeit des Menschen. In diesem Sinne gebraucht ihn auch der französische Religions- und Moralphilosoph *Lévinas*. Mittelpunkt seiner Verantwortungsethik ist der Begriff des nackten Antlitzes, die unbedingte

Nähe des Nächsten, wenn er mir von Angesicht zu Angesicht gegenübersteht. Dann wendet er mir sein „Antlitz zu [...], und eben dies ist [...] seine Nacktheit."[59] Selbstverständlich meint hier Antlitz mehr als nur Gesicht, Nase, Augen, Stirn; es zeigt den anderen auch als schutzlos, entblößt, als hilfsbedürftig und verloren. Diese „Nacktheit seines Antlitzes setzt sich fort in der Nacktheit des Leibes, der friert und der sich seiner Nacktheit schämt"[60] – und mich auf diese Weise um Hilfe anfleht: Die „menschliche Nacktheit [...] schreit in die Welt des Sichtbaren die Schmach ihres heimlichen Elends, sie schreit todtraurigen Herzens [und] fragt mich an in ihrer schutzlosen und wehrlosen Schwäche als Nacktheit."[61] Aus dem nackten Antlitz des anderen ergeht offenbar ein Appell an mich, „der mich, trotz meiner eigenen Sterblichkeit, verantwortlich macht für den sterblichen Nächsten."[62] Das ist Lévinas' Antwort auf die Frage, warum man ein Interesse am Wohlergehen seiner Mitmenschen haben soll: Sieh ihnen ins Gesicht und du verstehst, denn ihr not- und sorgenvolles Antlitz geht dich um Hilfe an, ohne daß du dafür taub sein könntest. Hierbei ruft es mir zu: „Töte nicht!"[63] genauso wie: Stehe verlassenen Menschen bei! Hilf den Notleidenden! Nach Lévinas gibt es keine Möglichkeit für den Einzelnen, sich von der Sorge um den Nächsten zu befreien, da „von dem Moment an, in dem der andere micht anblickt, ich für ihn [bereits] verantwortlich bin."[64]

Diese Philosophie der Begegnung des anderen als verwundbaren Antlitzes, dem man zur Hilfe kommen soll, wirkt trotz oder gerade wegen ihres humanistischen Pathos verstiegen, überspannt, abgehoben. Wie einst Hegel scheint auch Lévinas die Dinge auf den Kopf zu stellen mit seiner Idealisierung des nackten Menschen. Deshalb kommt es darauf an, sie wieder auf die Beine zu stellen, und das heißt, sie in klare, nüchterne Worte zu übersetzen, ohne dabei ihren Wahrheitsgehalt preiszugeben.

Niemand bezweifelt, daß es viele gewichtige, tiefsinnige Gründe für gegenseitige Achtung und einseitige Hilfsbereitschaft gibt, am schwersten jedoch wiegt eine einfache Überlegung. So richtig es ist, daß wir Menschen normalerweise von unseren Wünschen, Neigungen, Vorlieben beherrscht werden, grundsätzlich sind wir doch in der Lage, einen Schritt zur Seite zu treten, wie die amerikanischen Philosophen Nagel[65], Rawls[66] und Rorty[67] sagen, Abstand zu uns selbst zu nehmen und dabei einen weitgehend neutralen Platz, einen unparteiischen Standpunkt zu beziehen; im allgemeinen sind wir zu selbstdistanzierender Einstellung und Betrachtung fähig, zu einem Absehen von unseren eigenen Interessen und Präferenzen. Nehmen wir eine solche selbstdistanzierende Grundhaltung ein, dann erwacht fast zwangsläufig die allgemeine Erkenntnis, daß Schmerz, Leid, Elend oder Unterdrückung und Unfreiheit nicht nur für mich, sondern überhaupt etwas Schlimmes sind, wie Nagel und Rorty[68] betonen. Darüber hinaus wächst die wichtige Einsicht, auf die besonders Singer[69] hinweist, daß meine eigenen Wünsche, Vorlieben, Neigungen nicht einfach deshalb, weil sie meine sind, mehr zählen als die anderer Menschen. Solche und ähnliche ethischen Erkenntnisse gewinnen wir mühelos, sobald wir jenen oben erwähnten Schritt zur Seite tun, uns selbst gegenüber eine distanzierte Grundhaltung einnehmen, uns in fremde Interessenlagen versetzen. Kommt dann eine gewisse Empfindsamkeit hinzu, ein Sinn für die Sorgen und Nöte anderer, wie Tugendhat[70] und Rorty[71], an Hume und Smith anknüpfend, sagen, so werden wir es bestimmt unterlassen, „die Heiratspläne unserer Kinder zu stören, weil der gewünschte Partner einer bestimmten Nation, Religion, Rasse oder Einkommensschicht angehört oder weil die Ehe nicht heterosexuell, sondern homosexuell sein soll."[72] Mit anderen Worten, wir werden aufhören, auf unsere Mitmenschen in einer Weise einzuwirken, daß sie nicht mehr ihre persönlichen Ziele verfolgen können, nur weil diese nicht unseren Vorstellungen und Erwartungen entsprechen; im Gegenteil werden wir sie sich so entfalten lassen, wie sie gerne möchten, und sie unterstützen, wenn sie unserer Hilfe bedürfen.

Stellen ethische Einsichten wie die genannten sich erst einmal ein, so leuchten sie auch schon ein, und jede weitere Begründung erübrigt sich. Eine philosophische Letztbegründung mag noch so scharfsinnig und richtig sein, sie wiegt nichts, wenn sie bloß einige wenige erreicht und kaum einer danach fragt. Das scheinen immer wieder jene zu vergessen, die sich solche Begründungen in ihren Gelehrtenstuben einfallen lassen, anstatt sich der Wirklichkeit zuzuwenden, wie sie ist. Anders ausgedrückt, darf die Geschichtsmächtigkeit philosophischer Letztbegründungen nicht überschätzt werden. Es ist eine Illusion zu glauben, daß unwiderlegbare Argumente oder zwingende Beweise die Menschen jemals von der Mißachtung der Menschenwürde abhalten könnten. Vermutlich ist bislang kaum einer durch philosophische Letztbegründungen dazu veranlaßt worden, seine Mitmenschen zu achten, wenn er es nicht zuvor schon tat. Das heißt, subtile ethische Überlegungen, die häufig nur zu anspruchsvollen Banalitäten führen, ohne den Erfordernissen des wirklichen Lebens zu genügen, können so gut wie nichts dazu beitragen, „daß die Weißen netter zu den Schwarzen sind, die Männer netter zu den Frauen, die Serben netter zu den Muslimen oder die Heterosexuellen netter zu den Homosexuellen."[73] Hierzu ist vor allem menschliches „Wohlwollen"[74] nötig, wie *Spaemann* treffend bemerkt, das er definiert als „Aussein auf das, was für den Anderen das Zuträgliche ist, also das, was dessen eigenes Aussein-auf erfüllt."[75] Dieses umfaßt zweierlei: einmal, daß man den anderen sein eigenes Leben führen läßt, dann, daß man ihm tätig zur Seite steht, falls er fremder Hilfe bedarf. Allerdings ist zu solchem Wohlwollen nur fähig, wer auch die eigenen Interessen hintansetzen und sich am Glück anderer erfreuen kann.

Will man also jemanden davon überzeugen, menschenwürdige Verhältnisse zu schaffen, in denen sich der Einzelne gut erhalten und frei entfalten kann, so muß man ihn dazu bewegen, jene selbstdistanzierende Grundhaltung einzunehmen, die Tugenden der Empfindsamkeit und Selbstbeherrschung zu leben, seinen Mitmenschen mit Wohlwollen zu begegnen; alles weitere ergibt sich dann von selbst. Tut es das aber nicht, so bedeutet dies vermutlich bloß, daß der selbstdistanzierende Standort nicht wirklich gesucht wurde und es am nötigen Wohlwollen fehlt. Jetzt verbleibt nur noch die Möglichkeit, die mühsame Kleinarbeit der Aufklärung und Erziehung zu gegenseitiger Achtung, Gesprächs- und Hilfsbereitschaft fortzusetzen – und so zu tun, als ob wir unser Leben selbst in der Hand hätten, selbst wenn es an einer Kette der Notwendigkeit hängt. Nie und nirgends darf man denen das Feld kampflos überlassen, welche jeden Sinn für politische Freiheit, Gerechtigkeit und Mitmenschlichkeit verloren haben – genetische Programme hin, neuronale Prozesse her. Hierbei sei keineswegs ausgeschlossen, daß es Menschen gibt, die grundsätzlich kein Unrechtsempfinden haben, Wohlwollen und Dankbarkeit nicht kennen, gewissermaßen von allen guten Geistern verlassen sind; vor solchen muß man sich besonders schützen. Denn eines steht fest: Wem die Überzeugungskraft der einfachen Erkenntnis, daß Grausamkeit und Unterdrückung allgemein verabscheuungswürdig sind, nicht genügt, dem wird mehr sicherlich auch nicht reichen, selbst wenn es ein höchstes Gottesgebot oder ein letzter Vernunftgrund wäre; „mehr" brächte folglich auch nicht „mehr". Damit sei zwar nicht gesagt, daß die ethische Argumentation an dieser Stelle enden muß; was hier endet, ist aber die Möglichkeit, andere durch ethische Argumente zu erreichen und zu überzeugen.

Aus dem Dargelegten erhellt, daß gegenseitige Achtung und einseitige Hilfsbereitschaft mindestens dreierlei voraussetzen: erstens, Erkenntnis menschlicher Bedürftigkeit und Verwundbarkeit, zweitens, Fähigkeit zu Selbstdistanz, drittens, Wohlwollen. Nach dem Wegfall der traditionellen Metaphysik läßt sich die Idee der Würde nur noch auf solche Gesichtspunkte gründen, das heißt auf ethische Überlegungen mit der menschlichen Bedürftigkeit und Verletzbarkeit als verallgemeinerbarem Ausgangsspunkt. Die herkömmliche Trias Metaphysik-Recht-Politik ist deshalb durch die Triade Ethik-Recht-Politik zu ersetzen, die Idee der Menschenwürde zwischen Ethik und Politik, aber nicht mehr zwischen Metaphysik und Politik anzusiedeln. Obwohl in den letzten Ausführungen nur wenig von Menschenwürde die Rede war, so zeigen doch gerade sie, wie man auch heute noch zu diesem Ziel finden kann: Es ist der Weg von der Bedürftigkeit und Verletzlichkeit des Einzelnen über seine Fähigkeit wie auch Bereitschaft zu selbstdistanzierender Erkenntnis der menschlichen Situation hin zu bestimmten ethischen Grundsätzen, welche jedoch erst dann lebendig werden, wenn Wohlwollen den

Menschen über den Schatten seines eigenen Vorteils springen läßt. Bei alldem wird Würde nur noch als Gestaltungsauftrag, nicht mehr aber als Wesensmerkmal vorgestellt.

Es gibt bis zum heutigen Tage nur wenige Rechtswissenschaftler, die sich mit dieser Sichtweise anfreunden können; die meisten halten nach wie vor an der Idee der Wesenswürde fest – Würde mehr mit einem metaphysischen als mit einem ethischen Wert gleichsetzend. Daran sind die Philosophen teilweise mit Schuld, die im Bereich der Ethik auf die Idee der Menschenwürde fast gänzlich verzichtet haben und sie so den Theologen und Juristen überlassen, die sie in der Regel metaphysisch auslegen. Zu den wenigen Ausnahmen gehört *Podlech*, der im Anschluß an Luhmann Würde als menschliche Leistung definiert. Seiner Ansicht nach gehört zu den notwendigen Bedingungen menschlicher Würde einerseits Sicherheit der materiellen Grundlagen des Lebens, andererseits rechtliche Gleichheit, die jede Form von Diskriminierung aus rassischen, religiösen oder anderen Gründen ausschließt, dann rechtliche Ermöglichung individueller Selbstentfaltung, darüber hinaus Achtung vor dem verwundbaren Körper des anderen, weshalb auch Folter und Versuche an Menschen ohne Einwilligung der Betroffenen absolut unzulässig seien, sowie Begrenzung staatlicher Macht und Gewalt.[76] Ähnliches schreibt der Jerusalemer Philosoph *Avishai Margalit*, der gleichfalls die Suche nach der Wesenswürde aufgibt und durch die Frage ersetzt, warum es falsch ist, Menschen zu demütigen.[77] Margalit unterscheidet drei Formen der Demütigung: Behandlung des Einzelnen als Untermenschen, Maschine, Menschen zweiter Klasse, dann Beraubung der Selbstkontrolle durch eine totalitäre Macht und schließlich Ausschluß bestimmter Personen oder Gruppen aus der Menschengemeinschaft. Für Margalit ist eine Gesellschaft erst dann menschenwürdig, wenn ihre Institutionen und Bürger dem Einzelnen keinen Grund bieten, sich in seiner Selbstachtung verletzt zu sehen. In Abwandlung des zitierten Schiller-Ausspruchs kann man auch sagen: Nur wer ein Dach über dem Kopf und satt zu essen hat, die Anerkennung seiner Mitmenschen genießt und sich frei entfalten darf, ist zu einem würdevollen Leben fähig.

Widerspricht aber eine solche Deutung der Würde nicht ihrer vielzitierten Unantastbarkeit? Diese Frage ist zu bejahen, wenn Unantastbarkeit soviel wie Unmöglichkeit bedeutet, die eigene Würde zu verlieren; sie ist zu verneinen, wenn damit gesagt sein soll, daß sie einem nicht geraubt werden darf. Nach Lage der Dinge schließt ein völlig säkulares Würdeverständnis, das alle religiösen, metaphysischen oder vernunftphilosophischen Begründungen bewußt vernachlässigt, die Antastbarkeit der Würde grundsätzlich nicht aus. Wenn Würde ein bloßer Gestaltungsauftrag ist, dann wird es sogar möglich zu denken, daß Menschen auch keine Würde haben. Wo immer jemand brutal erniedrigt wird und seine Selbstachtung verliert, dort schwindet seine Würde, wohlgemerkt aber nicht sein Anspruch darauf, der paradoxerweise umso deutlicher hervortritt, je mehr dagegen verstoßen wird. Um naheliegende Mißverständnisse zu vermeiden: Niemandem soll seine Würde aberkannt werden; doch wer in würdelosen Verhältnissen ein jämmerliches Leben ohne Selbstachtung führt, von dessen Dasein kann man nicht mehr sinnvollerweise sagen, daß es Würde besitzt, wenn es die angeborene Wesenswürde nicht geben sollte. Verständlicherweise befürchten darum manche, daß nun gerade diejenigen nicht mehr geachtet werden müßten, die doch am meisten der Achtung bedürften: die Schlechtweggekommenen und Erniedrigten dieser Welt. Denn wo keine Würde, dort auch kein Anspruch auf Achtung! Der zum Schutz besonders gefährdeter Menschen ins Recht eingeführte Würdebegriff hätte so seine Bedeutung verloren.

Hierauf ist zu erwidern: Diejenigen unter uns, die sich nicht von der konkreten Not anderer angesprochen fühlen, werden mit Sicherheit noch weniger von einer abstrakten Eigenschaft wie der Wesenswürde zu Achtung und tätiger Hilfe bewogen. Wem das Elend seiner Mitmenschen nicht schon Grund genug ist, diesen beizustehen, für den ist es erst recht nicht deren angeborene Wertbesonderheit. Davon abgesehen, bedeutet die Idee der Wesenswürde auch für jene, die ihre Selbstachtung verloren haben, in erbärmlicher Not und menschenunwürdigen Verhältnissen leben, keine echte Hilfe, da eine metaphysische Wesensbestimmung sicherlich niemanden über sein Leid hinwegtrösten kann. Das hört sich kaltherzig an, ist aber lediglich konsequent gedacht und keineswegs menschenverachtend gemeint. Denn es heißt mitnichten, daß man die Würde des Einzelnen nicht achten muß, wenn es sie im metaphysischen Sinne nicht gibt. Genau das Gegenteil ist der Fall: *Man sollte die Menschenwürde gerade dann achten, wenn es sie nicht gibt, damit es sie gibt, weil sie vielleicht das einzige ist, das uns in einer entzauberten Welt noch Wert verleiht. So gesehen besteht die Würde des Menschen aus nichts anderem als aus der Achtung davor: Erst die Würde zu respektieren heißt, sie zu konstituieren.* Weltanschauungsneutral betrachtet ist sie nichts mehr, was sich von selbst versteht, wenn sie das überhaupt jemals war, sondern muß stets neu errungen, bewahrt und verteidigt werden. In einer liberalen Gesellschaft mit zunehmend naturwissenschaftlichem Weltbild wie in einer multikulturellen Völkergemeinschaft mit zahlreichen Menschenbildern kann sie deshalb nur noch als Ergebnis unablässiger Bemühungen und Anstrengungen gelten, zu dem alle aufgerufen sind, das ihre beizutragen. Genaugenommen ist die praktische Frage, unter welchen Bedingungen würdevolles Leben möglich ist, ohnehin wichtiger als die akademische Frage, ob wir wesenhaft eine höhere Werteigenschaft besitzen.

Vermutlich werden dies einige bestreiten, und sicherlich wird manchen das Dargelegte zu wenig sein; man wird deshalb fragen, ob unter diesen Umständen der Begriff Würde nicht lieber ganz aufgegeben werden sollte. Die Antwort ist ein klares Nein, denn der Ausdruck Menschenwürde hat mittlerweile einen sicheren Platz in der Weltöffentlichkeit gefunden; er ist heute ein im allgemeinen Bewußtsein festverankerter Begriff, der sich angesichts weltweiter Not gar nicht mehr aus der Geschichte wegdenken läßt – und das ist gut so, denn er steht für mehr Menschlichkeit, für ein humanitäres Menschenbild, das auch im Zeitalter des weltanschaulichen Neutralismus wie wissenschaftlichen Naturalismus seine Bedeutung behält und somit verteidigungswürdig bleibt.

Methodischer Pessimismus

Eine alte Weisheit besagt, daß nach Aufhellung des Kopfes durch ethische Erkenntnisse nicht sofort ihnen entsprechend gehandelt wird; egoistische Neigungen, Wünsche, Interessen stehen ethischen Forderungen oft machtvoll entgegen, und lähmen das moralische Handeln selbst derjenigen, die eben noch erkannten, daß Grausamkeit und Unfreiheit verabscheuungswürdig sind. Eines ist nämlich intellektuelle Rationalität, ein anderes moralische Motivation. Darum geht es nicht ohne persönliches Wohlwollen und innere Selbstbindung an ethische Leitlinien; aber längst nicht jeder läßt solchen Bindungswillen erkennen.

Noch am ehesten bringen die Menschen persönliches Wohlwollen ihrer Familie, Freunden, Kollegen, Nachbarn entgegen; mit der Distanz der anderen aber nehmen Verständnis, Hilfs- und Opferbereitschaft ab: „Der Ferne ist uns ganz einfach weniger wirklich"[78] – und damit weniger wichtig. Deshalb kann man sagen: Je fremder der andere, umso geringer das Wohlwollen, das sich weder erzwingen noch aus ethischen Geboten ableiten läßt, sondern das diesen vielmehr voraus- und zugrundeliegt. Doch hängt die Größe des individuellen Wohwollens auch vom Typ des Menschen und dessen bisherigen Erfahrungen mit der Welt ab. Bedauerlicherweise kann man feststellen, daß die existentielle Konfrontation mit dem nackten Antlitz des Menschen diesen in der Geschichte recht selten dazu veranlaßt hat, sich für das Leben anderer einzusetzen, weshalb man mit *Freud* sagen möchte, „die Absicht, daß der Mensch glücklich sei, ist im Plan der Schöpfung nicht enthalten."[79] „Die Weltgeschichte ist nicht der Boden des Glücks. Die Perioden des Glücks sind leere Blätter in ihr"[80], wie *Hegel* bereits hundert Jahre zuvor beklagte. Tatsächlich hat die Erkenntnis völliger Hilflosigkeit und Verletzbarkeit die Menschen bisher nicht davon abhalten können, Fremde als Barbaren zu entwerten, schreckliche Greueltaten an Andersartigen und Andersdenkenden zu verüben. Die Geschichte kennt zahllose organisierte und spontane Verbrechen gegen die Menschlichkeit, und nur selten hat das nackte Antlitz eines menschlichen Gegenüber die zu allem Entschlossenen dazu bewegen können, ihnen nicht Leid und Schmerz zuzufügen. Besonders erschreckend ist, daß die gleichen Personen, die über den Tod ihres Wellensittichs Tränen vergießen, dazu fähig sind, andere auf bestialische Weise zu töten – und noch erschreckender ist, daß sie manchmal sogar mit Stolz von ihren Greueltaten erzählen, statt sich ihrer zu schämen.

Allerdings treiben nicht immer Mord- und Angriffslust die Menschen zu blindwütigen Handlungen, ideologische Verblendung gesellt sich dazu, welche Fanatiker sogar aus selbstloser Hingabe an bestimmte Gruppenwerte zu terroristischen Amokläufern werden läßt. Sicherlich sind das extreme Beispiele, aber die Wirklichkeit ist voll davon. Nüchtern betrachtet scheint es eine allgemeine Neigung der Menschen zu rücksichtsloser Gleichgültigkeit und aggressiver Gewalttätigkeit zu geben; jeder denkt zuerst an sich oder an die Gruppe, zu der er sich besonders hingezogen fühlt und mit der er verbunden ist, bevor andere Außenstehende ins Blickfeld geraten.

Schon im 6. Jahrhundert v. Chr. soll *Bias,* einer der griechischen Sieben Weisen, die sich durch besondere Lebensklugheit hervortaten, gesagt haben: „Die meisten sind schlecht."[81] Später, an der Schwelle der Neuzeit, charakterisiert der Florenzer Staatsmann und Geschichtsschreiber *Machiavelli* den Menschen als ehrgeiziges, habsüchtiges Geschöpf, von dem „sich nur Schlechtes erwarten [läßt], wenn er nicht zum Guten gezwungen wird."[82] Die meisten Menschen seien von unersättlichen, maßlosen Begierden beherrschte Triebwesen, meinte er, weshalb derjenige, „der immer nur das Gute tun möchte, zugrunde gehen muß unter so vielen, die nicht gut sind."[83]. Ähnlicht beurteilte *Hobbes* den Menschen, den er Jahrhunderte vor Nietzsche bereits als „Raubtier"[84] bezeichnete, dessen herausragenden Merkmale Habgier, Besitzstreben und Machtlust bildeten. Die Menschen seien von Natur aus herzlos und böse, schrieb er, gefährliche, riskante Machtwesen. Stets auf ihren Vorteil bedacht, strebten sie immerfort nach Herrschaft, Geltung und Besitz; das Wohl der Gemeinschaft bestimme so gut wie keinen von ihnen. Noch drastischer als Machiavelli und Hobbes beschrieben de Maistre, Donoso Cortés, Bonald und mit ihnen allen übereinstimmend *Carl Schmitt* die menschliche Bosheit und Brutalität.[85] Besonders Donoso Cortés' „Verachtung der Menschen kennt keine Grenzen mehr; ihr blinder Verstand, ihr schwächlicher Wille, der lächerliche Elan ihrer fleischlichen Begierden scheinen ihm so erbärmlich, daß alle Worte aller menschlichen Sprachen nicht ausreichen, um die ganze Niedrigkeit dieser Kreatur auszudrücken."[86] Das gleiche fand *Schopenhauer*, dem zufolge zweierlei für den Menschen charakteristisch ist – „Egoismus, der das eigene Wohl will"[87], und „Bosheit, die das fremde Wehe will"[88]. An diese Position knüpfte wiederum *Freud* an, der ebenfalls schrieb, „daß der Mensch nicht ein sanftes, liebebedürftiges Wesen ist, das sich höchstens, wenn angegriffen, auch zu verteidigen vermag, sondern daß er zu seinen Triebbegabungen auch einen mächtigen Anteil von Aggressionsneigung rechnen darf. Infolgedessen ist ihm der Nächste [...] auch eine Versuchung, seine Aggression an ihm zu befriedigen, seine Arbeitskraft ohne Entschädigung auszunützen, ihn ohne seine Einwilligung sexuell zu gebrauchen, sich in den Besitz seiner Habe zu setzen, ihn zu demütigen, ihm Schmerzen zu bereiten, zu martern und zu töten. Homo homini lupus [Der Mensch ist dem Menschen ein Wolf]; wer hat nach allen Erfahrungen des Lebens und der Geschichte den Mut, diesen Satz zu bestreiten? Diese grausame Aggression wartet in der Regel eine Provokation ab [...]. Unter ihr güngstigen Umständen, wenn die seelischen Gegenkräfte, die sie sonst hemmen, weggefallen sind, äußert sie sich auch spontan, enthüllt den Menschen als wilde Bestie, der die Schonung der eigenen Art fremd ist. Wer [...] noch die Schrecken des letzten Weltkriegs in seine Erinnerung ruft, wird sich vor der Tatsächlichkeit dieser Auffassung demütig beugen müssen."[89] Dabei seien die Menschen aber keineswegs „so tief gesunken, wie wir fürchten, weil sie gar nicht so hoch gestiegen waren, wie wir's von ihnen glaubten."[90] Voller Pessimismus erklärte der späte Freud die dem Menschen angeborene Zerstörungslust aus einer allem Leben innewohnenden Sehnsucht nach seinem Ursprung, welcher für ihn nicht wie für die philosophische Tradition Gott war, sondern Tod hieß. Früher als alles Organische existiere das Anorganische, in das nicht nur alles Leben wieder zurücksinke, sondern nach dem es sich auch zu Lebzeiten bereits zurücksehne. Solche und ähnlich düstere Gedanken machen deutlich, daß der späte Freud den menschlichen Todes- und Destruktionstrieb für stärker hielt als den Lebenstrieb. Beeinflußt von Schopenhauer, betrachtete er die Zerstörungskräfte der menschlichen Natur als so übermächtig, daß es ihn nicht weiter verwunderte, wenn der Stärkere den Schwächeren quält, obwohl Moral und gesellschaftliche Regeln dieses verbieten.

Aber Brutalität, Rücksichtslosigkeit und Habgier entspringen nicht nur menschlicher Gehässigkeit und Gemeinheit, dahinter stecken oft auch Erfahrungen der Knappheit lebenswichtiger Güter sowie ein großes Sicherheitsbedürfnis, gezeichnet von Zukunftsangst. Der Mensch strebt nach Macht, um für die Befriedigung künftiger Bedürfnisse zu sorgen, da er nicht nur hier und heute, sondern das ganze Leben lang satt und zufrieden sein möchte, wie schon Hobbes vermerkte. Dabei wird der Einzelne oftmals stumpf und unempfindlich für die Not seiner Mitmenschen; Egoismus und Machtstreben halten ihn davon ab, für seine Nächsten kleinere oder größere Opfer zu bringen und ersticken so jeden Funken persönlichen Wohlwollens in ihm. Hinzu kommen Wankelmut und Unzuverlässigkeit. Selbst wenn einer weiß, was er will und seinen Mitmenschen freundlich begegnet, bleibt er doch unberechenbar für sich selbst wie auch für die anderen. Das lehrt die Geschichte und die alltägliche Erfahrung: Auf nichts in der Welt ist Verlaß – am wenigsten auf den Menschen, der gewöhnlich seinen häufig wechselnden Stimmungen nachgibt, und deshalb sowohl für sich selbst als auch für seine Mitmenschen ein unkalkulierbares Sicherheitsrisiko darstellt.

Trotzdem wäre es falsch, die Menschen mit Ungeheuern zu vergleichen. Menschen sind nicht gut oder böse, sie existieren zwischen beiden Polen. Gegenseitige Achtung, Fairneß und Hilfsbereitschaft gehören ebenso zu ihrer Lebenswirklichkeit wie Korruption, Klüngel und Hartherzigkeit; die menschliche Gesellschaft besteht weder nur aus Engeln noch aus Teufeln. Der Mensch ist keineswegs bloß ein irrationales, von Gefühlen und Leidenschaften bewegtes Wesen, sondern lebt auch unter dem

Zepter von Verstand und Wohlwollen, bricht nicht nur Versprechen, sondern hält sie auch. Das heißt, so leicht sich die Menschen zu Gewalt hinreißen lassen und anfällig für Machtmißbrauch sind, es gibt doch viele unter uns, die solchen Verführungen erfolgreich widerstehen, mögen ihnen dazu auch von biologischer Seite unverrückbare Grenzen in die eine oder andere Richtung vorgegeben sein.

Allein darauf jedoch kommt es nicht an, denn aus alldem soll lediglich eines deutlich werden: Um die Würde des Menschen zu sichern, darf man nicht bloß auf die Bereitschaft des Einzelnen vertrauen, seinen Nächsten zu achten und diesem in der Not tätig beizustehen. Was wir brauchen, sind weltweit durchsetzungsfähige Institutionen, welche verhindern, daß sich die Menschen gegenseitig noch mehr Leid und Unrecht antun; dagegen gilt es Vorsorge zu treffen wie auch gegen Willkür und Machtmißbrauch. Hierbei können Mißbilligung und Tadel, so wichtig sie auch sind, Zwangsrecht nicht ersetzen. Ohne verbindliche Rechtsordnung ist Moral sogar verhältnismäßig wenig wert, weil sie nichts durchzusetzen vermag. Darum ist es geradezu ein „Gebot der Vernunft", eine Rechtsordnung zu errichten, die auf den zuvor entwickelten ethischen Grundsätzen aufbaut.

Allgemein unterscheiden sich Rechtsregeln von moralischen Leitlinien durch ihre besondere Wirksamkeit, dadurch nämlich, daß sie im Unterschied zu letzteren erzwing- und einklagbar sind. Ihre Einhaltung garantieren staatliche Institutionen, die normalerweise über die nötigen Zwangsmittel verfügen. Im Gegensatz dazu bleibt moralischen Grundsätzen, die dem Einzelnen eine bestimmte innere Einstellung vorschreiben, nur die Möglichkeit des mahnenden Appells vorbehalten. Das verbindet sie mit Sitten, Bräuchen und Gewohnheiten, deren Einhaltung gleichfalls nicht erzwingbar ist, so sehr die Gesellschaft hierauf auch Druck auszuüben vermag, und Anstandsregeln das alltägliche Leben bisweilen stärker beeinflussen als sonstige Orientierungen. Aus diesem Grund darf man es durchaus begrüßen, wenn die Idee der achtunggebietenden Menschenwürde nicht allein die Rechtsordnung, sondern auch das rechtliche Bewußtsein der Mehrheit der Bevölkerung bestimmt, zumal sich die

Menschen leichter durch erlebte und gelebte Praxis als durch Lehrbücher und Gesetzestexte zu verantwortlichem Handeln bewegen lassen. Leider kann man sich aber darauf nicht verlassen, weshalb moralische Appelle, leuchtende Vorbilder, gute Sitten und bewährte Anstandsregeln auch rechtliche Institutionen nicht ersetzen können, deren Anordnungen sich mehr auf das äußere Verhalten der Bürger beziehen als auf deren innere Gesinnung.

In der Vergangenheit bestritten oft jene die Notwendigkeit rechtlicher Institutionen, die im Menschen ein an sich gutes, durch und durch wohlwollendes Wesen sahen. Zahlreiche Philosophen der Neuzeit mit optimistischem Menschenbild neigten dazu, Staat und Recht für vorübergehende Erscheinungen zu halten, die allmählich überflüssig würden, später einmal ganz verschwänden. Eine solche Utopie des absterbenden Staates entwarfen außer Herder und dem jungen Hegel auch Fichte und Marx.[91] Sie alle beurteilten die Menschen besser, als sie in Wirklichkeit sind; sie glaubten an den „guten Menschen", der auch ohne Staat und Recht mit anderen friedlich zusammenleben könne. Das aber ist eine gefährliche Illusion, die in absolute Rechtlosigkeit mündet, in der niemand mehr vor der Willkür seiner Mitmenschen geschützt ist. Dagegen scheint ein pessimistisches Menschenbild mit der Vorstellung eines angeborenen Hangs des Einzelnen zu Chaos, Bosheit und Machtmißbrauch weitaus realistischer. Eine solch extreme Sichtweise vertraten, wie angedeutet, Machiavelli, Hobbes, de Maistre, Donoso Cortés und Schopenhauer. Auch wenn sie in ihren Ausführungen oftmals übertrieben, so scheint man im Leben dennoch gut beraten zu sein, hin und wieder mit dem Schlimmsten zu rechnen, seinen Mitmenschen manchmal „wenig" oder vielmehr „alles" zuzutrauen. Mit *Gehlen* könnte man sagen, „es ist Zeit [...] für eine Philosophie des Pessimismus und des Lebensernstes"[92], denn nur zu leicht wird das Verhalten der Menschen „entformt, affektbestimmt, triebhaft, unberechenbar, unzuverlässig"[93], zumal wenn Eigenliebe, Besitzgier, Machtstreben und Aggressivität wirklich ihre stärksten Antriebskräfte sind. Genau aus diesem Grund empfiehlt es sich, wie in Neuzeit und Gegenwart teilweise geschehen, die zuvor gewonnenen ethischen Einsichten in allgemeine Rechte zu verwandeln und diesen durch Aufnahme in die Staatsverfassung besonderen Schutz zu gewähren. Zur Rechtfertigung eines solchen Schrittes genügt bereits die erwähnte selbstdistanzierende Grundhaltung und die traurige Erkenntnis, daß Menschen nicht Götter, wohl aber Bestien werden können.

Nach alldem heißt methodischer Pessimismus, den Menschen bewußt schlechter machen, als er in Wirklichkeit ist, um auf diese Weise ausreichend Vorsorge gegen ständig möglichen Machtmißbrauch treffen und im Ernstfall die erforderlichen Gegenmaßnahmen ergreifen zu können. Mit *Hayek* gesprochen, sollten alle staatlichen Einrichtungen so gestaltet werden, „daß schlechte Menschen den geringsten Schaden anrichten können."[94] Nur auf diese Weise sind würdevolle Verhältnisse möglich, wie sich tatsächlich auch in der Geschichte pessimistische Rechtsordnungen durch ihre zahlreichen Vorkehrungen gegen die Tyrannei von Macht und Masse im Ergebnis als menschenfreundlicher erwiesen haben denn jene mit einer eher optimistischen Beurteilung der menschlichen Natur. Bereits im 1. Jahrhundert n. Chr. erkannte der Stoiker *Epiktet* die Bedeutung des methodischen Pessimismus, indem er schrieb: „Wenn du gut sein willst, so glaube zuerst, daß du schlecht bist."[95]

Fassen wir zusammen: Im Zeitalter des weltanschaulichen Neutralismus und wissenschaftlichen Naturalismus läßt sich die Idee der Menschenwürde nur noch als Gestaltungsauftrag verallgemeinern, den wir selbst in einklagbare Rechte verwandeln müssen, wenn er verbindlich werden soll. Die Erfahrung menschlicher Bedürftigkeit und Verletzbarkeit, die selbstdistanzierende Erkenntnis ethischer Grundsätze und der zuletzt dargestellte methodische Pessimismus liefern uns genug Gründe, die Verwirklichung der Menschenwürde auch zur Aufgabe des Rechts zu machen.

6
Rechtsprinzipien und Menschenrechte

„Was ist Aufklärung?" lautet die Grundfrage eines berühmten Aufsatzes von *Kant*, der darauf in unmißverständlicher Weise antwortet: „Aufklärung ist der Ausgang des Menschen aus seiner selbstverschuldeten Unmündigkeit. Unmündigkeit ist das Unvermögen, sich seines Verstandes ohne Leitung eines anderen zu bedienen. Selbstverschuldet ist diese Unmündigkeit, wenn die Ursache derselben nicht am Mangel des Verstandes, sondern der Entschließung und des Mutes liegt, sich seiner ohne Leitung eines andern zu bedienen. Sapere aude! Habe Mut, dich deines eigenen Verstandes zu bedienen, ist also der Wahlspruch der Aufklärung."[1] Diese Worte behalten ihre Gültigkeit, auch wenn sich herausstellen sollte, daß es die eine absolute Vernunft nicht gibt, der Mensch nichts als ein ohnmächtiges Stück um sich selbst besorgte Natur ist. Schon aus pragmatischen und politischen Gründen kann auf Imperative dieser Art nicht verzichtet werden. Denn mag der Mensch auch von noch so vielen Determinanten abhängen, Freiheit im Sinne des Befreitseins von wirtschaftlicher Not, politischer und geistiger Unterdrückung, Freiheit als Möglichkeit zu privater Existenzgestaltung, in die niemand von außen hineinwirken darf, als Erlaubnis, das eigene Leben selbst zu bestimmen und Neues zu beginnen – ist und bleibt Voraussetzung für ein menschenwürdiges Dasein; eine unaufgebbare Forderung, die es immer wieder neu zu verwirklichen gilt. Genauso verhält es sich mit Kants drei Maximen der Aufklärung: erstens, selbst zu denken, weil man nur dadurch

Fremdbestimmung, Vorurteile und Aberglaube überwinden kann; dann, sich in die Gedanken anderer zu versetzen, gerade wenn sie nicht die gleichen wie die eigenen sind, da man hierdurch seinen Horizont erweitern und Verständnis füreinander wecken kann; schließlich, konsequent und widerspruchsfrei zu denken, weil man erst so zu einem zuverlässigen, ernsthaften Gesprächspartner wird.[2] Alle drei Maximen bezeichnen notwendige Bedingungen für ein würdevolles Dasein und für menschenwürdige Verhältnisse, die aus mehr als nur materieller Sicherheit bestehen, sondern zu denen auch die Entschlossenheit der Bürger gehört, sich als zivilisierte Menschen zu benehmen.

Was ist ein zivilisierter Mensch?

Denken lernt man, indem man es tut, was jedoch erst möglich ist, wenn man es auch darf und selbst möchte. Sicherlich ist die Beobachtung richtig, daß man nicht mehr aufhören kann, selbst zu denken, wenn man erst einmal damit angefangen hat; es ist jedoch keineswegs selbstverständlich, daß man es tut. Wer keine Meinung hat, der wird das Recht auf Meinungsfreiheit nicht vermissen; wer keine Urteilskraft besitzt, auf Gedankenfreiheit keinen besonderen Wert legen. Kant bezeichnete Selbstdenken als „verdrießliches Geschäft"[3] und nannte den Schritt zur Mündigkeit „beschwerlich"[4]; viel bequemer sei es dagegen, andere für sich denken zu lassen und unselbständig zu bleiben. „Habe ich ein Buch, das für mich Verstand hat, einen Seelsorger, der für mich Gewissen hat, einen Arzt, der für mich die Diät beurteilt, so brauche ich mich ja selbst nicht zu bemühen. Ich habe nicht nötig zu denken [...], andere werden das [...] für mich übernehmen."[5] Einen wesentlichen Grund für solch freiwilligen Verzicht auf Mündigkeit sieht Kant in der menschlichen Denkfaulheit, gewissermaßen in einer den Menschen angeborenen Behäbigkeit, zu der noch eine nicht ganz unbegründete Existenzangst hinzukommt.

Selbstdenken heißt, so weit wie möglich nichts unhinterfragt zu lassen, kritische Fragen zu stellen. Eine solche Grundhaltung vermag innere Unsicherheit und äußere Bindungslosigkeit hervorzurufen, alles Feste zum Einsturz zu bringen und alles Orientierende zu erschüttern. Deshalb haben manche Angst vor Selbstdenken, ja empfinden es sogar als furchterregend, obgleich es keine überzeugende Alternative dazu gibt. Doch sollte man schon aus wohlverstandenem Eigeninteresse nicht auf Selbstdenken verzichten, da die Gefahr von Machtmißbrauch durch staatliche Gewalt, Unterdrückung und Entmündigung groß ist. Auch wenn der Einzelne Selbstdenken und die Notwendigkeit zur Entscheidung zwischen verschiedenen Möglichkeiten manchmal als unangenehme Last empfindet, das Ideal zu denken und zu leben, wie man möchte, bleibt ein unverzichtbares Gut, ja, eine notwendige Voraussetzung für ein würdevolles Leben.

Nun läßt sich vor selbständig denkenden Bürgern natürlich nicht verheimlichen, daß es das eine wahre Wertesystem, die einzig gültige Weltanschauung nicht gibt. Nachdenkliche Menschen erkennen die meisten Überzeugungen als abhängig von Standpunkten, Interessen und kulturellen Konventionen, und rechnen infolgedessen mit einer Vielfalt widersprechender Lebensformen, Deutungen der Wirklichkeit, auch mit solchen, die sie persönlich ablehnen.

Bereits Aristoteles[6] war der Auffassung, daß im Bereich menschlichen Handelns und gesellschaftlichen Lebens nichts mit absoluter Notwendigkeit geschieht, weil immer die Möglichkeit des Andersseins offensteht. Diese Möglichkeit sei für unser tägliches Leben, in dem sich vieles auf mehrerlei Weise zutragen könne, geradezu charakteristisch. Eine letztbegründende Wissenschaft davon sei deshalb unmöglich. Wenn aber alles immer auch ganz anders sein kann, dann können wir nichts endgültig wissen. Den einen oder anderen Standpunkt vertretend, sind wir zwar von dessen Richtigkeit überzeugt, aber außerstande auszuschließen, daß es doch anders sein könnte als vermutet. Genaugenommen bleibt immer eine letzte Unsicherheit bestehen, so daß sich eine Vielzahl von Möglichkeiten ergibt, die man als gleichwertige Vorstellungen nebeneinander gelten lassen muß.

Eine Folge hiervon sind wachsende Verunsicherung und Verwirrung; Skeptizismus sieht sich dadurch bestätigt. Behielte dieser aber das letzte Wort, so müßten alle Wert- und Orientierungsfragen unentschieden bleiben; eine auch nur halbwegs begründete Urteilsbildung wäre unmöglich.

Doch bleibt es uns im wirklichen Leben, wie bereits ausgeführt, nicht erspart, Entscheidungen zu fällen – trotz genetischer und neuronaler Determination. Für die auf Daseinsfristung angelegten und auf Sinnerfüllung bedachten Menschen ist es keineswegs einfach, sich in der Welt zurechtzufinden. Sie stehen unter Orientierungsdruck und Handlungszwang, entbehren aber der einen wahren Weltanschauung, die ihnen mit absoluter Gewißheit sagen könnte, woran sie sich halten sollen. Wollen sie sich im Leben orientieren, so scheinen sie ihre Entscheidungen subjektiven Vorlieben und Neigungen überlassen zu müssen, da im alltäglichen, politischen und weltanschaulichen Bereich zwingende Beweisführungen unmöglich sind.

Allerdings ist dies nicht das letzte Wort. Zwischen absoluter Wahrheit, bezwingender Wahrheitsevidenz, und subjektiver Willkür, relativistischer Beliebigkeit, gibt es noch ein Drittes, das einerseits weniger ist als sichere Beweisführung, andererseits mehr als eine sich nur auf Stimmungen stützende Entscheidung; es ist die Möglichkeit, sich mit anderen und sich selbst zu beraten, Problemlösungen zu suchen, plausible Argumente für den einen oder anderen Entschluß zu sammeln. Man könnte es die Kunst der verständigen Beratung über strittige Fragen des menschlichen Lebens nennen, für die wir keine Fachwissenschaft besitzen. Diese Kunst der verständigen Beratung, so erkannte schon Aristoteles[7], ist keine auf strenge Beweisführung spezialisierte Wissenschaft zwingender Wahrheiten, sondern eine auf überzeugungskräftige Argumentation spezialisierte Kunst der Ermittlung des Wahrscheinlichen, Plausiblen, Annehmbaren, das gerade keinen Anspruch auf Notwendigkeit erhebt. An die Stelle letzter Gründe, die es im Bereich des Menschlichen so gut wie nicht gibt, treten hier mehr oder weniger starke Argumente, die keine absolute Beweiskraft, sondern höchstens Überzeugungskraft besitzen, stets gegeneinander abzuwägen sind, und über die man mit sich und anderen zu Rate gehen muß. Um aber solche Argumente ermitteln und bewerten, die Kunst der verständigen Beratung beherrschen zu können, bedarf es der Entwicklung einer besonderen geistigen Fähigkeit: der Klugheit, wie Aristoteles sagt.[8]

Klugheit im Sinne von Urteilskraft ist eine notwendige Hilfe beim Selbstdenken, muß aber von sicherer Erkenntnis unterschieden werden. Zu ersterer gehören Augenmaß, Verständigkeit, Gewandtheit des Geistes, ein Sinn fürs Angebrachte und Angemessene, der weniger mit wissenschaftlicher Methode als mit Feingefühl, Gespür, Takt und Geschmack zu tun hat. Beispielsweise können wir die Lösungen unserer Lebensprobleme nicht errechnen, sondern müssen uns darüber besonnen und umsichtig verständigen oder beraten. Dafür stehen traditionsgemäß die Begriffe Klugheit und Urteilskraft als die Fähigkeit, das Glaubenerweckende an einer Sache zu sehen, wie Aristoteles formuliert[9], naheliegende Argumente zu entwickeln und den Grad ihrer Glaubwürdigkeit zu bewerten, ihre Verschiedenheit in labilem Gleichgewicht auszubalancieren, ihr Gewicht gegeneinander abzuwägen.

Von dieser Fähigkeit im Leben Gebrauch zu machen, ja sich davon leiten zu lassen, macht einen zivilisierten Menschen aus und ist ein Fundament seiner Würde. Auf das Wesentliche reduziert, ist für einen solchen fünferlei charakteristisch: Erstens ist er imstande, sich auf der Grundlage plausibler Argumente eine Meinung zu bilden und diese unerschrocken zu vertreten. Zweitens weiß er, seine Meinung stützt sich nur auf mehr oder weniger überzeugungskräftige Argumente, nicht aber auf zwingende Beweise, so daß seine Ansichten nicht einfach wahr sind, sondern höchstens wahrscheinlich, einleuchtend. Damit gibt er drittens zu, daß alles auch ganz anders sein könnte, als er im Moment glaubt, was viertens zu einem Bewußtsein der Relativität des eigenen Standpunktes führt, an dem zwar weiterhin festgehalten wird, solange die Argumente für diesen Standpunkt überzeugen, die aber, eben weil sie nur Argumente und keine Beweise sind, die Möglichkeit der Änderung niemals gänzlich ausschließen. Das berücksichtigend, entsteht fünftens zugleich die

Bereitschaft zum offenen, kontroversen Meinungsaustausch, zum unvoreingenommenen Gespräch, dessen Gelingen von der Einhaltung der Regeln gegenseitiger Achtung wesentlich abhängt, worauf noch zurückzukommen sein wird.

Diese Darstellung der Argumentationsweise eines zivilisierten Menschen jeden Alters zeigt, wie wenig sich beides ausschließt, eine Meinung zu haben und zugleich ein Bewußtsein der Relativität dieser Meinung zu entwickeln. Beides bildet keinen Widerspruch, auch wenn es wie ein solcher aussieht. Doch sei nicht bestritten, daß der Versuch, für einen Standpunkt Partei zu ergreifen und zugleich ein Bewußtsein für die Relativität dieses Standpunktes zu haben, eine innere Spannung gegenläufiger Tendenzen erzeugt, die verdeutlicht, wie schwer es ist, ein zivilisierter Mensch zu werden.

Aber jeder einseitige Verzicht auf das Bewußtsein der Relativität verschiedener Deutungs- und Wertemuster begünstigte nur die Entstehung fundamentalistischer Totalitätsansprüche und somit menschenunwürdige Verhältnisse. Dagegen führte die Verabsolutierung des Werterelativismus in halt- und orientierungslose Gleichgültigkeit und damit auf wieder andere Weise zu würdelosen Zuständen. Gewissenhafte Urteilsbildung mit Bewußtsein der Relativität der eigenen Überzeugung heißt deshalb, nach der einen Seite hin dogmatischen Fanatismus zu vermeiden, nach der anderen nicht in einem bindungslosen, unverbindlichen Pluralismus zu versinken. Der zivilisierte Mensch verfolgt eine mittlere Linie. Auf der Grundlage nachvollziehbarer Argumente bezieht er reflektiert und engagiert Position, besitzt aber zugleich die Fähigkeit, in Alternativen zu denken und in der dialogischen Auseinandersetzung Anwalt von Alternativen zu sein, auch wenn sie nicht die eigenen sind. Dabei ist er bemüht, Vorurteile und falsche Fixierungen aufzulösen, sich und andere für neue Argumente zu öffnen. So sehr ein zivilisierter Mensch eine Meinung vertritt und andere von deren Richtigkeit zu überzeugen sucht, grundsätzlich erwartet er keinen dauerhaften Konsens zwischen allen Positionen – im Gegenteil, ihn zeichnet Sinn für Pluralität aus.

Allerdings dürfen deren Schranken nicht übersehen oder gar

überschritten werden. Mag der politische und weltanschauliche Pluralismus begrüßenswert sein und die Kunst der verständigen Beratung über Leben und Welt keinen sicheren Weg zu endgültigen Wahrheiten kennen, so gibt es doch mindestens eine absolute Grenze: die Freiheit des anderen. Wie *Rosa Luxemburg* es in Auseinandersetzung mit Lenin formulierte: „Freiheit ist immer nur Freiheit des Andersdenkenden." Konkreter und zugleich allgemeiner *Kant*, der Freiheit definierte als „Unabhängigkeit von eines Anderen nötigender Willkür, sofern sie mit jedes Anderen Freiheit nach einem allgemeinen Gesetz zusammen bestehen kann."[10] Das heißt: „Niemand kann mich zwingen, auf seine Art [...] glücklich zu sein, sondern ein jeder darf seine Glückseligkeit auf dem Wege suchen, welcher ihm selbst gut dünkt, wenn er nur der Freiheit Anderer, einem ähnlichen Zweck nachzustreben [...], nicht Abbruch tut."[11] Ähnlich steht es in Artikel 4 der französischen *Erklärung der Rechte des Menschen und Bürgers* aus dem Jahre 1789: „Die Freiheit besteht darin, alles tun zu können, was einem andern nicht schadet. Also hat die Ausübung der natürlichen Rechte jedes Menschen keine Grenzen als jene, die den übrigen Mitgliedern der Gesellschaft den Genuß dieser nämlichen Rechte sichern. Diese Grenzen können nur durch das Gesetz bestimmt werden." Genauso heißt es in Art. 29 Abs. 2 der *Allgemeinen Erklärung der Menschenrechte* von 1948: „Jeder Mensch ist in Ausübung seiner Rechte und Freiheiten nur den Beschränkungen unterworfen, die das Gesetz ausschießlich zu dem Zwecke vorsieht, um die Anerkennung und Achtung der Rechte und Freiheiten der anderen zu gewährleisten [...]." Damit übereinstimmend, betont gleichfalls Art. 2 Abs 1 des *Grundgesetzes*: „Jeder hat das Recht auf die freie Entfaltung seiner Persönlichkeit, soweit er nicht die Rechte anderer verletzt [...]", was man mit einem amerikanischen Sprichwort auch so ausdrücken kann: „Dein Recht, deinen Arm zu schwingen, endet genau dort, wo die Nase des anderen beginnt." Damit es hierbei nicht zu Verletzungen kommt, sind Gesetze nötig, welche die Beziehungen der Bürger untereinander regeln. Freilich können diese das Band zwischen ihnen nicht ersetzen, das zerbrechen würde, wenn alle Menschen nur noch in Rechtsbeziehungen zueinander stünden, doch allein rechtliche Bestimmungen können Freiheit, Gleichheit und soziale Sicherheit, kurz, ein menschenwürdiges Dasein garantieren.

Daraus wird deutlich, zur Schlichtung spannungsvoller Interessenkonflikte, zum Schutz der Freiheit des Einzelnen und der Vielheit gegensätzlicher Lebensformen oder Weltanschauungen, die sich durch verständige Beratung weder aufheben läßt noch aufgehoben werden soll, müssen Einschränkungen durch allgemeine Ordnungsregeln vor- und hingenommen werden. Freiheit und Vielheit, sonst Ausdruck menschenwürdiger Verhältnisse, dürfen grundsätzlich nicht absolut gesetzt werden, wenn sie im wirklichen Leben möglich bleiben sollen. Denn sie zu verabsolutieren hieße, selbst jene Lebensformen zulassen zu müssen, die Willkürgewalt gegen andere ausüben würden, sobald sie es könnten, was aber auf eine Zerstörung von Freiheit und Vielheit hinausliefe, die ihre Zersetzung somit selbst herbeigeführt hätten. Wie es in Artikel 30 der *Allgemeinen Erklärung der Menschenrechte* und Artikel 5 der *Bürger- und Sozialrechtspakte* der Vereinten Nationen von 1966 heißt, darf das Recht auf Freiheit und Vielheit nicht zur Abschaffung von Freiheit und Vielheit mißbraucht werden. Denn besitzt jeder Bürger ein Recht auf Freiheit, so hat niemand das Recht, es einem anderen abzusprechen. Hieraus folgt: Toleranz gegen andere schließt nicht Toleranz gegen Intoleranz anderer ein, die man wirkungsvoll jedoch nur mit Intoleranz, der Androhung und Durchsetzung von Zwang, bekämpfen kann.

Gerade weil niemand Freiheit und Vielheit abschaffen darf, müssen Liberalität und Pluralität begrenzt, als relative Begriffe verstanden werden, das heißt an Rahmenbedingungen gebunden, die für eine friedliche Koexistenz gegensätzlicher Standpunkte und Lebensentwürfe sowie für humane Konfliktbewältung – kurz, für menschenwürdige Verhältnisse – notwendig sind. Solche heißen gegenseitige Achtung, unvoreingenommene Gesprächsbereitschaft sowie Ausgleich und Kompromiß, aber auch gegenseitige Unterstützung, wo es nottut. Denn Achtung des Nächsten ohne Bereitschaft zu echter Hilfe ist verkappte Gleichgültigkeit; ein Dialog ohne Fähigkeit zu ernsthaftem

Kompromiß bleibt eine als Verständigung getarnte Form von Gesprächsverweigerung.

Doch sind die genannten Rahmenbedingungen für Freiheit und Vielheit – Achtung voreinander, Verständigung miteinander, Verständnis füreinander – mehr als bloß Verfahrensvorschriften und Spielregeln; als notwendige Voraussetzungen menschenwürdiger Verhältnisse stellen sie weltanschauungsneutrale Grundwerte eines zivilisierten Menschen dar, die so etwas wie einfache Anständigkeit begründen. Deshalb sollten sie als wesentliche Voraussetzungen einer freien, pluralistischen, ja, menschenwürdigen Gesellschaft aus dem Widerstreit der rivalisierenden Bekenntnisse oder Weltanschauungen herausgenommen werden und nicht mehr zur Disposition stehen. Denn näher betrachtet gehören sie zum Unabstimmbaren, zu dem also, worüber man nicht einmal mehr verständig beraten, sinnvoll verhandeln kann, weil sie so etwas wie verständige Beratung, offene Verhandlung und freie Abstimmung überhaupt erst ermöglichen.

Man erkennt, Freiheit, Vielheit und die Kunst der verständigen Beratung können sich nur innerhalb grundlegender Gemeinsamkeiten entfalten, zu denen die genannten Grundwerte zählen, weil ein Ausgleich unterschiedlicher Interessen und eine Beilegung alltäglicher, politischer und weltanschaulicher Konflikte – stets ein schwieriger Balanceakt – bloß mit ihrer Hilfe bewerkstelligt werden können. Ohne Minimalkonsens über bestimmte Spielregeln sind Frieden, Freiheit und Fairneß gänzlich unmöglich. So markieren die angeführten Grundwerte unverrückbare Grenzen für Liberalität und Pluralität – nicht etwa um beide willkürlich einzuschränken, sondern vielmehr um sie vor sich selbst zu schützen, da sie immer wieder durch sich selbst bedroht sind. Die Grenzen für freie Entfaltung kennzeichnen die Grenzen der freien Entfaltung selbst; jene zu übertreten hieße, diese zu gefährden. Wo beispielsweise wechselseitige Achtung und Gesprächsbereitschaft verloren gehen, die Kunst der verständigen Beratung nicht beherrscht wird, dort verschwinden auch Rücksichtnahme und Toleranz, die Fähigkeit zu Koexistenz und die Bereitschaft zu Kooperation – notwendige Voraussetzungen für ein würdevolles Leben in würdigen Verhältnissen. Deshalb haben die Urheber unserer Verfassung elementare Verbindlichkeiten geschaffen, die solches gewährleisten sollen, und darum sind die Vereinten Nationen unablässig bemüht, überall in der Welt eine den Menschen würdige Gesprächs- und Rechtskultur durchzusetzen.

Wertordnung des Mißtrauens

Recht erscheint als gerechtfertigt, wenn es menschenwürdiges Dasein ermöglicht, Schutz vor der Selbstsucht anderer Menschen bietet, Ruhe, Frieden und Sicherheit gewährleistet, die Möglichkeit zu persönlicher Selbstentfaltung und eine gerechte Gesellschaftsordnung garantiert. Anders gesagt, besteht die Aufgabe des Rechts darin, die ethischen Erkenntnisse der selbstdistanzierenden Grundhaltung, die Kunst der verständigen Beratung und die aufgezählten Grundwerte eines zivilisierten Menschen durch bestimmte Institutionen sicher zu installieren. Vor dem Hintergrund des methodischen Pessimismus – der Annahme, daß die Menschen zu Machtmißbrauch, Egoismus und Rücksichtslosigkeit neigen – stellt sich so nicht die Frage, ob Recht oder Nicht-Recht, sondern nur, welche Art von Recht gerecht und des Menschen würdig ist. Dabei wird es denkbar, daß die Idee der Würde als Gestaltungsauftrag im Recht einen festeren Platz bekommt, als sie im Bewußtsein der Mehrheit der Bevölkerung hat.

Eine der wichtigsten Voraussetzungen für menschenwürdige Verhältnisse ist gesellschaftlicher Friede; mit Hobbes gesprochen, ist dessen Sicherung und Erhaltung „das erste Gebot der Vernunft"[12]. Dieses läßt sich aber nur erfüllen, wenn der Staat das Verhalten seiner Bürger verbindlich regeln und im äußersten Falle durch Einsatz physischer Gewalt auch erzwingen darf. Doch soll der Staat die einzige Instanz bleiben, welche Gewalt ausüben darf, weshalb man von staatlichem Gewaltmonopol spricht als notwendiger Bedingung für den „Frieden im Inneren". Hervorgerufen durch die Religions- und Bürgerkriege, setzte sich diese Idee bereits im 16. und 17. Jahrhundert durch. Damals betrachtete man als erste und wichtigste politische Aufgabe die Friedenssicherung durch die Schaffung eines staatlichen Gewaltmonopols. Dieses allein könne die Gefahr der Anarchie bannen, meinten der französische Jurist *Bodin* und der englische Staatstheoretiker *Hobbes.* Ohne staatliches Gewaltmonopol mit einer das mögliche gesellschaftliche Chaos überwindenden Ordnungsmacht herrschten Faustrecht und Lynchjustiz, fielen die zu Streit und Hader neigenden Menschen wie wilde Tiere übereinander her; Ruhe und Ordnung kämen auf diese Weise kaum zustande, und wo sie dennoch entstünden, dort wären sie dauernd gefährdet; dies widerspreche aber zutiefst dem menschlichen Bedürfnis nach einem not- und angstfreien Leben.

Bodin und Hobbes verbanden die Idee vom staatlichen Gewaltmonopol mit der Lehre der absolutistischen Souveränität, zu deren Wegbereitern Machiavelli gehört, dessen politische Ansichten beide sonst jedoch kritisierten. Nach Bodin bedeutet Souveränität soviel wie „absolute und dauernde Gewalt [...], höchste Befehlsgewalt"[13], und nach *Hobbes* „höchste Gewalt oder höchste Herrschaft"[14], worüber noch am ehesten einer allein verfügen könne, nicht aber eine Versammlung oder das gesamte Volk. Hobbes und Bodin lehnten sowohl Aristokratie als auch Demokratie ab und befürworteten die Monarchie: „Das hervorstechende Merkmal des Staates, das Souveränitätsrecht, kann es im strengen Sinn nur in einer Monarchie geben, denn niemand als nur ein einziger kann im Staat souverän sein"[15], schrieb Bodin, und Hobbes wiederholte diese Auffassung mit den Worten, „daß von den genannten Arten des Staates, der Demokratie, Aristokratie und Monarchie, die letzte den Vorrang besitzt."[16] Nur eine Einzelperson könne unumschränkt herrschen, für Frieden und Wohl des Volkes sorgen, weshalb das staatliche Gewaltmonopol und die absolute Monarchie bloß die zwei Seiten einer Medaille seien.

Was den monokratischen Herrscher als Inhaber der höchsten Staatsgewalt von seinen Untertanen unterscheidet, ist die

Macht, Gesetze auszuarbeiten, zu verkünden, umzugestalten, wieder aufzuheben und nach persönlichem Ermessen Ämter zu vergeben. Der Souverän allein besitzt die „Machtvollkommenheit, Gesetze für alle und jeden zu erlassen, ohne daß irgendjemand [...] zustimmen müßte"[17]. Dabei ist es sogar so, daß er über den eigenen Gesetzen steht, als Quelle allen Rechts diesem „nicht unterworfen"[18] ist und einen „princeps legibus solutus" darstellt, wie man sagt.

Trotzdem sei das Recht aber nicht dem Belieben des Souveräns anheimgestellt: „Alle Fürsten dieser Welt sind den Gesetzen Gottes und der Natur sowie gewissen menschlichen Gesetzen, die allen Völkern gemeinsam sind, unterworfen"[19], welche auch sie strikt zu befolgen hätten. Besonders in dieser Frage unterschieden sich Bodin und Hobbes von Machiavelli, der die Macht des Souveräns noch nicht einmal durch göttliche Gesetze eingeschränkt wissen wollte. Dagegen betrachteten beide die Erhaltung des Friedens im Inneren und in den auswärtigen Beziehungen sowie die Herstellung gerechter Verhältnisse als göttliche Gebote, die der Fürst unbedingt einzuhalten habe: „Alle Pflichten der Herrschenden lassen sich in den einen Satz zusammenfassen, daß das Wohl des Volkes das höchste Gesetz ist"[20], wobei „Wohl nicht bloß die notdürftige Erhaltung des Lebens irgendwie, sondern ein möglichst glückliches Leben"[21] meine.

Doch so sehr der mit fast unbeschränkter Machtvollkommenheit ausgestattete Souverän auch an göttliches Gesetz gebunden ist, nichts und niemand kann ihn zwingen, sich letzten Endes daran zu halten; es bleibt ihm überlassen, ob er milde und tolerant regiert oder unbarmherzig und grausam; die Entscheidung darüber liegt allein bei ihm selbst, mag das göttliche Gesetz auch Güte und Toleranz fordern.

Daraus wird deutlich: Toleranz, ein Begriff der ebenso passive Duldung wie aktive Anerkennung bedeutet, und der in einer pluralistischen Gesellschaft mit dem Recht der Bürger auf individuelle und kollektive Unterschiede notwendige Voraussetzung für Frieden, Freiheit und Vielheit ist, wird in dem Augenblick eine problematische Haltung, in dem sie von Machthabern – wie etwa von Heinrich IV. von Frankreich im Toleranzedikt von Nantes 1598 – als Gnadenerweis geübt wird.[22] Denn wo immer ein Herrscher sich seinen Untertanen gegenüber tolerant zeigt, waltet, rechtlich gesehen, bloße Willkür, welche eine verbrecherische Ausübung der Macht nicht grundsätzlich ausschließt. Wie *Martin Kriele* im Anschluß an Mirabeau formuliert: „Toleranzen kann der Machthaber gewähren oder zurücknehmen, sie liegen in seinem Belieben."[23] Denn wie er die Macht besitzt, etwas zu tolerieren, so hat er auch die Macht, es nicht zu tolerieren, was heißt: „Wo nur Toleranzen gewährt sind, muß der Mensch sich jederzeit auf die Möglichkeit ihrer Rücknahme oder Einschränkung einstellen, er lebt im Zustand der Angst. Erst wo an die Stelle der Toleranz der Rechtszustand getreten ist, [...] kann der Mensch aufrecht gehen und genießt die Sicherheit, daß der Machthaber ihn in der Ausübung dieses Rechts nicht beugen kann und wird."[24] Deshalb muß um des aufrechten Ganges und somit der menschlichen Würde willen jegliche absolutistische Toleranz in rechtliche Verbindlichkeit verwandelt werden.

Hobbes jedoch ging diesen Weg nicht: Obgleich er von der Bosheit und Anfälligkeit der Menschen für Machtmißbrauch überzeugt war, glaubte er an die Güte und Makellosigkeit des Souveräns; das heißt, er erkannte zwar die Gefahr des blutigen Bürgerkrieges, die der Tyrannei aber nicht. Es ist aber nicht einzusehen, warum man Königen mehr vertrauen soll als den einfachen Bürgern. Näher betrachtet bedeutet das Bündnis zwischen staatlichem Gewaltmonopol und absolutistischer Souveränität einen gefährlichen Machtgewinn für den Träger der Staatsgewalt. Wie nämlich ein absolutistischer Monarch in der Lage ist, die Bürger voreinander zu schützen, so ist er auch stark genug, sie zu unterdrücken – und bei der bekannten Anfälligkeit der Menschen für Machtmißbrauch steht nicht zu erwarten, daß er dieser Versuchung immer widersteht, solange man ihn nicht daran hindert, ihr nachzugeben. Aus diesem Grund sollte man nicht allein den Bürgern mißtrauen, sondern auch den Inhabern der Staatsgewalt. Davon abgesehen, bleibt die Erkenntnis richtig, daß der Staat innerhalb seiner Grenzen nur dann Friede, Ruhe, Sicherheit und Ordnung herstellen und erhalten kann, wenn er über das Gewaltmonopol verfügt, das, so gesehen, eine notwendige, nicht aber hinreichende Bedingung für menschenwürdige Verhältnisse ist. Zusätzlich muß das angedeutete Risiko des Machtmißbrauchs verringert werden, was wohl erst dann möglich ist, wenn man den Herrschern keine uneingeschränkte Macht mehr einräumt, das staatliche Gewaltmonopol nicht länger absolutistisch auslegt.

Nun sind Sicherung und Erhaltung des Friedens nicht bloß innerstaatliche Angelegenheiten, sondern gleichzeitig auch internationale, völkerrechtliche, wobei der Ausdruck Völkerrecht zweierlei bedeutet: zum einen bezieht er sich auf das Recht zwischen den Völkern, dann auf das Recht über den Völkern, das bei allen Völkern gleiche Recht. Verständlicherweise enthalten beide Arten des Völkerrechts – im Gegensatz zum Staatsrecht – nicht die Idee eines Frieden gewährleistenden Gewaltmonopols, da dieses einen die ganze Erde umspannenden, einheitlichen Weltstaat voraussetzte, in dem alle Einzelstaaten aufgingen. Solch ein Gebilde hat es weder in der Vergangenheit gegeben noch sollte es in Zukunft angestrebt werden. Erstrebenswert ist allein eine Weltrepublik mit ausreichender Macht, den Weltfrieden zu sichern, eine Völkergemeinschaft mit geeigneten Mitteln, die einzelnen Staaten voreinander zu schützen.

Warum aber soll den Menschen am Weltfrieden überhaupt gelegen sein? Die wohl einfachste Antwort hierauf lautet, weil jeder bewaffnete Konflikt eine Gefahr für die Sicherheit aller Staaten bedeutet – zugespitzt formuliert, Kriegsvermeidung als notwendige Voraussetzung für das Überleben der Menschheit und der Menschenwürde. Freilich bedeutet Menschenwürde als Gestaltungsauftrag mehr als nur Herstellung und Bewahrung des Weltfriedens, trotzdem gehören alle darauf gerichteten bi- und multilateralen Verträge dazu, denn ohne diese bestünde die Gefahr eines endlosen Kampfes aller Staaten gegen alle – eine Gefahr, die wie die des Bürgerkriegs sich selbstverständlich nur eindämmen, nie jedoch gänzlich ausschließen läßt, sondern immer wieder von neuem abgewendet werden muß. Wird aber der reale Druck zu stark, dann können selbst politische, rechtliche und militärische Maßnahmen zur Friedenssicherung den Friedensbruch nicht aufhalten.

Seit jeher gibt es Nichtangriffspakte, Friedensabkommen und Verteidigungsbündnisse gegen auswärtige Feinde, in denen sich die Vertragsstaaten zu gegenseitiger Unterstützung im Ernstfall verpflichten, aber auch genauso zu politischer und wirtschaftlicher Zusammenarbeit. Solche Staatsverträge sind gewissermaßen die Vorläufer des 1919 gegründeten *Völkerbundes*, dessen Satzung als Artikel 1 bis 26 des *Versailler Friedensvertrags* in Kraft trat. Der Völkerbund, mit Sitz in Genf, war der erste Versuch, eine universelle Staatengemeinschaft mit eigenen Institutionen zu begründen, deren vorrangige Aufgabe die „Gewährleistung des internationalen Friedens und der internationalen Sicherheit" werden sollte, wie es in der Präambel dazu heißt. Doch wurde diese Hoffnung nach der Ausbreitung der Hitler- und Stalindiktatur bitter enttäuscht, wie überhaupt der Völkerbund nie eine wirklich internationale Staatengemeinschaft mit politischer Durchsetzungskraft bildete. Das verhinderten schon die Vereinigten Staaten durch ihr Fernbleiben von dieser Organisation, die erst auf ihre Anregung hin entstanden war.

Dafür traten sie dem *Briand-Kellog-Pakt* über die Ächtung des Krieges von 1928 bei, der noch heute gilt und den mittlerweile mehr als 60 Staaten unterzeichnet haben. Diese erklären darin, „daß sie den Krieg als Mittel für die Lösung internationaler Streitfälle verurteilen und auf ihn als Werkzeug nationaler Politik in ihren gegenseitigen Beziehungen verzichten", und vereinbaren, „daß die Regelung und Entscheidung aller Streitigkeiten oder Konflikte, die zwischen ihnen entstehen könnten, [...] niemals anders als durch friedliche Mittel angestrebt werden sollen." Allerdings ist bis heute das Problem der effektiven Friedenssicherung nicht gelöst, das deshalb nach wie vor einen Schwerpunkt der internationalen Diskussion bildet.

Sicherlich war es ein wichtiger Schritt in die richtige Richtung, nach dem Zweiten Weltkrieg die UNO zu gründen, die mit dem Inkrafttreten ihrer Charta am 24. Oktober 1945 entstand, und zu der heute fast alle unabhängigen Staaten der Welt gehören. Auch sie sieht ihre Hauptaufgabe in der Erhaltung des Weltfriedens wie der internationalen Sicherheit und verpflichtet deshalb alle Mitglieder, ihre Streitigkeiten untereinander mit friedlichen Mitteln beizulegen. So steht es in zahlreichen Dokumenten wie auch in der Schlußakte der *Konferenz für Sicherheit und Zusammenarbeit in Europa* von Helsinki vom 1. August 1975. Wichtigste Voraussetzung für das friedliche Zusammenleben der Staaten miteinander ist ein umfassender Gewaltverzicht, wie er bereits in Art. 2 Abs. 4 der UN-Charta gefordert wird: „Alle Mitglieder unterlassen in ihren internationalen Beziehungen jede gegen die territoriale Unversehrtheit oder die politische Unabhängigkeit eines Staates gerichtete oder sonst mit den Zielen der Vereinten Nationen unvereinbare Androhung oder Anwendung von Gewalt." Rechtlich gesehen zählen das erwähnte Gewaltverbot wie auch das Recht auf Leben, das Verbot des bewaffneten Angriffs, Völkermords, der Tötung von Kriegsgefangenen, Folter und Sklaverei zum sogenannten zwingenden Recht – „ius cogens", das unabhängig von jeder vertraglichen Vereinbarung gelten soll. Aus diesem folgt geradezu zwangsläufig das Gebot der friedlichen Beilegung internationaler Streitigkeiten durch Beratung, Verhandlung, Vermittlung und Schlichtung, wie es in Art. 33 Abs. 1 der UN-Charta heißt. Nur mißlingen diese in der Praxis leider allzu oft, so daß es auch heute immer noch zu bewaffneten Auseinandersetzungen kommt. Nach Artikel 51 der UN-Charta hat in solchen Fällen der angegriffene Staat das Recht, sich militärisch zu verteidigen – gemäß dem Grundsatz: Gegen eine Gefahr gestattet die natürliche Vernunft, sich zu wehren – „adversus periculum naturalis ratio permittit se defendere!" Diese Regel gilt, bis die Staatengemeinschaft „die zur Wahrung des Weltfriedens und der internationalen Sicherheit erforderlichen Maßnahmen getroffen hat." Bevor das nicht geschehen ist, dürfen auch andere Staaten den Opfern kriegerischer Gewalt auf deren Ersuchen hin zur Hilfe kommen.

Diese Vorstellung weckt Assoziationen an die Idee des gerechten Krieges – „bellum iustum", mit der sich bereits Cicero und Livius befaßten.[25] Nach alter Lehre ist ein Krieg dann gerecht und gerechtfertigt, wenn er der Verteidigung, Vergeltung oder Bewahrung und Verbreitung letzter Wahrheiten dient, wie das

Eingreifen des Schwedenkönigs Gustav II. Adolf in den Dreißigjährigen Krieg, um den norddeutschen Protestantismus vor dem Zugriff des habsburgischen katholischen Kaisers zu retten, oder der Einmarsch der UdSSR und ihrer Satellitenstaaten 1968 in der Tschecheslowakei, der mit der sogenannten Breschnew-Doktrin begündet wurde. Danach verfügten die von Moskau abhängigen „Bruderländer“ nur über eine verminderte Souveränität. Durch die Reformen in Prag schien der Sozialismus Moskauer Prägung in Gefahr. Doch kann man in diesem Zusammenhang auch an die ersten drei Kreuzzüge denken; genauer betrachtet ging es darin allerdings nicht um Vergeltung oder Bewahrung und Verbreitung letzter Wahrheiten, sondern vielmehr um die Befreiung der orientalischen Christen vom Islam, noch einprägsamer, um die Befreiung der heiligen Stätten, insbesondere des Heiligen Grabes in Jerusalem. Dazu kamen soziale und wirtschaftliche Interessen. In Palästina, dem Land, „wo Milch und Honig fließt“, erhofften sich viele Kreuzfahrer bessere Lebensverhältnisse.

Hierauf sei nun nicht näher eingegangen; festgehalten sei allein, daß von der inzwischen weitgehend überholten Doktrin des gerechten Krieges nur noch das Recht auf Selbstverteidigung übriggeblieben ist, das, wie ausgeführt, lediglich solange gilt, bis die Staatengemeinschaft eine verbindliche Anordnung getroffen hat.

Heute tragen hauptsächlich die Vereinten Nationen die Verantwortung für den Weltfrieden, deren wichtigsten Gremien die Generalversammlung und der Sicherheitsrat sind. Nur dieser darf Maßnahmen gegen Staaten beschließen, die den Weltfrieden bedrohen; hierzu bedarf es der Zustimmung von neun der möglichen fünfzehn Stimmen, einschließlich der fünf ständigen Mitglieder USA, Rußland, China, Frankreich, Großbritannien. Angenommen, solche Mehrheiten finden sich einmal nicht, obgleich Handeln dringend geboten ist, so darf seit 1950 auch die Generalversammlung einen Teil der Aufgaben des Sicherheitsrates übernehmen. Zu den möglichen Zwangsmaßnahmen der Vereinten Nationen gegen Staaten, welche den Weltfrieden verletzen, gehören außer der Anordnung militärischer Gewalt auch nicht-militärische Sanktionen, wie der Abbruch der diplomatischen Beziehungen, die vollständige oder teilweise Unterbrechung der Verkehrsverbindungen und Wirtschaftsbeziehungen. Darüber hinaus sieht die UN-Charta auch den Einsatz friedenserhaltender Maßnahmen vor, sei es um unmittelbar bevorstehende militärische Konflikte abzuwenden oder bestehende Krisen zu entschärfen. Operationen solcher Art umfassen die Entsendung von Friedenstruppen, deren Aufgaben die Beobachtung eines Waffenstillstandes, die Errichtung von Pufferzonen, Überwachung von Truppenrückzügen, Unterstützung von Flüchtlingen und weitere humanitäre Leistungen sind. Normalerweise erfordern friedenserhaltende Einsätze der UNO, die der Herstellung menschenwürdiger Verhältnisse dienen, die Zustimmung der betroffenen Staaten, neuerdings werden sie aber auch dort durchgeführt, wo es die verantwortlichen Politiker und die Mehrheit der am Konflikt Beteiligten an ernsthaftem Willen zu Frieden und Versöhnung fehlen lassen.[26]

Trotz aller Bemühungen der Vereinten Nationen, den Weltfrieden als Voraussetzung eines menschenwürdigen Daseins zu sichern, sind die Hoffnungen gering, daß dies jemals gelingen wird. Nicht nur daß zahlreiche Staaten den Weltfrieden immer wieder brechen, die UNO verfügt auch nicht über die notwendigen Mittel zu seiner Sicherung. Sie besitzt keine eigenen Streitkräfte, sondern ist bei der Erfüllung ihrer friedenswahrenden Aufgaben stets auf die Unterstützung ihrer Mitglieder angewiesen.

Dazu gehört Deutschland, das seit Beginn der neunziger Jahre an nicht-militärischen UN-Einsätzen teilnimmt und seit 1996 gemeinsam mit seinen NATO-Partnern und Soldaten weiterer Staaten auch an friedenssichernden Einsätzen militärischer Art. Doch sind alle Beteiligungen deutscher Streitkräfte umstritten. Während die einen solche für unzulässig halten, weil nach Art. 87 a Abs. 2 des Grundgesetzes unsere Streitkräfte nur zu Verteidigungszwecken eingesetzt werden dürfen, halten andere sie für geboten mit Bezug auf Art. 24 Abs. 2. Darin heißt es, daß Deutschland sich zur Wahrung des Friedens einem System gegenseitiger kollektiver Sicherheit einordnen darf, was durchaus als Ermächtigung deutscher Streitkräfte zur Unterstützung von UN- und NATO- Einsätzen gesehen werden kann.

Was das Handeln der UNO immer wieder lähmt, sind außer der Abhängigkeit vom guten Willen ihrer Mitgliedstaaten auch tiefgehende politische Meinungsverschiedenheiten und finanzielle Probleme. Dazu kommt, daß sie über kein allgemein anerkanntes Strafgericht verfügt mit der Möglichkeit zu Zwangsvollstreckungen. Zwar gab es schon zu Beginn unseres Jahrhunderts internationale Gerichte, wie den *Zentralamerikanischen Gerichtshof* (1908-1918) oder den *Ständigen Internationalen Gerichtshof* (1920-1946), besonders wirkungsvoll waren diese aber nie. Eine große Ausnahme stellen die nach dem Zweiten Weltkrieg von den Siegermächten in Tokio und Nürnberg eingesetzten Militärgerichtshöfe dar, durch welche seinerzeit die Hauptkriegsverbrecher verurteilt wurden. Das wichtigste Rechtsprechungsorgan der Vereinten Nationen ist der 1945 gegründete *Internationale Gerichtshof*, der sich aus 15 Richtern unterschiedlicher nationaler Herkunft zusammensetzt, welche vom Sicherheitsrat und der Generalversammlung für jeweils neun Jahre mit absoluter Stimmenmehrheit gewählt werden. Doch ist die Macht des Internationalen Gerichtshofs äußerst begrenzt, da dieser nur für Streitigkeiten zwischen den Staaten zuständig ist, die seine Zuständigkeit zuvor ausdrücklich anerkannt haben. Wie schwierig die Arbeit solcher Gerichte ist, beweisen heute aufs deutlichste die von den Vereinten Nationen eingesetzten *Internationalen Tribunale* in Den Haag und Arusha, welche eingerichtet wurden zur strafrechtlichen Verfolgung der Verantwortlichen für die in Ruanda und im ehemaligen Jugoslawien begangenen Verstöße gegen das humanitäre Völkerrecht.

Man erkennt, wo es – wie in der Völkergemeinschaft – kein zentrales Zwangssystem gibt, die Mächte der politischen Welt häufig gegeneinander stehen, sich manchmal sogar einander blockieren, dort ist zwar eine der gegenseitigen Kontrolle und Mäßigung förderliche Dezentralisierung der Macht gegeben, besteht aber die Gefahr der Ineffizienz bei der Sicherung des Friedens, der ja notwendige Voraussetzung für ein menschenwürdiges Dasein ist. Im Gegensatz dazu ist der absolutistische Staat durch sein zentralistisches Zwangssystem zwar eher in der

Lage, den Frieden auf dem eigenen Territorium zu erhalten, doch bleibt darin das Problem der Tyrannei wieder ungelöst.

Nun soll mit alldem weder die Idee des staatlichen Gewaltmonopols noch die Berechtigung der UNO zu sehr in Frage gestellt werden, die angesichts der Kriege überall in der Welt weiter für Frieden eintreten muß – trotz aller politischen Rücksichten und finanziellen Engpässe. Im Gegenteil, *völkerrechtlich* gesehen spricht das Ausgeführte sogar für eine Stärkung der UNO und der darin bereits geteilten Gewalten, für eine Weltrepublik, die über genug Macht verfügt, den Frieden zu sichern und einen Staat gegen die Übergriffe eines anderen zu schützen. *Staatsrechtlich* gesehen spricht dagegen das Ausgeführte für die Verteilung der staatlichen Gewalt auf verschiedene Instanzen, weil erst dadurch ein System sich wechselseitig beschränkender und kontrollierender Kräfte entstehen kann, das Machtkonzentration erfolgreich zu verhindern vermag – die noch immer sicherste Vorkehrung gegen Machtmißbrauch.

Für ein ausgewogenes System wechselseitiger Balance setzten sich bereits antike Autoren wie Aristoteles, Polybios und Cicero ein.[27] Sie alle befürworteten eine Mischverfassung mit monarchischen, aristokratischen und demokratischen Elementen, um die Staatsgewalt auf verschiedene Organe zu verteilen. Im 17. und 18. Jahrhundert verwirklichten die Engländer teilweise eine solch gemischte Staatsordnung, indem sie König, Adel, Volk und den Gerichten unterschiedliche Aufgaben übertrugen, auch wenn sie keine geschriebene Verfassung kannten und noch heute nicht haben; die politische Ordnung Großbritanniens ist allmählich „gewachsen".

Die wichtigsten neuzeitlichen Theoretiker der Gewaltenteilung sind *John Locke* und *Charles de Secondat, Barone La Bréde et de Montesquieu.* Die Gefahr des Machtmißbrauchs vor Augen verwarfen beide die Lehre der absolutistischen Souveränität, ohne die Monarchie abzulehnen. Locke schrieb: „Bei der Schwäche der menschlichen Natur, die immer bereit ist, nach der Macht zu greifen, dürfte es eine zu große Versuchung darstellen, wenn diejenigen, welche die Macht haben, Gesetze zu geben, auch die Macht hätten, sie zu vollziehen. Sie könnten dadurch sich selbst von dem Gehorsam gegen die Gesetze, die sie erlassen, ausschließen und das Gesetz sowohl in seiner Gestaltung wie in seinem Vollzug ihrem persönlichen Vorteil anpassen und damit schließlich ein von der übrigen Gemeinschaft verschiedenes, dem Ziel der Gesellschaft und Regierung zuwiderlaufendes Interesse verfolgen."[28] Ähnlich Montesquieu: „Eine ewige Erfahrung lehrt, daß jeder Mensch, der Macht hat, dazu getrieben wird, sie zu mißbrauchen. [...] Um den Mißbrauch der Macht unmöglich zu machen, müssen die Dinge so geordnet werden, daß die eine Macht die andere im Zaume hält."[29] Allerdings dürfen staatliches Gewaltmonopol und Gewaltenteilung nicht als Gegensätze mißverstanden werden. Ersteres bleibt durch die Aufteilung der Macht auf verschiedene Entscheidungsinstanzen, von denen jede nur im Rahmen genau umschriebener Kompetenzen handeln darf, völlig unangetastet. Denn das Gegenteil von Gewaltenteilung heißt nicht staatliches Gewaltmonopol, sondern absolute Herrschaft des Souveräns, der, wie erwähnt, nicht nur über jegliche Zwangsgewalt verfügt, sondern auch außerhalb von Recht und Gesetz steht. Da ist die Versuchung groß, die eigene Macht zu mißbrauchen. Aber absolutistische Herrschaft birgt nicht nur die Gefahr der Tyrannei in sich, geschichtlich betrachtet hat der absolute Souveränitätsanspruch des englischen Königs sogar zur Entstehung des Bürgerkriegs beigetragen, statt den Kampf der Bürger gegeneinander zu verhindern und Frieden zwischen den Parteien zu stiften, wie einst Hobbes erhoffte.[30]

Offenbar vereitelt Gewaltenteilung sowohl Tyrannei als auch Bürgerkrieg und hilft auf diese Weise mit bei der Herstellung menschenwürdiger Verhältnisse. Montesquieu und später Kant teilten die Gewalten in Gesetzgebung (Legislative), Vollstrekkung (Exekutive) und Rechtsprechung (Judikative). Gemäß dem Modell der gemischten Verfassung übertrug Montesquieu die ausführende Gewalt der Krone und Regierung, die gesetzgebende den Volks- und Adelsvertretern und die rechtsprechende unabhängigen Richtern.[31] Nun beugt Gewaltenteilung aber nicht nur durch gegenseitige Begrenzung und Kontrolle gegen

Machtmißbrauch vor, sondern auch durch die Bindung der voneinander unabhängigen Staatsorgane an Recht und Gesetz. Kein Bürger, auch nicht der Träger der Staatsgewalt, darf eigenmächtig über die Gesetze und Verfassung bestimmen, deren Vorschriften für jeden, also auch für den Gesetzgeber, gelten. Dabei muß die Gewaltenteilung einschließlich der Bindung aller ans Gesetz wie schon die Idee des staatlichen Gewaltmonopols als Antwort auf den methodischen Pessimismus verstanden werden – den Worten *Thomas Jeffersons* gemäß: „eine freiheitliche Regierung ist auf Argwohn aufgebaut, nicht auf Vertrauen [...]. Laßt uns daher in Fragen der Macht nicht mehr von Vertrauen auf den Menschen hören, sondern haltet ihn durch die Ketten der Verfassung von Unheilstiftung ab."[32]

Die erste geschriebene Verfassung der Neuzeit besaß der Staat Virginia 1776; diese enthielt bereits das Recht auf „Leben unter einer gewaltenteilenden Rechtsordnung." (Artikel 5) Ihr folgten 1787 die Unionsverfassung der Vereinigten Staaten von Amerika, 1791 die erste französische Verfassung und 1816 auf deutschem Boden die Verfassung von Sachsen-Weimar-Eisenach, um nur einige zu nennen. Nach und nach übernahmen neue politische Kräfte die Aufgabe, absolutistische Macht zu verhindern, die bis dahin der Adel und die übrigen Stände vereitelt hatten.

Grundsätzlich gibt es verschiedene Möglichkeiten zur Verteilung von Gewalt auf staatliche Organe; man denke an das Zweikammersystem der Legislative mit der Unterscheidung zwischen Ober- und Unterhaus in England, Repräsentantenhaus und Senat in den Vereinigten Staaten, Nationalrat und Ständerat in der Schweiz oder an das politische Zusammenspiel von Bundestag und Bundesrat in Deutschland. Im parlamentarischen System verläuft die Gewaltenteilung oftmals zwischen Judikative auf der einen Seite, Legislative und Exekutive auf der anderen Seite; eine klare Trennung zwischen beiden zuletzt genannten Instanzen gibt es häufig nicht. Im Normalfall bringt die Regierung ein Gesetz ein, worüber das Parlament beschließt, welches dann Regierung und Verwaltung ausführen, vollstrecken. Die Exekutive – Regierung, Verwaltung, Polizei – darf nichts tun, wozu sie nicht durch die Legislative – Bundestag, Bundesrat, Bundespräsident –

ermächtigt wurde, woraus deutlich wird, daß in einem parlamentarischen System wie dem unsrigen die Regierung gleichermaßen Legislative und Exekutive verkörpert. Die Kontrolle hierüber ist hauptsächlich auf die Oppositionsparteien übergegangen, so daß sich die Gewalten hierzulande in Rechtsprechung, Regierung, Opposition, Bundesrat und Verwaltung gliedern. Strenger ist dagegen die Gewaltenteilung im präsidialen System der Vereinigten Staaten durchgeführt. Dort liegt die richterliche Gewalt beim Obersten Bundesgericht, dem Supreme Court; die gesetzgebende ist in der Hand des Kongresses, der aus Repräsentantenhaus und Senat besteht, und die vollziehende bei der Person des Präsidenten als Staatsoberhaupt, Regierungschef und militärischem Befehlshaber. Er empfängt sein Mandat nicht von der gesetzgebenden Körperschaft, sondern von einem Wahlmännergremium, das von der Bevölkerung eigens zur Ernennung des Präsidenten bestimmt wurde. Hierdurch wird eine strengere Trennung zwischen Legislative und Exekutive vollzogen als bei uns, wenngleich Regierung und Kongreß auch sonst auf vielfältige Weise miteinander verbunden sind – Verbindungen allerdings, die ausschließlich der Machtkontrolle dienen. So bedürfen alle Ausgaben der Exekutive einer Bewilligung seitens der Legislative; umgekehrt besitzt der Präsident ein Vetorecht gegen alle vom Kongreß beschlossenen Gesetze, das wiederum mit einer Zweidrittelmehrheit der Kammern außer Kraft gesetzt werden kann.

Ein weiteres Beispiel für Machtkontrolle ist die föderative Gewaltenteilung, die Aufgliederung des Staates in Teilsysteme, Bundesländer, mit einem hohen Maße an Selbständigkeit zur Regelung ihrer eigenen Angelegenheiten. Die föderative Aufgabenverteilung bringt die allgemeine Gewaltenbalance dadurch zustande, daß sich Bund und Länder immer wieder von neuem miteinander verständigen und aufeinander einstellen müssen; keine der Gewalten besitzt uneingeschränkte Regelungsmacht. Solch ein Bundesstaat ist nach der einen Seite hin vom Einheitsstaat zu unterscheiden, in dem die gesamte Macht bei zentralen Staatsorganen liegt, nach der anderen Seite vom Staatenbund, der eine eher lose Verbindung souveräner Staaten zur Wahrnehmung gemeinsamer Ziele darstellt.

Auf welche Weise die in Europa, Amerika und weiten Teilen der übrigen Welt verbreitete Idee der Gewaltenteilung auch umgesetzt wird, angesichts der natürlichen Neigung der Menschen zu Machtmißbrauch ist und bleibt sie eine wichtige Voraussetzung menschenwürdiger Verhältnisse. Aber wie das staatliche Gewaltmonopol allein noch kein menschenwürdiges Leben garantieren kann, so auch nicht die Gewaltenteilung. Beide sind lediglich notwendige, nicht aber hinreichende Bedingungen für menschenwürdige Verhältnisse. Denn mögen sich die Träger der Staatsmacht auch gegenseitig kontrollieren, wer wiederum kontrolliert diese alle zusammen? – Wer bewacht die Wächter? Quis custodiet custodes?

Hierauf gibt es nur eine einzige überzeugende Antwort: das Volk selbst, das durch Wahlen und Abstimmungen die Möglichkeit haben soll, den Inhabern der höchsten Staatsgewalt Macht zu verleihen und zu entziehen. So gesehen hängt diese allein vom Volke ab, weshalb man auch von Volkssouveränität spricht.[33] *Rousseau* verstand darunter die Herrschaft eines auf das allgemeine Wohl gerichteten Gemeinwillens, über den wir alle einig wären, würden wir nur unsere wahren Interessen verfolgen.[34] Er ging von einer absoluten Identität des persönlichen Willens mit dem Gemeinwillen aus, und vertrat darum die Auffassung, daß man sich erst dann wirklich selbst bestimme, wenn der eigene Wille mit dem des am Gemeinwohl orientierten Gesamtwillens übereinstimme, den er mit dem gemeinschaftlichen Mehrheitswillen der Bürger gleichsetzte. Sicherlich seien durch Volksabstimmungen gefaßte Mehrheitsbeschlüsse nicht immer richtig, meistens aber stimmten sie doch mit dem Gemeinwillen überein. Deshalb sei es auch erlaubt zu sagen, daß die bei Volksentscheiden unterliegenden Minderheiten sich über die eigene Freiheit geirrt hätten, weshalb diese dem Mehrheitswillen unterworfen werden dürften, was nichts anderes bedeute, als sie bloß zu ihrer eigenen Freiheit zu zwingen.[35] Diese politische Auffassung ist nicht nur teils ungereimt und utopisch, sie ist darüber hinaus auch gefährlich. Unproblematischer ist dagegen *Lockes* Auffassung, der zwar auch das Volk zum Träger der höchsten

Staatsgewalt erklärte, aber weit davon entfernt war, Minderheiten zu ihrer Freiheit zwingen zu wollen, da er klar erkannte, daß Menschen und Gruppen oftmals einander widersprechende Ziele verfolgen können oder unterschiedliche Vorstellungen vom Gemeinwohl haben.

Heute herrscht Einigkeit darüber, daß Volkssouveränität – und das heißt Demokratie – nur dort gewährleistet ist, wo regelmäßig allgemeine, freie, geheime Wahlen stattfinden und die Träger der Staatsmacht in ihrem Amt ebenso bestätigt wie abgewählt werden können. Das setzt natürlich eine aus verschiedenen Gruppierungen mit unterschiedlichen Interessen entstandene Parteienvielfalt, konkurrierende Alternativen, eine Opposition voraus, die bei Stimmenmehrheit die bis dahin amtierenden Machthaber ablösen kann, als überstimmte Minderheit aber Opposition bleibt, indem sie die Mehrheitsentscheidung akzeptiert, obwohl sie diese für falsch hält.

Außerdem gehört zu echter Demokratie, daß der Zugang zu öffentlichen Ämtern grundsätzlich allen Bürgern offensteht; darüber hinaus Chancengleichheit der Parteien und Wahlrechtsgleichheit aller erwachsenen Staatsangehörigen, was sich keineswegs von selbst versteht, wenn man bedenkt, daß das allgemeine, gleiche und geheime Männerwahlrecht im Deutschen Reich erst 1871 und das Wahlrecht der Frauen sogar erst 1919 in der Weimarer Verfassung eingeführt wurde. Auch in Großbritannien war geheime Stimmabgabe erst ab 1872 möglich, und erst 1884 erhielten Wohnungsinhaber in den Landgemeinden, also auch Landarbeiter und Bergleute, das Wahlrecht. Das allgemeine Stimmrecht für alle männlichen Bürger über 21 Jahre und alle Frauen über 30 mit eigenem Haushalt oder als Ehefrauen eines Haushaltsvorstandes wurde in England 1918 eingeführt. In vielen Schweizer Kantonen erhielten die Frauen sogar erst lange nach dem Zweiten Weltkrieg das Recht, an Wahlen teilzunehmen.

Nun setzt Demokratie außer Wahlrecht aber auch Meinungs-, Versammlungs- und Pressefreiheit voraus, die öffentliche Auseinandersetzung gegensätzlicher Ansichten und Ideen, so daß sich die Opposition ungehindert Gehör und Geltung verschaffen kann. Allgemein unterscheidet man zwischen direkter, plebiszitärer Demokratie und indirekter, repräsentativer. Erstere spricht allen Bürgern das gleiche Recht auf freie Mitwirkung bei politischen Entscheidungen zu, wie es teilweise in der Schweiz der Fall ist, wo einzelne Gesetze durch Volksentscheide aufgehoben und gesetzliche Neuregelungen durch Volksbegehren eingefordert werden können. Die deutsche Staatsform ist dagegen eine indirekte Demokratie, in der die Bürger die Lösung politischer Fragen an gewählte Bürgervertreter auf Zeit delegieren. Hierzulande hat man sich also nach den schlechten Erfahrungen mit Volksbegehren und Volksabstimmungen in der Weimarer Republik für eine repräsentative Demokratie entschieden. Die Urheber des Grundgesetzes meinten mit Recht, daß die Gefahr der Herrschaft einer urteilslosen, von Tagesmeinungen, Gefühlen und Leidenschaften irregeführten Masse zu groß sei. Deshalb solle das Volk sich seine Interessen durch frei gewählte Repräsentanten, eben Abgeordnete, vertreten lassen, welche nicht persönliche Wünsche Einzelner zu erfüllen hätten, sondern im Dienste des Gemeinwohls stünden. Wie ein Vergleich des deutschen mit dem englischen und amerikanischen Systems beweist, können die Abgeordneten aber auf ganz unterschiedliche Weise bestimmt werden.

Aus dem Dargelegten wird deutlich, repräsentative Demokratie bedeutet nicht nur Mißtrauen gegen die Inhaber der Staatsmacht, sondern gleichermaßen Mißtrauen des Volkes gegen sich selbst, das nicht nur aus urteilsfähigen, mündigen, umfassend informierten, wohlwollenden Bürgern besteht. Ein solches Bild verbietet bereits der dargestellte methodische Pessimismus, der von vornherein mit selbstsüchtigem Egoismus und selbstlosem Fanatismus der Menschen rechnet.

Nicht zuletzt darum ist auch die repräsentative Bürgervertretung keine zuverlässige Garantie für Frieden und Freiheit. Wie ein übertriebener Pluralismus die Gefahr der gesellschaftlichen Selbstauflösung, der Zersplitterung des Gemeinwesens in miteinander rivalisierende Gruppierungen in sich birgt, von denen wörtlich und zahlenmäßig die schwächeren auf der Strecke bleiben, während die rücksichtslosen das Rennen machen – so ist Demokratie allein auch kein Garant für menschenwürdige Verhältnisse, Freiheit und Gleichheit, weil durch Mehrheitsbeschlüsse Minderheiten und Andersdenkende unterdrückt werden können. Demokratie für sich genommen bedeutet Recht der Stärkeren, Herrschaft der größeren Zahl. Dazu noch kann die Demokratie sogar für sich selbst zur Gefahr werden, wie die Weimarer Republik beweist; Wählermehrheiten können sie abschaffen, wenn sie dies wollen, weshalb Demokratie vor sich selbst geschützt werden muß, soll sie Bestand haben.

Beide Gefahren erkannten bereits *Alexis de Tocqueville* und *John Stuart Mill*, zwei überzeugte Liberale des 19. Jahrhunderts, welche die demokratische Bewegung mit großer Skepsis beobachteten. Sie sprachen von „Tyrannei der Mehrheit"[36], gegen die sie einen umfassenden Schutz der Bürger forderten, nachdem sie erkannt hatten, daß das Volk selbst seine Macht mißbrauchen könne. Damit es nicht soweit kommt, müssen einzelne Grundsätze des Staates und Grundrechte des Einzelnen unter besonderen Verfassungsschutz gestellt und mehrheitsdemokratischer Beschlußfassung weitgehend entzogen werden. Wie in einer freien Welt der Pluralismus auf einige Einschränkungen durch allgemeine Ordnungsregeln und Werthaltungen wie gegenseitige Achtung und unvoreingenommene Gesprächsbereitschaft angewiesen bleibt, so bedarf die Demokratie einiger elementarer Grundsätze und unaufgebbarer Grundrechte, wenn sie dauerhaft möglich sein soll. Es gibt genügend überzeugende Argumente, weshalb man solche Grundsätze und Grundrechte dem einfachen und absoluten Mehrheitswillen entziehen sollte – das allgemeinste heißt: weil ohne sie keine menschenwürdigen Verhältnisse möglich sind, also die Gefahr, die vom methodischen Pessimismus ausgeht, zu groß ist.

Höchste Rechtsarten

Weltansschauungsneutral betrachtet stellt Würde keine angeborene Eigenschaft metaphysischer Art dar, sondern ein Ideal, das in der Verwirklichung menschenwürdiger Verhältnisse besteht.

Solche beschreiben auf vortreffliche Weise die allgemeinen Menschenrechte, die sich auf ethische Erkenntnisse stützen lassen, welche auf die Bedürftigkeit des Einzelnen und eine sich darauf beziehende selbstdistanzierende Grundhaltung zurückgehen. Die Menschenrechte, wie sie in der *International Bill of Human Rights* festgeschrieben sind, zu der die *Allgemeine Erklärung der Menschenrechte* 1948, der *Weltpakt für wirtschaftliche, soziale und kulturelle Rechte* 1966 und der *Weltpakt für bürgerliche und politische Rechte* 1966 gehören, formulieren auf leicht verständliche Weise unterschiedliche Daseinsansprüche des Menschen. Hierzu zählen das Recht auf Leben, Freiheit und Sicherheit; Nahrung, Unterkunft und Bildung; Gleichheit vor dem Gesetz, Unabhängigkeit der Justiz wie überhaupt auf ein Gemeinwesen, das die Voraussetzungen dafür schafft. Nach der *International Human Bill of Rights* ist der gewaltenteilende, demokratische Staat die einzige legitime Herrschaftsform, wodurch Demokratie und Gewaltenteilung selbst in den Rang von Menschenrechten erhoben werden. Staatsrechtlich gesehen bezeichnen sie Verfassungsprinzipien, die zusammen mit dem Bundes-, Rechts- und Sozialstaatsprinzip die höchsten Grundsätze unserer Rechtsordnung bilden. So legt Artikel 20 des Grundgesetzes fest, daß Deutschland ein demokratischer und sozialer Bundesstaat ist, in dem die Staatsgewalt geteilt wird und vom Wählervolk ausgeht. Nach Art. 79 Abs. 3 ist eine Änderung der Verfassung, durch welche die in Artikel 20 „niedergelegten Grundsätze berührt werden, [...] unzulässig". Darüber hinaus wird die sogenannte freiheitlich-demokratische Grundordnung auch durch die Artikel 9, 18 und 21 besonders geschützt. Die Verfassungsprinzipien gelten als unveränderbar, das heißt, Volksabstimmungen darf es hierüber nicht geben, weil sie als Grundbedingung von Freiheit, Vielheit und Sicherheit, als Grundlage menschenwürdiger Verhältnisse gewissermaßen zum Unabstimmbaren gehören.

Trotzdem hängt es allein von uns ab, ob wir sie als solche anerkennen und in den Rang menschenrechtlicher Forderungen erheben. In diesem Zusammenhang muß unterschieden werden zwischen verfassunggebender Gewalt – pouvoir constituant –

und den durch die Verfassung gebildeten Gewalten – pouvoirs constitués. Wie ausgeführt, bestand in Westdeutschland erstere aus dem Parlamentarischen Rat und den Volksvertretern der Länder, welche über die Annahme des Grundgesetzes und damit auch über das, was oben das Unabstimmbare genannt wurde, zu entscheiden hatten. Nun liest sich das aber wie ein Widerspruch, mehrheitsdemokratisch zu entscheiden, was künftig mehrheitsdemokratischer Beschlußfassung entzogen werden soll. Obwohl die höchsten Grundsätze unserer Rechtsordnung keine beliebigen Setzungen sind, sogar auf verallgemeinerbaren ethischen Erkenntnissen beruhen und vor dem Hintergrund des methodischen Pessimismus als absolut gerechtfertigt erscheinen, können doch nur Menschen Unabstimmbares als solches festsetzen. Dabei spielt die sonst überaus wichtige Frage, ob man dieses auf ethische Überlegungen, eine natürliche Wertordnung oder die gesetzgebende Autorität Gottes gründet, zunächst eine eher untergeordnete Rolle. Denn in jedem Falle müssen Menschen entscheiden, was als unabstimmbar gelten soll und was nicht. Sicherlich setzt das Realitätssinn voraus, auch intellektuelles Urteilsvermögen und moralisch-politische Urteilskraft, wie vermutlich überhaupt erst rechtschaffene Menschen gerechtes Recht schaffen können – moralisch gefestigte Personen mit Verstand. Wo solche fehlen, kann ein gewaltenteilender, demokratischer Verfassungsstaat kaum entstehen, obwohl er gerade dann dringend nötig wäre, um die Bürger vor moralisch Blinden und politisch Kurzsichtigen erfolgreich zu schützen. Dennoch bleibt das Problem der Abstimmung über das Unabstimmbare als unabstimmbar; es läßt sich höchstens verringern dadurch, daß ausgewählte Sachverständige, die ihr Mandat von qualifizierten Mehrheiten empfangen haben, darüber entscheiden, doch auflösen läßt sich das Problem auf diese Weise nicht, da nun einmal über das Unabstimmbare als unabstimmbar nicht abgestimmt werden kann, ohne daß ein Widerspruch entsteht. Trotzdem gibt es keine überzeugende Alternative zur verfassunggebenden Abstimmung über das Unabstimmbare als unabstimmbar, wobei die Frage nach den Modalitäten einer solchen Abstimmung selbstverständlich wieder ein eigenes Thema bildet.[37]

Eine gleich starke Position wie Artikel 20 des Grundgesetzes hat auch Artikel 1 mit seinem Bekenntnis zur Menschenwürde. Obgleich in einem weltanschauungsneutralen Staat nicht mehr von Würde als vorstaatlichem, überpositivem Rechtsgut gesprochen werden darf, ist doch deren Aufnahme in das Grundgesetz als Gestaltungsauftrag und ihre besondere Absicherung durch Artikel 79 auch ohne Metaphysik und Naturrecht gerechtfertigt. Nach dem bisher Ausgeführten folgt ihre philosophische Begründung aus der Erkenntnis, daß Elend, Unfreiheit und Unterdrückung an sich etwas Schreckliches sind, weshalb deren Verminderung genauso wichtig ist wie die Begrenzung der Gefahr des Machtmißbrauchs durch Gewaltenteilung und Demokratie. Letztere allein können jedenfalls auch noch keine freiheitliche Ordnung garantieren, in der man ohne Not leben und ohne Angst anders als die Mehrheit der Bevölkerung sein darf. Dazu bedarf es zusätzlicher Menschenrechte.

Heute kann die Menschenwürde nicht mehr als selbstverständlicher Ausgangspunkt der nationalen und internationalen Rechtsordnung gelten, sondern nur noch als der immer wieder neu zu bestimmende Zielpunkt der Rechts- und Menschheitsentwicklung. In einer pluralistischen Gesellschaft mit zunehmend naturwissenschaftlichem Weltbild wie auch in einer multikulturellen Weltgemeinschaft darf die Würde lediglich als Überschrift zu dem Text gelesen werden, den die Menschenrechte darstellen. Das heißt, die Würde des Menschen ist nur noch als Inbegriff der zu verwirklichenden Menschenrechte zu sehen, aber nicht mehr als deren unverbrüchlicher Ableitungsgrund: Weltanschauungsneutral betrachtet, ist sie lediglich finaler Grund der Menschenrechte, jedoch nicht deren kausaler Grund. Sie formuliert ein Ideal, das in der Einlösung menschenrechtlicher Versprechungen liegt. In diesem Sinne konkretisieren die Menschenrechte die Menschenwürde, die als ihr höchster Gipfel nicht mehr ihr tragendes Fundament bildet; anders ausgedrückt: Weit davon entfernt, bloß der Sicherung menschlicher Würde zu dienen, sind die Menschenrechte der Stoff, aus dem die Würde entsteht, ja besteht.

Der naheliegende Einwand, daß die Menschenrechte ihre Legitimation verlören, wenn sie nicht mehr auf die Idee der Wesenswürde als ihrer wahren Quelle gegründet würden, läßt sich nicht aufrechterhalten. Denn es ist einfach falsch, daß allein die Idee der Wesenswürde die Menschenrechte garantieren kann. Abgesehen davon, daß die vor zwei Jahrhunderten proklamierten Menschenrechte nicht ein einziges Mal im 18. und 19. Jahrhundert auf die Idee der Menschenwürde gegründet wurden, die, wie ausgeführt erst im 20. Jahrhundert, nach den brutalen Morden an Millionen, höchster Rechtswert wurde, gingen unsere Verfassungsväter und -mütter auch selbst ursprünglich von einem entgegengesetzten Begründungsverhältnis aus. Die erste Formulierung von Artikel 1 des *Grundgesetzes* lautete: „Die Würde des Menschen ruht auf ewigen, einem jedem von Natur aus eigenen Rechten [...]"[38], was soviel heißt wie: Menschenwürde gründet auf Menschenrechten, und nicht umgekehrt. Ähnlich steht es auch in einem späteren Entwurf, aus dem lediglich die naturrechtlichen Ausdrücke entfernt wurden: „Die Würde menschlichen Lebens [...] ist begründet in Rechten, die dem Menschen jedermann gegenüber Schutz gewähren."[39] Erst in der Endfassung vom 5. Februar 1949 wurde die beschriebene Abhängigkeitsbeziehung durch Einfügung des Wörtchens „darum" in Art. 1 Abs. 2 ins Gegenteil verkehrt: „Die Würde des Menschen ist unantastbar. Sie zu achten und zu schützen ist Verpflichtung aller staatlichen Gewalt. Das Deutsche Volk bekennt sich darum zu unverletzlichen und unveräußerlichen Menschenrechten [...]." Fortan galten die Menschenrechte als Tatsachen und Forderungen, die sich aus der Menschenwürde ergeben. Gemessen am Anspruch des Grundgesetzes auf weltanschauliche Neutralität, ist das Wörtchen „darum" allerdings verfassungswidrig, da es, wie dargelegt, sich nur mit einem weltanschauungsgebundenen Würdeverständnis, der Vorstellung der Würde als Wesensmerkmal, vereinbaren läßt. Betrachtet man hingegen die Würde als bloßen Gestaltungsauftrag, so kann sie nicht mehr als Grundlage der Menschenrechte dargestellt werden, sondern nur noch als deren Folge – gemäß den ersten Fassungen von Artikel 1.

Nun dürfen in einem weltanschauungsneutralen Staat mit zunehmend naturwissenschaftlichem Weltbild selbstverständlich auch die Menschenrechte nicht mehr als überpositive Bestimmungen mit geheimnisvoller Herkunft vorgestellt werden. Denn unter den gegebenen Voraussetzungen sind auch sie letztlich nur ethisch begründbar, aber nicht mehr metaphysisch, wobei die Verbindlichkeit einklagbarer Rechte ihnen ohnehin erst durch uns Menschen zukommt.

Im allgemeinen unterscheidet man zwischen Menschenrechten und Grundrechten. Erstere haben mittlerweile in zahlreiche Erklärungen Eingang gefunden, bleiben aber vage Hoffnungen, Ideen, Empfehlungen, solange sie nicht in positivrechtliche Systeme wie Verfassungen eingebunden werden. Ohne derartige Verankerung haben sie den Rang ethisch legitimierbarer sittlicher Forderungen, gut begründeter Ansprüche mit moralischer Verpflichtungskraft. Erst wenn sie aus dem moralischen Raum der Appelle und Postulate, Deklarationen und Proklamationen in eine verfassungspolitische Ordnung geführt werden, nennt man sie Grundrechte; erst dann sind sie garantiertes, einforderbares Recht. So gesehen sind Grundrechte nichts als positivierte Menschenrechte; der Unterschied zwischen beiden ist eine Frage der Geltung.

Im Grundgesetz stehen die Artikel 1 bis 19 unter der Überschrift Grundrechte. Darüber hinaus haben gemäß Art. 93 Abs. 1, Nr. 4a auch der Art. 20 Abs. 4 sowie die Artikel 33, 38, 101, 103, 104 Grundrechtscharakter und außerhalb des offiziellen Grundrechtskatalogs die Artikel 21, 46 bis 48 und 97. Einigen Grundrechten fehlt das verallgemeinerbare menschenrechtliche Fundament – so etwa Art. 7 Abs. 3, in welchem der Religionsunterricht für ein ordentliches Unterrichtsfach an öffentlichen Schulen erklärt wird. Wie für Artikel 1 und 20, die sich ausdrücklich zu den allgemeinen Menschenrechten bekennen und durch Art. 79 Abs. 3 besonders geschützt werden, gilt aber für alle Grundrechte, daß eine noch so große Mehrheit sie keinem Staatsbürger absprechen darf. Unmißverständlich heißt es dazu in Art. 19 Abs. 2: „In keinem Falle darf ein Grundrecht in seinem Wesensgehalt angetastet werden." Das schließt zwar leichte Änderungen und Einschränkungen der Grundrechte als Grundlage für ein menschenwürdiges Dasein nicht aus, diese unterliegen jedoch erschwerten Verfahren der parlamentarischen Beschlußfassung, denn sie erfordern eine Zweidrittelmehrheit in Bundestag und Bundesrat.

Der Ausdruck Grundrechte taucht zum ersten Mal in einer Erklärung der *Frankfurter Paulskirchenversammlung* im Jahre 1848 auf, welche die Gleichheit aller Deutschen vor dem Gesetz, Glaubens-, Gewissens- und Meinungsfreiheit, Versammlungs- und Vereinsfreiheit, Freiheit der Person, der Religionsausübung, Wissenschaft und ähnliches mehr forderte. Anschließend wurden diese „Grundrechte des deutschen Volkes" in die Verfassung von 1849 als Abschnitt VI aufgenommen, traten jedoch nie in Kraft. Die *Bismarcksche Reichsverfassung* von 1871 enthielt keinen Grundrechtskatalog, dafür aber wieder die *Weimarer Reichsverfassung* von 1919, die durch ihren Zweiten Hauptteil „Grundrechte und Grundpflichten der Deutschen" (Artikel 109-165) erstmals einen Katalog der Grundrechte für das gesamte deutsche Volk in Kraft setzte. Dieser gliederte sich in fünf Abschnitte: Einzelperson, Gemeinschaftsleben, Religion und Religionsgesellschaften, Bildung und Schule sowie Wirtschaftsleben. Die Artikel dieser fünf Abteilungen knüpften einerseits an die Grundrechte von 1848 an, andererseits gingen sie darüber hinaus, indem nun auch solche Institutionen wie Familie, Kirche und Religionsunterricht besonderer staatlicher Schutz zugesichert wurde. Hinzu kamen mehr soziale Rechte und Pflichten, wie der Grundsatz: „Eigentum verpflichtet. Sein Gebrauch soll zugleich Dienst sein für das Gemeine Beste." (Art. 153 Abs. 3) Im *Nationalsozialismus* wurde die Weimarer Reichsverfassung praktisch aufgehoben, denn obgleich sie formell weiter bestand, besaß der Einzelne keine Grundrechte mehr. Erst das *Bonner Grundgesetz* räumte diesen wieder eine herausragende Stellung ein. Im Gegensatz zu den Reichsverfassungen von 1849 und 1919 wurden die Grundrechte nun sogar an den Anfang des Grundgesetzes gestellt. Dabei trat zu den genannten das Recht auf körperliche Unversehrtheit, Kriegsdienstverweigerung und Asyl hinzu, um nur einige neuere zu nennen.[40] Auch sollte nicht mehr wie in der Weimarer Republik eine Selbstaufhebung der Demokratie möglich sein, sollte die Macht zwar immer nur mit Zustimmung der Regierten rechtmäßig erworben, besessen und ausgeübt werden, das Wählervolk und der demokratische Gesetzgeber aber nur noch beschränkte Gestaltungsfreiheit besitzen, sollte gegen verfassungsfeindliche Parteien härter vorgegangen werden.[41]

Heute unterscheidet man gewöhnlich fünf Rechtsarten, die sich teils überschneiden, teils ergänzen, und die erst alle zusammengenommen ein menschenwürdiges Dasein ermöglichen. Zuerst seien die sogenannten *Verfahrens- und Organisationsrechte* genannt, die weitgehend mit den Grundprinzipien unserer Verfassung – repräsentative Demokratie, Gewaltenteilung, Grundrechte, Rechts- und Sozialstaatlichkeit – übereinstimmen. Hiernach hat jeder Mensch ein Recht auf Leben in einem demokratischen, gewaltenteilenden, Grundrechte garantierenden Verfassungsstaat.

Damit verbunden sind die sogenannten *liberalen Abwehrrechte* oder *individuellen Freiheitsrechte*, wie sie in den Menschenrechtskatalogen des 18. Jahrhunderts stehen. Diese waren und sind gegen den Staat gerichtet – und somit *negativer Natur*, da sie einen Anspruch auf die Unterlassung staatlichen Handelns ausdrücken. Sie zielen auf den Schutz der Freiheit des Einzelnen vor willkürlichen Staatseingriffen und wenden sich so gegen überzogene Souveränitätsanmaßungen der Ordnungsmacht, weshalb man sie auch Abwehrrechte nennt. Im allgemeinen zählen hierzu das Recht auf Leben, das selbstverständlich den Tod nicht verhindern kann, und das Recht auf freie Entfaltung der Persönlichkeit, obwohl der Mensch vermutlich mehr ohnmächtiges Produkt anonymer Naturprozesse als ein autonomes Wesen ist. Weiter verbieten die liberalen Freiheitsrechte willkürliche Verhaftung und Bestrafung (habeas corpus), Folter und Zwangsarbeit, zweimalige Bestrafung für ein und dieselbe Sache (ne bis in idem) oder Strafe ohne vorangegangenes Gesetz (nulla poena sine lege praevia). Außerdem enthalten sie das Recht auf Freizügigkeit sowie Gewissens- und Bekenntnisfreiheit, Meinungs- und Versammlungsfreiheit. Auch wirtschaftliche Rechte schließen sie ein – wie das Erbrecht, Garantie des Eigentums oder Berufs- und Gewerbefreiheit; daneben das Recht auf Privatleben, und zu ergänzen wäre ein Recht auf Einsamkeit, Schlaf, ungestörte Verrichtung der Notdurft wie auch auf sexuelle Selbstbestimmung.[42] Alles in allem bedeutet liberale Freiheit, mit *Rorty* gesprochen, daß der Staat seinen Bürgern erlaubt, „so privatisierend, irrationalistisch und ästhetizistisch zu sein, wie sie mögen, solange sie es in der Zeit tun, die ihnen gehört, und soweit sie anderen keinen Schaden damit zufügen."[43] Dazu muß aber der Staat seine Zwangsgewalt begrenzen, auf paternalistischen Dirigismus weitgehend verzichten und das Recht des Einzelnen auf Selbstbestimmung achten. Darüber hinaus hat er die Aufgabe, das Recht auf persönliche Freiheit gegen jedermann, auch gegen den Staat selbst, zu sichern und zu verteidigen. Nach liberaler Auffassung sollte der Einzelne den Vorrang seiner Interessen nicht dem Staat gegenüber beweisen müssen, sondern umgekehrt der Staat die Notwendigkeit seiner Eingriffe in die Freiheit seiner Bürger.

Der Kampf um liberale Abwehrrechte steht am Anfang der neuzeitlichen Menschenrechtsgeschichte. Mit ihr einher geht der Kampf um *politische Teilhaberechte*, für gewöhnlich auch Bürgerrechte genannt – gemäß der französischen *Erklärung der Menschen- und Bürgerrechte* aus dem Jahre 1789. Sie sind *aktiver Natur*, da sie dem Einzelnen eine aktive Beteiligung am politischen Geschehen ermöglichen – sei es durch das Wahlrecht und das Recht auf Bekleidung öffentlicher Ämter oder durch das Recht zu politischer Aktion und zur Bildung von Parteien. Voraussetzungen hierfür sind Versammlungs-, Meinungs- und Pressefreiheit. Manchmal bezeichnet man diese Grundrechte auch als politische Mitwirkungsrechte, von denen ein Großteil, wie das Wahlrecht, nur den Staatsbürgern eines Landes zur Verfügung steht, weshalb sie zugleich nationale Menschenrechte genannt werden. Nach traditioneller Lehre erwirbt ein Kind die Staatsangehörigkeit des Landes, in dem sich die Eltern zur Zeit seiner Geburt aufhalten – ius soli, oder es erhält die Staatsangehörigkeit seiner Eltern – ius sanguinis; andere Möglichkeiten sind selbstverständlich denkbar.

Von den liberalen Selbstbehauptungs- und politischen Mitbestimmungsrechten werden weiter die *sozialen Leistungs- und Wohlfahrtsrechte* unterschieden. Sie verbürgen dem Einzelnen ein Recht auf Teilhabe am wirtschaftlichen und sozialen Fortschritt der Gesellschaft und machen den Staat mitverantwortlich für die Gestaltung der wirtschaftlichen und sozialen Ordnung. Diese Rechte sind *positiver Natur*, da sie Ansprüche des Bürgers auf bestimmte Leistungen des Staates formulieren. Obgleich die französische Verfassung von 1793 bereits soziale Menschenrechte anerkannte, ist der moderne Wohlfahrtsstaat doch erst aus der sogenannten „sozialen Frage" im ausgehenden 19. Jahrhundert entstanden. Industrialisierung und Bevölkerungswachstum führten damals zur Verelendung breiter Massen, so daß die Frage aufkommen mußte, wie man diese verheerenden Zustände überwinden und menschenwürdige Lebensbedingungen schaffen könne. Man erkannte, daß Menschen nur dann wirklich frei sind, wenn sie auch über die materiellen Bedingungen ihrer Lebenserhaltung und Persönlichkeitsentfaltung verfügen, nicht in Hunger, Not und Unwissenheit darben müssen. Soziales Elend, Armut und Analphabetismus gefährden die Menschenwürde ebenso wie geistige Unterdrückung und politische Unfreiheit, deren Überwindung eine Herausforderung für die gesamte Menschheit darstellt. Hierzulande ist die Antwort darauf der Sozialstaat, wie er in Artikel 20 und 28 des Grundgesetzes ausdrücklich gefordert wird.

Allerdings bestritt das Bundesverfassungsgericht in den ersten Jahren seines Bestehens den Zusammenhang zwischen Menschenwürdegarantie und Sozialstaat. In einer Entscheidung aus dem Jahre 1951 leugnete das höchste Gericht, daß der Staat aufgrund Artikel 1 verpflichtet sei, den Bürger vor materieller Not zu schützen.[44] Aber bereits 1956 und 1958 erklärte es die Idee der sozialen Gerechtigkeit zu einem leitenden Grundsatz staatlichen Handelns. Jedoch betonte der oberste Gerichtshof erstmals in einem Beschluß von 1966, daß ein Mindestmaß an sozialer Sicherheit zur Führung eines menschenwürdigen Daseins erforderlich sei, weshalb der Staat für die materiellen Voraussetzungen eines menschenwürdigen Daseins seiner Bürger zu sorgen habe.[45]

Traditionelle Aufgaben der Sozialpolitik sind soziale Sicherung, Jugend- und Altenhilfe, Wohnungs-, Familien- und Bildungspolitik sowie die Durchsetzung von Schutz- und Mitwirkungsrechten der Arbeitnehmer. Im Laufe der Zeit bildeten sich zwei Kernbereiche der Sozialpolitik heraus: Soziale Sicherung und Ordnung des Arbeitslebens. Die erste wohlfahrtsstaatliche Maßnahme auf dem Gebiet der sozialen Sicherung erfolgte 1883 mit der Einführung der Krankenversicherung, der 1884 die Unfallversicherung folgte, 1889 dann die Invaliditäts- und Altersversicherung und 1927 die Arbeitslosenversicherung. Aus der neueren Zeit sind stellvertretend für viele andere Leistungen die Einführung des Kindergeldes 1954 zu nennen, ferner das Bundessozialhilfegesetz 1961, das Gesetz über Mietbeihilfen 1963 oder das BAföG im Jahre 1971.

Das sozialpolitische Handeln im Arbeitsleben – die zweite Säule der Sozialpolitik – umfaßt Unfallverhütungsvorschriften, Regelungen der Arbeitszeit, Schutzbestimmungen vor willkürlicher Entlassung sowie Verfahrensregeln der Konfliktbeilegung bei den Tarifkämpfen zwischen Gewerkschaften und Arbeitgeberverbänden, aber auch Gesetze über betriebliche Mitbestimmung der Arbeitsnehmer durch die von ihnen gewählten Betriebsräte, um nur einige Beispiele zu nennen.

Mit alldem strebt die Sozialpolitik zwei Ziele an: Soziale Sicherung für den Fall, daß existenzgefährdende Risiken eintreten, sowie sozialen Ausgleich als Verbesserung der wirtschaftlichen Lage jener Menschen, die als sozial schwach oder benachteiligt gelten. Dahinter steckt die Vision von mehr sozialer Gerechtigkeit, ein schwer definierbares Ziel, wenn man allein die Vieldeutigkeit des Ausdrucks Gerechtigkeit bedenkt.

Herkömmlicherweise unterscheidet man in der philosophischen Ethik zwischen austeilender Gerechtigkeit (iustitia distributiva), bei der es um gerechte Verteilung von öffentlichen Ämtern, Geldmitteln und sonstigen Gütern, aber auch Lasten geht, und ausgleichender Gerechtigkeit (iustitia commutativa), welche einen gerechten Ausgleich bei An- und Verkauf oder bei unerlaubten Handlungen durch Schadensersatz sucht. Hier wie dort heißt das Ziel mehr Gleichheit, worunter man sich Verschiedenes vorstellen kann: Gleichheit vor dem Gesetz oder Gleichheit vor dem Bankschalter, Gleichheit der Einkommen oder Lebenschancen. Immer wieder hört man in diesem Zusammenhang von Leistungs- und Bedarfsgerechtigkeit; erstere bedeutet gleichen Lohn für gleiche Leistung, letztere hingegen den Anspruch auf gerechte Bedarfsdeckung, kurz, jeder nach seinen Bedürfnissen. Welche Vorstellung von sozialer Gerchtigkeit nun auch die richtige ist, im Grunde geht es stets um Verminderung individueller Notlagen und Verringerung sozialer Gegensätze. Die Mittel dazu werden normalerweise über Mitglieds- und Versicherungsbeiträge beschafft oder durch steuerliche Abgaben erhoben, welche die Bürger regelmäßig an den Staat zu entrichten haben.

Halten wir fest: Außer dem Recht auf Leben in einem demokratischen, gewaltenteilenden Verfassungsstaat gibt es, damit zusammenhängend, liberale Freiheitsrechte, politische Teilhaberechte und soziale Wohlfahrtsrechte. Zu den internationalen Dokumenten, welche die Verwirklichung dieser Rechte weltweit fordern, gehören die schon mehrfach erwähnte *Allgemeine Erklärung der Menschenrechte* sowie der *Internationale Pakt über bürgerliche und politische Rechte* 1966, in dem die Vertragsstaaten jedem Menschen ein Recht auf persönliche und politische Freiheit zuerkennen, und der *Internationale Pakt über wirtschaftliche, soziale und kulturelle Rechte*, in dem die Weltgemeinschaft das Recht eines jeden auf soziale Sicherheit und Gerechtigkeit anerkennt. Es bedarf keiner weiteren Erläuterung, daß bis zum heutigen Tage ein breiter Graben klafft zwischen den proklamierten Menschenrechten als notwendiger Voraussetzung für ein menschenwürdiges Dasein und den realen Verhältnissen. Jedoch darf diese traurige Tatsache nicht als Einwand gegen die Menschenrechte gewertet, sondern vielmehr als Einspruch gegen die gesellschaftliche Wirklichkeit, wie sie ist.

Bereits 1961 wurde von den Mitgliedstaaten des 1949 gegründeten Europarates die sogenannte *Europäische Sozialcharta* unterzeichnet, in der das Recht auf soziale Sicherheit und Gerechtigkeit, Fürsorge, soziale Dienste und ähnliche Rechte mehr festgeschrieben wurden. Knapp zehn Jahre zuvor, 1953, trat die *Europäische Konvention zum Schutze der Menschenrechte und Grundfreiheiten* in Kraft, die der Europarat bereits 1950 beschloß. Damals verständigten sich dessen Regierungen und Mitglieder darauf, Institutionen zu schaffen, welche über die Einhaltung der Konvention wachen sollen, bindende Urteile fällen und sogar Entschädigungen zusprechen dürfen; es entstand die *Europäische Menschenrechtskommission* und der *Europäische Gerichtshof für Menschenrechte.* Weitere regionale Menschenrechtskonventionen mit unterschiedlichem Verbindlichkeitscharakter sind die *Charta der Organisation Amerikanischer Staaten* 1948 und die *Afrikanische Charta über die Rechte der Menschen und Völker* 1986, um zwei herausragende zu nennen.

Seit der Internationalen Menschenrechtskonferenz 1993 in Wien gliedert man die Geschichte der Entwicklung der Menschenrechte in drei Epochen: Als Menschenrechte der ersten Generation werden die liberalen Abwehrrechte und politischen Teilhaberechte genannt, als zweite Menschenrechtsgeneration die sozialen Leistungs- und Wohlfahrtsrechte, und als mögliche dritte Generation, die fünfte Rechtsart, gelten die sogenannten *Solidaritäts- und Kollektivrechte*, zu denen das Recht auf saubere Umwelt ebenso gehört wie das Recht auf „nachhaltige Entwicklung" (sustainable development), das hauptsächlich die Länder der Dritten Welt fordern, worauf noch näher einzugehen sein wird.

Gegenwärtig erfreuen sich zahlreiche Menschenrechte weltweit großer Anerkennung. Obwohl sie manchmal höchst unterschiedlich ausgelegt werden, die wenigsten Vertragsstaaten alle Vereinbarungen und Versprechungen erfüllen und viele aufgrund realer Mißstände und bitterer Armut gar nicht erfüllen können, kann es sich mittlerweile doch kaum noch ein Land leisten, die Menschenrechte gänzlich zu vernachlässigen; leider gibt es aber auch genug Gegenbeispiele. Dabei werden die Menschenrechte nicht allein praktisch in Frage gestellt, sondern seit dem 19. Jahrhundert auch theoretisch.

Menschenrechte in der Kritik

Schon im 19. Jahrhundert sahen sich die Kataloge der liberalen und politischen Menschenrechte heftigen Angriffen ausgesetzt. So stießen sie auf schroffe Ablehnung bei den sogenannten Sozialdarwinisten und Rassenhygienikern Alexander Tille, August Forel und Alfred Grotjahn. Der Sozialdarwinismus, dessen Bezeichnung von Herbert Spencer stammt, erhebt den Kampf ums Dasein, erbarmungslosen Wettbewerb und das Überleben der am besten Angepaßten zu Maximen des sozialen und politischen Handelns. Nachdrücklich verwarf Tille[46] die Ideale der Freiheit und Gleichheit und damit zusammenhängend die Auffassung, daß alle Menschen ein Recht auf Leben und Selbstbestimmung haben. Dem widerspreche die moderne Evolutionstheorie mit ihrem Grundsatz der natürlichen Auslese der Tüchtigen und Starken bei gleichzeitiger Aussonderung der Kranken und Schwachen. Deutlich erkennbar verwandelte Tille biologische Erkenntnisse in ethische Normen, die an die Stelle des Wohls aller Menschen die Idee der höchstentwickelten Rasse, die Privilegierung der Leistungsfähigsten setzten.

Nun entstammen solche Vorstellungen wider die Menschlichkeit aber keineswegs erst dem 19. Jahrhundert, sie finden sich bereits in der griechischen Antike. Schon Gorgias lehrte, daß das Stärkere besser, das Schwächere schlechter sei, weshalb ersteres über letzteres herrschen solle; es sei ein schwerer Irrtum zu glauben, alle müßten das Gleiche haben und gleich behandelt werden.[47] Mehr als zwei Jahrtausende später vertrat Nietzsche eine vergleichbare Position, die im Faschismus des 20. Jahrhunderts mit dessen Kampf gegen Freiheit und Gleichheit schließlich Wirklichkeit wurde. Bereits im 19. Jahrhundert widersetzte sich der Naturforscher Thomas Henry Huxley dieser unmenschlichen Lehre, dessen Ansicht nach der ethische Fortschritt einer Gesellschaft weniger im Nachahmen der Natur besteht als vielmehr im Kampf dagegen. Nicht das Überleben der Tauglichsten dürfe vorrangiges Ziel der Gesellschaft werden, sondern so viele Menschen wie möglich zum Überleben tauglich zu machen.[48]

Völlig losgelöst vom Sozialdarwinismus wiesen im 19. und beginnenden 20. Jahrhundert auch die beiden großen Kirchen die liberalen und politischen Menschenrechte ausdrücklich zurück – wenn auch aus anderen Motiven.[49] Hier sei ausschließlich auf die Position der katholischen Kirche näher eingegangen, deren Verhältnis zu den Menschenrechtskatalogen von Anfang an äußerst zwiespältig war und auch heute noch teilweise ist. Obgleich die Idee der Menschenwürde größtenteils christlichen Ursprungs ist, die Menschenrechte in der Vorstellung menschlicher Gottebenbildlichkeit wurzeln, Menschenwürde und Menschenrechte auf die Tradition des abendländischen Humanismus zurückgehen, mußten sie politisch gegen den Widerstand der Kirche als Institution durchgesetzt werden. Ihre Anerkennung erfolgte erst nach der faschistischen und stalinistischen Ära in der Mitte des 20. Jahrhunderts; heute setzen sich die evangelische und katholische Kirche gleichermaßen dafür ein. Im Gegensatz dazu wandten sich die Enzykliken des 19. und der ersten Hälfte des 20. Jahrhunderts – *Mirari vos* Gregors XVI. von 1832, *Quanta cura* Pius' IX. von 1864, *Libertas praestantissimum* Leos XIII. von 1888 – eindeutig gegen die politischen und liberalen Freiheitsrechte, wie Religions-, Gewissens-, Meinungs-, Presse- und Lehrfreiheit. Alle genannten Enzykliken müssen mit dem von Pius IX. im Jahre 1864 veröffentlichten *Syllabus* als Verzeichnis der hauptsächlichen Irrtümer der modernen Zeit zusammen gesehen werden, der den aufgezählten Rechten gleichfalls eine vollständige Absage erteilte.

Bereits 1791 verwarf Pius VI. mit Nachdruck die von der französischen Nationalversammlung im Jahre 1789 verabschiedete Menschenrechtserklärung und trat so den aufklärerischen Ideen der Freiheit und Gleichheit energisch entgegen. Von der antichristlichen Entwicklung der Französischen Revolution traumatisiert, sah Rom in den liberalen und politischen Menschenrechten, ausgenommen das Recht auf Privateigentum und Schutz vor willkürlicher Verhaftung, böse Kräfte am Werke, welche die katholische Kirche von innen wie außen zerstören und deren Autorität zu unterminieren drohten. Man glaubte, daß der liberal-demokratische Freiheitsentwurf zu Bindungs-, Halt- und Orientierungslosigkeit führe – eine Gefahr, über die heute auch außerhalb kirchlicher Kreise leidenschaftlich diskutiert wird. Hierbei geht es stets um die grundsätzliche Frage, wieviel Freiheit dem Menschen zuzumuten ist, ohne daß er überfordert wird, sich selbst und die Gesellschaft gefährdet, und wieviel Gemeinschaft, Autorität, Traditionen und Institutionen nötig sind, um dem Einzelnen Halt und Orientierung zu geben. Bereits Hegel führte diese Diskussion, die bei ihm unter dem Titel substantielle Sittlichkeit versus absolute Ichphilosophie stand; bei Gehlen hieß sie Institution versus Reflexion, gegenwärtig Kommunitarismus versus Liberalismus.

Ein herausragender Liberaler der Gegenwart ist der schon öfter erwähnte amerikanische Philosoph *Richard Rorty*. Merkwürdigerweise behauptet er einen unüberbrückbaren Gegensatz zwischen Freiheit und Wahrheit sowie Solidarität und Objektivität. Diese Entgegensetzung wirkt auf den ersten Blick irritierend, da Freiheit und Solidarität gewöhnlich dem praktischen Bereich, Wahrheit und Objektivität dagegen dem theoretischen zugeordnet werden, so daß sie eigentlich gar keinen Widerspruch bilden können. Rorty fordert indessen Solidarität anstelle von Objektivität[50], „Freiheit statt Wahrheit"[51]. Damit ist nicht gemeint, daß wir, statt die Welt zu interpretieren, sie vielmehr verbessern sollten, wie man vermuten könnte; gemeint ist damit vor allem, daß wir aufhören sollten, anderen Menschen vorzuschreiben, wie sie zu leben und woran sie zu glauben haben, weil wir uns im Besitz der Wahrheit fühlen, ohne es tatsächlich zu sein.

Das sah die katholische Kirche im 19. und beginnenden 20. Jahrhundert anders. Deren Losung hieß „Wahrheit statt Freiheit", letztere mit Irrtum gleichsetzend. In der Überzeugung, zuverlässiger Träger endgültiger Wahrheiten zu sein, hielt sie Presse-, Lehr-, Weltanschauungs- und Religionsfreiheit nicht nur für überflüssig, sondern ebenso für gefährlich, weil sie dazu mißbraucht werden könnte, von der einen Wahrheit abzuirren. Infolgedessen lehnte der Vatikan die liberalen und politischen Menschenrechte fast gänzlich ab. Noch 1953 schrieb der römische Kardinal *Ottaviani*, der spätere Präfekt des Sanctum Officium: „Du sagst vielleicht, die katholische Kirche messe mit zweierlei

Maß und Gewicht. Denn wo sie herrscht, will sie die Rechte der Andersgläubigen einschränken, wo sie aber die Minderheit der Bürger darstellt, will sie die gleichen Rechte haben wie die anderen. Darauf ist zu antworten: In der Tat, mit zweierlei Maß und Gewicht ist zu messen, das eine für die Wahrheit, das andere für den Irrtum. Als Menschen, die wir uns im sicheren Besitz der Wahrheit und Gerechtigkeit wissen, vergleichen wir uns nicht mit anderen."[52] Nach damaliger Auffassung bedeutete wahre Freiheit soviel wie bedingungslosen Gehorsam gegenüber der Lehre der katholischen Kirche, jede Abweichung davon Verblendung, Unglaube, Irrtum. Zweifellos ist es von hier aus nur noch ein winziger Schritt bis zur gewaltsamen Bekehrung Andersdenkender. Daß solcherlei erlaubt sei, davon war, wie dargelegt, bereits Rousseau überzeugt und Jahrhunderte zuvor Augustinus. Anknüpfend an Lukas 14, 23: „Nötige sie hereinzukommen", vertrat er die Auffassung, Ungläubige gegen ihren Willen zum Eintritt in die Kirche zwingen zu können – der Rettung ihrer Seelen wegen![53]

Es dauerte noch lange, bis sich ein Wandel in der kirchlichen Einstellung den Menschenrechten gegenüber vollzog; erst am Ende des Zweiten Weltkrieges zeichnete sich eine Richtungsänderung ab. Freilich hatte schon Papst Leo XIII. in der Sozialenzyklika *Rerum novarum* (1891), die „soziale Frage" des 19. Jahrhunderts aufgreifend, die Fürsorgepflichten des Staates den Industriearbeitern gegenüber betont, doch war es genaugenommen erst Johannes XXIII., der in *Pacem in terris* (1963) die grundlegenden Menschenrechte anerkannte. Damit stimmt überein, daß sich die katholische Kirche erst während des Zweiten Vatikanischen Konzils in der Erklärung *Dignitatis humanae*, welche nach langem Ringen Ende 1965 verabschiedet wurde, zum Recht des Menschen auf religiöse Freiheit bekannte – und so endlich Frieden mit einem der ältesten, von ihr am meisten bekämpften Freiheitsrechte schloß. Heute akzeptieren die evangelische und katholische Kirche nicht nur die von den Vereinten Nationen erklärten Menschenrechte, sie engagieren sich auch dafür, wie die hier stellvertretend für viele andere Dokumente genannte erste Enyzklika von Johannes Paul II., *Redemptor hominis* (1979), aufs deutlichste beweist.

Außer den Sozialdarwinisten und den Kirchen war auch *Marx* entschiedener Gegner der Menschenrechtskataloge – aber natürlich aus wieder anderen Gründen. In einer von Hegels Rechtsphilosophie vorgezeichneten Richtung teilte er in seiner 1844 veröffentlichten Schrift *Zur Judenfrage* den Menschen in Privatperson, Bourgeois, und Staatsbürger, Citoyen, und ordnete ersterem die liberalen Freiheitsrechte, letzterem die politischen Teilhaberechte zu. Der wahre Mensch der bürgerlichen Gesellschaft sei der Bourgeois, der hauptsächlich seinen Privatinteressen nachgehe und sich immer mehr von der Gemeinschaft absondere, um so besser seine individuelle Freiheit ausleben zu können. Diese bestehe vor allem darin, „willkürlich seine Güter, seine Einkünfte, die Früchte seiner Arbeit und seines Fleißes zu genießen und darüber zu disponieren."[54] Darum sei das Menschenrecht auf Freiheit auch nichts anderes als das Recht der egoistischen Bourgeoisie auf Privatbesitz und dessen alleiniger Nutzung. Überhaupt dienten die Menschenrechte nur der Verteidigung der besonderen Interessen des Besitzbürgertums, das über sein Eigentum frei verfügen und es rücksichtslos vermehren wolle. Selbst die Forderung nach Gleichheit erweise sich bei näherem Hinsehen als bloßes Mittel zur Sicherung der Rechte egoistischer Eigentümer, besage doch liberale Gleichheit lediglich gleiches Gesetz für alle, Rechtsgleichheit, die von materiellen Ungleichheiten gänzlich absehe. Gleichheit vor dem Gesetz ist nicht gleich Gleichheit vor dem Bankschalter! So sind aus Marxscher Sicht die Menschenrechte bloß wohlklingende Umschreibungen besonderer Privilegien des egoistischen Besitzbürgertums, die ihren Ursprung in den Privatinteressen der damaligen Kapitaleigner hätten.

Obwohl die Kritik von Marx an den Menschenrechtskatalogen seiner Zeit teils überholt, teils falsch ist, so kann nicht bestritten werden, daß der Liberalismus im 19. Jahrhundert tiefgreifende Ungleichheiten in den Macht- und Besitzverhältnissen hervorbrachte, die auf Dauer nicht hingenommen werden konnten. Im 20. Jahrhundert versucht man diese durch wohlfahrtsstaatliche Maßnahmen aufzufangen und zu begrenzen. So ist es mittlerweile nicht mehr erlaubt, beliebig über sein Privateigentum zu verfügen, wie es noch in §903 BGB von 1900 heißt. Dem steht bereits Art. 153 Abs. 3 der *Weimarer Reichsverfassung* entgegen: „Eigentum verpflichtet. Sein Gebrauch soll zugleich Dienst sein für das Gemeine Beste", und heute Art. 14 Abs. 2 des *Grundgesetzes*: „Eigentum verpflichtet. Sein Gebrauch soll zugleich dem Wohle der Allgemeinheit dienen." Infolgedessen schränken hierzulande zahlreiche Gesetze und Verordnungen die freie Verfügung über Privatbesitz ein. Trotzdem bestehen die von Marx angesprochenen Probleme teilweise auch heute noch, bedenkt man die wirtschaftlichen Ungleichheiten, welche die großen Industrienationen dreiteilen in die an den Rand gedrückten Armen, die Mittelklasse, die den Großteil der Steuerlast trägt, und die Reichen. Gleichwohl wäre es falsch zu sagen, daß die im 18. und 19. Jahrhundert formulierten Menschenrechte ausschließlich dem Schutz des Privateigentums dienten. Richtig ist, daß sie vor allem die Freiheit des Einzelnen gegen die Souveränitätsansprüche der Staatsgewalt sichern und somit den Menschen gegen Willkür, Unterdrückung und Erniedrigung schützen sollten. Solche Rechte stehen nicht von vornherein im Widerspruch zu Sozialgesetzen, wie sie erstmals im späten 19. Jahrhundert entstanden. Deshalb wäre es ein verhängnisvoller Fehler, soziale Wohlfahrtsrechte an die Stelle liberaler Freiheits- und politischer Teilhaberechte treten zu lassen; erst alle Rechte zusammen ermöglichen ein menschenwürdiges Dasein.

Im Unterschied zu den Einsprüchen von Marx, der Kirchen und Sozialdarwinisten im 19. Jahrhundert richten sich die Einwände gegen die Menschenrechte in der zweiten Hälfte des 20. Jahrhunderts insbesondere gegen ihren universellen Geltungsanspruch. So sehen manche in den Menschenrechten ein Produkt der abendländischen Zivilisation, die mit außerwestlichen Kulturen unvereinbar sei.[55] Deshalb verurteilt man ihre weltweite Ausbreitung auch gerne als Chauvinismus, kulturellen Euro- und Ethnozentrismus, als subtile Form von Imperialismus. Besonders ehemalige Kolonien in Südostasien, Afrika und Südamerika befürchten eine neue Kolonialherrschaft europäischer Staaten – jetzt eben auf geistigem Gebiet. Aus diesem Grund fordern sie eine Relativierung und Regionalisierung der Menschenrechtsidee, überzeugt davon, daß es kulturspezifische, chinesische, islamische, indische, afrikanische, japanische, auch marxistische Menschenrechte gibt. Inhaltlich wendet man sich vor allem gegen die einseitige Betonung des Individuums in der westlichen Geistestradition, welches man lieber in größere Gemeinschaften eingegliedert sehen möchte, in denen es Erfüllung finden soll. Rechte des Einzelnen gegen den Staat kennen diese Kulturen im allgemeinen nicht. Wie im Marxismus so glaubt man auch in der islamischen Welt an eine mögliche Übereinstimmung persönlicher Bedürfnisse mit gesellschaftlichen Zielen, die im einen Falle die Geschichte und ihre selbsternannten Chefideologen festlegen, im anderen die Religion und ihre Hohenpriester. Individuelle Menschenrechtsansprüche zurückweisend, fordert man hier wie dort, daß der Einzelne in der Gemeinschaft aufgehe, und erlaubt Meinungsfreiheit nur soweit, wie sie mit der herrschenden Lehre übereinstimmt.

Darüber hinaus gehen besonders die Entwicklungsländer auf der Südhalbkugel, wie früher die Staaten des Ostblocks, vom Vorrang der sozialen Leistungsrechte vor den liberalen und politischen Menschenrechten aus. Sie kritisieren die einseitige Orientierung der westlichen Industrienationen an den liberalen Freiheitsrechten, an Ordnungsmodellen, die dem Menschen einen möglichst großen Handlungsspielraum zusichern, innerhalb dessen man seine Probleme nach eigenen Vorstellungen lösen könne, seine Identität, Selbstachtung und Gefühlsbindungen suchen dürfe. Dem Grundsatz *Brechts* gemäß: „Erst kommt das Fressen, dann die Moral", betonen sie, der Staat müsse als erstes für Nahrung, Wohnung und Gesundheit sorgen, anschließend, in der weiteren Zukunft, könne man auch über liberale und politische Rechte reden.

Davon abgesehen verbitten sich Staaten wie China, Malaysia und Indonesien jegliche Einmischung in ihre inneren Angelegenheiten, worin sie einen Verstoß gegen das Recht auf Souveränität sehen, das alle zu respektieren hätten. In diesem Sinne sind die Worte des stellvertretenden Außenministers der Volksrepublik China *Liu Huaqiu* zu verstehen: „Andere Lände haben kein Recht, sich einzumischen. Böswillig ein anderes Land der Verletzung der Menschenrechte anzuklagen oder das eigene Menschenrechtsverständnis anderen Ländern aufzuzwingen, kommt einer Verletzung der Souveränität und einer Einmischung in die inneren Angelegenheiten gleich."[56] Jene verletzen, heiße nicht nur, ihre Eigenständigkeit in Zweifel zu ziehen, es bedeute auch Mißachtung ihrer geschichtlichen und kulturellen Eigenheiten. Dabei übersieht man gerne, daß bereits die eigene Tradition, der Konfuzianismus, das Individuum dem Staat überordnet und so durchaus Menschenrechte westlicher Art kennt.[57]

Trotzdem sind alle dargelegten Einwände ernst zu nehmen. Denn mögen die Werte der europäischen Aufklärung auch für alle Menschen und Staaten entworfen worden sein, so weisen doch andere Kulturen und Religionen mit Recht auf ihre eigenen Traditionen hin. Darum muß der Frage nachgegangen werden, ob die allgemeinen Menschenrechte tatsächlich allein auf die westliche Welt zugeschnitten sind, bloß regionale, nicht aber universale Bedeutung besitzen, zumal sie christlich-metaphysischer und vernunftphilosophischer Herkunft sind. Außerdem klingt es auf den ersten Blick überzeugend, daß vor der Verwirklichung liberaler und politischer Grundrechte zunächst die materielle Not der Menschen behoben werden sollte. Endgültig verloren scheint die Vorstellung allgemeiner Menschenrechte aber erst nach der Widerlegung ihres überpositiven Charakters durch den weltanschaulichen Neutralismus und wissenschaftlichen Naturalismus. In einer pluralistischen Gesellschaft mit zunehmend naturwissenschaftlichem Weltbild entbehrt die Vorstellung, daß die Menschenrechte im vorstaatlichen Naturzustand bereits vorhanden sind und gelten, jeder Grundlage. Heute darf nicht mehr so getan werden, als bestünde das Recht auf Unverletzlichkeit von Leib und Leben wie das Recht auf Freiheit und Gleichheit allein kraft unseres Menschseins vor jeder politisch-rechtlichen Ordnung. So einfach liegen die Dinge leider nicht.

Völlig unbeabsichtigt geraten wir mit solcher Sichtweise in die Nähe kommunistischer und religiös-fundamentalistischer Lehren, die auch keine angeborenen Rechte kennen, sondern alle Rechte als vom Staat gewährt ansehen. Der menschenrechtliche Pluralismus und Relativismus scheint sich jetzt nicht mehr aufhalten zu lassen, ein Dialog zwischen den Kulturen unmöglich zu werden, regionales Recht das einzig mögliche Recht zu sein. Doch der Schein trügt.

Trotz unterschiedlicher Traditionen darf die Frage nach allgemeinen Menschenrechten nicht dem freien Spiel der Kräfte überlassen werden. Die verletzbare Gemeinschaft der Völker braucht Übereinstimmung über grundlegende Werte und Verhaltensregeln, wozu noch viel zu sagen wäre, wenn auch hier einige Worte genügen müssen. Zunächst ist auf den Vorwurf des Eurozentrismus zu entgegnen, daß die in der westlichen Tradition ausgearbeiteten Menschenrechte dennoch universellen Charakter haben können. Mit *Höffe* gesprochen, „die besondere Herkunft der Menschenrechte spricht nicht gegen ihre allgemeine Gültigkeit.“[58] Tatsächlich gibt es für sie eine gemeinsame ethische Grundlage jenseits europäischer, kultureller und politisch-ideologischer Grenzen. Wie bei der Bestimmung der Menschenwürde darf bei der Begründung der Menschenrechte nicht mit metaphysischen Ableitungen begonnen werden, sondern mit ethischen Überlegungen, wie man sie in den Werken Tugendhats[59], Rortys[60], Walzers[61], Galtungs[62] und Nussbaums[63] findet. Sie alle setzen an den elementaren Bedürfnissen der Menschen an und sehen den letzten Zweck der allgemeinen Menschenrechte in der Aufgabe, eine Befriedigung elementarer Bedürfnisse zu ermöglichen. Dabei leiten sie die Menschenrechte nicht mehr von den traditionellen Quellen Gott, Natur, Vernunft ab, sondern eben von menschlichen Grundbedürfnissen, die sie in den Rang ethisch gerechtfertigter Ansprüche erheben. *Martha Nussbaum* listet in diesem Zusammenhang eine Reihe vager Bestimmungen auf, die ebenso mit den Ansprüchen partikularer, in traditionellen Bindungen wurzelnden Lebensformen wie mit den Anforderungen einer universalen Moral vereinbar sind, und die sich so kulturell unterschiedlich konkretisieren lassen. Sie unterscheidet zwischen Bestimmungen, die ein Leben zu einem menschlichen machen, und solchen, die ein menschliches Leben in ein gutes verwandeln. Zu ersteren gehört, satt zu essen zu haben und weitgehend gesund zu sein; zu letzteren, sich frei entfalten zu können. Beide Ebenen hängen ihrer Auffassung nach eng miteinander zusammen, „und es wird immer schwer zu sagen sein, wo nun gerade die obere Schwelle liegen soll."[64] Solche Bedürfnisse, die allgemeine Menschenrechte begründen können, sind einmal, „nicht frühzeitig zu sterben oder zu sterben, bevor das Leben so vermindert ist, daß es nicht mehr lebenswert ist"; dann ,"angemessen ernährt zu werden, angemessene Unterkunft zu haben, Gelegenheit zur sexuellen Befriedigung zu haben, fähig zu sein zur Ortsveränderung"; ferner „unnötigen und unnützen Schmerz zu vermeiden und lustvolle Erlebnisse zu haben" sowie „die fünf Sinne zu benutzen, fähig zu sein, zu phantasieren, zu denken und zu schlußfolgern"; aber auch „Bindungen zu Dingen und Personen außerhalb unserer selbst zu unterhalten, diejenigen zu lieben, die uns lieben und sich um uns kümmern, über ihre Abwesenheit zu trauern, in einem allgemeinen Sinne lieben und trauern sowie Sehnsucht und Dankbarkeit empfinden zu können", schließlich „das eigene Leben und nicht das von irgend jemand anderem zu leben."[65] Diese und andere Fähigkeiten kennzeichnen Grundbedürfnisse des Überlebens, Wohlergehens, der individuellen Freiheit und persönlichen Identität; herrschen dagegen Gewalt, Elend, Unterdrückung und Entfremdung, so bleiben jene auf schmerzvolle Weise unerfüllt, wie Galtung lakonisch bemerkt.[66]

Deshalb kommt es darauf an, sie in den Rang schutzwürdiger Ansprüche zu erheben und sie dadurch als Menschenrechte anzuerkennen, die als solche weit davon entfernt sind, willkürliche Setzungen zu sein. Wie bereits ausgeführt, lassen sie sich als Grundlage der Menschenwürde im Sinne eines Gestaltungsauftrags auf verallgemeinerbare, selbstdistanzierende, ethische Erkenntnisse zurückführen, und der menschliche Hang zu rücksichtslosem, grausamem Verhalten, der methodische Pessimismus, legt darüber hinaus ihre Positivierung als Grundrechte nahe.

Ist aber damit bereits der erwähnte Einwand entkräftet, daß die allgemeinen Menschenrechte das Individuum zu hoch veranschlagen, Gemeinschaftswerte dagegen vernachlässigen? Hierauf ist zu erwidern, daß die Gegenüberstellung von individualistischem und kollektivistischem Menschenrechtsverständnis ebenso problematisch ist wie die Hoffnung, daß die persönlichen und gesellschaftlichen Interessen der Menschen eines Tages übereinstimmen werden. Es gilt zu erkennen, daß liberale Freiheitswerte nicht notwendigerweise zu bindungslosem Individualismus führen, wie immer wieder behauptet wird. Einige Freiheitsrechte sind sogar unmittelbar gemeinschaftsbezogen, wie Meinungs-, Vereinigungs- und Versammlungsfreiheit oder die Freiheit der Religionsausübung. Diese liberalen Rechte stellen zugleich soziale Rechte dar, die keineswegs der Bewahrung traditioneller Werte und Gemeinschaftsformen im Wege stehen; nur erzwingen sie diese nicht, sondern überlassen die Entscheidung darüber den Bürgern selbst.[67] Dessen ungeachtet ist es ein Irrtum zu glauben, daß den Menschen außerwestlicher Kulturen nicht an freiheitlicher Selbstbestimmung gelegen sei, wie es falsch ist, daß selbstbestimmte Personen keine Heimatbindung, kein Wir-Gefühl oder keinen Wunsch nach Ausdrucksmöglichkeiten ihrer kulturellen Identität kennen.

Allerdings kann im Grenzfall, der für gewöhnlich nicht der Normalfall ist, daraus ein Verlangen nach Unabhängigkeit entstehen, dem sich die Staaten nicht von vornherein verschließen sollten. Mit *Michael Walzer* gesprochen: „Laßt die Völker gehen, die gehen wollen. Viele von ihnen werden nicht allzuweit fortgehen. Und sollte sich herausstellen, daß ihr Auszug politisch und wirtschaftlich nachteilig ist, werden sie einen Weg finden, die Beziehungen wieder aufzunehmen."[68] Obgleich das Recht auf Selbstbestimmung ungeheure Gefahren in sich birgt, sollte man nach Unabhängigkeit strebenden Volksgruppen also zunächst „erlauben, sich abzuspalten und dann in Verhandlungen über ihre freiwillige und graduelle, wenn auch nur teilweise Zugehörigkeit zu irgendeiner neuen Interessengemeinschaft einzutreten."[69] Auch das gehört zur menschlichen Freiheit.

Was aber den angeblichen Vorrang der Wohlfahrtsrechte vor den liberalen und politischen Menschenrechten betrifft, so ist mit *Kriele* zu fragen: „Warum muß man die Menschen entrechten, um ihnen Brot zu geben?"[70] Es läßt sich nur schwer einsehen, weshalb es nötig ist, das Recht auf Leben, das Verbot von willkürlicher Verhaftung, das Recht auf unparteiische Gerichte, Religions-, Meinungs- und Versammlungsfreiheit, die Staatsbürgerrechte, den Minderheitenschutz und die Freizügigkeit außer Kraft zu setzen, um Hunger, Elend und Analphabetismus wirkungsvoll bekämpfen zu können. In Wahrheit dient das alles nur als Vorwand, um elementare Menschenrechte nicht weiter beachten zu müssen. Man beklagt die Knappheit der zur Verfügung stehenden wirtschaftlichen Ressourcen und das Elend der Menschen, um ihnen dann noch mehr Elend zuzufügen. In Wirklichkeit stehen die sozialen Wohlfahrtsrechte nicht über den liberalen Freiheits- und politischen Teilhaberechten, sondern alle drei Rechtsarten stehen als Grundlage eines menschenwürdigen Lebens gleichrangig nebeneinander. Anders als in den sechziger Jahren, als viele der Meinung waren, die Menschenrechte stellten ein Hemmnis für die Entwicklung der ärmeren Länder dar, und soziale Pflichten seien höher angesiedelt als liberale Rechte, neigt man deshalb heute zu der Auffassung, daß erst die Einhaltung auch der liberalen und politischen Menschenrechte eine dauerhafte wirtschaftliche und soziale Entwicklung garantieren kann. Daraus ergibt sich geradezu zwangsläufig die allgemeine Verpflichtung, mitzuwirken im Kampf gegen geistige Unterdrückung und politische Not, aber auch gegen materielles Elend, das gleichfalls nicht nur innere Angelegenheit der betroffenen Länder ist, sondern die gesamte Weltgemeinschaft etwas angeht.

Man kann nicht von Menschenwürde und Menschenrechten reden, ohne den Blick auf die mehr als eine Milliarde Menschen zu lenken, die unter bitterer Armut, Hunger und Krankheit, mangelhafter medizinischer Versorgung, unzulänglicher Behausung, Analphabetismus, kurz, bedrückender Hoffnungslosigkeit leiden. Hier sind die vergleichsweise reichen Nationen aufgefordert, den ärmeren tatkräftig zur Seite zu stehen[71], billigt doch Artikel 22 der *Allgemeinen Menschenrechtserklärung* - unter ausdrücklicher Bezugnahme auf die Idee der Würde – jedem Menschen einen Anspruch auf soziale Sicherheit zu. Allerdings sind die bislang hierfür bereitgestellten Mittel eher spärlich, wenn man bedenkt, daß die Industriestaaten nur rund 0,3 Prozent ihres Bruttosozialprodukts jährlich für Entwicklungshilfe ausgeben von den versprochenen 0,7 Prozent. Das ist insofern beschämend, als nur 20 Prozent der Erdbevölkerung in den Industrieländern leben, diese aber mehr als 80 Prozent des Reichtums der Erde verbraucht, während andere 20 Prozent mit 1,5 Prozent auskommen müssen, wie auf der UN-Konferenz für Bevölkerung und Entwicklung in Kairo 1994 beklagt wurde. Zweifellos sind die seit Mitte 1992 in Mitteleuropa verminderte wirtschaftliche Wachstumsgeschwindigkeit, die anschwellende Arbeitslosigkeit, der betriebliche Zwang zu Kosteneinsparungen und damit geringere Steuereinnahmen mit dafür verantwortlich, daß die Industrienationen ihren Versprechungen nicht nachkommen.

Dennoch sollten diese schon aus wohlverstandenem Eigeninteresse außer an Frieden und Freiheit überall auf der Erde auch an deren Weiterentwicklung interessiert sein. Denn Hunger und Armut sind der ideale Nährboden für jede Art von sozialen und politischen Konflikten, die auch uns in Europa wieder heimsuchen können. Darüber hinaus bedeutet aktive Mithilfe beim Aufbau stabiler Demokratien und produktiver Industrien in den Entwicklungsländern Schaffung neuer Absatzmärkte für uns mit zahlungsfähigen Kunden. Sicherlich entsteht dadurch mehr Konkurrenz im Wettbewerb eines ohnehin immer vernetzteren Handelsverkehrs zwischen den Staaten. Offene Märkte, niedrige Lohnkosten und geringe Steuersätze führen schon heute zur Verlagerung vieler arbeitsintensiver Industrien in den Süden und Osten. Wie es scheint, ist das die einzige Möglichkeit für viele Großunternehmen mit Sitz in westlichen Ländern, auch künftig wettbewerbsfähig zu bleiben. Doch so sehr die Menschen der Dritten Welt auch von ihrem Billiglohnniveau profitieren, näher betrachtet hat dieses ihnen bisher nur wenig gebracht, da wegen begrenzter Nachfrage an Arbeit bei ihnen eine Lohnpolitik durchsetzbar bleibt, die sich am Existenzmiminum orientiert.

Soweit dient Entwicklungshilfe dem eigenen Vorteil der Industrienationen und ist somit Interessenpolitik, doch ist sie auch menschenrechtliche Forderung, wenn es richtig ist, daß wir verhüten sollten, was schlecht, und fördern, was gut ist.[72] Solange eine Milliarde Menschen ein Leben am äußersten Rand der Existenz führt, in knapp neunzig Ländern 800 Millionen Menschen ihres grundlegendsten Rechtes, frei von Hunger zu leben, beraubt sind, davon 200 Millionen Kinder unter fünf Jahren, ist Entwicklungshilfe unerläßlich und die Intensivierung internationaler Zusammenarbeit dringend geboten, soll sich die Idee der Menschenwürde als Gestaltungsauftrag nicht gänzlich auflösen.

Während nun sogenannte Modernisierungstheoretiker unter Entwicklung eine schrittweise Annäherung der asiatischen, afrikanischen und lateinamerikanischen Staaten an die industrialisierten westlichen Gesellschaften verstehen, versuchen deren Gegner, die Anhänger der Dependenztheorie – eine Position, die heute kaum noch vertreten wird –, zu beweisen, daß der Westen gar nicht ernsthaft an der Entwicklung ärmerer Länder interessiert sei, sondern bloß an deren einseitiger Abhängigkeit. Dem widerspricht allerdings, daß man heute immer öfter Nahrungsmittel nur noch in absoluten Notfällen frei verteilt; ansonsten bietet man sie hauptsächlich für geleistete Arbeit an. Entsprechend dem Motto „Hilfe zur Selbsthilfe" fördert man vor allem solche Projekte, die sich irgendwann selbst tragen können; ob sie es dann wirlich tun, bleibt eine andere Frage. Auf jeden Fall jedoch sollten die weniger begünstigten Staaten in ihrer Entwicklung vorangebracht werden, doch nicht so sehr in Form konkreter materieller Unterstützung als vielmehr durch Förderung der eigenen Fähigkeiten.

So richtig es in diesem Zusammenhang ist, überall freie Märkte zu schaffen, grundsätzlich kann nicht bestritten werden, daß der Markt allein keine sozialen Probleme löst, wie auf dem Weltsozialgipfel in Kopenhagen 1995 festgestellt wurde. In der Tat wäre es ein Trugschluß zu glauben, daß beschleunigte Wirtschaftsentwicklung automatisch zum Wohle aller führt. Es ist vielmehr so, daß durch die Globalisierung der Märkte nicht nur zahlreiche Staaten ins Abseits gedrängt werden, sondern auch immer mehr Menschen selbst in den Ländern mit steigendem Wirtschaftswachstum, die westlichen Industrienationen nicht ausgenommen, weshalb es nirgendwo in der Welt ganz ohne den Sozialstaat gehen wird, wie der nächste Abschnitt zeigen soll.

Davon abgesehen stellt die nachholende Entwicklung der ärmeren Staaten der Südhalbkugel auf die Stufe der Industrieländer ein Problem besonderer Art dar. Denn jene fühlen sich verständlicherweise nicht nur berechtigt, das Umwelt zerstörende Wirtschaftsmodell des Nordens zu übernehmen, angesichts vorherrschender Armut, technologischem Rückstand und der Globalisierung der Märkte sehen sie sich dazu geradewegs gezwungen. Aber der Verschwendungswohlstand der „reichsten zehn Prozent der Weltbevölkerung an Energie, Fläche, Wasser, Luft und anderen Naturgütern [...] ist nicht auf die übrigen neunzig Prozent ausdehnbar, ohne daß die Erde ökologisch kollabieren würde."[73] Der wichtigste Gegenbegriff zu diesem Besorgnis erregenden Prozeß ist die sogenannte „nachhaltige Entwicklung" – sustainable development. Die unter Vorsitz der norwegischen Politikerin Brundtland geführte *Weltkommission für Umwelt und Entwicklung* definierte 1987 in ihrem Bericht *Unsere gemeinsame Zukunft*[74], dem Brundtland-Bericht, diesen Ausdruck so: Nachhaltige Entwicklung bedeutet, „die Bedürfnisse der Gegenwart befriedigen, ohne künftigen Generationen die Chance zu nehmen, ihre eigenen Bedürfnisse zu befriedigen." Bezüglich Entwicklungshilfe heißt das, mehr darauf zu achten, daß wirtschaftliche Aufbauhilfe nicht zugleich Beihilfe zu Umweltzerstörung und Raubbau wird, worauf später noch ausführlicher eingegangen sei.

Krisenphänomene gibt es überall auf dem Erdball – Bevölkerungswachstum, Migration, Umweltverfall oder Schuldenlast der Entwicklungsländer. Sie alle machen deutlich, wie weit wir entfernt sind von menschenwürdigen Verhältnissen, in denen die allgemeinen Menschenrechte verwirklicht wären.

Aber wie materielle Not ein Problem von internationaler Bedeutung ist, so ist auch politische Not nicht allein eine innere Angelegenheit eines Landes. Freilich muß die Außenpolitik die äußere Souveränität fremder Staaten achten und darf in deren innere Angelegenheiten sich nicht einfach einmischen, wie Artikel VI der Schlußakte von Helsinki aus dem Jahre 1975 festlegt, trotzdem ist die Art und Weise, wie ein Staat seine Bürger behandelt, nicht bloß eine Frage, die in seine innere Zuständigkeit fällt. Völkerrechtlich gesehen bedeutet Souveränität nicht gleichzeitig Immunität. Willkürliche Verhaftung, Verschleppung, unmenschliche Behandlung, Folter und Völkermord gelten heute als schwere Menschenrechtsverletzungen, die nicht unwidersprochen hingenommmen werden dürfen. Darüber hinaus ist das Verbot der Diskriminierung allein nach Rasse, Hautfarbe, Geschlecht, Sprache und Religion zwingendes Recht – „ius cogens", das nach Artikel 4 des *Pakts über bürgerliche und politische Rechte* von 1966 nicht einmal im Notstandsfall außer Kraft gesetzt werden darf. Deshalb ist es keineswegs eine unzulässige Intervention, wenn bei Verstößen gegen international anerkannte Menschenrechte die Weltgemeinschaft sich in die innere Angelegenheit eines Staates einmischt. Doch mahnt die Sorge um den Weltfrieden als notwendige Voraussetzung für die Verwirklichung aller Menschenrechte immer wieder zu diplomatischer Zurückhaltung, das heißt zu Verzicht auf militärische Aktionen und wirtschaftliche Sanktionen, wenn nicht sogar auf öffentliche Anklagen. Allerdings unterläßt man solche häufig auch aus Rücksicht auf wirtschaftliche Interessen, dabei die guten Vorsätze hohen Umsätzen opfernd.

Ohne auf diese Probleme hier näher einzugehen, steht außer Frage, daß willkürliche Verfolgung, Verhaftung und Tötung, jede Art von Unterdrückung und Hungertod schwere Verstöße gegen die Menschenrechte und somit auch gegen die Menschenwürde darstellen, ob diese nun in der westlichen Hemisphäre oder in den anderen Regionen der Erde stattfinden. Das ist so, auch wenn sich die Menschenrechte nicht mehr auf eine absolute Vernunft, heilige Natur oder göttliche Macht gründen lassen. Wenn *Rorty* recht hat, bewegen wir uns heute sowieso auf eine „Menschenrechtskultur"[75] hin, in der – fernab vom traditionellen „Menschenrechtsfundamentalismus"[76] – unsere höchsten Rechte auf elementare Bedürfnisse zurückgeführt und mit einfachen ethischen Überlegungen gerechtfertigt werden. Um darin schutzwürdige Ansprüche zu erkennen, bedarf es auch seiner Ansicht nach weniger einer Vernunftmetaphysik als vielmehr einer „Schule der Empfindsamkeit"[77], des Mitgefühls der Starken mit den Schwachen, der Achtung vor ihnen.[78] Da wir uns angesichts der menschlichen Fehlbarkeit, Aggressionsbereitschaft und Machtanfälligkeit aber nicht darauf verlassen können, daß sich solche Werteinstellungen jemals auf der Erde entwickeln werden, darf auf die Positivierung der Menschenrechte als Grundlage menschlicher Würde auf keinen Fall verzichtet werden.

Rechts- und Sozialstaat

Der demokratische, gewaltenteilende Verfassungsstaat mit seinen liberalen Freiheitsrechten, politischen Mitwirkungsrechten und sozialen Wohlfahrtsrechten verfolgt eine mittlere Linie zwischen einem das Gemeinwohl vernachlässigenden Individualismus und einem die Freiheit des Einzelnen mißachtenden Kollektivismus. Er sucht gleichsam die goldene Mitte, einen Spannungsausgleich zwischen absolutem Liberalismus und totalitärem Sozialismus, um auf der einen Seite anarchisches Chaos, auf der anderen diktatorische Reglementierung zu vermeiden. Aus dieser Sicht ist weder die Gemeinschaft alles, der Einzelne nichts, noch der Einzelne alles und die Gemeinschaft nichts. Zwischen beiden Extremen muß eine Balance hergestellt werden, wenn menschenwürdige Verhältnisse möglich sein sollen.

Der Liberalismus ist eine Bewegung des 17., 18. und 19. Jahrhunderts, für die sowohl eine bestimmte philosophische Haltung charakteristisch ist, nämlich die Loslösung von Vorurteil und Aberglaube, das heißt Mut zu Selbstdenken, als auch eine politische Einstellung, welche Beschränkung der Staatsgewalt, Schutz gegen willkürliche Herrschaft sowie Gedanken-, Rede-, Pressefreiheit fordert. Schließlich bedeutet Liberalismus auch ein ökonomisches Programm, das ein Höchstmaß an unternehmerischer Entfaltungsfreiheit verlangt, weshalb von Wirtschaftsliberalismus gesprochen wird, für den freie Verfügbarkeit über Grund und Boden, Aufhebung der Zünfte, Niederlassungs- und

Gewerbefreiheit kennzeichnend sind. Dem philosophischen, politischen und wirtschaftlichen Liberalismus ist die Überzeugung gemeinsam, daß niemand in seinen Bemühungen um ein gutes Leben von Seiten des Staates, der Kirche und seiner Mitbürger behindert werden darf, kurz, das Bekenntnis zu Geistes- und Handlungsfreiheit. Zwar erkennen die Liberalen seit jeher die Notwendigkeit allgemeiner Spielregeln, welche die Freiheit des Einzelnen soweit begrenzen sollen, wie es die Freiheit aller erfordert; sie erwarten aber nicht vom Staat, daß er den Erfolg persönlicher Arbeit und Mühen garantiert, alle lebenswichtigen Güter bereitstellt, übermäßig in das soziale Leben eingreift. Im Gegenteil, ursprünglich ging es den Liberalen ausschließlich darum, das Joch der fast alle Lebensbereiche beherrschenden Staatsgewalt abzuschütteln. Die wichtigste Aufgabe des Staates sei die Aufrechterhaltung von Frieden und Recht, damit das weltanschauliche, politische und wirtschaftliche Kräftespiel wohlgeordnet und gewaltlos vonstatten gehen könne; darüber hinaus habe der Staat lediglich die Möglichkeit der Selbstentfaltung seiner Bürger zu gewährleisten, den Mißbrauch von Freiheit zu verhindern.

Lassalle, der Begründer des *Allgemeinen Arbeitervereins*, nannte den liberalen Staat, der hauptsächlich die Freiheit des Einzelnen schützt und ansonsten die Spielregeln der öffentlichen Auseinandersetzungen festlegt, eine „Nachtwächteridee"[79], die er aufs schärfste kritisierte. Angesichts der hohen Arbeitslosigkeit und des wachsenden Elends im Europa des ausgehenden 19. Jahrhunderts forderte er eine Ausweitung der staatlichen Aktivitäten auf sozialem Gebiet. Es war die „soziale Frage" entstanden, auf welche der Staat mit zahlreichen sozialen Maßnahmen antwortete. Wie bereits ausgeführt, hat sich hierzulande seit der Entstehung des Sozialstaates das System der sozialen Sicherung und Gerechtigkeit beständig ausgeweitet. Der zügige Ausbau des Versicherungs-, Versorgungs- und Fürsorgewesens erfolgte in der zweiten Hälfte des 20. Jahrhunderts. In diesem Zusammenhang wird seit jeher die Frage kontrovers diskutiert, ob der Staat überhaupt individuelle Freiheit und soziale Gerechtigkeit zugleich gewährleisten kann, bedeutet doch persönliche Selbstentfaltung möglichst wenig Staatszwängen unterworfen zu sein, soziale Gerechtigkeit dagegen eine Ausdehnung staatlicher Gewalt und damit mehr Eingriffe in das Leben des Einzelnen. Notwendigerweise baut sich so ein Spannungsfeld auf, das sich nur schwer in Balance halten läßt.

Darum betrachtet man heute die Ausdrücke Rechts- und Sozialstaat auch gerne als Gegenbegriffe; manchmal ist sogar die Rede von Widersprüchen zwischen rechtsstaatlichen und sozialstaatlichen Erfordernissen. Dabei wird der in Artikel 20 des Grundgesetzes festgeschriebene Rechtsstaatsgedanke gewöhnlich auf die in Artikel 2 formulierte Idee der Freiheit bezogen, der in Artikel 20 und 28 kodifizierte Sozialstaat hingegen auf das in Artikel 3 fixierte Ideal der Gleichheit. Der Rechtsstaat habe für den Schutz der individuellen Freiheitsrechte zu sorgen, der Sozialstaat für soziale Sicherheit und Gerechtigkeit. Dessen Aufgabe sei es, die schädlichen Auswirkungen schrankenloser Freiheit, die der liberale Rechtsstaat ermöglicht habe, zu begrenzen, besser noch, zu verhindern.

Nun ist eine solche Gegenüberstellung aber äußerst fragwürdig, da sie einerseits Freiheit nur als Gegensatz zu Gleichheit sieht, andererseits verkennt, daß sich der Sozialstaat bloß in rechtsstaatlichen Formen verwirklichen läßt.

In Wahrheit jedoch setzt Freiheit Gleichheit voraus, die mehr bedeutet als nur Gleichheit vor dem Gesetz, die selbstverständlich ein Wert von höchstem Range bleibt, da sie die Unterschiede des Geschlechts, der Abstammung, Religion, Hautfarbe, gesellschaftlichen Stellung für nebensächlich und gleichgültig erklärt, eben als Eigenschaften, die für das Gesetz nicht zählen und darum nicht ins Gewicht fallen. Aber wem nutzt Berufsfreiheit, wenn es keine Arbeitsplätze gibt, und was bringt Lernfreiheit, wenn keine Schulen zur Verfügung stehen, oder die Garantie des Eigentums, wenn niemand etwas besitzt? Deshalb erwartet man heute berechtigterweise, daß die Gemeinschaft auch bestimmte Güter bereitstellt. Man sagt mit Recht, in einem politischen System größtmöglicher Freiheit ohne Rücksicht auf soziale Gerechtigkeit sind breite Schichten der Bevölkerung zu völliger Unfreiheit verurteilt, da individuelle Selbstbestimmung nur möglich ist unter der Bedingung, daß man auch über grundlegende materielle Sicherheiten verfügt. Schon allein aus diesem Grund ist der liberale Rechtsstaat, der allen Bürgern ein grundsätzlich gleiches Maß an rechtlicher Entfaltungsfreiheit einräumt, auf den Sozialstaat angewiesen – und bildet keineswegs dessen Gegenteil. Erst beide zusammen versetzen den Einzelnen in die Lage, das eigene Leben in menschenwürdiger Weise zu gestalten.

Damit aber der Sozialstaat überhaupt Leistungen bereitstellen kann, müssen einerseits die Bürger die erforderlichen Mittel aufbringen, andererseits Wirtschaft und Technik florieren und expandieren, mögen das manche auch gar nicht gerne hören. Wie eng die Spielräume sind, wird deutlich, wenn Technikfortschritt und Wirtschaftswachstum und damit die Steuern ausbleiben. In solchen Zeiten wird besonders lebhaft darüber diskutiert, ob die wohlfahrtsstaatlichen Maßnahmen zu weit gehen oder zu gering sind.

Ein ausgesprochener Gegner des Sozialstaats, noch bevor es diesen überhaupt gab, war *Wilhelm von Humboldt*, der bereits die Gefahr einer die Bürger allseitig bevormundenden staatlichen Versorgung erkannte und deshalb forderte: „der Staat enthalte sich aller Sorgfalt für den positiven Wohlstand der Bürger und gehe keinen Schritt weiter, als zu ihrer Sicherstellung gegen sich selbst und gegen auswärtige Feinde notwendig ist; zu keinem anderen Endzwecke beschränke er ihre Freiheit."[80] Zeitgenössische Kritiker des Sozialstaats sind außer den beiden Nobelpreisträgern Friedrich August von Hayek[81] und Milton Friedman[82] Denker wie Nozick[83] und Buchanan[84]. Sie alle verfechten einen radikalen Liberalismus, demzufolge nur der Minimalstaat gerechtfertigt ist, und bekunden so ihre Nähe zu den sogenannten englischen „Whigs", aus denen um die Mitte des 19. Jahrhunderts die *Liberal Party* hervorging, ohne daß ein genaues Gründungsdatum gegeben werden kann.[85] Ihre politischen Gegner sind die „Tories", welche seit jeher der anglikanischen Kirche nahestehen. Heute wird überall in den westlichen Industrienationen die Frage diskutiert, ob zu den Aufgaben des Staates die Herbeiführung von sozialer Gerechtigkeit und Sicherheit gehört; besonders ausführlich aber wird darauf in den Vereinigten Staaten eingegangen, in denen „konservativ" genannt wird, was bei uns „liberal" heißt, weil der Liberalismus dort eine alte Tradition ist, und „liberal", was in Europa unter „sozialdemokratisch" oder „sozialistisch" verstanden wird.

Die Liberalen schlechthin gab es aber weder im deutschsprachigen Raum noch in Europa. Die Geschichte der Liberalen ist gekennzeichnet durch wiederholte Spaltungen und Neugruppierungen. Die Deutsche Fortschrittspartei, gegründet 1861, war wirtschafts- und sozialpolitisch ganz dem Nachtwächterstaat verschrieben. Bei der Abstimmung über das Unfallversicherungsgesetz im Reichstag 1884 stimmten die Deutsch-Freisinnigen dagegen. Sie sahen in Bismarcks Sozialpolitik „Staatssozialismus", während die Nationalliberalen sich positiv zu Bismarcks Sozialpolitik stellten.

Wie stark die Liberalen dem Nachwächterstaat verhaftet waren, ohne zu behaupten, daß sie sich immer und überall so verhielten, beweist auch ein anderes Beispiel: Die Kommunalpolitiker der Stadt Wien in der liberalen Ära lehnten jede Sozialpolitik ab. Für Waisenhäuser gab man wohl noch Geld aus, überließ aber die Armenfürsorge praktisch ganz der Privatinitiative. Die Einrichtung von Wärmestuben lehnte der liberale Gemeinderat ausdrücklich ab. Der Wohnungsbau wurde völlig privaten Unternehmern überlassen. Das Ergebnis waren jene häßlichen, ungesunden Mietskasernen, die ganz nach dem Gesichtspunkten der Rentabilität gebaut waren und von denen es noch heute manche Exemplare in Wien gibt. Sie waren Brutstätten der Lungentuberkulose, „Wiener Krankheit" genannt.

Heute verneinen viele politischen und wirtschaftlichen Liberalen den reinen Nachtwächterstaat. Außer Friedens- und Rechtssicherung betrachten sie als zusätzliche staatliche Aufgaben „sanitäre Maßnahmen und Gesundheitsdienst, Bau und Erhalt von Straßen sowie viele Annehmlichkeiten, welche die Gemeindeverwaltungen den Bewohnern von Städten bieten."[86] Außerdem zählen sie Hilfsleistungen für Schwache, Gebrechliche und Opfer unvorhersehbarer Unglücksfälle dazu sowie Unterstützungen für all jene, die von äußerster Armut oder Hunger gequält werden. Grundsätzlich fordern Liberale wie Hayek aber, daß sich die Bürger selbst gegen allgemeine Daseinsrisiken versichern sowie Vorsorge treffen für die Wechselfälle und Notsituationen des Lebens. Extreme Liberale verwerfen noch heute geradezu jede staatliche Bürgerversorgung und befürworten mit der Privatisierung fast aller staatlichen Unternehmen auch die Privatisierung beinahe des gesamten Sozialsystems.

So sehr die Liberalen die Notwendigkeit der sozialen Sicherung erkennen, die Idee der sozialen Gerechtigkeit lehnen sie fast völlig ab. Wie Nietzsche interpretieren sie die Forderung nach mehr Gerechtigkeit als Sozialneid, der es auf eine Umverteilung der Einkommen und Vermögen abgesehen habe.[87] Darin sehen sie eine Bedrohung der Freiheit, einen Rechtsbruch, der Diebstahl gleichkomme. Kein Staat dieser Welt dürfe Privatbesitzer enteignen mit dem Ziel, alle Güter gleich zu verteilen. Dem widerspreche bereits das Menschenrecht auf Eigentum, dessen absolute Geltung häufig unhinterfragt vorausgesetzt wird. Dazu paßt, daß Hayek jede progressive Steuererhebung ablehnt und bloß die proportionale Besteuerung für zulässig hält. Eine freie Gesellschaft könne nicht allen Bürgern gleiches Einkommen zuteilen, nicht einmal jedem eine seinen Talenten angemessene Stellung versprechen, sondern jedem nur die Gelegenheit bieten, „eine geeignete Stelle zu suchen, mit all dem Risiko und der Ungewißheit, mit dem die Suche nach einem Markt für die eigenen Fähigkeiten verbunden ist."[88]

Materielle Ungleichheit halten Liberale für zulässig, auch wenn sie Privateigentum immer seltener als überpositives Rechtsgut bewerten, sondern es mit seinen nützlichen Folgen für den Einzelnen und die Allgemeinheit rechtfertigen. Die Möglichkeit zum Erwerb materieller Güter sei der größte Leistungsanreiz für die Menschen, die für gewöhnlich nach Verbesserung ihrer ökonomischen Lage und ihres sozialen Rangs strebten. Darum müsse bei zu hoher Besteuerung abnehmende Leistungs-, Risiko- und Investitionsbereitschaft befürchtet werden, ohne die wirtschaftlicher Fortschritt und gesellschaftlicher Wohlstand unmöglich seien; bei zu viel Sozialstaat sei dagegen nachlassende Eigenverantwortung und abnehmende Bereitschaft zu Selbsthilfe zu erwarten, ein stärkeres Versorgungsdenken und eine Anspruchsinflation, mit der eine wachsende Abhängigkeit des Einzelnen von einem immer komplexeren Sozialsystem und seine Entmündigung durch wohlfahrtsstaatliche Bürokratien einhergehe.

Aus diesem Grund müßten die Bürger wieder lernen, mehr sich selbst zu helfen und sich nicht dauernd auf andere zu verlassen. Selbsthilfe ist nach Ansicht der Liberalen jeder Form von Fremdhilfe vorzuziehen; Nächste, Verwandte, Nachbarn sollten erst dann um Unterstützung und Beistand gebeten werden, wenn man nicht mehr weiter weiß, und die Behörden erst dann, wenn auch die Freunde nicht mehr helfen können. Das nennt man Subsidiarität, ein aus der katholischen Soziallehre stammendes Prinzip, wonach die jeweils übergeordneten Gemeinschaften nicht für das in Anspruch genommen werden sollten, was bereits kleinere und untergeordnete Gruppen zu einem guten Ende führen können.

Ähnlich sollte es nach Auffassung der Liberalen auch in der Wirtschaft zugehen. Nach Hayek, Milton, Nozick und Buchanan bestehen „gute Gründe für das Mißtrauen gegen jegliche staatliche Befassung mit Wirtschaftsangelegenheiten. [...] Sie beruhen auf der Tatsache, daß die meisten staatlichen Maßnahmen, die auf diesem Gebiet befürwortet wurden, unzweckmäßig sind, entweder weil sie fehlschlagen oder weil ihre Kosten größer sind als die Vorteile."[89] Freilich verwerfen die Wirtschaftsliberalen nicht jede staatliche Investitionspolitik, sie lehnen aber staatliche Subventionen grundsätzlich ab. Am besten laufe die Wirtschaft ohne staatliche Zügel, weshalb die Ordnungsmacht den Marktgesetzen möglichst freien Lauf lassen und selbst so gut wie keine wirtschaftlichen Aufgaben übernehmen solle.

Seit Walter Eucken und Alexander Rüstow unterscheidet man zwischen zwei Formen des Wirtschaftsliberalismus: dem Laissez-faire-Liberalismus und dem Ordnungsliberalismus, auch Neo- oder Ordoliberalismus genannt.[90] Ersterer vertraut geradezu blind auf die Selbstregulierung der ökonomischen Prozesse, die Macht der unsichtbaren Hand, die das eigennützige Handeln des Einzelnen zum Wohle aller lenke, wie Adam Smith sagte, und übersieht dabei die Gefahr, daß sich Markt und Wettbewerb durch Unternehmenskonzentration, Monopol- und Kartellbildung selbst zerstören. Dem setzten die Vertreter der neoliberalen Schule, Eucken und Rüstow, einen rechtlichen Ordnungsrahmen entgegen, der freie Konkurrenz garantieren sowie Monopole und Preisabsprachen durch vorbeugende Fusionskontrollen verhindern soll. Der Staat als der Wirtschaft überlegene Ordnungsmacht habe dafür zu sorgen, daß sich das freie Spiel der Kräfte auch wirklich ungehindert entfalten könne. Dieses Ziel glaubte man durch sogenannte Kartellgesetze erreichen zu können, wie sie hierzulande Ludwig Erhard einführte, gleichfalls ein Anhänger des Neoliberalismus. Von ihm stammt der bis heute immer wieder fehlinterpretierte Ausdruck soziale Marktwirtschaft, dessen Gegenteil sozialistische Planwirtschaft heißt. Erhard und sein engster Mitarbeiter Müller-Armack verstanden unter sozialer Marktwirtschaft eine weitgehend freie Marktwirtschaft und keineswegs ein Bündnis zwischen freier Wettbewerbswirtschaft und sozialem Wohlfahrtsstaat, wie oftmals angenommen wird. Erhards Losung hieß „Wohlstand für alle"[91] durch mehr Wettbewerb und nicht durch höhere Sozialleistungen. Darum nahm schon er damals kritisch Stellung zu der allgemeinen Forderung nach einem Ausbau des Sozialstaats.

Faßt man die Kritik der heutigen Wirtschaftsliberalen am Wohlfahrtsstaat zusammen, so ergibt sich folgendes Bild: Einmal bewerten sie die zu hohen Steuerlasten als unannehmbaren Eingriff in die persönlichen und wirtschaftlichen Freiheitsrechte des Einzelnen. Dann befürchten sie, daß die hohen Abgaben den Leistungswillen der Bürger, welche ihre materielle und soziale Lage zu verbessern suchten, zerstören könnten. Weiter beanstanden sie die Entmündigung des Einzelnen durch die mittlerweile unübersichtlichen Bürokratien des Wohlfahrtsstaats, welche die Bürger zu sehr aus ihrer Selbstverantwortung entließen. Damit zusammenhängend sehen sie die Gefahr einer Anspruchsinflation heraufziehen, die zu einem reinen Versorgungsdenken führe, dessen Kehrseite eine nachlassende Bereitschaft zu solidarischer Selbsthilfe in Familien, unter Nachbarn, in Bürgervereinen und Verbänden sei. Dazu gesellt sich neuerdings die Frage, ob der Sozialstaat nicht selbst Probleme schafft, zu deren Bekämpfung er einstmals antrat, denn er ist nur solange finanzierbar, wie es industrielles Wachstum und technischen Fortschritt gibt, die mittlerweile aber die natürlichen Lebensgrundlagen gefährden und damit die Gesundheit der Bevölkerung, deren Erhaltung ja gerade wohlfahrtsstaatliches Anliegen ist.[92]

Trotz aller Einwände kann aber auf den Sozialstaat nicht verzichtet werden, zu groß ist die Gefahr der materiellen Verelendung des Einzelnen durch den blinden Zwang des Marktes. Darum muß sich auch die politisch-rechtliche Ordnung um die wirtschaftlichen und kulturellen Voraussetzungen eines menschenwürdigen Daseins kümmern – sei es in der Berufswelt oder im Alter, bei Krankheit, Unfall oder Arbeitslosigkeit. Der freie Markt schafft Wachstum und Wohlstand, für gerechte Chancen und den sozialen Ausgleich hat die Politik zu sorgen. Dabei lassen sich die Spannungen zwischen liberalem Rechtsstaat, der den Schutz individueller Freiheitsrechte gewährleistet, und sozialem Wohlfahrtsstaat, der soziale Sicherheit und Gerechtigkeit anstrebt, nie ganz auflösen; hier wie sonst ergibt sich das gesuchte Gleichgewicht nicht von selbst. Dennoch stellen beide in inhaltlicher Hinsicht keinen Widerspruch dar, so schwierig es auch ist, sie in eine geglückte Balance zu bringen. Erst recht bilden sie keinen Gegensatz in formaler Hinsicht, weshalb inzwischen auch von sozialem Rechtsstaat gesprochen wird, in dem sozialstaatliches Handeln nach rechtsstaatlichen Grundsätzen und Spielregeln ablaufen soll.

Der Ausdruck *Rechtsstaat* ist ein schwer faßbares, äußerst vielschichtiges Wort; das Grundgesetz gibt hiervon keine genaue Definition – ebensowenig wie vom Begriff Sozialstaat. Nur soviel steht fest: Rechtsstaat bedeutet einmal, daß der Staat im Umgang mit seinen Bürgern Rechtsregeln unterworfen ist und sich an die verfassungsmäßige Ordnung halten muß, die sich zu den allgemeinen Menschenrechten bekennt, wie sie die Vereinten Nationen 1948 verkündeten. Das heißt, Regierung, Parlament, Verwaltung und Gericht sind an Recht und Gesetz gebunden und dürfen nicht dagegen verstoßen; staatliche Willkür bleibt auf diese Weise ausgeschlossen. Dann meint Rechtsstaat selbstverständlich auch Anerkennung liberaler Freiheitsrechte und politischer Teilhaberechte, Rechtsgleichheit, Gewaltenteilung, Volkssouveränität und nicht zuletzt Unabhängigkeit der Justiz. Dazu gehört einerseits eine unparteiische Rechtsprechung, neutrale Richter, die sich nicht von persönlichen Wünschen leiten lassen, sondern ausschließlich den Weisungen des Gesetzes folgen; andererseits die Möglichkeit für den Einzelnen, sich vor Gericht zum eigenen Fall zu äußern, sowie die Garantie, daß bloß die Tat bestraft wird, deren Strafbarkeit zuvor bereits feststand. Nur so gibt es Rechtssicherheit und damit verbunden die Möglichkeit, daß der Einzelne ein Gericht anrufen kann, falls er sich durch staatliche Zwangsmaßnahmen in seinen Rechten verletzt fühlt.

Rechts- und Sozialstaat bilden in inhaltlicher wie in grundsätzlicher Beziehung keinen Widerspruch, wenn auch zugegeben werden muß, daß zwischen den Grundrechten auf Freiheit und Eigentum einerseits, Gleichheit und Sicherheit andererseits Konflikte bestehen. Es ist schwierig, einen Ausgleich zwischen dem liberalen und sozialen Pol herzustellen; deshalb bringen es beide auch nur zu einer unbequemen Partnerschaft.

Immer wieder drängt sich in diesem Zusammenhang die Frage nach der Gemeinwohlpflicht von Freiheit und Eigentum auf, wie auch die umgekehrte, welche Lasten im Namen der sozialen Gerechtigkeit und Sicherheit dem Einzelnen auferlegt werden dürfen. Diese Fragen müssen jedes Mal aufs neue beantwortet und ausbalanciert werden, wodurch einmal mehr deutlich die spannungsvolle Beziehung der sich einander ergänzenden liberalen und sozialen Grundrechte deutlich wird. Allerdings sollte man das nicht beklagen, spiegelt sich doch darin die Grundsituation des Menschen wider, der einerseits frei über sich selbst bestimmen möchte, andererseits schon immer mit anderen zusammenlebt, die auf seine Hilfe ebenso angewiesen sind wie er auf ihre.

Auffälligerweise ist in diesen letzten Ausführungen nur noch wenig die Rede von Menschenwürde gewesen, und doch beschreiben gerade sie die Voraussetzungen dafür. In einer pluralistischen Gesellschaft mit zunehmend naturwissenschaftlichem

Weltbild ist Menschenwürde lediglich als Gestaltungsauftrag vorstellbar, was nach den vorherigen Darlegungen soviel heißt wie Gewährleistung größtmöglicher Freiheit, Gleichheit und Sicherheit – drei Rechtswerte, die, wie sich gezeigt hat, in einem gespannten Verhältnis zueinander stehen.

Aus diesem Grund geht der gewaltenteilende, demokratische Verfassungsstaat einen mittleren Weg zwischen absoluter Freiheit, die sich ebenso auf die Gemeinschaft wie für den Einzelnen nachteilig auswirken würde, und absoluter Bevormundung, welche jede freie Entfaltung im Keim erstickt. Mit anderen Worten, man sucht ein Drittes zwischen einem Liberalismus, der dem Einzelnen erlaubt, auf Kosten anderer glücklich zu werden, und einem Sozialismus, der persönliche Freiheit einem zentralistisch verwalteten Gemeinnutz unterordnet in der vergeblichen Hoffnung, daß Einzel- und Gemeinwille sich einmal völlig decken werden.

Diese unaufhebbare Spannung zwischen den liberalen Freiheitsrechten, politischen Teilhaberechten und sozialen Wohlfahrtsrechten tritt auch in der *Allgemeinen Erklärung der Menschenrechte* zutage, die sowohl ein Verzeichnis liberaler und politischer Rechte enthält, das Recht auf Leben eingeschlossen, wie einen Katalog wirtschaftlicher, sozialer und kultureller Rechte, das Recht auf Gesundheitsfürsorge inbegriffen. Noch deutlicher aber tritt diese Spannung aus dem *Internationalen Pakt über bürgerliche und politische Rechte* und dem *Internationalen Pakt über wirtschaftliche, soziale und kulturelle Rechte* hervor, beide verabschiedet 1966 von der Generalversammlung der Vereinten Nationen. Gewichtet ersterer stärker die liberalen und politischen Menschenrechte, betont letzterer die sozialen Leistungsrechte. Doch unterscheiden sich beide Pakte nicht nur inhaltlich voneinander, sondern auch geltungsmäßig, mögen sie auch sonst ranggleich nebeneinander stehen.

Der Bürgerrechtspakt gilt vorbehaltos und fordert darum von allen Mitgliedstaaten, „die in diesem Pakt anerkannten Rechte zu achten und sie allen in ihren Gebieten befindlichen und ihrer Herrschaftsgewalt unterstehenden Personen [...] zu gewährleisten." (Art. 2 Abs. 1) Der Sozialrechtspakt gilt dagegen eingeschränkt, denn er verpflichtet die Vertragsstaaten lediglich dazu, „unter Ausschöpfung aller ihrer Möglichkeiten Maßnahmen zu treffen, um nach und nach mit allen geeigneten Mitteln, vor allem durch gesetzgeberische Maßnahmen, die volle Verwirklichung der in diesem Pakt anerkannten Rechte zu erreichen." (Art. 2 Abs. 1) Diese Rechte mit ihrer Vision von einer Welt ohne Armut und Not bilden kein unmittelbar geltendes, gerichtlich einklagbares Recht, da ihre Verwirklichung von wirtschaftlichen Ressourcen abhängt, die nicht einfach als gegeben vorausgesetzt werden dürfen. Aus diesem Grund hat der Sozialrechtspakt auch mehr den Charakter eines politischen Programms, das sich nur schrittweise verwirklichen läßt im Rahmen der jeweiligen wirtschaftlichen Möglichkeiten. Nach wie vor sind die ärmsten Länder der Welt weit davon entfernt, ihren Bürgern elementare soziale Sicherheiten und Wohlfahrtsdienste wie ärztliche Versorgung bieten zu können. Anders verhält es sich dagegen mit den liberalen und politischen Menschenrechten, welche die Bürger vorrangig von ihrer Angst vor der Staatsmacht befreien wollen. Diese Rechte gelten absolut, weil deren Realisierung nicht so sehr an die Verfügbarkeit wirtschaftlicher Ressourcen geknüpft ist und so ein aktives Eingreifen des Staates kaum erfordert. Denn sie beziehen sich hauptsächlich auf die Freiheit des Einzelnen, die sich dadurch gewährleisten läßt, daß der Staat seinen Bürgern individuelle Gestaltungsräume zuerkennt. Der Schutz dieser Rechte ist ohne größere finanzielle Aufwendungen zu erreichen, weshalb der Bürgerrechtspakt auch unbedingt gilt.

Ursprünglich sollte es 1966 bloß eine völkerrechtlich bindende Konvention geben. Dieses Projekt scheiterte aber am damaligen Ost-West-Gegensatz. Der Westen setzte sich stärker für liberale und politische Rechte ein, der Osten mehr für soziale. Auf diese Weise entstanden zwei Konventionen: der Bürgerrechts- und der Sozialrechtspakt. Doch besser noch spiegeln den Grundkonflikt zwischen den ehemaligen Machtblöcken zwei bis heute höchst umstrittene Menschenrechte wider: das Recht auf Arbeit und das Recht auf Eigentum. Bis zum heutigen Tag währt der Streit, welches Recht von beiden den Vorrang besitzt, wobei gewöhnlich übersehen wird, daß jedes für sich bereits fragwürdig ist.

Das *Recht auf Arbeit* wurde erstmals in der Französischen Revolution gefordert, und die Verfassung der zweiten Französischen Republik vom 4. November 1848 enthält in ihrer Präambel bereits den Satz: „Ihre (d.h. der Republik) Grundlagen sind die Familie, die Arbeit, das Eigentum und die öffentliche Ordnung." Heute steht das Recht auf Arbeit in Artikel 23 der Allgemeinen Menschenrechtserklärung und in Artikel 6 des Sozialrechtspaktes sowie Artikel 1 der Europäischen Sozialcharta. Nach Auffassung der ehemaligen Ostblockstaaten und der Afrikanischen Charta haben die Menschen jedoch nicht nur ein Recht auf Arbeit, sondern sogar die Pflicht dazu, wohingegen unser *Grundgesetz* den Bürgern gerade das Recht zuerkennt, „Beruf, Arbeitsplatz und Ausbildungsstätte frei [...] wählen" zu dürfen (Artikel 12); ein Recht auf Arbeit kennt es dagegen nicht.

Tatsächlich versteht sich dieses Menschenrecht keineswegs von selbst, bedenkt man, daß bereits das Wort Arbeit (lat. labor, negotium; griech. ponos) soviel wie Mühe, Last, Plage, Schmerz bedeutet. Darum wurde Arbeit auch in Antike und Mittelalter tendenziell abgewertet. Für die alten Philosophen und den Adel, der lieber Blut als Schweiß vergoß, galt die Arbeit des Menschen als unwürdig, lästige Notwendigkeit, mitnichten aber als ein Recht. Durch das Werk seiner Hände den Lebensunterhalt bestreiten hieß, ein würdeloses Leben zu führen; ein würdevolles kannte keine Arbeit. Zu deren Aufwertung kam es erst im Laufe der Neuzeit. Jetzt sah man in der Arbeit nicht mehr nur ein Mittel zur Erzeugung der für das Leben notwendigen Güter, sondern auch eine Quelle von Wohlstand und Reichtum, zuletzt sogar eine Möglichkeit der Selbstverwirklichung und Daseinsfreude. Der Begriff Arbeit erhielt einen positiven Klang. Dem entsprechend glaubten etwa Fichte, Hegel und Marx, der Mensch werde erst richtig Mensch durch Arbeit, und schufen auf diese Weise die geistesgeschichtlichen Grundlagen für die allgemeine Forderung nach einem Recht auf Arbeit – eine für die antiken und mittelalterlichen Menschen undenkbare Vorstellung.[93]

So vermag bereits ein Blick auf die abendländische Geistesgeschichte die neuzeitliche Idee der Arbeit als vorstaatlichen Rechts in Frage zu stellen; erst recht vermöchten dies aber der weltanschauliche Neutralismus und wissenschaftliche Naturalismus, welche die Existenz überpositiver Rechte grundsätzlich bestreiten. Arbeit ist kein angeborenes Menschenrecht, obwohl sie zur Sicherung der Menschenwürde notwendig zu sein scheint, denn sie steht für Bedürfnisse, deren Erfüllung ein menschenwürdiges Dasein voraussetzt – etwa satt zu essen zu haben, das Gefühl, für sich selbst sorgen zu können, sich frei entfalten zu dürfen, gesellschaftliche Anerkennung zu genießen. Doch kann in einer Gesellschaft, die das Eigentum an Produktionsmitteln und damit auch die Verfügung über Arbeitsplätze weitgehend in privater Hand beläßt, Arbeit nur ein Verfassungsgrundsatz, aber kein Leistungsanspruch sein, und wenn Jeremy Rifkin[94] recht hat, dann wird die Wirtschaft, die in den letzten 150 Jahren der Technologie- und Industrieentwicklung die Arbeitsproduktivität um etwa das Zwanzigfache erhöht hat, künftig immer weniger Arbeitsplätze benötigen. „Arbeit zu haben ist [schon] heute faktisch ein Privileg. Hunderte von Millionen arbeitsfähiger und erwerbsarbeitswilliger Menschen auf der Welt haben keinen regulären Job. Über dieses erschreckende Faktum kann man nicht einfach zur Tagesordnung übergehen und die Arbeitslosen auf die nächste Konjunktur vertrösten."[95] Genaugenommen ist es ist mit der Idee der Menschenwürde als Gestaltungsauftrag unvereinbar, daß Frauen und Männer, nur weil sie keine Arbeit finden, ihre Familien nicht mehr versorgen können, oder jede „schmutzige" Arbeit annehmen müssen, um zu überleben. Hier werden künftig neue Arbeits- und Wohlstandsmodelle gefragt sein.

Um menschenwürdige Verhältnisse zu erreichen, müssen auch humane Arbeitsbedingungen geschaffen werden, die man in weiten Teilen der Welt allerdings noch völlig vergeblich sucht. In der sozialistischen Planwirtschaft bekam jeder einen Arbeitsplatz zugewiesen; ein Recht auf freie Berufswahl hatte man jedoch nicht. In der sozialen Marktwirtschaft herrscht dagegen Berufsfreiheit, jeder muß sich aber um seinen Arbeitsplatz selbst kümmern. Nicht einmal der reichste Staat mit blühender Wirtschaft kann heute garantieren, daß alle Bürger einen Arbeitsplatz finden, und daß sie genau den bekommen, den sie wollten.

Am wenigsten kann der Staat das in einer Zeit, in der die Löhne der eigenen Arbeiter am Weltmaßstab gemessen unverhältnismäßig hoch sind, so daß die gleichen Leistungen zu einem Bruchteil der Kosten anderswo ausgeführt werden können. Da drängt sich notwendigerweise die Frage auf, wie viele Arbeitsplätze man zu welchen Lohnbedingungen schaffen und erhalten kann, ohne im Wettbewerb zurückzufallen. Natürlich kann dies hier nicht beantwortet werden; vor Ort sei lediglich festgehalten, daß Arbeit, so wichtig sie auch für ein menschenwürdiges Dasein zu sein scheint, kein überpositives Menschenrecht darstellt, und daß die Sozialpolitik eines Landes grundsätzlich vom Stand der ökonomischen Entwicklung und den jeweils verfügbaren Ressourcen abhängt. Das ist auch der Grund, weshalb der Sozialrechtspakt nicht vorbehaltlos gilt, und warum darin nur die Forderung erhoben wird, die aufgezählten Rechte nach und nach zu verwirklichen.

Wie das Recht auf Arbeit ist auch das *Recht auf Eigentum* kein angeborenes Menschenrecht, sondern gleichfalls eine Kulturschöpfung, mag auch immer wieder das Gegenteil davon zu lesen sein. So lautet Artikel 17 der *Allgemeinen Erklärung der Menschenrechte*: „Jedermann hat das Recht, allein oder in Gemeinschaft mit anderen Eigentum zu haben. Niemand darf willkürlich seines Eigentums beraubt werden." Ähnliches steht in Artikel 14 des *Grundgesetzes,* in dem allerdings die freie Verfügungsmacht des Einzelnen über sein Eigentum eingeschränkt wird. Merkwürdigerweise erscheint das Recht auf Eigentum weder im Sozialrechtspakt noch im Bürgerrechtspakt von 1966; beide wahren tiefes Schweigen darüber, was mit der ablehnenden Einstellung der damaligen Ostblockstaaten gegen Privateigentum zusammenhängt.

Wie ausgeführt,[96] begründete man in der Neuzeit dieses Recht mit der sogenannten Arbeitstheorie, die von John Locke stammt. Dessen Ansicht nach erwirbt der Einzelne vorstaatlichen Besitzanspruch durch Bearbeitung natürlicher Ressourcen. Auf die Schwierigkeiten dieser Theorie wurde bereits hingewiesen. Dabei hat sich gezeigt, daß im Zeitalter des weltanschaulichen Neutralismus und wissenschaftlichen Naturalismus die Vorstellung eines überpositiven Rechts auf Privateigentum keine Plausibilität mehr besitzt. Schon *Pascal* notierte: „Alle Tätigkeit der Menschen müht sich um Besitz, aber sie wissen nicht, woher sie den Rechtstitel nehmen sollen, um zu beweisen, sie besäßen ihn zu Recht."[97] Mit *Brocker* gesprochen, Eigentum ist heute nur noch als Vertrag zwischen den Menschen denkbar, „die sich den Gebrauch der Sachen wechselseitig zugestehen und damit ein Recht zum Gebrauch allererst erzeugen."[98] Solche Vereinbarungen sind sinnvoll, da Eigentum dem Einzelnen Sicherheit und Unabhängigkeit gibt, die Möglichkeit zu freier Entfaltung sowie Anteil an der Sozial- und Wirtschaftsgestaltung. Zusätzlich stellt das Recht auf Eigentum einen Leistungsansporn für Arbeit- und Unternehmer dar. Allerdings hat die Idee der Sozialbindung des Eigentums gleichfalls ihre Berechtigung, weshalb die Frage, wie weit der Staat in Privatbesitz zum Wohle der Allgemeinheit eingreifen darf, immer wieder von neuem beantwortet werden muß. In der Regel gehen größtmögliche Selbstverwirklichung und Selbstentfaltung auf Kosten von Gleichheit und Sicherheit; größtmögliche Gleichheit und Sicherheit dagegen zu Lasten der Freiheit. Da wir beides wollen, müssen wir uns stets um eine geglückte, spannungsreiche Balance zwischen Freiheit auf der einen Seite, Sicherheit und Gleichheit auf der anderen Seite bemühen. Hierbei ist nicht zu übersehen, daß, wenn der eine Bürger staatliche Leistungen empfängt, andere dafür aufkommen müssen, die dadurch wiederum in dem Maße an Freiheit verlieren, wie der Leistungsempfänger daran gewinnt – nicht nur durch die Sozialgebundenheit des Eigentums, sondern auch durch die besonderen Mitwirkungsrechte, die er besitzt.

Das alles erfordert keineswegs, die eigene Individualität aufzugeben und sich gänzlich der Gemeinschaft zu opfern. Die Spannungen zwischen persönlichen Interessen und sozialer Verantwortung, Selbsterfüllung und Gemeinwohl lassen sich, wie gesagt, niemals völlig überwinden. Sie bleiben bestehen, da beide Aspekte nur bedingt miteinander vereinbar sind. So hat einerseits jeder von uns ein Recht darauf, auf Wunsch von der Gemeinschaft in Ruhe gelassen zu werden; andererseits dürfen Achtung der Grundrechte, Engagement fürs Gemeinwohl und damit Bürgersinn niemals gegen Null gehen. Entsprechendes gilt für die Wirtschafts- und Sozialpolitik, in der es ebenfalls darauf ankommt, die Extreme ins Gleichgewicht zu bringen, das heißt eine Mitte zu finden zwischen absolutem Versorgungs- und Nachtwächterstaat, weil erst so der Einzelne in den Stand gesetzt wird, sein Dasein in menschenwürdiger Weise zu gestalten.

Meer, Mond und All

Im Zeitalter des weltanschaulichen Neutralismus und wissenschaftlichen Naturalismus hat die neuzeitliche Idee von Privateigentum als überpositivem Recht ihre Überzeugungskraft verloren; das gleiche gilt für die alte Vorstellung vom ursprünglichen Besitzrecht des Menschen an der Natur, wie es die sogenannte Okkupationstheorie lehrt.[99] Dieser zufolge hat Gott die Dinge der Welt für alle Menschen gleichermaßen geschaffen und sie ihnen gemeinsam übergeben, weshalb am Anfang Güterkommunismus geherrscht haben mußte, so daß niemand privates Eigentum besaß. Erst später hätten die Menschen den ursprünglich gemeinsamen Besitz untereinander aufgeteilt, Privateigentum zugelassen, worauf an dieser Stelle nicht noch einmal eingegangen sei. Hier geht es einzig und allein um die anthropozentrische Idee, nach der die Welt den Menschen gehört, für die und um dessentwillen Gott sie erschaffen habe. Gerne zitiert man in diesem Zusammenhang *Descartes*, der den Menschen „Herrn und Eigentümer der Natur"[100] nannte, und *Locke*, dem zufolge „Gott die Welt der ganzen Menschheit zu gemeinsamem Besitz"[101] gegeben habe. Ähnliches kann man auch beim frühen *Schelling* lesen: „Ich kündige mich an als Herrn der Natur [...]. Die ganze Welt ist mein moralisches Eigentum."[102] Diese stolzen und höchst anmaßenden Worte werden verständlich vor dem Hintergrund eines religiösen Anthropozentrismus, vor dem der Mensch als Gottebenbild und Krone der Schöpfung mit höchster Würde ausgestattet erscheint.

Ein solches Menschenbild stellt noch heute eine wesentliche

Voraussetzung für das internationale See- und Weltraumrecht dar – eine Voraussetzung allerdings, die mittlerweile fast gänzlich im Dunkel liegt.

Die natürliche Grenze zwischen Land und Meer ist die Küstenlinie, die, mit *Hans Blumenberg* gesprochen, einstmals „Grenze des Raumes menschlicher Unternehmungen"[103] war; diese ist mittlerweile durch die Erfindung nautischer Technologien aufgehoben. Trotz Eroberung der Meere ist der Mensch aber auf dem Festland zu Hause, was ihn jedoch nie davon abhielt, sein Leben in Bildern der Seefahrt zu beschreiben, voller Zweifel, ob es irgendwo einen Hafen der Ruhe und Sicherheit gibt. Die Seefahrt ist ein Bild des Lebens, das Meer ein Bild der rauhen, übermächtigen Wirklichkeit.

Seit alters her verbindet sich mit dem Meer die Vorstellung vom Unheimlich-Übermächtigen, dem Form- und Gesetzlosen. In diesem Sinne schrieb etwa *Lord Byron*: „Wüte weiter, Du tiefer, dunkelblauer Ozean – Wüte! Zehntausende Flotten fegen über dich ohne Hoffnung; zwar überzieht der Mensch die Erde mit Ruinen – am Strand aber hört seine Kontrolle auf; oben auf der wässrigen Prärie sind die Wracks Deine Taten, und nichts bleibt übrig von des Menschen Verwüstung außer seinem eigenen Schatten, wenn, für einen Augenblick, er, einem Regentropfen gleich, sinkt in Deine Tiefen mit gurgelndem Stöhnen, ohne Grab, Totenglocke, Sarg, und unbekannt."[104] Auch *Kant* nannte den Anblick des „weite[n], durch Stürme empörte[n] Ozean [...] gräßlich"[105], das aufgewühlte Meer eine Macht, die dem Menschen Furcht einflöße, indem sie ihm die eigene Ohnmacht vor Augen führe. Tatsächlich fühlt sich der Mensch nur auf dem Festland den aufgepeitschten Wellen des wütenden Ozeans gewachsen. Solange er als Zuschauer auf festem Boden steht, sich in Sicherheit befindet, vermag ihn das aufregende Schauspiel auf stürmischer See zu faszinieren und sogar zu erfreuen. Hierbei beglückt ihn vor allem der eigene Standort, den er jetzt erst klar erkennt, wie schon der Römer Lukrez feststellte, oder er wird sich seiner geistigen Überlegenheit über die blinde Natur bewußt, wie Kant betonte, weil er das Schauspiel der Natur beobachten kann, diese aber nicht sich selbst.

Sicherlich hat das dazu beigetragen, daß sich der Mensch irgendwann als Eigentümer der Weltmeere sahen, obgleich gerade diese ihm die eigene Ohnmacht und Bedeutungslosigkeit vor Augen führen können. In seiner Frühschrift *Mare liberum* aus dem Jahre 1609 erklärte Grotius die Meere zum Gemeinbesitz der Menschheit, und bereits wenige Jahrzehnte später wiederholte *Locke* diese Auffassung, indem auch er die Weltozeane das „große und stets bleibende Gemeingut der Menschheit"[106] nannte. Selden vertrat dagegen in *Mare clausum* von 1636 die Auffassung, daß selbst Meere Eigentum eines einzelnen Staates werden können,[107] und gab auf diese Weise den englischen Rechtsansprüchen auf den Ozean eine theoretische Grundlage. Fasziniert äußerte sich *Carl Schmitt* in *Land und Meer* über die „britische Seenahme"[108], die Entscheidung, sich vom festen Land ab- und der stürmischen See hinzuwenden, sowie über die sich daran anschließende weltweite Seeherrschaft Englands aufgrund der Überlegenheit ihrer Flotte.

Heute streitet man oftmals über die Ausdehnung der Küstengewässer, darüber, welches Gebiet ein Anliegerstaat als sein Eigentum ansehen darf. Im 19. Jahrhundert galt die sogenannte Dreiseemeilengrenze; nach heutigem Seerecht hat dagegen jeder Staat einen Anspruch auf ein Küstenmeer bis zu einer Breite von 12 Seemeilen; manche Nationen fordern sogar eine Erweiterung bis zu 200 Meilen, worauf nicht näher eingegangen sei. Von Interesse ist allein die Erklärung der Hohen See, Meeresboden und Meeresuntergrund eingeschlossen, zum „Gemeinsamen Erbe der Menschheit", wie die offizielle Formel der Vereinten Nationen dafür lautet.

Diese Formulierung, die den einzelnen Staaten Souveränitätsverzichte abverlangt, taucht ebenfalls im modernen Weltraumrecht auf, in dem sie noch überheblicher wirkt als im Seerecht. Denn stärker als der stürmische Ozean vor uns vermag der gestirnte Himmel über uns den menschlichen Anspruch auf Sonderstellung als haltlose Anmaßung zu entlarven. Darum beschreiben bereits *Montaigne* und *Voltaire* das unermeßliche Weltall als Spiegel, „in den wir schauen müssen, um uns im richtigen Winkel zu sehen."[109] Dennoch sollen nach Pascal und Kant wir Erdenbürger dem unendlichen All mit seinen zahllosen Galaxien und Sonnen überlegen sein, da wir die Fähigkeit besitzen, es denken zu können. Im Zeitalter der Weltraumflüge geht das Gefühl der Überlegenheit sogar soweit, daß wir Menschen auch den Weltraum, obwohl er unsere Nichtigkeit und Bedeutungslosigkeit offenbart, zu unserem gemeinsamen Besitz erklären.

Nach §905 BGB erstreckt sich das Recht eines Grundstückseigentümers zugleich auf den senkrecht darüber befindlichen Raum, der „theoretisch bis zum Mond und noch darüber hinaus reicht."[110] Jedoch kann ein Grundstücksbesitzer „Einwirkungen nicht verbieten, die in solcher Höhe oder Tiefe vorgenommen werden, daß er an der Ausschließung kein Interesse hat." (§905)

Anders steht es dagegen mit dem staatlichen Hoheitsrecht über dem Luftraum. Noch 1976 beanspruchten die Äquatorialstaaten die Souveränität über den Raum oberhalb ihrer Länder bis in eine Höhe von 36000 km. Doch betrachtet man heute im allgemeinen die Trennlinie zwischen Luft- und Weltraum als Staatsgrenze, die in einer Höhe von 80 bis 100 km liegt. Hier endet nicht nur die „normale" Atmosphäre, oberhalb dieser Grenze können auch Flugzeuge nicht mehr fliegen und unterhalb derselben keine Satelliten.[111]

Der Weltraum einschließlich der Himmelskörper gehört nicht einem Land allein, sondern ist Besitz der gesamten Menschheit. Was dies bedeutet, legt das Weltraumrecht fest, dessen wichtigsten Dokumente der sogenannte *Weltraumvertrag* von 1967 und der *Mondvertrag* aus dem Jahre 1979 sind. Sie bestimmen die Rechtsnormen für die Erforschung und Nutzung des Weltraums durch nationale und internationale Organisationen, und erlauben den Einzelstaaten friedliche Aktivitäten im All. Im Gegensatz dazu standen am Anfang des Aufbruchs der Menschen in den Weltraum vorrangig militärische Ziele.

Als ersten gelang es damals den Sowjets künstliche Flugkörper in die Erdumlaufbahn zu bringen. 1957 starteten sie den Satelliten *Sputnik I* und bereits ein Jahr später, 1958, brachten die Amerikaner den Satelliten *Explorer I* in die Erdumlaufbahn. 1959 landete dann der sowjetische *Lunik II* als erstes unbemanntes Raumfahrzeug auf dem Mond, und 1961 kreiste an Bord von

Wostok I der sowjetische Kosmonaut Juri Gagarin als erster Mensch im All um die Erde. Bis ins 20. Jahrhundert konnten sich die Menschen Mondflüge lediglich in ihrer Phantasie ausmalen, wie Edgar Allan Poe in *Hans Pfaalls Mondfahrt,* Jules Verne in *Die Reise um den Mond* oder Herbert George Wells *Der erste Mann auf dem Mond.* Bereits im 2. Jahrhundert n. Chr. ließ der griechische Schriftsteller Lucian seinen Helden Icaromenippus zum Mond fliegen. Aber die erste wirkliche Mondlandung fand am 20. Juli 1969 statt, als die Mondfähre Eagle von Apollo 11 den Erdtrabanten erreichte und die beiden amerikanischen Astronauten Armstrong und Aldrin den Mond betraten. Zwischen 1969 und 1972 gab es sechs erfolgreiche Mondflüge. Von den 24 amerikanischen Mondastronauten setzten zwölf ihren Fuß auf den Boden des Mondes. Mit dem Start von Apollo 17 im Dezember 1972 begann die vorerst letzte bemannte Mondexpedition.

Mit der astro- und kosmonautischen Erweiterung des menschlichen Handlungsbereichs entstanden neue Rechtsfragen, auf welche die genannten Staatenverträge wie zahlreiche bi- und multilaterale Abkommen eine Antwort zu geben versuchen. Interessanterweise wird der Weltraum darin stets als Staatengemeinschaftsraum – res communis omnium – dargestellt. An Art. 1 Abs. 1 des *Weltraumvertrages* anknüpfend, in dem die Erforschung und Nutzung des Weltraums zur „Sache der gesamten Menschheit" erklärt wird, ist man offenbar davon überzeugt, daß der Weltraum einschließlich seiner Himmelsköper der Menschheit insgesamt gehöre. Ausdrücklich heißt es in Artikel 11 des *Mondvertrages*, daß der Mond und seine Bodenschätze „gemeinsames Erbe der Menschheit" seien. Diese dem Seerecht entlehnte Gemeinbesitz-Klausel gilt nach dem *Mondvertrag* auch für andere Himmelskörper, wobei jedoch sinnvollerweise nur an Planeten unseres Sonnensystems gedacht werden sollte, da wohl auf unabsehbare Zeit Weltraumflüge allein darin möglich sein dürften.[112] Überhaupt wäre es unsinnig, den Staaten ein freies Nutzungsrecht von Himmelskörpern einzuräumen, die menschliche Aktivitäten überhaupt nicht zulassen.

Genaugenommen enthält die Annahme, nach welcher der Weltraum der Hoheitsgewalt der Erdbevölkerung untersteht, „gemeinsames Erbe der Menschheit" ist, einen unüberbrückbaren Widerspruch. *Einerseits* ergibt sich daraus nämlich ein Verbot gewaltsamer Landnahme und Besitzergreifung außerirdischer Güter durch einen Staat, wie es in Artikel 2 des *Weltraumvertrages* ausgeführt wird: „Der Weltraum einschließlich des Mondes und anderer Himmelskörper unterliegt keiner nationalen Aneignung durch Beanspruchung der Hoheitsgewalt, durch Benutzung und Okkupation oder andere Mittel." Kein Staat besitzt alleiniges Souveränitätsrecht über den Weltraum und die Himmelskörper – gemäß der Regel: Was jedem gehört, gehört niemandem (res communis, res nullius). Darum war das Hissen des amerikanischen Nationalbanners beim erstmaligen Betreten des Mondes durch Armstrong und Aldrin auch kein Akt der Okkupation, obgleich es so aussah und vermutlich so aussehen sollte, als hätten sich die Amerikaner das Recht vorbehalten, vom Mond Kolonialbesitz zu ergreifen. Rechtlich gesehen glich es aber mehr dem Aufstellen eines Gipfelkreuzes auf einem von Menschen erstmals bezwungenen Berg als der Okkupation einer terra incognita.

Andererseits folgt gerade aus der Vorstellung des Weltraums als gemeinsamen Erbes der Menschheit die allgemeine Freiheit, diesen zu erforschen und zu nutzen, wie man möchte. Entsprechend heißt es in Artikel 1 des Weltraumvertrags: „Allen Staaten steht es frei, den Weltraum einschließlich des Mondes und anderer Himmelskörper [...] zu erforschen und zu nutzen." Wie aber soll man die natürlichen Ressourcen des Weltraums, dessen Bodenschätze und Raumpositionen, nutzen, ohne sie zugleich zu okkupieren? Zwar folgen Gebrauchsfreiheit und Aneignungsverbot gleichermaßen aus der Klausel „gemeinsames Erbe der Menschheit", dennoch stehen beide Aspekte in Widerspruch zueinander. Üblicherweise versucht man diesen durch vertragliche Gemeinwohlklauseln[113] zu mildern – etwa durch die allgemeine Aufforderung, Erforschung und Nutzung des Weltraums „zum Vorteil und im Interesse aller Länder ohne Ansehen ihres wirtschaftlichen und wissenschaftlichen Entwicklungsstandes" (Artikel 1) durchzuführen. Nähme man aber diese Formel des *Weltraum-* und *Mondvertrages* ernst, müßten die Belange der Staatengemeinschaft sogar Vorrang vor den Eigeninteressen der einzelnen Mitgliedstaaten bekommen. Allerdings ordnen letztere schon heute ihre Interessen nicht dem Wohl der Weltgemeinschaft unter; warum sollten sie es künftig tun?

Wenn das stimmt, woran liegt es dann, daß im Mond- und Weltraumrecht bislang so wenig Konflikte entstanden? Warum erhoben die Amerikaner bei der Fahnenhissung auf der luna incognita keine nationalen Besitzansprüche – abgesehen von jenen 380 Kilogramm Mondgestein und Staub, den die Astronauten zwischen 1969 und 1972 mit auf die Erde brachten? Die Antwort ist einfach: Einerseits bietet der Weltraum genügend Platz für die Aktivitäten aller Staaten, andererseits waren und sind die Möglichkeiten zur Ausbeutung des Weltraums einschließlich des Mondes und anderer Himmelskörper noch zu begrenzt. Im Grunde genommen wurden die Erwartungen an die Apollo-Flüge zum Mond enttäuscht. Denn so bezaubernd der Erdtrabant in einer hellen, sternenklaren Nacht auch scheint, seine Oberfläche bietet nur den Anblick langweiliger Wüsten und trostlos öder Kraterlandschaften, die teilweise einer Kälte von -160 Grad und einer Hitze bis zu +120 Grad ausgesetzt sind.

Keiner der Steine, den die Astronauten „der NASA zurückbrachten, war so, daß er nicht auch irgendwo auf der Erde hätte gefunden werden können"[114], weshalb die Besuche auf dem Mond nach 1972 bisher nicht wiederholt wurden, und man auf nationale Besitzansprüche verzichtete. Wie sich im nachhinein herausstellte, flog man zum Mond, um einmal dagewesen zu sein, aber auch „um endlich den Blick auf die Erde als Himmelskörper in ihrer Gänze und vor der reinen Schwärze des Himmelshintergrunds zu gewinnen"[115], wie es *Hans Blumenberg* ausdrückt. Dabei wurde deutlich: Obwohl vom Mond aus betrachtet die Erde so aussieht, als gäbe es den Menschen darauf nicht, ist sie vermutlich der einzige Planet, auf dem menschliches Leben überhaupt existieren kann. Um es mit *James Irwin* zu sagen, einem Mitglied der Besatzung von Apollo 15: „Die Erde schien wie eine wunderschöne blaue Murmel in der Schwärze des Raumes. [...] Ich konnte aber keinen Hinweis darauf entdekken, daß sie bewohnt war. [...] Jedoch wußte ich, dieser blaue

Planet ist meine Heimat, und er ist, soweit wir wissen, der einzige für den Menschen bewohnbare Ort im Universum."[116]

Sollte es nun eines Tages doch möglich werden, für uns Menschen wertvolle Bodenschätze auf außerirdischen Planeten zu heben oder diese gar zu besiedeln, dann wird es sicherlich auch zu Okkupationen durch Einzelstaaten kommen. Die Formel „gemeinsames Erbe der Menschheit" wird dann verschwinden und statt dessen eine Reihe internationaler Verträge entstehen, welche die Aufteilung der natürlichen Ressourcen festlegen – oder die reichen Industrienationen werden die fremden Planeten nach dem Grundsatz der ersten Besetzung – prima occupatio – einfach einnehmen. Dadurch würde der alten Okkupationstheorie des Eigentums, die in der Neuzeit durch die sogenannte Arbeitstheorie ersetzt wurde, wieder zur Geltung verholfen werden – dieses Mal nicht auf der Erde, sondern im außerirdischen All.

Daß es soweit kommen könnte, dafür sprechen auch die Auseinandersetzungen auf unserem Planeten um die Hoheitsrechte in der Antarktis. Der 1961 in Kraft getretene Antarktisvertrag, nach dem die Tätigkeiten einzelner Staaten auf dem Eiskontinent noch keinerlei Gebietsansprüche begründen, wurde damals nur durch den einschränkenden Zusatz möglich, daß mit Unterzeichnung des Vertrags keine Partei auf vorher geltend gemachte oder sich aus ihren Unternehmungen in der Antarktis ergebende Hoheitsansprüche verzichtet (Artikel 4); die Entscheidung darüber wird durch den Vertrag lediglich verschoben.

Bei alldem wird fraglos davon ausgegangen, daß der Weltraum einschließlich des Mondes und anderer Himmelskörper wirklich Eigentum der Menschheit sei – eine absurde Vorstellung, wenn man die Winzigkeit und Vergänglichkeit der Erdenbürger bedenkt. Schon der Ausdruck Weltraumvertrag wirkt anmaßend, vergleicht man die kosmische Reichweite menschlichen Handelns mit der überwältigenden Größe des Universums, den zahllosen Sonnen und Galaxien. Von Eroberung des Alls zu sprechen, wäre deshalb ebenso töricht wie lächerlich; hiervon sind wir unendlich weit entfernt.

Dem Blick aus dem All zeigt sich die Erde als Himmelskörper unter Milliarden anderen. Nichts deutet auf eine Sonderstellung hin, außer daß sie, einer kosmischen Oase gleich, menschliches Leben ermöglicht.[117] Darum kann der Blick vom Mond oder anderswoher aus dem All auf den blauen Planeten auch die Vorstellung vom Menschen als Herrn und Eigentümer der Welt zutiefst erschüttern.[118] Deren geistesgeschichtlicher Hintergrund ist die Jahrhunderte alte Anmaßung, daß die Welt und alles, was darin existiert, der Menschen wegen geschaffen wurde, die sich deshalb als deren Eigentümer fühlen. Selbst *Schiller* schrieb: „Nehmt hin die Welt! rief Zeus von seinen Höhen den Menschen zu, nehmt, sie soll euer sein. Euch schenk ich sie zum Erb und Lehen, doch teilt euch brüderlich darein."[119]

Allerdings meinte Schiller mit Welt lediglich die Erde, von deren Oberfläche eines Tages wieder alle menschlichen Spuren verschwunden sein werden, als hätte es die Menschheit darauf nie gegeben. Dagegen werden die ersten Fußtritte der Astronauten auf dem Mond noch zu sehen sein, denn im „Gegensatz zu jeder irdischen Spur, die unter vielen Einwirkungen verweht und verwittert, verschwemmt und zersprengt wird, sind die Menschenfußprägungen im Mondstaub irreversibel – der Mensch wird sichtbar dagewesen sein, auch wenn es die Gattung nicht mehr gibt und keinen, der sie an ihren Spuren erkennen würde. [...] Nicht nur [also], daß die Spuren auf dem Mond noch da sein werden, wenn sich die Gattung Mensch auf der Erde erschöpft haben wird – es wird auch keine Erdenspuren der Menschen von vergleichbarer Konstanz geben, weil die Wiederkehr der ‚Natur' vergleichsweise schnell verschlingen wird, was der Mensch von sich hinterlassen könnte, allen voran die Spuren seiner Füße."[120]

Ohne anthropozentrische Religion und Metaphysik ist die Idee vom Menschen als Herrn der Welt sinnlos, und die ihr zugrundeliegende Idee der Wesenswürde illusionär. Darum darf im Zeitalter des weltanschaulichen Neutralismus und wissenschaftlichen Naturalismus nicht mehr davon ausgegangen werden, daß die Welt Gemeingut der Menschheit ist. Im Grunde genommen gehört sie niemandem. Weltanschauungsneutral gesehen, gibt es keine angeborenen Besitz- und Erbrechte an der Erde, am Mond und anderen Himmelskörpern – weder für den Einzelnen noch für die Menschheit insgesamt.

Allerdings darf dann die Welt auch nicht als heilig angesehen werden, so daß es schließlich doch wieder zulässig ist, sie zu okkupieren. Aus weltanschauungsneutraler Sicht erscheint das unermeßliche All mit seinen Milliarden von Sonnen und Galaxien, bestehend aus Wasserstoff und Helium, als neutrales Faktum ohne jeden achtunggebietenden Wert, obgleich es für uns einen solchen durchaus haben kann. Man denke nur an die vom Tageslärm verschonte Stille einer Mondnacht, die Freuden eines klaren Sternhimmels, in der die naturhafte Welt tatsächlich für uns einen Eigenwert bekommt. Dennoch kann uns das an sich wertneutrale Universum selbst weder Ehrfurcht vor sich gebieten noch seine Nutzung und Aneignung verbieten; es steht völlig gleichgültig unseren Unternehmungen gegenüber. Das heißt, auch wenn wir kein vorstaatliches Besitzrecht am Weltraum und den darin angesiedelten Himmelskörpern haben, so spricht nichts gegen deren Okkupation, vorausgesetzt, wir wären hierzu wirklich in der Lage. So lächerlich es angesichts unserer kosmischen Nichtigkeit klingt zu sagen, wir sind Besitzer des Mondes – wenn es uns gelingt, ihn zu besetzen, dann gehört er uns, solange ihn uns niemand wegnimmt. Damit sei der Eroberung des Mondes nicht das Wort geredet; es soll nur deutlich werden, daß grundsätzlich nichts gegen eine Okkupation von Weltraum und Himmelskörper als herrenlose Güter ohne Wert an sich spricht. Das Recht dazu ist uns zwar nicht angeboren, obgleich die Formel „Gemeinsames Erbe der Menschheit" dies vermuten läßt; solches Recht können wir uns aber selbst geben, indem wir den Mond und andere Himmelskörper wie auch den uns umgebenden Weltraum zu internationalen öffentlichen Gütern erklären. Dafür wären auf vertraglicher Basis Besitzregelungen zu treffen, so sie nicht schon bestehen, die festlegten, wer was wieweit nutzen und verbrauchen darf.

Jedoch drängt sich in diesem Zusammenhang die Frage auf, ob außermenschlichen Wesen tatsächlich keinerlei Anspruch auf Achtung und Würde zukommt – ebenso wie die umgekehrte Frage, ob überhaupt jedes menschliche Leben ein achtunggebietendes Recht auf Leben besitzt.

7
Würde als Bürde

Jede Zeit hat ihre Probleme, und ob die Orientierungsfragen vergangener Jahrhunderte wirklich einfacher waren als die heutigen, das sei hier nicht entschieden. Allerdings scheint eines festzustehen: Zu den alten Fragen nach einem gerechten, befriedigenden Dasein, dem guten Miteinanderleben und der Suche nach helfenden Orientierungshinweisen, die unserer stets gefährdeten Lebenswelt inneren Halt und ideelle Sicherheit geben, gesellen sich inzwischen viele neue Probleme, oft durch die modernen Wissenschaften hervorgerufen. So steht etwa die Medizin bei der Bekämpfung von Not und Elend mittlerweile vor der schwierigen Aufgabe: alles Menschenmögliche zu tun, ohne jedoch alles dem Menschen Mögliche zu tun. Das in diesem Zusammenhang häufig bemühte Losungswort heißt Menschenwürde, auf die man sich gerne beruft, um in ethischen, politischen und rechtlichen Fragen den eigenen Standpunkt zu verteidigen, wenn nicht unangreifbar oder den Argumentationsgegner mundtot und sprachlos zu machen. Nicht zuletzt aus diesem Grund bestehen heute berechtigte Zweifel daran, ob in strittigen ethischen Fragen überhaupt noch von Würde gesprochen werden sollte, da dieses vielsagende Sprachgebilde doch eine Aura besitzt, die häufig mehr verschleiert als klärt und damit eigene inhaltliche Vormeinungen äußerst wirkungsvoll zu verdekken vermag.

Dabei scheint die Bedeutung der Würdeidee im Kern doch festzustehen und nur die Grenze zwischen dem Würdevollen und

Würdelosen fließend zu sein. Im Grunde stimmen die meisten Auffassungen in der Beurteilung und Verurteilung bestimmter Vorgänge als würdeverletzend überein. Ob man vom christlich-metaphysischen, vernunftphilosphischen oder weltanschauungsneutralen Würdeverständnis ausgeht, hier wie dort sieht man in Folter, im Verschwindenlassen von Dissidenten, in Unterdrückung Andersdenkender und rassisch oder kulturell Andersartiger, in willkürlicher Verhaftung, Verschleppung, unmenschlicher Bestrafung oder in der Diskriminierung von Minderheiten, um nur einige Schreckenstaten zu nennen, Würdeverletzungen der schlimmsten Art. Anscheinend ist es gar nicht so wichtig, ob man den Menschen als Kind Gottes, geistiges Vernunftwesen oder zweibeiniges Säugetier ansieht, da man über alles Trennende hinweg in wesentlichen Punkten doch einer Meinung ist: Wo immer menschliche Willkür die Existenz des Einzelnen bedroht und dessen freie Entfaltung verhindert oder die materiellen Grundlagen seines Daseins fehlen, dort ist die Menschenwürde zutiefst gefährdet.

Schwierigkeiten bereitet allerdings die Anwendung des Würdebegriffs auf weniger schmerzvolle Ereignisse. Ob beispielsweise die Tarifabschlüsse zwischen Arbeitgeberverbänden und Gewerkschaften würdeverletztend sind, beantwortet keiner der Würdebegriffe; auch darin besteht eine Gemeinsamkeit zwischen ihnen. Nimmt man das weltweite Lohngefälle als Maßstab, den reichen Norden mit dem armen Süden vergleichend, so erscheint bereits die Frage danach als lächerlich und überzogen. Das heißt, der Würdebegriff ist immer dann fehl am Platz, wenn er zur Verteidigung übertriebener Leistungsansprüche oder bloßer Gruppeninteressen ins Feld geführt wird. Heute besteht die Tendenz, fast jedes Bedürfnis als Würdeforderung anzusehen, ohne genügend zu berücksichtigen, daß eine immer größere Ausweitung der mit dem höchsten Rechtswert verbundenen Ansprüche und Erwartungen die Würdeidee immer weiter entwertet. Jeder überzogene Gebrauch nimmt dieser den Ernst.

Doch ohne jeden konkreten Gebrauch wird sie überflüssig, unerheblich, wertlos. Das Leben einer Regel ist nun einmal die Anwendung – applicatio est vita regulae. Deshalb muß sich die

Würdeidee auch immer wieder von neuem den wechselnden Problemstellungen und Herausforderungen der Zeit stellen und anpassen, wenn sie lebendig bleiben möchte. Im Mittelpunkt der Diskussionen der siebziger Jahre stand hierzulande die Frage nach der „Würde des Menschen in der Arbeitswelt"[1], das Problem der „Menschenwürde im Betrieb"[2]. Das damalige Kennwort hieß Humanisierung der Arbeitswelt. Im Trend der Zeit lagen öffentliche Auseinandersetzungen darüber, ob harte, unangenehme, den Menschen stark versachlichende Arbeit, etwa am Fließband, gegen die Menschenwürde verstoße oder nicht. Diese Debatte wurde in den achtziger Jahren durch das Problem des Datenschutzes, das gleichfalls die Würde des Menschen berührt, mehr oder weniger verdrängt. Man sagte, zur Würde des Menschen gehöre, mit darüber bestimmen zu können, welche Informationen über einen in welche Kanäle gelangen. Darum forderte das Bundesverfassungsgericht 1983 einen „Schutz des Einzelnen gegen unbegrenzte Erhebung, Speicherung, Verwendung und Weitergabe seiner persönlichen Daten"[3], nachdem es bereits 1969 festgestellt hatte, daß es mit „der Menschenwürde nicht zu vereinbaren ist, wenn der Staat das Recht für sich in Anspruch nehmen könnte, den Menschen zwangsweise in seiner ganzen Persönlichkeit zu registrieren und zu katalogisieren."[4] Aber erst seit den achtziger Jahren spricht man von Recht des Einzelnen auf „informationelle Selbstbestimmung"[5], dessen Einschränkung im Interesse der Allgemeinheit trotzdem manchmal unvermeidlich ist, wie überhaupt „nicht jede statistische Erhebung über Persönlichkeits- und Lebensdaten [...] die menschliche Persönlichkeit in ihrer Würde"[6] verletzt.

Die Forderungen nach mehr Datenschutz und besseren Arbeitsbedingungen markieren Folgelasten der zunehmenden Technisierung der modernen Lebenswelt, in welcher der Einzelne immer kontrollierbarer, ein auswechselbares Schräubchen eines immer komplexeren Räderwerks geworden ist. Schon vor Jahrzehnten stritt man darüber, ob die Menschen ihre Würde an die Macht einer sich immer stärker verselbständigenden Technik verloren hätten. So unterschiedliche Autoren wie Freyer, Heidegger, Adorno und Horkheimer erkannten die Gefahr zunehmender Abhängigkeit des Einzelnen von technisch gesteuerten Prozessen. Die eigentlichen Subjekte der modernen Welt seien künstliche Apparate, die konkreten Menschen nur deren entmündigte Werkzeuge, ohnmächtige Rädchen im Getriebe. In dieser Degradierung des Menschen zum funktionierenden Objekt kann man tatsächlich eine Würdeverletzung sehen, wenn hierdurch der Einzelne wirklich seine Fähigkeit zur Selbstbestimmung verloren haben sollte. Günter Anders sprach in diesem Zusammenhang von „Antiquiertheit des Menschen" und verstand darunter, der Mensch habe Techniken von so großer Perfektion hervorgebracht, daß er seine vergängliche, verletzliche Natur vor ihr als beschämend empfinden müsse; die leistungsstarken Maschinen hätten mittlerweile Macht über ihre Hersteller gewonnen.

Die Technologien, die sich das heutige Bewußtsein mehr und mehr unterwirft, kommen aus der Steckdose und heißen Kabelfernsehen, Computerspiele, Techno-Music, Cyberspace, Internet. Empfand man noch vor wenigen Jahren die Herabsetzung des Einzelnen zur Sache durch staatliche Bürokratie und planende Verwaltung als würdeverletzend, so scheinen heute immer mehr elektronische Bewußtseinstechnologien den Menschen seiner Mündigkeit und damit auch seiner Würde zu berauben.

Allerdings ist das nur eine Seite der Medaille: Weit davon entfernt, den Menschen zu einem bloßen Objekt zu machen, hat die moderne Technik auch wesentlich zur Verringerung menschlicher Not und zur Vermehrung seines Wohlergehens beigetragen. Wenn Technik auch keine seelische Not lindern, nicht trösten, persönliche Beziehungen nicht ersetzen kann, so hilft sie doch unser Dasein zu erleichtern, wie Francis Bacon bereits vor vier Jahrhunderten voraussah und die Mehrzahl der gegenwärtigen Technikphilosophen zugibt. Solange noch Hunger, Krankheit und materielle Not, kurz unwürdige Verhältnisse, die Menschheit plagen, kann nicht auf jede Weiterentwicklung der Technik verzichtet werden, wenn auch zugegebenermaßen der erwirtschaftete „Profit keineswegs als Benefit aller Menschen"[7] wirksam wird und die Risiken der technologisch-industriellen

Naturnutzung bestehen bleiben. Die Ursachen für die heutigen Fehlentwicklungen liegen aber weniger in der Technik selbst als vielmehr in der internationalen Wirtschaftskonkurrenz und im sich immer weiter verbreitenden Konsumismus. In dieser bedrohlichen Situation sind außer Umdenken in Richtung auf mehr Verzicht und Selbstbeschränkung auch mehr differenzierte ethische Technik- und Technikfolgenbewertungen dringend erforderlich. Jedenfalls sollten wir uns weigern, die Eigendynamik der technologischen Entwicklung als ein unabwendbares Fatum hinzunehmen.

Das heutige Zauberwort der Technik heißt virtuelle Realität: Cyberspace, Internet, interaktives Fernsehen. Die Möglichkeiten, welche die neue Medienwelt unter dem Schlagwort Multimedia verspricht, scheinen nahezu unbegrenzt. Allgemein unterscheidet man zwischen zwei Formen von Multimedia: zwischen den sogenannten Offline-Anwendungen, die auf den Personalcomputer beschränkt bleiben, ohne daß dieser an ein Telefon- oder Datennetz angeschlossen ist, und der Online-Variante, deren Nutzer über eine Telefon- oder Datenleitung Zugriff auf Angebote vernetzter Anbieter erhalten. Erstere basiert vorwiegend auf der CD-Rom, auf der man inzwischen fast alle Informationsarten erhalten kann: Computerspiele, Lernprogramme, Lexika, Kataloge, Bücher; zu letzterem gehören der Datenaustausch per Mailbox und das Internet, das seit Anfang der neunziger Jahre privatisiert ist und bereits heute von Millionen Menschen in mehr als hundert Ländern der Erde genutzt wird.

Die Kritiker der multimedialen Informationswelt warnen vor einer Spaltung der Gesellschaft in Bürger, die mit den neuen Technologien umgehen können, und anderen, welchen der Zugang dazu versperrt bleibt. Außerdem geben sie zu bedenken, daß es fast unmöglich ist, fragwürdige und schlimme Medienangebote, wie Kinderpornographie und rechtsradikales Gedankengut, wirksam zu verhindern und von Heranwachsenden fernzuhalten. Darüber hinaus bestehe die Gefahr der sozialen Isolierung, verbunden mit Realitätsverlust und -flucht. Sicherlich würden im Internet auch virtuelle Freundschaften mit digitalen Gesprächspartnern geschlossen; doch wieviele reale Freundschaften blieben dafür auf der Strecke? Dazu komme die Versuchung, Wunschvorstellungen eines geglückten Lebens auf den Computer zu übertragen.

Dennoch ist es falsch, die künstlichen Apparate voreilig mit dem Ende der zwischenmenschlichen Kommunikation oder mit seelischer Verödung und Selbstverlust gleichzusetzen, da sie das menschliche Bewußtsein auch bereichern und neue Lern- und Erlebnisräume öffnen können. Man denke nur an das Angebot von Edutainment- und Infotainment-Programmen, die dem Einzelnen, seinen Fähigkeiten und Interessen gemäß, unterhaltsam aufbereitete Lerninhalte und Informationen bieten; oder an die Zugriffsmöglichkeiten auf weltweit verstreute Datenbanken und vieles mehr, wodurch aufs schnellste ganz unterschiedliche Informationen abgerufen werden können. So betrachtet verändern die neuen Medien keineswegs das Leben nur zum Schlechteren hin, mag der Einzelne den beinahe unerschöpflichen Möglichkeiten zu Unterhaltung, Spiel und Bildung auch manchmal hilflos gegenüberstehen.

Davon abgesehen, gehört es einfach zu den liberalen Freiheitsrechten erwachsener Bürger – nicht unbedingt schon Kinder und Jugendlicher – selbst zu bestimmen, was und wie sie erleben möchten, ob mit oder ohne bewußtseinserweiternde Technologien. Es wäre selbst wieder eine Würdeverletzung, wollte der Staat ihnen diktieren, was sie ihrem Gehirn oder Bewußtsein zumuten dürfen und was nicht. Freilich erfordert der selbstbestimmte Umgang mit den neuen Medien eine Vielzahl von Fähigkeiten, die erst erworben werden müssen; kritische Distanz gehört zweifellos dazu. Dennoch bleiben die Menschen für ihr Leben selbst verantwortlich, und diese Verantwortung kann und darf ihnen der Staat grundsätzlich nicht abnehmen. Das gilt auch für den Gebrauch der heutigen Zauberkräfte aus der Steckdose, obgleich der Verdacht nicht ganz unbegründet ist, daß sie den Einzelnen entmündigen, ihn abhängig machen und damit seiner Würde im traditionellen Sinne berauben. Aber auch das ist, wie vieles andere, ziemlich umstritten.

Weniger strittig ist dagegen die Frage, ob die heutigen Möglichkeiten auf dem Gebiet der Natur-, Bio- und Medizinethik die

Würde des Menschen betreffen. Man kann sagen, Fragen des Natur- und Umweltschutzes, Debatten über Abtreibung, künstliche Fortpflanzungstechniken, Embryonenforschung, Organtransplantation, über Gen- und Neurotechnologie sowie über Euthanasie bestimmen die Würdediskussion der neunziger Jahre. Sicherlich gibt es daneben auch zahlreiche andere Themen, welche die Würde des Menschen betreffen – etwa die Gleichberechtigung von Mann und Frau, welche Artikel 3 des Grundgesetzes garantiert und die schon 1791 *Olympe de Gouge* in einer *Erklärung der Rechte der Frau und Bürgerin* forderte: „Die Frau ist frei geboren und bleibt dem Mann gleich an Rechten."[8] Weiter sei das Problem der Kinderarbeit genannt und damit auch auf die Frage nach dem Recht auf schulische Bildung „nicht-anerkannter Flüchtlingskinder" hingewiesen, die nach Artikel 28 der UN-Kinderkonvention, welche in Deutschland wie in anderen Ländern noch keinen Gesetzesrang hat, allen Heranwachsenden zusteht.[9] Doch charakteristisch für die Würdedebatte unserer Zeit sind vorrangig bio- und medizinethische Fragen.

In diesen Auseinandersetzungen wird der Würdebegriff immer wieder dazu mißbraucht, um die eigenen Interessen und Ideale unangreifbar zu machen. Denn wer möchte schon gerne gegen die Menschenwürde verstoßen? Nicht zuletzt deshalb wird die Würdeidee in den weltanschaulichen Stellungskämpfen oftmals wie ein Feldzeichen oder Joker verwendet, dessen sich die Vertreter der unterschiedlichsten Geistesrichtungen und Parteien allzu gerne bedienen. So aber bleibt die Menschenwürde, der höchste Rechtswert unserer Gesellschaft, auf den man sich in ethischen, rechtlichen und politischen Kontroversen oftmals beruft, ein vieldeutiges, schwer faßbares „Allerweltswort". Deshalb sollte man sich stets Rechenschaft darüber ablegen, in welchem Sinne man ihn verwendet, da es doch offenbar die eine wahre Bedeutung dieses stolzen Wortes nicht gibt.

Aus den vorherigen Untersuchungen wurde deutlich, daß in einer pluralistischen Gesellschaft mit zunehmend naturwissenschaftlichem Weltbild nur noch ein weltanschaulich neutraler Gebrauch des Ausdrucks Menschenwürde im Sinne eines Gestaltungsauftrags, nicht mehr aber als Wesensmerkmal, mit allgemeiner Zustimmung rechnen kann. Danach bezeichnet die Idee der Menschenwürde ein von Selbstachtung und gegenseitiger Anerkennung getragenes Leben ohne Angst und Not. Allerdings ist auch diese Bestimmung sehr allgemein, ziemlich unscharf, der Ermessensspielraum verhältnismäßig groß. Vermutlich wird sich das aber nie grundlegend ändern, da die Würde auch als Gestaltungsauftrag lediglich eine normative Leitidee, aber kein operationalisierbares Handlungsprinzip ist.

Doch ergibt sich aus der Tatsache, daß hinter der vielbeschworenen Menschenwürde oft weltanschaulich ganz unterschiedlich geprägte Menschenbilder stecken, geradezu zwangsläufig die Verpflichtung, bei der Formulierung von Zielen und der Bewertung möglicher Lösungen zwischen weltanschaulich gebundenen und weltanschauungsneutralen Gesichtspunkten genau zu unterscheiden sowie alle weltanschaulichen Hintergründe der Argumentation offenzulegen und zu diskutieren. Sollten sich weltanschauliche Aspekte einmal nicht ausschalten lassen, so kann die Diskussion nur dann weiterkommen, wenn die eigene Auffassung nicht bis zur letzten Konsequenz verfolgt wird und für alle verbindlich gemacht werden soll. Weltanschaulich bedingte Konflikte lassen sich nicht lösen, sondern nur durch mühsam ausgehandelte Kompromisse schlichten. Diese befriedigen gewöhnlich zwar keine der beteiligten und betroffenen Seiten, bringen aber die Diskussion voran. Das ist wichtig, wenn Zeitdruck besteht und die Entscheidung keinen Aufschub duldet.

Aber auch nachdem wir uns auf ein weltanschauungsneutrales Grundverständnis der Menschenwürde geeinigt haben, gibt es weiterhin genügend Konflikte, die sich nicht eindeutig lösen lassen. Man denke an die leidigen Diskussionen in der heutigen Bio- und Medizinethik. Selbst nachdem man den weltanschaulichen Zündstoff, der immer wieder darin zu stecken scheint, herausgenommen hat, ist die Sache noch nicht eindeutig entschieden. Denn auch dann stehen Hoffnung und Befürchtung, Segen und Fluch dicht beieinander – gleichsam Rücken an Rücken. Es gibt Argumente dafür und Gründe dagegen, wie die endlosen Diskussionen, die nicht selten von einer Aura des Schreckens umgeben sind, aufs deutlichste beweisen. Deshalb wird es wohl niemanden verwundern, daß mittlerweile viele bezweifeln, ob die Idee der Menschenwürde den heutigen Problemstellungen überhaupt gewachsen ist und wirklich noch „greift".[10]

Andererseits hat die Vorstellung der Würde als Gestaltungsauftrag, nicht als Wesensmerkmal, lediglich als Zielpunkt der Menschenrechte, nicht als deren Grundlage, durchaus praktische Konsequenzen. Ob die Würde des Menschen mehr christlich-metaphysisch, stärker vernunftphilosophisch oder gänzlich säkular gedeutet wird, ist keineswegs unerheblich, wenn es um die bio- und medizinethischen Herausforderungen unserer Zeit geht, mag man auch in vielen anderen Fragen, wie in denen nach der Zulässigkeit von Folter und willkürlicher Verhaftung, weitgehend einer Meinung sein.

Die Wertlosigkeit der Natur

Besonders schwer zu beantworten ist die Frage nach der Würde der Natur, obgleich Naturschutz seit einigen Jahren ein philosophisches Thema ersten Ranges ist. Während aber die Philosophen in endlosen Debatten über den letzten Verpflichtungsgrund zu verantwortlichem Umgang mit der Natur streiten, schreitet deren Zerstörung immer weiter fort. Dabei weiß man doch, was zu tun ist angesichts der Verwüstung des natürlichen Lebensraums, der Verschmutzung von Wasser und Luft, der Vergiftung des Bodens, der Vernichtung von Landschafts- und Klimazonen, der Ausrottung von Tier- und Pflanzenarten sowie der Erschöpfung unserer Rohstoffvorräte – nämlich Schonung des tropischen Regenwalds, Stopp des Raubbaus an Fischgründen, Kontrolle des Bevölkerungswachstums, Artenerhalt, Verminderung des Verbrauchs nichterneuerbarer Bodenschätze, Verringerung der Umweltverschmutzung, des Kohlendioxid-Anstiegs, der zu einer weltweiten Klimaveränderung führt, Produktionsverbot von Fluorchlorkohlenwasserstoff (FCKW) und ähnliches mehr. Aus diesem Grund bekommt man gelegentlich zu hören, daß wir nicht so lange warten können, bis sich unsere Gelehrten über die allgemeinen Grundfragen geeinigt haben, was ja voraussichtlich nie der Fall sein wird, weil bis dahin unzählige Tonnen Schwefel und Stickoxide die Biosphäre verseucht hätten.

Viele Krisenphänomene wie das Wald- und Robbensterben sind sichtbar, viele andere, verursacht durch die genannten Schadstoffe, nicht. Daher bedarf es außer problemsensibler Beobachtung der Natur auch wissenschaftlicher Aufklärung und Tatsachenangaben, wenn die Gefahren angemessen erkannt werden sollen. Wie bekannt halten sich die wichtigsten Umweltprobleme nicht innerhalb regionaler und politischer Grenzen, sondern sind internationaler Art, haben planetarische Auswirkungen, betreffen die Biosphäre insgesamt. Der größte Teil der Umweltzerstörung – Artensterben, Wüstenbildung und anderes mehr – findet gegenwärtig in den Entwicklungs- und Schwellenländern statt, die sich finanziell aufwendige Umweltschutzmaßnahmen nicht leisten können. Diese Staaten interpretieren die Umweltkrise für gewöhnlich als Folge ihrer Armut und der Verschwendung im Norden; der Norden erklärt sie dagegen als Folge der Überbevölkerung und fehlender Technologien im Süden.[11] Vermutlich haben beide Seiten recht.

Dabei kann es niemand den Entwicklungs- und Schwellenländern verdenken, wenn sie, um ihre Armut zu überwinden, ihre Schulden zu tilgen und westlichen Wohlstand zu erreichen, die letzten ökologischen Ressourcen aufbrauchen. Hauptsächlich darum werden die tropischen Regenwälder gerodet – sei es um Brenn- und Rohstoffe oder um nährstoffreichen Agrarboden zu gewinnen, der allerdings mit der Zeit wieder erodiert, versteppt und unfruchtbar wird, so daß schon bald aufs neue Gebiete durch Brandrodung nutzbar gemacht werden müssen. Dies alles bedeutet nicht nur Zerstörung von Wäldern in bis vor kurzem noch ungekanntem Ausmaße, es führt auch zu einer beängstigenden Zunahme der Zahl der Umweltflüchtlinge, die zu den Kriegsflüchtlingen überall auf der Erde hinzukommen.

Nun glaubt man, die angedeutete Teufelskette durch sogenannte „nachhaltige", das heißt durch ebenso umweltschonende wie wirtschaftsverträgliche „Entwicklung" – sustainable development –, durchbrechen zu können. Doch ist bis heute strittig, wie sich eine solche in Gang bringen und halten läßt, ob durch Entschuldung, Geburtenkontrolle, kostenlosen Technologietransfer oder durch etwas ganz anderes. Einig ist man sich bloß darüber, daß die reichen Industrienationen ihr Wohlstandsmodell ändern müssen, wenn ihr Lebensstil international kopierbar werden soll. Da aber Umkehr und Verzicht kaum zu erwarten sind, der Wunsch nach Luxus auf der Erde nicht verstummen wird, bedarf es eines Wohlstandsmodells, das einerseits die Umwelt schont, andererseits nicht ein Zurück in die Steinzeit bedeutet, um es plakativ zu formulieren. Notwendige Voraussetzung hierfür wäre, daß Umweltschutz selbst vorrangige Aufgabe von Wirtschaft und Technik würde. Dieses Ziel läßt sich nach *Ernst Ulrich von Weizsäcker*[12] nur durch eine ökologische Steuerreform erreichen, nach der umweltbelastend hergestellte, konservierte, transportierte, verpackte oder zu entsorgende Waren stärker verteuert würden als solche mit minimaler Umweltbelastung. Daraufhin werden die meisten Kunden, so meint Weizsäcker, eine der Umwelt zuträglichere Kaufentscheidung treffen und hierdurch die Wirtschaft zwingen, mehr als in der Vergangenheit umweltverträgliche Verfahren zu entwickeln. Sollten dagegen eine Umwelt schonende Wirtschaftspolitik und Wirtschaft belebende Umweltpolitik nicht möglich sein, dann stehen die Länder der Dritten Welt auch künftig vor der verhängnisvollen Alternative: Armut oder Naturzerstörung.

Derartige Dilemmata treten heutzutage gehäuft auf, und oftmals weiß niemand so recht, was zu tun ist, weil der strittige Punkt jeder Eindeutigkeit entbehrt. Beispielsweise bedeutet Kernenergie ein großes Umweltrisiko mit Endlagerproblem, dagegen der Ausstieg einen weiteren CO_2-Anstieg durch Abbrennen von noch mehr nicht erneuerbaren fossilen Brennstoffen. Um es mit einem anderen Beispiel zu sagen: Betriebswirtschaftlich gesehen gilt ein Unternehmen als gesund und förderungswürdig, das Gewinn abwirft, auch wenn es Mitarbeiter entlassen muß und im Rahmen zulässiger Grenzwerte umweltschädigend produziert; volkswirtschaftlich betrachtet stellt das gleiche Unternehmen eine Belastung dar, da es durch Arbeitslosigkeit und Umweltzerstörung Kosten schafft, die von der Versichertengemeinschaft und der Allgemeinheit getragen werden müssen. Angesichts solcher und ähnlicher Widersprüche möchte man fast sagen, heute steht am Ende der Philosophie, was einst als deren Anfang galt: die Erfahrung, sich in der Welt nicht mehr auszukennen.

Allerdings darf bei alldem nicht übersehen werden, daß, obwohl auf den Konferenzen von Rio 1992, Berlin 1995 und Kioto 1997 so gut wie keine verbindlichen Vereinbarungen getroffen wurden, doch die Verschlechterung des Klimas, Zerstörung des Ozongürtels oder die Ausrottung von Pflanzen- und Tierarten von niemandem wirklich gewollt wird – selbst nicht von denen, die dieses alles herbeiführen. Darum scheinen auch wirkungsvolle Maßnahmen etwa zur Erhaltung der Regenwälder oder gegen Luft- und Wasserverschmutzung wichtiger zu sein als die Beantwortung der Frage nach der Würde der Natur, zumal alle Naturethiker darin übereinstimmen, daß sie zu bewahren ist, weshalb die Gründe dafür eher unerheblich, wenn auch nicht überflüssig erscheinen.

Trotzdem möchten mündige Bürger wissen, warum sie etwas tun oder unterlassen sollen; gefühls- und gewohnheitsmäßige Überzeugungen, so stark sie auch sein mögen, sind ihnen zu wenig. Gerade in grundsätzlichen Fragen wollen nachdenkliche Menschen Klarheit und nicht alles persönlichem Gutdünken, dem Ungefähren und Vagen überlassen. Sie sind an stimmigen, überzeugungskräftigen Argumenten interessiert, auf die sie ihr Urteil stützen können. Deshalb betrachten sie allgemeine Fragen wie die nach der Würde der Natur auch nicht als unwichtig. Sie werden sich mit der Plausibilität des allgemeinen Grundsatzes nicht begnügen, daß die Natur zu bewahren und zu schonen ist, wenn sie erkannt haben, daß sich die Natur und alle darin lebenden Wesen, allen voran der Mensch, selbst nicht daran halten.

Denn ob die Natur Würde hat oder nicht, der alles verklärende und beschönigende Blick wird ihr jedenfalls nicht gerecht, da sie keineswegs bloß liebenswert und gut ist, sondern auch reich an zerstörerischen Kräften. Zweifellos spendet sie Nahrung und Geborgenheit in Fülle, verhungern und erfrieren läßt sie aber auch; Krankheiten entstehen, Unfälle und Katastrophen der unterschiedlichsten Art finden statt. Von diesen bedrohlichen Widerfahrnissen abgesehen, ist auch der Kampf ums Dasein bei allen Lebewesen verbreitet, so daß der Schluß unvermeidlich wird: Die Natur übernimmt selbst keinerlei Verantwortung für das Leben. Die Katze läßt das Mausen nicht, und der Löwe jagt und frißt die Antilope, von deren Überlebensinteresse völlig ungerührt. Außerdem ist die Natur in ständiger Veränderung begriffen; sie verhält sich „durch ihre Geschichte hindurch ebenso verschwenderisch mit dem Erzeugen wie mit dem Zerstören ihrer Formen."[13] Mehr als 99 Prozent aller Tier- und Pflanzenarten sind im Laufe der Entwicklungsgeschichte ohne Zutun der Menschen auf natürliche Weise ausgestorben. Ebenso unbestreitbar ist, daß Natur und Welt auch ohne den Menschen bestehen können. Diesem ist keineswegs der Nachweis gelungen, daß dem Universum etwas fehlte, wenn er nicht mehr existierte. Im Gegenteil, spätestens wenn sich die Erde durch die zum Roten Riesen gewordene Sonne in einen glühenden Planeten verwandelt haben wird, ist die Menschheit mit allem Leben darauf von der Erdoberfläche verschwunden. Alles, wofür die Menschheit einst gelebt hat, wird es dann nicht mehr geben.

Aus alledem wird deutlich, die Natur nimmt selbst keinerlei Rücksicht auf die Bedürfnisse und Wünsche der in ihr lebenden Wesen; vom Menschen her gesehen, schafft sie sogar viele grausame Tatsachen. Doch erscheint sie nur aus seiner Sicht als unbarmherzig, roh und hart; für sich betrachtet ist sie weder zerstörerisch noch mit irgendwelchen Mängeln behaftet, aber auch nicht lieb und gut. Sie ist uns gegenüber gleichgültig, wodurch die ethische Grundfrage, warum sie uns nicht gleichgültig sein darf, ein besonderes Gewicht erhält: Weshalb soll der Mensch das achten, was den Menschen nicht achtet?

Wie immer die Antwort hierauf lautet, Naturschutz, der durch Artikel 20 a des *Grundgesetzes* und das *Gesetz über Naturschutz und Landschaftspflege* ein Teil unserer Rechtsordnung ist, kann nicht Schutz der Natur vor sich selbst bedeuten. Diese besitzt bestenfalls Abwehrrechte, die uns ihre gewaltsame Zerstörung untersagen, aber so gut wie keine Anspruchsrechte, welche von uns den Schutz aller Lebewesen verlangen würden. Wir können den Löwen nicht davon abhalten, die Antilope zu reißen, und die Interessen der Maus nicht vor der Katze vertreten. Als winzige Wesen auf einem armseligen Planeten in der endlosen Weite des Alls können wir die Entwicklung nicht aufhalten, welche die Erde wieder wüst und leer machen wird, ohne daß es dann noch jemanden gibt, der diese beängstigende Stille, das Schweigen der Welt als solches vernimmt. Mit anderen Worten: Wir können für die Natur selbst keine Verantwortung übernehmen, sondern lediglich für die Folgen unseres Tuns in und an ihr. Das heißt, wir können die Natur nicht vor sich, sondern nur vor uns schützen, wie wir selbstverständlich uns auch weiterhin vor ihr schützen müssen. Natürlich ist damit nicht einer schrankenlosen Naturausbeutung das Wort geredet; nur werden verändernde Eingriffe in den Naturzusammenhang auch künftig unvermeidlich sein, soll der Kampf gegen Armut und Elend weitergehen.

Im Streit um den letzten Verpflichtungsgrund zu verantwortlichem Umgang mit der Natur stehen sich heute Vertreter grundsätzlich verschiedener Geistesrichtungen gegenüber: einmal diejenigen, die ihn auf der Seite der Natur suchen, dann solche, die ihn auf der Seite der Menschen finden, und schließlich die Anhänger einer mittleren Position. Ersteren zufolge ist die Natur um ihrer selbst willen zu achten, weil sie als von Gott geschaffener oder aus sich heraus existierender Harmoniezusammenhang Eigenwert und Würde besitzt und dadurch Träger von Rechten ist, die uns zu rücksichtsvollem Verhalten ihr gegenüber auffordern. Im allgemeinen nennt man diese Ansätze, seien sie religiös begründet oder nicht, physiozentrisch. Hiervon gibt es verschiedene Spielarten: So kommt nach den einen ausschließlich Lebewesen Wert und Würde zu, weshalb sie Biozentriker genannt werden; nach den anderen der gesamten Natur. Unter diesen muß wiederum unterschieden werden zwischen solchen, die mehr den Einzeldingen – Stein, Pflanze, Tier – achtunggebietenden Wert zuerkennen, und denjenigen, die eine besondere Würde in der Natur im ganzen erblicken, weshalb sie auch als Holisten (holon = das Ganze) bezeichnet werden.[14]

Die Verteidiger aufklärerischer Ideen halten solche physiozentrischen Sichtweisen für unzeitgemäß und verfehlt; die Natur, welche um menschliche Belange völlig unbekümmert sei, werde darin übergebührlich idealisiert, sagen sie. Genaugenommen sei die Natur kein Wert an sich, sondern nur ein Wert für uns, und das sei der wahre Grund für ihre Erhaltung und Bewahrung. Bildlich gesprochen sei sie der Ast, auf dem wir sitzen, an welchem wir nicht sägen sollten aus wohlverstandenem Selbstinteresse wie auch aus Solidarität mit künftigen Generationen. Nach dieser anthropozentrischen Grundeinstellung ergeben sich die Anweisungen zu bewahrendem Umgang mit der Natur ausschließlich aus unseren Interessen oder der menschlichen Vernunft. Verantwortung für die Natur ist ein Teil der Verantwortung des Menschen für den Menschen. Dieser Meinung sind die sogenannten Vernunftphilosophen[15], die zwar menschliches Leben nicht mehr als im religiösen Sinne heilig ansehen, es aber doch für an sich wertvoll halten aufgrund der ihm innewohnenden Vernunft, der Fähigkeit zu objektiver Erkenntnis wie zu moralischem Handeln. Daraus leiten sie die Pflicht ab, sich selbst und allen Erdenbürgern den aufrechten Gang zu ermöglichen, was eine Schonung der außermenschlichen Natur mit einschließe, da sie unsere Lebensgrundlage bilde, mögen wir auch noch so sehr aus ihr herausragen.

Eine mittlere Position zwischen dem skizzierten Anthropozentrismus und Physiozentrismus nimmt der Utilitarismus ein. Dieser ist eine philosophische Bewegung, deren kennzeichnender Begriff die „Nützlichkeit", lateinisch utilitas, ist. Nach Ansicht der klassischen Utilitaristen Bentham, Mill und Sidgwick ist alles das nützlich, was das Glück der Menschen vermehrt und deren Leid vermindert.

Wie die Vernunftphilosophie gehört der Utilitarismus zu jenen Geistesrichtungen, die ohne religiöse Untermauerung auszukommen versuchen. Im Gegensatz aber zu den Vernunftphilosophen, die den Menschen übergebührlich aus der Natur herausheben, stellen die Utilitaristen[16] ihn gänzlich in die Natur hinein. Der Mensch sei ein Lebewesen unter anderen, sagen sie, dessen artspezifische Besonderheiten keine Vorrangstellung begründen und rechtfertigen könne. Natürlich gebe es wichtige Unterschiede zwischen Mensch und Tier, doch sei die traditionelle Vorstellung über die menschliche Einzigartigkeit überzogen und darum das Vertrauen darauf mittlerweile zutiefst erschüttert. In der Tat, der Homo sapiens sapiens ist als Teil der Ordnung der Primaten eine natürliche Art der Gattung Hominiden. Diese Art unterscheidet sich von anderen nur graduell, nicht aber prinzipiell. Die biochemische Entdeckung, daß die menschliche DNS nur um 1,6 Prozent von derjeningen der Schimpansen abweicht, unsere Gene also zu fast 99 Prozent mit denen der Großen Menschenaffen übereinstimmen, ist das beste Beispiel dafür. Hierzu paßt auch, daß unser Gehirn weder anatomisch noch physiologisch sich von dem anderer Wirbeltiere grundsätzlich unterscheidet.

Doch besteht nicht nur eine äußere Verwandtschaft zwischen Mensch und Tier, sondern damit zusammenhängend auch eine innere. Im Unterschied zu lebenden Organismen wie Pflanzen oder leblosen Objekten wie Gesteinen sind Mensch und Tier leidensfähig. Durch diese Erkenntnis verliert die jahrhundertelang verteidigte Grenze zwischen beiden fast gänzlich an Bedeutung, denn die Leidensfähigkeit der Tiere legt die Vermutung nahe, daß auch diese an Wohlergehen, Lustmehrung und Schmerzminderung interessiert sind.

Nach utilitaristischer Auffassung ist Schmerz- und Empfindungsfähigkeit eine Kategorie von höchster moralischer Bedeutung; näher betrachtet, hätten darin fast alle traditionellen Gebote, wie Hilfe zu leisten, Zuspruch zu geben, Grausamkeit zu vermeiden, ihre Grundlage. Die in moralischer Hinsicht wichtigste Grenze verlaufe nicht zwischen Vernunft und Natur, wie herkömmlicherweise angenommen, sondern zwischen Empfindungsfähigkeit und Empfindungslosigkeit. Wenn das stimmt, dann haben alle bedürftigen, verletzlichen Wesen einen Anspruch darauf, unmittelbar moralisch berücksichtigt zu werden, wohingegen Geschöpfe ohne gefühlsmäßige Zustände, moralisch gesehen, bedeutungslos sind.

Tatsächlich ist die Natur an sich, einschließlich des Lebens darin, nach Meinung der Utilitaristen wertlos – ein Urteil, das auf den ersten Blick schockiert. Bei Lichte besehen stimmt es aber mit den Alltagsvorstellungen der meisten von uns überein. Denn viele von uns halten ja nicht das Leben als solches für wertvoll, sondern die Dinge, die es ermöglicht, wie Helga Kuhse treffend formuliert.[17] Ist aber weder die Natur noch das Leben darin an sich wertvoll, so darf auch keiner Art oder Gattung aufgrund bestimmter biologischer Eigenschaften ein Privileg zuerkannt werden.

Geschieht dies trotzdem, so kommt es, wie *Peter Singer* sagt, zu „Speziesismus" – ein den Ausdrücken „Rassismus" oder „Sexismus" nachgebildeter Begriff. Menschliche „Speziesisten" begründen ihre Vorrechte vor anderen Lebewesen mit der bloßen Zugehörigkeit zur Art Homo sapiens sapiens – wie weiße „Rassisten" ihre Vorzugsstellung vor Schwarzen mit der Hautfarbe und männliche „Sexisten" ihre Bevorzugung vor Frauen mit Geschlechtsmerkmalen.[18] Der Ausdruck „Speziesismus" stammt von *Richard D. Ryder,* der ihn 1970 in einem privat gedruckten Flugblatt, mit dem er für Tierrechte eintrat, zum ersten Mal gebrauchte.[19] Beide, Ryder und Singer, lehnen es ab, den moralischen Status eines Individuums von der Zugehörigkeit zu einer bestimmten Spezies abhängig zu machen. Hierin sehen sie eine willkürliche Diskriminierung anderer Arten und Gattungen zugunsten der eigenen. Artspezifische Merkmale seien in moralischer Hinsicht völlig unerheblich, wirklich bedeutsam sei allein die Frage, ob ein Lebewesen leiden könne, weshalb der utilitaristische Ansatz auch pathozentrisch genannt wird.

Nach den Vernunftphilosophen besitzen ausschließlich die Menschen ein Eigenrecht auf Leben; die außermenschliche Natur ist ihnen zufolge bloß als menschliche Existenzgrundlage bewahrenswert. Die Utilitaristen hingegen erweitern den Kreis der unmittelbar moralisch zu berücksichtigenden Lebewesen, indem sie auch empfindungs- und schmerzfähigen Tieren Rechtsansprüche zubilligen. Hierbei unterscheiden sie streng zwischen dem Problem, wie Tiere gehalten werden sollen, und der Frage, ob sie getötet werden dürfen. Auch wenn sie an das Gewissen der Menschen appellieren, auf das Töten von Tieren zu Nahrungszwecken zu verzichten, halten sie es in engen Grenzen für erlaubt, sollte nachweisbar sein, daß Tiere kein Überlebensinteresse haben, weil ihnen das dazu erforderliche Zukunftsbewußtsein fehlt. Jedoch ist bis heute unklar, ob höhere Säugetiere wie Wale, Delphine, Hunde, Katzen, Schweine und Kälber ein solches besitzen. Dagegen steht zweifelsfrei fest, daß sie Schmerz und Lust empfinden können, weshalb auch jede Form von Tierquälerei, sei es durch industrielle Massentierhaltung oder schmerzvolle Tötung, verboten werden sollte. In diesem Zusammenhang stellt sich noch einmal die Frage nach dem Überlebensinteresse der Tiere, ob nämlich deren Streben nach einem schmerzfreien, lustvollen Leben nicht den Wunsch einschließt, daß ein solches weiter andauern möge. Allerdings ist dieser Punkt strittig.

Pelzhandel lehnen die Utilitaristen natürlich ab, Tierexperimente halten sie dagegen unter bestimmten Voraussetzungen für vertretbar, die Nutzung von Tieren als Nahrung aber, wie gesagt, für ein großes Problem. Besonders lautstark treten sie seit einigen Jahren für das Recht der Großen Menschenaffen auf Leben und Freiheit ein, weil diese nicht nur ein ausgeprägtes Gefühlsleben besäßen, sondern auch geistige Fähigkeiten.[20]

Die empfindungslose Natur, ob belebt oder unbelebt, hat ihrer Auffassung nach kein Eigenrecht auf Existenz. Dennoch führen sie gute Gründe an, auch diese zu bewahren – ökologische, wirtschaftliche und nicht zuletzt ästhetische, überzeugt davon, daß viele von uns dem Erleben des naturhaft Schönen große Bedeutung beimessen. Trotzdem erhält der Utilitarist die Biosphäre aber nicht um ihrer selbst, sondern bloß um der Menschen, künftiger Generationen sowie aller leidensfähigen Lebewesen willen. Mit *Singer* gesprochen: „Diese erweiterte Ethik bezieht alle empfindungsfähigen Lebewesen in die moralische Berücksichtigung ein, grenzt aber andere lebende Dinge davon aus. Die Überflutung des uralten Waldes, das mögliche Verschwinden einer ganzen Spezies, die Vernichtung mehrerer komplexer Ökosysteme, das Stauen des wilden Flusses selbst und das Verschwinden jener Felsschluchten spielen nur insoweit als Faktoren eine Rolle, als sie sich nachteilig auf empfindungsfähige Lebewesen auswirken."[21] Hiernach liegt der letzte Verpflichtungsgrund zu schonendem Umgang mit der Natur nicht in deren besonderen Würde, sondern in der Leidensfähigkeit der Tiere wie im klugen, weitsichtigen Eigennutz des Menschen.

Zweifellos spricht der physiozentrische Ansatz, nach dem die Natur um ihrer selbst willen zu schonen ist, weil sie eigene Würde besitzt, viele Menschen gefühlsmäßig an, da man das außermenschliche Leben nicht bloß der eigenen Interessen wegen schützen möchte. Empfindsamen Gemütern bereitet eine solche Vorstellung durchaus Unbehagen, da sie zutiefst anthropozentrisch ist. Zwar heißt es darin nicht, daß die Welt für uns und um unseretwillen erschaffen wurde, dafür aber, daß sie für uns und um unseretwillen zu erhalten sei.

Doch so verständlich dieses Unbehagen auch ist, die Richtigkeit des physiozentrischen Ansatzes ist dadurch noch nicht erwiesen. Im Gegenteil bestehen gerade heute berechtigte Zweifel an der Wertbesonderheit von Natur und Leben. Näher betrachtet lebt die physiozentrische Naturethik von metaphysischen Voraussetzungen, welche durch die heutigen Naturwissenschaften problematisch geworden sind. Viele vertreten inzwischen eine naturalistische Weltauffassung, nach der es außer der naturwissenschaftlichen Erkenntnisweise keinen höheren Zugang zur Natur an sich gibt, ohne damit zu bestreiten, daß man die Natur auch als vollkommen, schön und wertvoll erleben kann. Nur gelten diese Eigenschaften nicht mehr als Merkmale der Organismen selbst, sondern vielmehr als subjektive Formen menschlicher Welterfahrung.

Davon abgesehen müßte ein konsequent vertretener physiozentrischer Ansatz uns nicht bloß den Verzehr fleischlicher Nahrung, sondern gleichfalls vegetarische Kost verbieten. Der heutige Gesetzgeber gewährt den Haus- und Nutztieren, auch den Jagdtieren und den in zoologischen Gärten gehaltenen Tieren besonderen Schutz, und erkennt ihnen damit etwas „Würde" zu. Dabei handelt es sich in der Regel um Säugetiere, die dem Menschen entwicklungsgeschichtlich und durch den täglichen Umgang näherstehen – aber auch um Vögel, die durchweg in irgendeiner Weise Nützlinge sind. Doch wie steht es um Schädlinge, besonders jene, die in Massen auftreten? Es gibt Verordnungen, welche die Bekämpfung von Schädlingen verfügen; aber auch ohne Gesetze bekämpft sie der Mensch, beispielsweise Mäuse, und er hat schon manche Art dezimiert oder fast ausgerottet, etwa den Maikäfer. Wie steht es überhaupt um die „Würde" all der Lebewesen, die den Klassen weit unterhalb der Säugetiere und Vögel angehören, zum Beispiel Insekten, Würmer, Mollusken? Diese Frage stellt sich auf ähnliche Weise auch in bezug auf Pflanzen. Der Rose wird „Würde" zuerkannt, mindestens von Züchtern und Dichtern, aber einem Grashalm, einem unscheinbaren Moos? Und sind Bakterien, denen wir Käse und Joghurt ebenso verdanken wie Cholera und Pest, nicht auch Lebewesen?

Mit anderen Worten: Eine uneingeschränkt physiozentrische Naturethik müßte das Zerdrücken lästiger Fliegen genauso verwerfen wie das Jäten störender Unkräuter oder das Bekämpfen gesundheitsgefährdender Bakterien, die doch alle ein Ja zum Leben in sich enthalten, weshalb sie schützenswerte Güter zu sein scheinen. Vor diesem Hintergrund erscheint es als völlig willkürlich und ungereimt, wenn man Hühner, Schweine und Kälber nur mit einem bis zur Schlachtung gewährten Lebensrecht abspeist, um sie nachher voller Genuß verspeisen zu können. Aus alldem wird deutlich, der verständliche Wunsch, eine physiozentrische Sichtweise aufleben zu lassen, ist häufig nicht von einem klaren Bewußtsein dessen begleitet, was für praktische Konsequenzen sich daraus ergeben.

Hinzu kommt die weltanschauliche Gebundenheit des Physiozentrismus, der oftmals zu nicht verallgemeinerunsgfähigen Spekulationen neigt. Selbstverständlich bleibt es niemandem verwehrt, in das Ganze der Natur und in alle Lebewesen eine Wesenswürde hineinzudeuten, auch wenn dieses zu absurden Konsequenzen führt und mit dem heutigen Weltbild der Naturwissenschaften kaum vereinbar ist. Es ist aber unzulässig, wie schon wiederholt vermerkt, Interpretationen dieser Art anderen aufzuzwingen, weil sie weltanschaulich bestimmt sind, der weltanschaulich neutrale Staat aber seinen Bürgern keine Weltanschauung vorschreiben darf. Daraus folgt: Kommen die Anhänger des wissenschaftlichen Naturalismus zu dem Ergebnis, daß die Natur keine Würde besitzt, weil sie an sich wertlos ist, sieht sich der neutrale Staat dazu gezwungen, die Natur so anzusehen, als ob sie ohne Würde wäre. Allerdings spricht auch vieles dafür, daß die Welt, unabhängig von uns wertenden Menschen, tatsächlich keinerlei moralischen Wert hat, gewissermaßen ohne besondere Würde existiert. So ansprechend der physiozentrische Ansatz auch gefühlsmäßig ist, verstandesmäßig überzeugt er kaum.

Genau umgekehrt die anthropozentrische Naturethik: Diese halten viele Menschen für emotional wenig befriedigend, in rationaler Hinsicht aber für äußerst einleuchtend. Deshalb wünschen sich die meisten eine Lösung irgendwo zwischen Physiozentrismus und Anthropozentrismus, die weder auf eine theologische oder metaphysische Wertquelle angewiesen wäre noch nur auf menschlichen Selbst- und Vernunftinteressen beruhte. Nach einer alten Weisheit liegt die Wahrheit in der Mitte. Wie dargelegt, geht der utilitaristische Ansatz einen solchen Mittelweg, indem er, den Menschen in den Naturzusammenhang hineinnehmend, einerseits den traditionellen Anthropozentrismus vermeidet, andererseits für einen metaphysikfreien, schwachen Physiozentrismus wirbt, der ebenso zu Rücksicht auf die leidensfähige Kreatur wie auch zu bewundernder Naturwahrnehmung aufruft. Auf diese Weise relativiert der utilitaristische Ansatz zum einen den Ausschließlichkeitsanspruch anthropozentrischer Ethiken, ohne die eigennützigen Argumente der Menschen für die Erhaltung der Natur außer Kraft zu setzen; zum anderen beraubt er physiozentrische Konzepte ihres metaphysischen Gehaltes, ohne die Idee der selbstlosen Schonung des außermenschlichen Lebens und der ästhetischen Naturbewunderung zu zerstören. Denn eine an sich wertlose Natur kann für uns durchaus Eigenwert haben, der sich dem sinnlichen Erleben offenbart. Man denke etwa an den Anblick bizarrer Felsen, zarter Rosen, an ein Bad in den Wellen des Meeres, Vogelgezwitscher, die Heiterkeit eines strahlenden Sommertages, an die Freuden einer sternklaren Nacht oder an das Bild eines uralten Baumes. Hier hat die naturhafte Welt einen Eigenwert für uns, auch wenn sie an sich völlig wertlos sein sollte.

Darüber hinaus scheint der Utilitarismus noch am ehesten die Forderung weltanschaulicher Neutralität zu erfüllen, sofern seine Anhänger lediglich mit der Leidensfähigkeit von Mensch und Tier argumentieren. Nicht nur Menschen sind empfindlich für Verletzungen der unterschiedlichsten Art, das gleiche gilt auch für alle Wirbeltiere, die Wohlbehagen und Schmerzen empfinden können. So groß die Unterschiede sind, in dieser Beziehung unterscheiden sie sich kaum von uns. Nach Graden der Intensität abestuft, besitzen alle Tiere mit zentral organisiertem Nervensystem ein dem menschlichen Schmerz ähnliches Empfinden – ob Fische, Lurche, Kriechtiere, Vögel oder die Säugetiere, zu denen wir selbst gehören. Schwieriger ist dagegen die Frage zu beantworten, wieweit Tiere mit Strickleiternervensystem – Insekten, Krebse, Würmer – oder gar einfache wirbellose Hohltiere mit Netznervensystem – Polypen, Quallen, Korallen – leidensfähig sind.[22] Einfacher ist dafür das Rätsel der Pflanze zu lösen. Da diese kein Nervensystem hat, das für jede Art von Empfindung notwendig ist, darf man annehmen, daß sie auch nicht leidensfähig ist. Sicherlich richten sich Pflanzen in ihrem Verhalten nach Umweltreizen wie Licht und Schwerkraft, sie können auch gedeihen und verkümmern, aber ein neuronales Substrat für empfundenen Schmerz besitzen sie nicht, so daß es schlicht Unsinn wäre zu sagen, daß wir ihnen Schaden zufügen, wenn wir sie pflücken oder zerschneiden. Solche gut untermauerten Erkenntnisse, die gerne gehegte Anschauungen umstürzen, sollte man nicht darum ablehnen, weil sie einem nicht behagen. Dennoch bleibt es in einer freien Gesellschaft möglich, weiter daran zu glauben, daß Pflanzen ein Innenleben besitzen, wie es auch niemandem verboten ist, Blitze und Donner, die elektrische Entladungen sind, für das Grollen der auf die Menschen neidischen Götter zu halten. Wenn wir allerdings verstehen wollen, was weltanschauungsneutrale Erkenntisse sind, auf die sich das Recht eines weltanschaulich neutralen Staates beruft, dann müssen wir uns von solchen weltanschaulichen Vorstellungen freimachen.

Nun sind wir normalerweise darum bemüht, schmerzfrei zu leben, uns frei zu entfalten und ein sicheres, glückliches Dasein zu führen. Den gleichen Wunsch haben nach heutiger Erkenntnis, verallgemeinert gesprochen, auch Tiere, obwohl sie uns das nicht sprachlich mitteilen können. Deshalb darf folgender Grundsatz aufgestellt werden: Lebewesen, die Schmerzen empfinden können, sind in einem übertragenen Sinne nicht daran interessiert zu leiden; im Gegenteil muß man unterstellen, daß sie schmerzfrei leben wollen. Diesen Wunsch zu respektieren heißt, sie zu achten und ihnen damit eine gewisse Würde zu verleihen, obwohl sie ihrerseits weder zu Selbstachtung noch zu gegenseitiger Anerkennung fähig sind, sieht man von der Unterordnung der einzelnen Tiere im Rudel ab. Auf die naheliegende Frage, woher wir eigentlich wissen, daß Tiere Schmerzen empfinden können, lautet die einfachste Antwort: Man sieht es ihnen an. Schwerer wiegt die Feststellung, daß sie wie wir ein Nervensystem haben. Allerdings vermag dieses allein noch keine Naturethik zu begründen; die Fähigkeit zu leiden, liefert nur das Fundament, auf dem sich eine solche Theorie errichten läßt. Denn aus der Tatsache, daß empfindungsfähige Wesen das Bedürfnis und Interesse haben, schmerzfrei zu leben, folgt nicht von selbst ein Anspruch und Recht darauf, wie man vielleicht vermuten könnte. Doch macht jegliche Mißhandlung von Tieren auf eine Verletzlichkeit aufmerksam, die bereits einen weltanschaulich neutralen Grund für würdevollen Umgang bietet – Würde hierbei wieder als Gestaltungsauftrag und nicht als Wesensmerkmal verstanden. Tatsächlich sind Tierquälerei, schmerzvolle Tötung und jede Form von Massentierhaltung – Hühner in der Batterie, Rinder in Boxen an Ketten – würdelos. Sie sind das Ergebnis eines gnadenlosen Gewinnstrebens und erbarmungslosen Konkurrenzdrucks, aber auch Ausdruck menschlicher Verrohung.

Trotzdem hat man mit der Idee der Würde als Gestaltungsauftrag empfindungsfähigen Lebewesen noch keinerlei Recht auf ein möglichst schmerzfreies Leben zuerkannt; vielmehr ist nur darauf aufmerksam gemacht, daß, wenn man einen selbstdistanzierenden Standort bezieht, sich geradezu zwangsläufig die ethische Forderung einstellt, verletzliche Wesen nicht zu quälen und deren Leid, soweit es in menschlicher Macht liegt, zu verringern. Rechte allerdings ergeben sich daraus nicht. Aus weltanschauungsneutraler Perspektive betrachtet, gibt es von Natur aus nur ein Verlangen nach Abwesenheit von Schmerz, Angst und Leid, das erst wir Menschen in ein Recht auf weitestgehend unversehrtes Leben verwandeln können. Dieses ist schon deshalb keine willkürliche Setzung, da es sich aus übergreifenden ethischen Gesichtspunkten heraus rechtfertigen läßt. Wie solches Recht im einzelnen aussieht, zeigt das deutsche *Tierschutzgesetz*.

Als erstes Land verkündete Großbritannien im Jahre 1822 ein Gesetz gegen Tierquälerei. In Deutschland stellte zuerst Sachsen 1838, dann Bayern 1861 und schließlich das Strafgesetzbuch für das Deutsche Reich 1871 die qualvolle Behandlung von Tieren unter Strafe. Dem folgte das *Reichstierschutzgesetz* 1933, das 1972 neu konzipiert und 1986 novelliert wurde. Eine Neubekanntmachung des deutschen *Tierschutzgesetzes* erfolgte 1993. Trotz der europäischen Übereinkommen zum Schutz von Tieren beim internationalen Transport und in landwirtschaftlichen Haltungen sowie der Abkommen über Tierversuche liegt eine europäische Tierschutzkonvention noch in weiter Ferne.

In der abendländischen Geschichte wurden Tiere immer wieder als Sachen angesehen, so etwa im Römischen Recht und in der Neuzeit von Descartes, Hobbes oder Kant, die deswegen bereits Schopenhauer heftig kritisierte. Auch das *Bürgerliche Gesetzbuch* setzte bis zur Neufassung 1990 Tiere mit Sachen gleich, obwohl das *Reichstierschutzgesetz* von 1933 schon keinerlei Zweifel mehr daran ließ, daß sich das Tier „als ein Gegenstand sui generis mit leblosen Dingen nicht gleichstellen läßt."[23] Im heutigen *Tierschutzgesetz* ist von der „Verantwortung des Menschen für das Tier als Mitgeschöpf" die Rede, „dessen Leben und Wohlbefinden zu schützen" sei (§1), wobei der Gesetzgeber vor allem an Haus- und Nutztiere denkt. Weit davon entfernt, in tierlichen Wesen beliebig verwendbare Sachen zu sehen, betonen die juristischen Kommentare sogar ihre „geschöpfliche Würde"[24], ohne jedoch diesen Begriff näher zu bestimmen. Dagegen verwerfen sie in aller Deutlichkeit jede rohe und qualvolle Behandlung. Dementsprechend heißt es im *Tierschutzgesetz*:

„Niemand darf einem Tier ohne vernünftigen Grund Schmerzen, Leiden oder Schäden zufügen." (§1) Seit jeher war das Wissen um die Leidensfähigkeit der Tiere Ausgangspunkt des ethischen Tierschutzes, in dessen Mittelpunkt nicht menschliche Interessen stehen, sondern das Tier als lebendes, fühlendes Wesen, dessen Achtung und Wertschätzung moralisches Gebot sei: tierliche Würde als Gestaltungsauftrag! Das bedeutet, ihm möglichst wenig Schmerzen zuzufügen, das tierliche Wohlbefinden nicht übermäßig einzuschränken, seine Gesundheit nicht mutwillig zu zerstören, es vor Schaden zu bewahren. Dies ist die Schutzrichtung unseres Tierschutzgesetzes.

Allerdings sei hierzu kritisch angemerkt: Normalerweise empfinden wir tiefes Mitgefühl uns vertrauten Menschen gegenüber und helfen ihnen, wenn sie Hilfe brauchen; wir sind aber außerstande in derselben Weise Millionen Unglücklicher zur Seite zu stehen, geschweige denn solidarisches Verhalten mit allem Lebendigen an den Tag zu legen; diesem können wir keine echte Fürsorge und Sicherheit bieten. Im Zusammenhang mit diesem Problem unterscheidet man zwischen Abwehr- und Anspruchsrechten; erstere verpflichten einen, alles zu unterlassen, was anderen schaden könnte, letztere gebieten dem Einzelnen, alles zu tun, was Zweiten und Dritten helfen könnte. Wie bereits ausgeführt, wären wir restlos überfordert, wollten wir alle Tiere vor feindlichen Bedrohungen schützen. Verantwortung für sie selbst können wir nicht übernehmen, sondern bloß für unser Verhältnis und Verhalten zu ihnen, wobei wir auch diese nur teilweise zu tragen bereit sind. Beispielsweise verlangt das Gesetz von uns, „das Tier seiner Art und seinen Bedürfnissen entsprechend angemessen [zu] ernähren, pflegen und verhaltensgerecht unter[zu]bringen" (§2), doch die heutige Praxis der industriellen Massentierhaltung sieht oftmals ganz anders aus. Weiter fordert das Gesetz die schmerzfreie Tötung der Nutztiere, wogegen jedoch mindestens genauso häufig verstoßen wird, wie ein Blick in die Schlachthöfe beweist. Darüber hinaus fordert auch die „Schädlingsbekämpfung, insbesondere in der Landwirtschaft, eine unbekannte Zahl meist qualvoll verendender Tiere."[25] Völlig unannehmbar – und dem Geist des Tierschutzgesetzes entgegengesetzt – ist, daß mit Rücksicht auf die Bedürfnisse von Angehörigen bestimmter Religionsgemeinschaften das Schächten von Tieren als betäubungsloses Ausblutenlassen erlaubt wird. (Vgl. §4a) Begrüßenswert sind dagegen die restriktiven Bestimmungen zu Tierversuchen, die nur durchgeführt werden dürfen, soweit sie unerläßlich sind zum Vorbeugen, Erkennen oder Behandeln von Krankheiten und Umweltgefährdungen, zur Prüfung von Stoffen oder Produkten auf ihre Unbedenklichkeit für die Gesundheit von Mensch und Tier hin oder auf ihre Wirksamkeit gegen tierliche Schädlinge wie auch zur Grundlagenforschung. Tierversuche zur Entwicklung von Waffen, Waschmitteln und Kosmetika sind verboten. (Vgl. §7) Allerdings ist nur schwer nachzuvollziehen, daß Tierversuche mit strengen Auflagen verbunden werden, „während eine einschneidende Beschränkung der sonstigen Nutztierhaltung nicht erkennbar ist"[26], obgleich artgerechte Tierhaltung grundsätzlich möglich wäre. Doch läßt sich eine solche bei den gegenwärtigen Marktbedingungen kaum durchsetzen; sie würde die Fleischpreise zu sehr nach oben treiben.

Davon abgesehen stellt sich die Frage, ob die schmerzlose Tötung von Hühnern, Schweinen und Kälbern überhaupt moralisch vertretbar ist. Auffälligerweise geht es dem Tierschutzgesetz in erster Linie um die Vermeidung von Schmerz und Leid, nicht aber so sehr um Lebenserhalt und Tötungsverbot. Das Schlachten wird offenbar für ethisch unbedenklicher gehalten und normalerweise mit Hinweis darauf gerechtfertigt, daß erstens Hühner, Schweine, Kälber gar nicht existierten, wenn niemand Fleisch äße, da sie doch hauptsächlich diesem Umstand ihr befristetes Leben verdankten, und daß sie zweitens kein echtes Interesse daran hätten, ihr Leben fortzusetzen, weil sie nicht über das nötige Zukunftsbewußtsein verfügten. Genaugenommen empfänden sie nur gegenwartsbezogen Lust und Schmerz, weshalb sich lediglich Tierquälerei durch Tierversuche oder industrielle Massentierhaltung verbiete, nicht aber die schmerzfreie Tötung. Allerdings ist das bis heute umstritten und kann darum hier nicht abschließend diskutiert werden. Aber selbst wenn sich diese These als falsch herausstellen sollte, weil höhere

Säugetiere doch zukunftsbezogene Überlebenswünsche hätten, würden viele von uns ihre Eßgewohnheiten vermutlich nicht ändern, sondern weiter die eigene Lust auf gebratenes Fleisch höher bewerten als den tierlichen Wunsch nach Leben. Um die Würde des Tiers mißachten und es mit Appetit verschlingen zu dürfen, würden sicherlich viele ihre eigene Würde drangeben und sich offen als Raubtiere bekennen. Je mehr dagegen das Recht des Tiers auf Leben ausgeweitet wird, umso größer wird auch unsere Pflicht, dieses Recht zu respektieren.

Rückblickend ergibt sich folgendes Bild: Aus weltanschauungsneutraler Sicht kann der Natur an sich und allen Wesen darin, seien es Steine, Pflanzen, Tiere oder Menschen, keine Weseswürde zugebilligt werden. Weltanschauungsneutral betrachtet läßt sich aber die Idee der Würde im Sinne eines Gestaltungsauftrags auf Mensch und Tier als empfindungsfähige, verwundbare Wesen beziehen, nicht jedoch auf die Natur insgesamt. Trotzdem sollten wir auch mit dieser schonend umgehen, da sie unsere Lebensgrundlage bildet, wie es in Artikel 20 a des *Grundgesetzes* heißt.

Embryonenschutzgesetz und Bioethik-Konvention

Außer auf Natur- und Tierethik wirkt sich das neue Würdeverständnis auch auf die Bio- und Medizinethik aus. Hierzu gibt es zahlreiche Empfehlungen des Deutschen Ärztetages, Entschließungen des Bundesrates, Gesetzesanträge einzelner Bundesländer und Bund-Länder-Arbeitsgruppen sowie einen vielbeachteten Bericht der 1984 vom Ministerium für Forschung und Justiz gebildeten Kommission *In-vitro-Fertilisation, Genom-Analyse, Gen-Therapie*, deren Vorsitz der frühere Präsident des Bundesverfassungsgerichts Benda führte, weshalb man auch von der Benda-Kommission spricht. Die richtungweisenden Dokumente aber sind das deutsche Embryonenschutzgesetz von 1991 und die Bioethik-Konvention des Europarates, die 1996 beschlossen und 1997 von zahlreichen Nachbarstaaten unterzeichnet wurde. Deren amtliche Bezeichnung lautet *Konvention zum Schutz der Menschenrechte und der Menschenwürde im Hinblick auf die Anwendung von Biologie und Medizin.* Beide Dokumente enthalten Grundsätze zur Embryonenforschung, Fortpflanzungsmedizin und Humangenetik. Mit gentechnologischen Fragen in der Pharmaindustrie, Landwirtschaft, bei der Abfallbeseitigung und Bekämpfung von Umweltschäden befaßt sich dagegen das 1993 novellierte Gentechnikgesetz; humangenetische Rechtsangelegenheiten werden darin nicht geregelt. Obwohl das *Embryonenschutzgesetz* und die *Bioethik-Konvention* in wesentlichen Fragen übereinstimmen, hält die Bundesregierung letztere doch für inakzeptabel. Drei Aspekte erregen hierzulande Anstoß: einmal der unvollständige Schutz der Embryonen, dann die in eng umschriebenen Grenzen gestattete Forschung an nicht einwilligungsfähigen Personen ohne deren Zustimmung und ohne Nutzen für sie sowie schließlich die Formulierung zur Manipulation von menschlichen Geschlechtszellen. Wegen dieser drei Punkte weigern sich die Vertreter Deutschlands, die Bioethik-Konvention zu unterzeichnen. Verständlicherweise ist es nach den schrecklichen Verbrechen im Dritten Reich, als bedenkenlos menschliches Leben reinen Forschungszwecken geopfert wurde, bei uns besonders schwierig, sich mit solchen Themen sachlich auseinanderzusetzen.

Embryonenforschung – Bioethik-Konvention und Embryonenschutzgesetz verbieten gleichermaßen die Erzeugung von Embryonen zu Forschungszwecken, im Gegensatz zum Embryonenschutzgesetz hält aber die Bioethik-Konvention (Artikel 17) die Forschung an menschlichen Embryonen für grundsätzlich erlaubt.

Genauer versteht man unter einem „Embryo" die „ungeborene Leibesfrucht" in den ersten drei Schwangerschaftsmonaten, während der Zeit der Organentwicklung. Im Streit um Embryonenforschung geht es allerdings nur um die ersten 14 Tage der befruchteten menschlichen Eizelle, vom Zeitpunkt der Kernverschmelzung an gerechnet. Wenn Forschung an Embryonen, dann nur in diesem konkreten Zeitraum vor Einnistung in die obere Schicht der Gebärmutterschleimhaut. Dabei wird jede dem Embryo entnommene Zelle bis zum Achtzellstadium dem Embryo gleichgestellt, da sie, wie es heißt, totipotent ist, sich zu teilen und selbst zu einem menschlichen Individuum zu entwickeln vermag.

Embryonen entstehen heute nicht mehr nur auf natürlichem Wege, sondern können auch künstlich erzeugt werden. Wie bekannt, ist es mittlerweile möglich, Samenzellen und Eizellen außerhalb des menschlichen Körpers miteinander zu vereinen, Embryonen also in der Retorte zu erzeugen; man spricht dann von extrakorporaler Befruchtung oder In-vitro-Fertilisation. Das Gesetz verbietet die künstliche, extrakorporale Herstellung von Embryonen ebenso wie die Embryospende einer Frau für Forschungszwecke. Die künstliche Erzeugung von Embryonen sei allein zulässig, um den Kinderwunsch kinderloser Ehepaare zu erfüllen; sie ist demnach nur erlaubt, wenn sie in der Absicht späterer Übertragung des Embryos in die Gebärmutter einer Frau erfolgt. Dabei erlaubt das Gesetz den Transfer von drei Embryonen pro Zyklus. Man ist davon überzeugt, daß mit der Zahl der übertragenen Embryonen in den Uterus der Frau die statistische Wahrscheinlichkeit der Einnistung – Nidation – steigt, daß aber bei einer Übertragung von mehr als drei Embryonen sich die Erfolgschancen nicht mehr wesentlich verbessern; dafür nimmt dann das Risiko von Mehrlingsschwangerschaften zu. Nun entstehen hierbei gelegentlich überzählige Embryonen, die nicht mehr ausgetragen werden; deshalb drängt sich die Frage auf, ob nicht wenigstens diese zu Forschungszwecken freigegeben werden sollten.

Alles in allem muß also dreierlei unterschieden werden: erstens die natürliche Erzeugung von Embryonen zu Forschungszwekken, zweitens die künstliche Gewinnung von Embryonen zu Forschungszwecken und drittens die Erforschung überzähliger Embryonen, die sowieso zum Absterben verurteilt wären. Die europäische *Bioethik-Konvention* wie übrigens auch die Bundesärztekammer lehnen nur die ersten beiden Möglichkeiten ab, das deutsche *Embryonenschutzgesetz* verbietet dagegen alle drei

Möglichkeiten – und beruft sich in diesem Zusammenhang auf die Würde des Menschen.

Man sagt, jede Form von Forschung an Embryonen widerspreche dem verfassungsmäßig geschützten Rechtsgut der Menschenwürde. Dabei wird unterstellt, „wo menschliches Leben existiert, kommt ihm Menschenwürde zu."[27] Infolgedessen muß jedes nicht der Erhaltung des werdenden Lebens dienende Experiment an Embryonen als würdeverletzend gelten. Im Grunde genommen würden diese dadurch als Sachen eingestuft, zu Objekten degradiert, was eben gegen ihre Menschenwürde verstoße.

So überzeugend diese Einwände zunächst klingen, näher betrachtet setzen sie ein weltanschauungsgebundenes Wesensverständnis der Würde voraus: die Würde als metaphysisches Wesensmerkmal. Weltanschauungsneutral betrachtet, ist die Idee der Würde aber nur noch ein Gestaltungsauftrag, jedoch keine Wesensbestimmung mehr. Darum besitzt aus weltanschauungsneutraler Sicht der Embryo ebensowenig angeborene Würde wie ein erwachsener Mensch.

Wenn sich schon nicht die Idee der Wesenswürde ohne weiteres auf Embryonen übertragen läßt, dann vielleicht die Würde als Gestaltungsauftrag? Auch dieser Versuch ist zum Scheitern verurteilt, da er so etwas wie Bedürfnisse und Verletzbarkeit der befruchteten Eizelle voraussetzt. Diese Bedingungen sind jedoch bei Embryonen in der Frühphase ihrer Existenz nicht erfüllt; genaugenommen kann einer Zellmasse, die sich bei -196 Grad kryokonservieren läßt, kein wirklicher Schaden zugefügt werden. Das Argument, daß durch Embryonenforschung doch mögliches, künftiges Interesse an würdevoller Behandlung verletzt werde, ist falsch, weil überhaupt noch nichts Verletzbares vorliegt, die Entstehung verletzbaren Lebens im Grunde genommen verhindert wird. Daraus wird deutlich: Weltanschauungsneutral betrachtet, gibt es seitens des Embryos kein Argument gegen die Zulassung seiner Erforschung, um das menschliche Wissen über den Menschen zu mehren.

Falls es verallgemeinerungsfähige Einwände dagegen gibt, so müssen sie anderswoher als aus der Würde des Embryos genommen werden. Beispielsweise könnte man auf die Folgen verweisen, darauf also, daß durch Embryonenforschung neue Mißbrauchspotentiale geschaffen werden, weshalb wir darauf verzichten sollten. Doch mahnt diese Gefahr zunächst nur zu besonderer Vorsicht, rechtfertigt aber noch kein vollständiges Verbot der Embryonenforschung, wenn sich das darin erarbeitete Wissen auch für das Wohl des Menschen einsetzen läßt. Dann sind die zu erwartenden positiven Folgen gegen die Risiken abzuwägen. Dagegen ist ein grundsätzliches Verbot der Embryonenforschung nur für den Fall gerechtfertigt, daß sich die Idee der Würde, ob als Wesensmerkmal oder als Gestaltungsauftrag, auf Embryonen anwenden läßt. Da dieses aber ausgeschlossen wurde, darf bezüglich der Embryonenforschung kein grundsätzliches Verbot erlassen werden.

Hiermit ist aber noch nicht die Frage beantwortet, ob lediglich an überzähligen Embryonen geforscht werden sollte oder auch an eigens zu Forschungszwecken erzeugten Embryonen, vorausgesetzt, Embryonenforschung erschiene grundsätzlich als erlaubt, wie es in England und anderen Staaten der Fall ist.

Da meldet sich ein weiterer Einwand zu Wort, der wieder mehr das Problem der Menschenwürde berührt. Mag auch der Embryo, weltanschauungsneutral betrachtet, selbst keine Würde besitzen, so kann doch seine Erforschung dem eigenen sittlichen Empfinden widersprechen. Auch ist es möglich zu denken, daß man aus Achtung vor sich selbst, vor der Form und dem Stoff, aus dem man einst entstand und noch heute besteht, gegen Embryonenforschung ist. Außerdem kann die Selbstachtung einen daran hindern, seine Eizellen, den eigenen Samen oder ein auf natürlichem Wege entstandenen Embryo für Forschungszwecke zu spenden. Es mag mit dem Gefühl der persönlichen Würde unvereinbar sein, sich auf diese Weise instrumentalisieren zu lassen. Jedoch sind dies alles keine Gründe, Embryonenforschung von vornherein zu verbieten, wenn auch der Staat gewährleisten sollte, daß niemand zu irgendeiner Embryonen- oder Gametenspende gezwungen werden kann.

Trotzdem bereitet einem die Vorstellung der Erzeugung von Embryonen zu reinen Forschungszwecken mehr Unbehagen als die Vorstellung der Erforschung überzähliger Embryonen, weshalb man auch für das erste Verbot größeres Verständnis aufbringt als für das zweite. Woran liegt das? Die Antwort lautet: Im einen Falle wird an Embryonen geforscht, die ursprünglich zum Leben bestimmt waren, dann aber doch dieses Ziel nicht erreichten; im anderen Falle wird an Embryonen geforscht, die von Anfang an zum Tode bestimmt sind. Das ist moralisch ein bedeutsamer Unterschied, ob man menschliches Leben hervorbringt, um es dann später zu töten oder um es anschließend sich entwickeln zu lassen. Dennoch könnte die Erzeugung von Embryonen zu Forschungszwecken ethisch vertretbar sein, wenn mit Hilfe des darin gewonnenen Wissens schwere Krankheiten, wie AIDS, heilbar würden, und sonst keine überzähligen Embryonen vorhanden wären. Demnach läßt sich nicht einmal das kategorische Nein gegen die Erzeugung von Embryonen zu Forschungszwekken aufrechterhalten.

Zusammenfassend ergibt sich folgendes Bild: Der Begriff Würde, sei es als Wesensbestimmung oder Gestaltungsauftrag, läßt sich nicht auf den Embryo übertragen. Wenn Embryonenforschung unzulässig sein sollte, dann, weltanschauungsneutral betrachtet, allein deshalb, weil die Folgen hiervon, ethisch gesehen, unannehmbar sind, oder weil Embryonenforschung das eigene sittliche Empfinden, unsere Selbstachtung verletzt. Ob dem tatsächlich so ist, das ist aber – wie vieles andere auch – eine strittige Frage.

Einfacher beantwortbar scheint dagegen die Frage zu sein, ob Forschung an nicht einwilligungsfähigen Personen einen Würdeverstoß darstellt. Nach der *Bioethik-Konvention* sind wissenschaftliche Untersuchungen an Minderjährigen, Bewußtlosen, geistig Schwerstbehinderten, hochgradig altersdementen Personen oder Schaganfallpatienten erlaubt, wenn sie bestimmte Voraussetzungen erfüllen: Einmal müssen sie – wie ein Speichelabstrich oder eine Blutentnahme – mit minimalen Risiken und minimalen Belastungen verbunden sein; dann nicht an anderen Personen untersuchbar, das heißt alternativlos sein und schließlich einen erheblichen Beitrag zur Aufklärung der Krankheit erwarten lassen, an der die untersuchte Person leidet, wobei die

Forschungen für diese selbst keinen direkten therapeutischen Nutzen zu haben brauchen.

Genau darin sehen ihre Gegner eine Würdeverletzung, denn Forschungen, die nicht dem Nutzen des untersuchten Patienten dienen, sondern allein der Patientengruppe, zu der er gehört, entwerteten ihn als bloßes Mittel zum Zweck. Hierauf ist aber zu erwidern, daß Eingriff und Belastung des als Mittel zum Zweck gebrauchten Menschen in den genannten Fällen so geringfügig sind, daß sie nicht von vornherein einer Abwertung gleichgesetzt werden dürfen. Von einer einwilligungsunfähigen Person eine Speichel-, Blut- oder Urinprobe zu nehmen heißt nicht schon, sie zu erniedrigen. Die Instrumentalisierung eines Kranken schließt eine gleichzeitige Anerkennung seiner Person als bedürftigen, verwundbaren Wesens nicht aus und steht darum nicht unwillkürlich im Widerspruch zur Idee der Menschenwürde als Gestaltungsauftrag. Im Gegenteil, es folgt daraus geradezu das Gebot, derartige Untersuchungen in eng umschriebenen Grenzen durchzuführen, wenn sie eine Verbesserung der Kinder- und Notfallmedizin oder der intensivmedizinischen Pflege in Aussicht stellen.[28]

Humangenetik – Ähnliches gilt für die moderne Humangenetik, die den Mechanismen und Gesetzmäßigkeiten der Vererbung auf der Spur ist. Auch hier muß zwischen der Würde als Wesensmerkmal und Gestaltungsauftrag unterschieden werden, wobei hinsichtlich des letzteren zu fragen ist – einmal, ob und inwiefern Humangenetik das Leiden der Menschen verringert oder vergrößert, dann, ob die voraussichtlichen Folgen der Humangenetik verantwortet werden können, und schließlich, wieweit sie die persönliche Selbstachtung berührt.

Allgemein unterscheidet man zwischen *Genomanalyse, Gendiagnostik* und *-therapie.* Unter dem Genom versteht man die Gesamtmenge der Erbanlagen eines Organismus, deren Zahl beim Menschen auf etwa 50000-100000 Gene geschätzt wird. In den achtziger Jahren wurde von den USA, Japan und der EG das sogenannte *Human Genom Project* ins Leben gerufen, in dem die Struktur des gesamten menschlichen Erbguts durch DNAanalytische Untersuchungen aufgeklärt werden soll. Aus weltanschauungsneutraler Sicht stellt das wissenschaftliche Eindringen in die Erbsubstanz des Menschen keine Würdeverletzung dar, sondern ist bloß die konsequente Fortsetzung der heutigen Forschung. Nur von einem weltanschaulich gebundenen Standpunkt aus läßt sich dieses Unternehmen, das niemandem Leid zufügt, als frevelhafte Grenzüberschreitung bewerten. Allerdings besteht große Unsicherheit in der Frage nach den Folgen des darin neu erworbenen Wissens über den Menschen. Da die Möglichkeit eines würdeverletzenden Mißbrauchs nicht ausgeschlossen werden kann, empfehlen manche einen generellen Verzicht auf Genforschung, selbst wenn sich deren Wissen im Kampf gegen das Elend der Welt sinnvoll einsetzen ließe. In diesem Zusammenhang ist häufig von „Dammbruchgefahr" und „schiefer Ebene" – slippery slope – die Rede; dabei verschwinden die Chancen der Humangenetik fast gänzlich aus dem Blick. Gefordert ist aber hier wie sonst auch eine nüchterne Risikoabwägung. Diese läßt es ratsam erscheinen, den eingeschlagenen Weg weiter zu gehen, um nicht von vornherein die Möglichkeit der Behandlung schwerer Krankheiten auszuschließen. Das widerspräche der Würdeidee als Gestaltungsauftrag, so sehr wir uns auch vor jedem Machbarkeitswahn hüten – und lernen sollten, mit unabänderlichen Tatsachen umzugehen. Die Frage der Selbstachtung berührt das *Human Genom Project* nur soweit, als es uns Menschen deutlich unsere Abhängigkeit von genetischen Programmen vor Augen führt, also ernüchternde Erkenntnisse über uns selbst liefert, welche Gefühle der Kränkung und Demütigung hervorrufen können, mit denen wir anschließend fertig zu werden haben.

Wie die *Genomanalyse* verstößt auch die *genetische Diagnostik* an sich nicht gegen die Menschenwürde, höchstens die sich daraus ergebenden Folgen oder die damit verbundenen Absichten. Gegenwärtig unterscheidet man zwischen individueller Frühdiagnostik, der Unterschung auf genetische Erkrankungen lange vor deren wirklichem Auftreten, dann genetischer Familienberatung, in der die Wahrscheinlichkeit des Auftretens einer Erkrankung bei Nachkommen ermittelt und besprochen wird, und schließlich pränataler Diagnostik, welche über den Gesundheitszustand des sich im Mutterleib entwickelnden menschlichen Lebens aufklären soll. Nach dem *Embryonenschutzgesetz* wie auch der *Bioethik-Konvention* ist Gendiagnostik grundsätzlich zulässig, allerdings darf niemand hierzu gezwungen werden. Denn außer Anspruch auf Wissen gebe es auch ein Grundrecht auf Nichtwissen bezüglich des eigenen genetischen Schicksals. So gehöre zur Würde des Menschen die Freiheit, selbst zu bestimmen, wie weit man über die Erkenntnisse hinsichtlich der eigenen Gesundheit informiert wird. Doch birgt die Gendiagnostik noch andere Gefahren in sich, welche die Menschenwürde betreffen.

Vermutlich kann mit Hilfe der Genanalyse eines Tages ein vollständiges Persönlichkeitsbild erstellt, der sogenannte „gläserne Mensch" hervorgebracht werden. Gefährlich wäre es, wenn diese Daten in die Hände des Arbeitgebers oder von Versicherungen gelangten; würdeverletzende Diskriminierungen könnten dann nicht mehr ausgeschlossen werden. Eine andere Frage lautet, ob der Einzelne mit dem genetischen Wissen über sich überhaupt leben kann, wenn es künftige Krankheiten anzeigt, für die eine Heilungsmöglichkeit noch nicht in Sicht ist. Ein wieder anderes Problem besteht darin, daß der Einzelne die Kontrolle über seine genetischen Daten verliert, nicht mehr überprüfen kann, an wen und zu welchem Zweck sie weitergegeben werden. Das wäre ein schwerer Verstoß gegen das informationelle Selbstbestimmungsrecht, das durch den Datenschutz gesichert wird. Jedes Zuwiderhandeln stellt einen unzumutbaren Eingriff in die Privatsphäre dar. Trotz allem darf aber nicht übersehen werden, daß individuelle Frühdiagnostik, die frühzeitige Erkennung von Erbkrankheiten, auch zu Vorbeugung von beruflichen und anderen Krankheitsrisiken dienen, wenn nicht sogar einen Weg zur Heilung vererbbarer Leiden bahnen kann.

Die genetische Familienberatung, auch erbbiologische Diagnostik genannt, die über Risiken für erbkranke Nachkommen informiert, ist mit Blick auf die Idee der Würde als Gestaltungsauftrag nur insofern problematisch, als sie möglicherweise dem Ansehen der Behinderten in der Gesellschaft schadet. Das gilt erst recht für die Pränataldiagnostik, die auf die Erkenntnis fetaler Erkrankungen während der Schwangerschaft gerichtet ist. Auf solch eine Diagnose folgt bereits heute meistens ein Schwangerschaftsabbruch, und in Zukunft könnte ein wachsender gesellschaftlicher Druck auf die werdende Mutter entstehen, den erkrankten Fötus allein schon wegen der hohen Kosten, die behinderte Kinder verursachen, abzutreiben. Allerdings ist nicht der Schwangerschaftsabbruch als solcher würdeverletzend, wie wir noch sehen werden, sondern vielmehr das Motiv dazu. Lebende Behinderte müssen Abtreibung aus embryopathischen Gründen als würdeverletzende Kränkung ihres Selbstwertgefühls empfinden. Darüber hinaus könnte der erhöhte Druck auf Eltern, eine Schwangerschaft wegen Behinderung zu beenden, die Eingliederung der lebenden Behinderten in die Gesellschaft weiter erschweren. Dennoch rechtfertigen diese Gefahren kein Verbot der Pränataldiagnostik. Zwar sollten Staat und Bürger schon im Interesse ihrer behinderten Mitmenschen keine Stimmung für eugenische Abtreibungspraxis machen, zugleich sollten die Betroffenen aber die strittige Frage selbst entscheiden dürfen, wenn zutrifft, daß der Embryo und Fötus, weltanschauungsneutral betrachtet, keine Würde besitzt, und noch keine empfindungsfähige, personale Existenz darstellt; ein Problem, auf das später eingegangen wird. Man erkennt, nicht Gendiagnostik als solche verletzt schon die menschliche Würde, sondern höchstens die sich dahinter verbergenden Absichten und deren Auswirkungen.

Genauso verhält es sich mit der *Gentherapie*. Allgemein unterscheidet man zwischen somatischer Gentherapie, durch die nur Körperzellen verändert werden, und der sogenannten Keimbahn- oder Keimzelltherapie, mit welcher ins Erbgut eingegriffen wird. Organtransplantationen vergleichbar, betrifft erstere nur das behandelte Individuum; letztere bezieht hingegen die gesamte Nachkommenschaft mit ein. Das heißt, Eingriffe in Keimbahnzellen führen zu vererbbaren Veränderungen des Genoms. Nach dem *Embryonenschutzgesetz* ist eine künstliche Veränderung der Erbinformation einer menschlichen Keimbahnzelle allgemein verboten, dagegen die somatische Gentherapie, zu der sich das Gesetz nicht weiter äußert, grundsätzlich erlaubt. Ähnlich lehnt auch die *Bioethik-Konvention* in Artikel 13 den Keimbahneingriff ab, hält aber die Therapie an Körperzellen, deren Erbinformationen nicht an nachfolgende Generationen weitergegeben werden können, für statthaft. Doch werden nur gezielte Keimbahneingriffe von der Konvention untersagt, nicht ausgeschlossen bleiben somatische Gentherapien, die auch Auswirkungen auf die Keimbahn und damit auf nachfolgende Generationen haben können. Es ist unklar, in welchem Ausmaß solche akzeptiert werden sollten.

Nun wird man wohl erwarten, daß hierzulande jede künstliche Veränderung von Zellen, die Erbinformationen an die nächste Generation weitergeben, deshalb untersagt wird, weil hierdurch das „Wesen des Menschen", dessen Wesenswürde, angetastet würde, gilt doch bei uns der Grundsatz: „Wo menschliches Leben existiert, kommt ihm Menschenwürde zu."[29] Verblüffenderweise spielt dieser Gesichtspunkt für den Gesetzgeber aber kaum eine Rolle, was noch nicht heißt, dieser habe inzwischen erkannt, daß ohne weltanschauliche Hintergrundannahmen religiös-metaphysischer oder vernunftphilosophischer Art gentherapeutische Eingriffe, ob in Körper- oder Keimzellen, an sich nicht als würdeverletzend gelten dürfen. Die Gründe des Gesetzgebers gegen jeden Eingriff in die menschliche Keimbahn sind mehr technisch-pragmatischer Art. Es wird gesagt, niemand beherrsche gegenwärtig und auf absehbare Zeit diese Technik so, daß er die Folgewirkungen überschauen könne; zu groß sei das Risiko der Fehlschläge, zu erschreckend die Gefahr der Erzeugung irreversibler Mißbildungen.[30] Hinzu komme das Problem der Eugenik, worauf besonders die *Bioethik-Konvention* aufmerksam macht, obgleich sie Eingriffe in Körperzellen zu präventiven, diagnostischen oder therapeutischen Zwecken auch dann für zulässig hält, wenn sie sich auf der Keimbahnebene auswirken. Allerdings sollen derlei Eingriffe nicht ohne vorherige genaue Abwägung der damit verbundenen Risiken und Vorteile durch Medizin- und Ethikkommissionen erfolgen, die solche selbstverständlich auch untersagen können.

Grundsätzlich unterscheidet man zwischen negativer und positiver Eugenik. Erstere verfolgt das Ziel der Heilung eines Patienten durch Behebung genetischer Defekte; letztere strebt planmäßig eine menschliche Artverbesserung durch gezielte Genmanipulation an. Nach der Zeit des Nationalsozialismus mit seiner Ideologie der Rassenhygiene und der Vorstellung lebensunwerten Lebens fällt es besonders in Deutschland schwer, hierüber nüchtern zu reden. Allerdings verlangt die technologische Entwickung auch bei uns eine sachliche Stellungnahme. Sowohl das *Embryonenschutzgesetz* als auch die *Bioethik-Konvention* halten lediglich negative Eugenik auf der Ebene der somatischen Zellen für zulässig. Sie steht im Dienste des Schwerkranken und damit der Menschenwürde als Gestaltungsauftrag. Wie die Gendiagnostik ermöglicht, Erbkrankheiten frühzeitig zu erkennen, hilft die somatische Gentherapie, deren Wirkungen auf den behandelten Menschen begrenzt bleibt, diesen davon zu heilen. Positive Eugenik dagegen, ob auf der Körperzellen- oder Keimbahnebene, müssen dagegen wegen der ihr zugrundeliegenden Absicht der Züchtung eines „edleren", „hochwertigen" Menschen, und der sich daraus ergebenden Folgen, wie Diskriminierung nicht so „wertvoller", „minderwertiger" Menschen, strikt abgelehnt werden; sie steht im Widerspruch zur Würdeidee als Gestaltungsauftrag.

Weltanschauungsneutral betrachtet ist es zwar kein Würdeverstoß, die Natur des Menschen durch Genmanipulation zu verändern und diesen dadurch gezielter Fremdbestimmung auszuliefern, die planmäßige Menschenzüchtung zur Hebung des Erbguts muß jedoch aus angegebenem Grund als Würdeverletzung mißbilligt und verhindert werden. In dieser Frage herrscht gegenwärtig große Übereinstimmung, umstritten ist lediglich die negative Eugenik im Bereich der Keimbahnzellen. Wenn eines Tages der gezielte Gentransfer möglich ist und die Risiken und Folgen hiervon abschätzbar werden, dann darf das generelle gesetzliche Verbot der Keimbahn-Gentherapie nicht das letzte Wort bleiben, wie heute bereits viele betonen.[31] Denn Gentherapie mit dem Ziel, Gesundheitsschäden zu beheben und die Übertragung von Erbkrankheiten auf Nachkommen zu verhindern, kann nicht mit menschenunwürdiger Behandlung gleichgesetzt werden, sondern ist absolut vereinbar mit der Würdeidee als Gestaltungsauftrag. Um es mit *Benda* zu formulieren: „Das Gebot der Achtung und des Schutzes der Menschenwürde verlangt, daß Kranken die jeweils mögliche medizinische Hilfe zuteil wird. Zwar kann auch das Ertragen einer schweren Krankheit oder die Annahme eines unheilbaren Leidens ein Weg sein, auf dem der Betroffene sein Menschsein verwirklicht. Wollte man aber mit dieser Begründung ärztliche Hilfe unterlassen oder verhindern, so erschiene dies unmenschlich, und die Rechtsordnung würde hierauf mit dem Vorwurf unterlassener Hilfeleistung reagieren."[32] Allerdings sollte dann der Begriff Krankheit „äußerst restriktiv"[33] gebraucht werden, um so mißbräuchliche eugenische Maßnahmen zu vereiteln. Aber selbst danach bliebe es schwierig, mögliche Gefahren gegen wirkliche Leiden abzuwägen.

Halten wir fest: Positive Eugenik muß im ganzen als würdeverletzend abgelehnt werden, negative Eugenik im Sinne der Bekämpfung schwerer Krankheiten durch Korrektur defekter Gene darf dagegen als Würdeanspruch gelten.

Neurotechnologie – Während nun über Gentechnologie weiter gestritten wird, gewinnen zusätzlich neue Erfindungen Macht über uns, die gleichfalls die menschliche Würde berühren und ethische Fragen aufwerfen. Vermutlich wird es in nicht so ferner Zukunft möglich sein, mit neurotechnischen Verfahren sogenannte Brainchips oder Neuroprothesen im Gehirn einzubauen, um auf diese Weise ausgefallene Hirnfunktionen zu ersetzen, die Leistungen des Verstandes zu erhöhen oder solche Bewußtseinszustände zu steigern, die als besonders wünschenswert gelten. Schon heute verfügen wir über eine Reihe von Neuroprothesen für Querschnittsgelähmte, Seh- und Hörgeschädigte,[34] und mit den wachsenden Erkenntnissen auf dem Gebiet der Neuroforschung nehmen auch die Möglichkeiten zu immer tieferen Eingriffen in das Gehirn zu. Darum stellt sich wie in der Gentechnologie auch in der Neurotechnologie, die rechtlich noch weitgehend ungeregelt ist, die Frage, wie weit wir gehen dürfen. Immer wieder weisen nachdenkliche Gemüter darauf hin, daß wir nicht alles tun sollten, was wir können, ja, daß „die Bereitschaft des Menschen, unaufhebbare Verfügtheiten seines Daseins hinzunehmen, [...] nicht auf die Dauer ausgehöhlt"[35] werden dürfe. Sicherlich ist das richtig, doch wie soll man schwerkranken Menschen das Verbot von Forschungen begreiflich machen, mit deren Hilfe sie vielleicht eines Tages geheilt werden könnten? Weltanschauungsneutral betrachtet kann in der Implantation einer Neuroprothese, die selbstverständlich nicht vererbbar ist, genausowenig eine Würdeverletzung gesehen werden wie in der Einführung eines Herzschrittmachers. Angenommen, es wäre ohne größeres Risiko möglich, durch neurotechnologische Eingriffe Leid zu lindern, Schäden und Mängel zu beheben, dann könnten solche Operationen ohne weiteres zugelassen werden, wenn der aufgeklärte Patient seine Zustimmung dazu erteilt hätte. Jedenfalls wären solche Verfahren wie die negative Eugenik mit der Würdeidee als Gestaltungsauftrag vereinbar und dürften deshalb nicht von vornherein untersagt werden. Strittig bliebe allerdings, welche Defekte und Defizite in den neurotechnologischen Anwendungsbereich hineingenommen werden sollten. Noch schwieriger wäre zu beantworten, ob auch solche Eingriffe in das Gehirn durchgeführt werden dürften, die gravierende Persönlichkeitsveränderungen erwarten ließen. Weltanschauungsneutral gesehen wären diese nicht deshalb verwerflich, weil das metaphysische Wesen des Menschen, dessen unverfügbare Wesenswürde, hierdurch verletzt würde. Sie müßten höchstens abgelehnt werden, weil sie für den Einzelnen selbst unzumutbar wären, oder weil sie positiver Eugenik zu nahe kämen. Auf jeden Fall läßt sich von Seiten der Würdeidee als Gestaltungsauftrag hierzu nichts Bestimmtes sagen.

Tatsache ist, daß bereits heute die Einnahme zahlreicher Medikamente Persönlichkeitsveränderungen bewirken kann, wie überhaupt der Neurochirurg ständig vor der Frage steht, so *Wolf Singer*, „ob er den Tumor vollständig entfernen und Leben möglichst lang verlängern soll, wobei er in Kauf nehmen muß, daß es zu unvorhersehbaren Persönlichkeitsveränderungen kommt, oder ob er die Persönlichkeitsveränderung nicht in Kauf nimmt und das Leben abkürzt."[36] Einfacher scheint dagegen die Entscheidung zu fallen, ob Neurotechnologie auch zum Einsatz kommen soll zur Erhöhung von Verstandesleistung und Lebensqualität – zwei Modewörter unserer Zeit, die erst genauer zu bestimmen wären, was hier jedoch nicht geschehen kann. Im Grunde spricht gegen den Einsatz von Brainchips zur Steigerung des eigenen Lebensgefühls nicht mehr als gegen den Konsum von Alkohol, Zigaretten und die bekannten Betäubungsmittel aus der Steckdose. Genaugenommen sind das alles Privatangelegenheiten, welche die Betroffenen selbst und nicht der Staat entscheiden sollte, vorausgesetzt, die Risiken sind entsprechend gering. Nach den Worten des *Bundesverfassungsgerichts* schützt Artikel 1 des Grundgesetzes die „Würde des Menschen, wie er sich in seiner Individualität selbst begreift und seiner selbst bewußt wird. Hierzu gehört, daß der Mensch über sich selbst verfügen und sein Schicksal eigenverantwortlich gestalten"[37] darf, weshalb ihm auch beispielsweise die Umwandlung seines Geschlechts vom höchsten Gericht gestattet wird, falls er dies wünscht. Das alles schließt freilich nicht aus, daß neurotechnologische Implantationen wie Eingriffe ins Genom als unvereinbar mit der persönlichen Selbstachtung empfunden werden, daß sich der Einzelne hierdurch als Maschine herabgesetzt fühlt. Nur darf deswegen Gen- und Neurotechnologie nicht pauschal verdammt werden, zumal wenn sich mit deren Hilfe das Leid in der Welt verringern und menschliches Wohlergehen vermehren ließe. Allerdings widerspricht jede Zwangsanwendung neurotechnologischer Verfahren am Menschen – womöglich mit dem Ziel, die Bürger eines Staates zu bestimmten Persönlichkeitstypen zu formen – der Idee der Menschenwürde als Gestaltungsauftrag. Alles in allem ist jedoch heute noch zu wenig auf diesem Arbeitsfeld erforscht, als daß sich bereits ein umfassendes Urteil hierüber bilden ließe. Anders sieht es dagegen in der Reproduktionsmedizin aus.

Fortpflanzungsmedizin – Auf diesem Gebiet ist mittlerweile vielerlei möglich: künstliche Übertragung von Spermien des Ehemanns (homologe Insemination) oder eines fremden Spenders (heterologe Insemination) in den weiblichen Genitaltrakt, wobei für letzteres häufig bei -196 Grad kryokonserviertes Sperma verwendet wird; außerdem die Einführung von Eizelle und Sperma der Ehepartner oder Spender in den Eileiter als Ort der natürlichen Befruchtung (intratubarer Gametentransfer) oder in den Uterus (intrauteriner Gametentransfer); dann künstliche Verschmelzung von Ei- und Samenzelle der Eherpartner oder fremder Spender außerhalb des Organismus (extrakorporale Befruchtung, In-vitro-Fertilisation) mit anschließender Rückführung des Embryos in den Leib der Ehefrau oder einer fremden „Gebärmutter", der sogenannten Leih- oder Ersatzmutter (Embryotransfer). Im ganzen gibt es heute über zwanzig Möglichkeiten, mit denen ein Paar seinen Kinderwunsch zu erfüllen vermag,[38] wobei ein auf künstlichem Wege erzeugtes Kind bis zu fünf Elternteile haben kann: die genetische, die austragende und die soziale Mutter sowie einen genetischen und sozialen Vater. Im Unterschied zur Adoption geht es hierbei aber niemals darum, elternlose Kinder zu versorgen, sondern im Gegenteil um kinderlose Eltern.

Nach dem *Embryonenschutzgesetz* darf ein auf künstlichem Wege hergestelltes Kind nur eine Mutter, dafür aber zwei Väter haben. Anders als in den USA sind hierzulande auch Ei- und Embryospende sowie Leihmutterschaft grundsätzlich verboten; erlaubt sind dagegen die homologe wie heterologe Insemination und In-vitro-Fertilisation mit fremdem Samen, wobei das *Embryonenschutzgesetz* allerdings auch diese Methoden mit wichtigen Einschränkungen versieht. Wie die *Bioethik-Konvention* verbietet es erstens die Auswahl des Samens nach Geschlechtschromosom und somit Geschlechtsselektion, zweitens die künstliche Befruchtung einer Eizelle mit kryokonserviertem Samen eines bereits Verstorbenen und drittens die Anonymität des Samenspenders. Außerdem erlaubt die *Bundesärztekammer* die Durchführung von In-vitro-Fertilisation grundsätzlich nur für Ehepaare und lehnt die Einbeziehung nichtehelicher Lebensgemeinschaften ab. Das Gesetz läßt diese Frage offen.

Noch restriktiver als das *Embryonenschutzgesetz* ist die Auffassung der *katholischen Kirche*, die so gut wie alle neuen Reproduktionstechniken ablehnt. Einen ähnlichen Standpunkt vertritt *Jonas*, der nur die homologe Insemination für zulässig hält. Dem steht entgegen der Kinderwunsch vieler kinderloser Paare, den Jonas und die katholische Kirche zwar sehen und dafür auch Verständnis haben, aber nicht für ausschlaggebend halten. Zwischen „Anspruchsrecht"[39] und „Erlaubnisrecht"[40] unterscheidend, kommt Jonas zum Ergebnis, daß das Recht auf Nachwuchs „mehr ein Erlaubnis- als ein Anspruchsrecht"[41] sei. So dürfe einem nicht verwehrt werden, Nachkommen zu zeugen, einen Anspruch auf Kinder habe man aber nicht. Den neuen Reproduktionstechniken besorgt gegenüberstehend, betont er, daß „das Recht auf Nachwuchs [...] an die natürliche Befähigung dazu gebunden [ist]. Bei deren Abwesenheit [bleibt] eigentlich nur das Recht auf Wunscherfüllung überhaupt."[42] Einerseits klingt dies sehr einleuchtend, da über die Elternstellung nicht beliebig verfügt werden kann, andererseits scheint der Wunsch vieler Paare nach einem Kind so groß zu sein, daß man nicht von vornherein die Methoden der künstlichen Befruchtung ablehnen sollte. Jedenfalls wird durch keine dieser Maßnahmen die Würde des Embryolebens verletzt. Selbst wenn man davon ausgeht, wie etwa die Glaubenskongregation der katholischen Kirche, der Rat der evangelischen Kirche und der deutsche Gesetzgeber, daß mit der Konjugation, der Vereinigung des männlichen und weiblichen Vorkerns, menschliches Leben mit Wesenwürde entsteht, so wird doch diese Wesensauszeichnung durch die neuen Reproduktionstechniken nicht verletzt, da sich mit ihrer Hilfe menschliches Leben überhaupt erst entwickelt. Davon abgesehen kommt dem Embryo, weltanschauungsneutral betrachtet, gar keine eigene Würde zu, mag auch nach der Verschmelzung von Ei- und Samenzelle vorher nie dagewesenes Leben mit eigenem genetischen Code entstanden sein. Dennoch können Selbstachtung und sittliches Empfinden einen daran hindern, Ei- und Samenzellen oder die eigene Gebärmutter anderen zur Verfügung zu stellen. Es mag dem Gefühl der persönlichen Würde widersprechen, sich auf diese Weise instrumentalisieren zu lassen; nur ist das wieder kein Grund, warum der Staat seinen Bürgern solche Art von Spenden verbieten sollte. Tatsächlich wäre dies eine rein private Angelegenheit, wenn es da nicht die Folgen gäbe, die offenbar staatliches Eingreifen doch notwendig machen.

Das wird in der Regel mit dem sogenannten Kindeswohl begründet. Man sagt, es sei für das Wohlergehen des späteren Kindes, für dessen gedeihliche Entwicklung, von allergrößter Bedeutung, daß genetische, austragende und soziale Mutter eine einzige Person darstelle, die Herkunft des Spendersamens bekannt sei und nicht von einem zur Zeit der Erzeugung verstorbenen Mann stamme. Dies alles, so scheint es, gehört zur Würde des Kindes, bei dessen Identitätsfindung es sich durchaus belastend auswirken kann, drei Mütter zu haben und nichts über seinen genetischen Vater zu wissen, der möglicherweise zum Zeitpunkt der Befruchtung schon tot war.

Die unterschiedliche Behandlung von Vater und Mutter rechtfertigt man in der Reproduktionsmedizin mit der intensiveren Beziehung der schwangeren Frau zu dem in ihr heranwachsenden Embryo, und zitiert in diesem Zusammenhang gerne den alten Ausspruch, daß die Mutter immer gewiß sei – mater semper certa est, der Vater dagegen nicht – pater semper incertus est. Allerdings hat dieser Grundsatz mittlerweile seine Gültigkeit verloren, läßt sich inzwischen doch auch die Vaterschaft zweifelsfrei feststellen.

Leihmutterschaft verbietet man sowohl mit Rücksicht auf das Kindeswohl als auch wegen der möglichen Interessenkonflikte zwischen Auftragseltern und Ersatzmutter. Es ist durchaus denkbar und keineswegs unwahrscheinlich, daß letztere das Kind nach der Geburt nicht mehr hergeben möchte, wie umgekehrt, daß die Auftragseltern es nicht mehr übernehmen wollen – beispielsweise wegen einer Mißbildung.

Darüber hinaus spricht gegen die Zulassung der Geschlechtswahl, daß diese einem Einstieg in positive Eugenik gleichkäme; die Selektion eines Samenspenders nach Eigenschaften wie Haut-, Augen- oder Haarfarbe, Körpergröße und Intelligenz wären weitere Beispiele dafür. Hiermit zusammenhängend befürchtet man bei erlaubter Geschlechtswahl auch eine Verstärkung der unterschiedlichen Geschlechtsbewertung in der Gesellschaft, in der „eine Frau zu sein instinktiv für etwas Schlechteres gehalten wird als ein Mann zu sein – eine Mißgunst des Schicksals, unter der die halbe Menschheit leidet."[43]

Die Beschränkung der Anwendung künstlicher Befruchtungsmethoden nur auf bestehende Ehen rechtfertigt die Bundesärztekammer mit der Wertentscheidung des Grundgesetzes, Ehe und Familie unter besonderen Schutz zu stellen, wie auch mit den sozialen Nachteilen, denen ein nichteheliches Kind auch heute noch trotz rechtlicher Gleichstellung ausgesetzt wäre. Im Gegensatz dazu halten die Benda-Kommission und die Bund/Länder-Arbeitsgruppe *Fortpflanzungsmedizin* die heterologe In-vitro-Fertilisation auch für stabile nichteheliche Lebensgemeinschaften für zulässig.

Tatsächlich widerspricht die Anwendung künstlicher Fortpflanzungsmethoden für außereheliche Lebensgemeinschaften nicht der Idee der Menschenwürde als Gestaltungsauftrag, dafür aber die Geschlechtsselektion als Einstieg in positive Eugenik. Dennoch kann es unmöglich jeder Ehefrau eines kranken oder zeugungsunfähigen Mannes gleichgültig sein von welcher Haut- und Haarfarbe, Intelligenz oder charakterlichen Veranlagung der Spender ist, es sei denn, ihr Muttertrieb hat den letzten Funken Vernunft ausgelöscht. Ein Wagnis ist es bereits, ein eigenes Kind in die Welt zu setzen; erst recht aber gleicht die heterologe Insemination ohne jede Information über den Spender einem Vabanquespiel. Wem Information über den Spender jedoch zu sehr nach positiver Eugenik riecht, der muß die heterologe Insemination als Methode der Menschenproduktion, das kann man wohl nicht anders bezeichnen, gänzlich aufgeben.

Leihmutterschaft wiederum ist nicht deswegen würdeverletzend, weil die befruchtete Eizelle zu einem transportablen Objekt, einer verfügbaren Sache degradiert würde; das setzte voraus, daß dem Embryo bereits Menschenwürde zukäme, was aus weltanschauungsneutraler Sicht ja nicht der Fall ist. Das Verbot der Leihmutterschaft läßt sich noch am ehesten mit den voraussichtlichen Interessenkonflikten zwischen Ersatzmutter und Auftragseltern rechtfertigen. Davon abgesehen leuchtet zwar ein, daß gespaltene Mutterschaft, Unbekanntheit des Samenspenders und Abstammung von einem bei der Befruchtung bereits toten Spender das Kindeswohl beeinträchtigen können, allerdings muß man sich in diesem Zusammenhang fragen, ob – wenn die Alternative heißt, so oder gar nicht geboren zu werden – der Staat an Kindes statt die zweite Möglichkeit wählen darf. Im übrigen hängt das Kindeswohl ohnehin mehr von der Liebe, Fürsorge und Zuwendung der Erziehungsberechtigten ab als vom Wissen darum, daß diese auch die leiblichen Eltern sind. Man kann nicht pauschal sagen, daß nur die genetischen oder ausschließlich sozialen Eltern die besseren Mütter und Väter sind. Diesbezüglich folgt auch nichts Sicheres aus der Idee der Menschenwürde, mit der sich gleichermaßen für mehr Entsagung oder Schicksalsergebenheit und damit gegen künstliche Fortpflanzungsmedizin argumentieren läßt wie auch dafür. Im Namen der Würde als Gestaltungsauftrag lassen sich alle Formen gespaltener Elternschaft ebenso befürworten wie kritisieren.

Eindeutiger scheint dagegen das Erlaubte vom Verbotenen unterschieden zu sein, wenn es um das Problem der Klonierung und Hybrid- oder Chimärenbildung geht. Unter Klonen des Menschen versteht man die künstliche, asexuelle Herstellung genetisch identischer Nachkommen, die Erzeugung von Embryonen, die wie eineiige Zwillinge in ihrem Genom erbgleich wären. Im Unterschied dazu heißt Hybrid- oder Chimärenbildung entweder künstliche Herstellung eines Embryos aus den Zellen von mindestens vier menschlichen Eltern (intraspezifische Chimäre) oder Produktion eines Lebewesens aus menschlichen und tierlichen Zellen (interspezifische Chimäre). Das *Embryonenschutzgesetz* verbietet das genetische Kopieren eines Menschen ebenso wie die menschliche Hybrid- oder Chimärenbildung. Das Zusatzprotokoll zur *Bioethik-Konvention* von 1998 untersagt gleichfalls „alle Eingriffe mit dem Ziel, ein menschliches Wesen zu schaffen, das mit einem anderen menschlichen Wesen, sei es lebendig oder tot, genetisch identisch ist." Doch selbst wenn wir der Verführung durch das Machbare nicht erliegen sollten, aus weltanschauungsneutraler Sicht kann man sich bei der Begründung solcher Verbote weder auf die Wesenswürde des Embryos noch auf die Würde der menschlichen Gattung berufen.

Ein Standardargument gegen das Klonen stammt von *Jonas*, demzufolge dadurch das zu vermutende Interesse eines Menschen an genetischer Originalität verletzt werde. Der Klon sei von vornherein der Freiheit und des Rechts beraubt, „seinen eigenen Weg zu finden und eine Überraschung für sich selbst zu sein."[44] Aber stimmt das überhaupt? Niemals wird es gelingen, das genaue Ebenbild eines Menschen hervorzubringen. Dagegen spricht bereits, daß Klon und Vorbild, obwohl genetisch gleich, doch in verschiedenen Kontexten leben, einer anderen Zeit und Generation angehören, mit unterschiedlichen Eltern, Freunden und Lehrern aufwachsen, und daß sie ihre durch das Genom erst ermöglichte Handlungsfreiheit, so begrenzt sie auch ist, unterschiedlich gebrauchen werden. Hinzu kommt die Frage, ob ein menschlicher Klon tatsächlich lieber nicht geklont wäre, da die Alternative für ihn doch nur hieße, als Klon oder überhaupt nicht zu existieren. Allerdings bedeutet der Verzicht auf menschliches Klonen nicht bereits, einem Individuum das Leben vorzuenthalten, weil es vor dessen Existenz noch gar nichts gibt, dem etwas vorenthalten werden könnte.

Weiter kritisiert Jonas, daß einem durch Klonen erzeugten Menschen seine Erbanlage von anderen zugeteilt und damit über seine Individualität verfügt würde. Abgesehen davon, daß diese Art der Fremdbestimmung von dem Betroffenen als unerträglich empfunden werden könne, bestehe darüber hinaus die Gefahr der positiven Eugenik, der Produktion zahlreicher Exemplare eines Menschentyps für bestimmte Zwecke, was in jedem Falle der Würdeidee als Gestaltungsauftrag widerspricht. Dennoch sollte man weniger fragen: Warum gehört das Klonen von Menschen verboten? als vielmehr: Warum soll überhaupt kloniert werden?

Eine mögliche Antwort könnte lauten, um den Wunsch eines homosexuellen Paares nach einem Kind, das biologisch mit beiden verbunden wäre, zu erfüllen.[45] Selbst wenn eine solche Vorstellung die wenigsten überzeugt, ja, es überhaupt keine sinnvolle Antwort auf die erwähnte Frage geben sollte, verstößt das Klonen, die künstliche Erzeugung einer genetisch identischen Kopie von Zellenorganismen oder Nukleinsäuresequenzen, jedenfalls nicht an sich gegen die Menschenwürde, wie immer man diese interpretieren mag. Im natürlichen Entwicklungsprozeß entstehen doch auch eineiige Zwillinge, Mehrlinge mit gleichem Erbprogramm. Davon abgesehen werden schon längst menschliche Zellen als Zellkultur geklont – ein Verfahren, ohne das Krebs-, Virus- und Arzneimittelforschung fast unmöglich wäre. Leider gelingt das Klonen menschlicher Gewebe und Organe noch nicht; manch schwerer Schaden nach einer Lebervergiftung, einem Schlaganfall oder Herzinfarkt könnte mit seiner Hilfe behoben werden. Schranken setzt die Würdeidee erst beim Klonen von Menschen, wenn dieses verwerflichen Zielen dienen sollte, weniger aber, weil es für das Selbstverständnis des Einzelnen unzumutbar wäre, als Klon zu existieren. Denn nicht als Klon zu existieren bedeutete für diesen doch, überhaupt nicht zu existieren – und daß er das möchte, darf nicht unterstellt, ja muß mit Recht angezweifelt werden.

Sollte trotz aller Verbote irgendwann einmal ein geklonter Mensch in der hochtechnisierten Laborwelt entstehen, so dürfte er nicht zum Wesen minderen Rechts erklärt werden, sondern hätte dieselben Rechte wie alle anderen auch.

In der schwierigen Frage nach dem Klonen von Menschen zu Forschungszwecken gilt das gleiche wie für Embryonenforschung allgemein. Weltanschaulich neutral betrachtet ist durchaus eine Situation vorstellbar, in der die künstliche Erzeugung klonierter Embryonen für medizinische Forschung ethisch vertreten und mit der Würdeidee als Gestaltungsauftrag vereinbart werden könnte.

Ähnliches gilt für die Kreuzung von Mensch und Tier. Schon heute ist „der Versuch der Züchtung transgener Tiere mit menschlichen Krankheitsgenen zur Arzneimittelerprobung oder mit dem menschlichen Immunsystem zur AIDS-Forschung oder zur Erzeugung von Blutzellen“ sowie „der Einbau von Abschnitten der menschlichen DNS [...] in tierische Organe mit dem Ziel, diese Organe auf den Menschen zu transplantieren“,[46] zulässig. Man denke etwa an die „Onkomaus“, der ein menschliches Krebsgen eingeschleust wurde, oder an all die Schweine, auf die Menschengene übertragen wurden, damit sie als Organlieferanten für uns dienen können. So merkwürdig es klingt: Experimente dieser Art stehen im Dienste der Menschenwürde als Gestaltungsauftrag. Ansonsten aber wird mit Recht jede Chimären- und Hybridbildung von gesetzlicher Seite verboten. Wozu sollte es auch gut sein, Fabelwesen und Monster zu erzeugen? Bloße Neugierde vermag die Anwendung dieser Methoden nicht zu rechtfertigen. Kein Mensch weiß, was dabei herauskäme, was mit den Tiermenschen geschehen sollte und was es für diese bedeutete, interspezifische Mischlinge zu sein.

Allerdings würde die Menschenwürde durch die Kreuzung selbst noch nicht verletzt, falls zutrifft, daß menschliche Zellen und die menschliche Gattung keine besondere Wesenswürde besitzen. Aber selbst wenn sie derlei hätten, verstieße zunächst nur die künstliche Verschmelzung von Mensch und Tier dagegen, nicht aber bereits die Vereinigung der Gameten mehrerer Menschen. Doch warum möchte man überhaupt intraspezifische Chimären erzeugen? Außer wissenschaftlicher Abenteuerlust können sich dahinter doch nur moralisch unvertretbare eugenische Absichten verbergen, weshalb diese Art der menschlichen Selbsterhebung über den Menschen, die mit der Würde als Gestaltungsauftrag wohl kaum vereinbar ist, auch verboten bleiben sollte.

Abschließend sei zum wiederholten Male hervorgehoben: Ein liberaler, pluralistischer Staat darf von seinen Bürgern lediglich die Achtung der weltanschauungsneutral interpretierten Menschenwürde verlangen, wonach Würde kein Wesensmerkmal darstellt, sondern lediglich einen Gestaltungsauftrag. Das vorausgesetzt, dürfen viele biomedizinische Methoden nicht als an sich würdeverletzend gelten, sondern höchstens die ihnen zugrundeliegenden menschenverachtenden Absichten oder die sich manchmal aus ihrer Anwendung ergebenden unverantwortbaren Folgen. Erst dann erscheint es als angebracht, den Einsatz bestimmter biomedizinischer Methoden zu verbieten. Daß deren Gebrauch gelegentlich auch dem persönlichen sittlichen Empfinden und der eigenen Selbstachtung widerspricht, rechtfertigt allein noch kein allgemeines Verbot, sondern bloß das Recht des Einzelnen, besagte Methoden und deren Anwendung auf die eigene Person abzulehnen. Insbesondere aber hat sich im Vorherigen gezeigt, daß, obgleich die Würdeidee in der bioethischen Diskussion eine wichtige Rolle spielt, ihre rechtspraktische Relevanz eher zurückhaltend beurteilt werden muß.

Das Abtreibungsverbot – rechtswidrig?

In den letzten Jahren wurde wie über kaum ein anderes Thema so gestritten wie über die Zulässigkeit von Schwangerschaftsabbrüchen. Auffallend ist dabei: Im normalen Alltag respektieren wir einander, als Protestanten, Katholiken, Muslime oder Atheisten; weltanschauliche Bekenntnisse gelten als private Entscheidungen, die jeden nur persönlich betreffen. In Diskussionen über Abtreibung aber erlebt man die Menschen nur selten tolerant und kompromißbereit. Im Streit, ob Schwangerschaftsabbruch auf Wunsch respektive Indikationsbescheinigung möglich sein sollte oder grundsätzlich nicht, gehe es um menschliches Leben, nicht bloß um Ansichten darüber, und das sei ein gravierender Unterschied, sagen die Abtreibungsgegner. In diesen Diskussionen stehen diejenigen, welche Abtreibung für Mord halten, weil das ungeborene Kind schützenswertes menschliches Leben darstelle, all jenen unversöhnlich gegenüber, welche die Entscheidung allein den Frauen überlassen wollen, weil sie ein Recht auf Selbstbestimmung hätten, wozu die freie Verfügung über den eigenen Körper gehöre.

Nur über eines ist man sich weitgehend einig. Sind auch alle Argumente für oder gegen Abtreibung beachtenswert, so sind sie doch nicht alle gleichwertig und gleichberechtigt; sie besitzen unterschiedliches Gewicht.

Die einen betonen das Recht der Frau, selbst über ihren Körper zu bestimmen, und halten Abtreibung mit Rücksicht auf schwerwiegende Interessen der Frau, zu denen etwa Beendigung der Schule oder berufliche Karriere gezählt werden dürften, nicht aber eine Reise oder der Wunsch nach einem Jungen statt des sich bereits entwickelnden weiblichen Fötus, für erlaubt. Weiter seien schlechte wirtschaftliche Verhältnisse durchaus ein zulässiges Argument für Schwangerschaftsabbrüche, da es bei menschlichem Leben doch auch um die Möglichkeit eines würdigen Lebens von Mutter und Kind gehen müsse. Im übrigen könnten Gesetze ohnehin Schwangerschaftsabbrüche nicht verhindern, sondern trieben die zu Abtreibung bereiten Frauen nur in die Hände von Kurpfuschern.

Diese und ähnliche Argumente gelten als umstritten. Dagegen herrscht größere Übereinstimmung in der Frage, ob Abtreibung erlaubt sei, wenn das Leben der Mutter durch die Schwangerschaft gefährdet ist, wie auch bei Schwangerschaft infolge von Vergewaltigung und Inzest. Viele halten Abtreibung sogar für moralisch geboten, falls große körperliche Fehlbildungen und schwere geistige Schäden beim Kind zu erwarten sind, weil dessen Leben dann sehr leidvoll wäre.

Das alles sind gewiß bedeutsame, berücksichtigenswerte Gesichtspunkte, dennoch ist die philosophisch wichtigste Frage damit nicht berührt. Es ist die Frage nach dem grundsätzlichen Wert ungeborenen Lebens, von deren Beantwortung die endgültige Entscheidung darüber, ob Schwangerschaftsabbrüche erlaubt oder verboten werden sollten, abhängen müßte. Darin stimmen heute die meisten Philosophen überein, wenn auch ihre Meinungen sonst weit auseinanderliegen.

Oft hört man, eine Frau, die, durch das Gesetz gezwungen, eine Schwangerschaft austrägt, werde ihres Selbstbestimmungsrechts (wie in Art. 2 Abs. 1 unseres Grundgesetzes garantiert) beraubt. Dieser Einwand ist allerdings nur haltbar, wenn feststeht, daß niemandem durch Abtreibung ernsthaft Schaden zugefügt wird. Genaugenommen heißt es doch in Art. 2 Abs. 2: „Jeder hat das Recht auf freie Entfaltung seiner Persönlichkeit, soweit er nicht die Rechte anderer verletzt [...]" Sollte der sich entwickelnde Fötus solch ein „anderer" mit Lebensrecht zur Persönlichkeitsentfaltung sein, dann würde das erwähnte Recht der Frau auf Selbstbestimmung dadurch rechtmäßig eingeschränkt, weil der Staat gezwungen wäre, das Lebensrecht des Ungeborenen zu schützen. Zwei Rechte stehen sich also entgegen. Nur, ob ein Fötus solch ein „anderer" ist, worin der Wert menschlichen Lebens überhaupt liegt, ob

„menschliches Leben" einen einklagbaren Wert darstellt, das sind die strittigen Fragen.

Deren philosophische Erörterung erscheint manchen als kaltherzig und spitzfindig, deshalb wünschen sie sich eine stärkere Berücksichtigung der Gefühlsseite. Dagegen ist aber einzuwenden, daß man gerade dann einen kühlen, klaren Kopf behalten sollte, wenn so viele gegensätzliche Gefühle aufeinanderprallen wie in der Abtreibungsfrage. Lediglich eine nüchterne, dem Sachverhalt angemessene grundsätzliche Argumentation bietet Aussicht auf friedliche Verständigung. Um es bildhaft auszudrücken: Heiße Eisen brauchen kühle Köpfe!

Theologen wie religiös denkende Vernunftphilosophen betrachten menschliches Leben als Eigenwert von der Empfängnis an. Bis auf einige Ausnahmefälle sollten deshalb Schwangerschaftsabbrüche ihrer Meinung nach als rechtswidrig verboten sein. Auf Art. 1 Abs. 1 und Art. 2 Abs. 2 des Grundgesetzes Bezug nehmend, sehen sie in Schwangerschaftsabbrüchen Verstöße gegen die Menschenwürde und das Recht auf Leben wie auch auf körperliche Unversehrtheit.

Deshalb bekämpft die *katholische Kirche* nachdrücklich alle liberalen Abtreibungsgesetze, überzeugt davon, daß bereits der Fötus dem Willen Gottes unterworfen ist, nach dessen Bild er geschaffen wurde: „Vom Augenblick der Empfängnis an muß jedes menschliche Wesen in absoluter Weise geachtet werden, weil der Mensch auf der Erde die einzige Kreatur ist, die Gott um ihrer selbst willen gewollt hat, und die Geistseele jedes Menschen von Gott unmittelbar geschaffen ist; sein ganzes Wesen trägt das Abbild des Schöpfers."[47] Allerdings ist erst seit 1869 offizielle Lehrmeinung der katholischen Kirche, daß der Mensch bereits bei der Empfängnis unmittelbar von Gott mit einer Geistseele ausgestattet wird. Im Kirchenrecht wurde die alte Beseelungslehre sogar erst 1917 ersetzt, als der *Codex Juris Canonici* an die Stelle des *Corpus Juris Canonici* trat.[48] Thomas von Aquin und das kanonische Recht späterer Jahrhunderte gingen noch davon aus, daß Gott jedem männlichen Fötus erst am 40. Tage nach der Fertilisation eine Geistseele einhaucht und dem weiblichen sogar erst am 80. Tage.[49]

Ähnliches kann man gelegentlich auch bei Vernunftphilosophen wie *Honnefelder* und *Baumgartner* lesen, die beide an Kant anknüpfen. Wie bereits ausgeführt, ist nach dessen Ansicht der Mensch ein aus der Natur herausragendes Vernunftwesen, dem als solchem eine besondere Würde zukommt und das deshalb sich selbst und alle anderen achten soll. Dabei wird der durch seine Vernunft gewürdigte Mensch von Kant zwar als Herr seiner selbst, aber nicht als Eigentümer seiner selbst vorgestellt. Darum darf der Mensch weder sich selbst noch andere verkaufen, mißhandeln oder gar töten, sich selbst und andere nicht bloß als Mittel oder Sache mißbrauchen, da er als sittlich gebundenes, freies Wesen Zweck an sich selbst sei. Kants Ausspruch aufgreifend, wird dieser Achtungsanspruch jetzt manchmal auch auf das werdende Kind übertragen, das nur den natürlichen Vorgang seiner Geburt noch nicht beendet habe.[50] Da im Akt der Zeugung eine Person entstehe, fordert man die Achtung des Embryos respektive Fötus als eines entstehenden Vernunftwesens.[51]

Gleichermaßen an die christliche Lehre wie an die kantische Philosophie anknüpfend, erklärt *Hare* Abtreibung grundsätzlich für unzulässig. Allerdings ist seine Frage nicht, ob ein Embryo respektive Fötus bereits eine Person ist oder Eigenwert besitzt, sondern, von der Goldenen Regel[52] und dem Kategorischen Imperativ[53] ausgehend, ist er davon überzeugt, daß „wir anderen gegenüber so handeln sollten, wie wir begrüßen, daß uns gegenüber gehandelt wurde."[54] Da man selbst froh ist, nicht abgetrieben worden zu sein, solle man selbst Schwangerschaften auch nicht abbrechen.

Dagegen ist verschiedentlich eingewendet worden, daß das Leben eines Embryos oder Fötus nicht wie hier von Hare mit dem eines Erwachsenen gleichgesetzt werden dürfe. Es sei zwar richtig, daß die meisten froh seien, nicht abgetrieben worden zu sein; wären sie es aber, so könnten sie unter dem Fehlen des Lebens nicht leiden, weil sie gar nicht existierten, und als Fötus hätten sie ebensowenig wie Embryonen ein Überlebensinteresse gehabt.

Argumente dieser Art werden hauptsächlich von solchen Abtreibungsbefürwortern in die Diskussion eingebracht, die menschliches Leben nicht für einen Wert an sich halten. Von jeder Menschenverachtung weit entfernt, machen sie darauf aufmerksam, daß eine Formulierung wie „Wert des ungeborenen Lebens", das oft von Abtreibungsgegnern benutzt wird, in der Regel viel zu vage und pauschal gebraucht werde.[55]

Freilich liegen der Vorstellung vom absoluten Wert menschlichen Lebens religiöse Ideen zugrunde. Allerdings neigen heute auch viele Menschen ohne religiöses Bekenntnis dazu, menschliches Leben als an sich wert- und würdevoll oder gar heilig anzusehen. *Dworkin* ist davon überzeugt, daß sogar die meisten von uns an die Heiligkeit des Lebens glauben, auch wenn sie keiner Religionsgemeinschaft angehören. Demnach erwägt kaum jemand ernsthaft, daß das Leben ohne Wert an sich sein könnte. Dagegen weist *Kuhse* eindringlich darauf hin, daß die Idee von einem dem Leben selbst innewohnenden Wert nicht religiösen Ursprungs abgelehnt werden müsse, weil völlig unerklärlich sei, worauf sich die Rede vom Wert des Lebens in einer zunehmend von naturwissenschaftlichen Erfolgen überzeugten pluralistischen Gesellschaft ohne religiösen Hintergrund noch stützen lasse. Ähnlich argumentierte zu Beginn unseres Jahrhunderts bereits *Rickert*, bei dem man lesen kann: „Immer muß der ethische Wert schon auf das, was bloß lebendig ist, übertragen worden sein, damit das Leben aus seiner Wertindifferenz heraustritt."[56] Deshalb ist nach dessen Ansicht nicht zu sehen, wie eine „Lebensform zur Lebensnorm"[57] werden kann. Wenn das stimmt, dann ist Leben, an sich betrachtet, wert- und sinnfrei, weder heilig noch würdevoll.

Solche Auffassung von Leben ist nicht neu, sie ist im Laufe des abendländischen Denkens immer wieder vertreten worden; neu ist nur, daß sie heute mit konkreten Fragen wie der nach Erlaubnis oder Verbot von Schwangerschaftsabbrüchen verbunden wird.

Sollte es nun wirklich zutreffen, daß menschliches Leben an sich keinen Wert darstellt, dann lassen sich aus unserer bloßen Zugehörigkeit zur Art Homo sapiens auch keine besonderen Rechte oder Privilegien ableiten. *Tooley*, *Singer* und *Hoerster* weisen in diesem Zusammenhang immer wieder auf den zweideutigen Gebrauch des Wortes Mensch hin.[58] Einmal bedeute *Mensch* soviel wie *Mitglied der biologischen Spezies Homo sapiens*, das andere Mal verstehe man darunter eine bestimmte Person, für die „Bewußtheit (ihrer) selbst, Bewußtsein von Vergangenheit und Zukunft, die Fähigkeit, zu anderen in Beziehung zu treten, Sorge um andere, Kommunikation und Neugier"[59] charakteristisch seien. Da nun biologische Merkmale moralisch irrelevant seien, menschliches Leben auch keinen einzigartigen Wert an sich darstelle, lasse sich aus der bloßen Zugehörigkeit zur Art Homo sapiens sapiens weder für ein ungeborenes Kind noch für den herangereiften Erwachsenen ein Recht auf Leben ableiten. Wer das trotzdem tut, macht sich nach Singer eines fragwürdigen „Speziesismus"[60] schuldig. Ein weißer Rassist glaubt, aufgrund seiner Hautfarbe eine Vorzugsstellung vor Schwarzen zu genießen; der Speziesist ist davon überzeugt, aufgrund seiner bloßen Zugehörigkeit zur Art Mensch eine Bevorzugung vor anderen Lebewesen beanspruchen zu dürfen.

Genaugenommen besitze aber der Mensch ausschließlich als Person moralisch relevante Eigenschaften,bloß eine Person habe Wünsche und Interessen, könne an ihrem Überleben ernsthaft interessiert sein. Da nach Singer Gott und Natur als Wertquellen menschlichen Lebens auszuschließen sind, läßt sich das vielbeschworene Recht auf Leben nur noch auf solches Überlebensinteresse gründen. Menschliche Föten, die noch keine Personen seien, verfügten aber darüber nicht; deshalb hätten sie auch kein Recht auf Leben. Abtreibung müsse daher grundsätzlich erlaubt sein. So lautet im Kern das Argument von Tooley, Singer und Hoerster für die Freigabe von Schwangerschaftsabbrüchen.

Den naheliegenden Einwand, daß Föten doch mindestens potentielle Personen mit Überlebensinteresse seien, weist Hoerster – wie Tooley und Singer – mit den Worten zurück: „Durch die Tötung eines vorpersonalen Wesens wird [...] nicht etwa ein Überlebensinteresse einer späteren, sich aus dem Fötus entwickelnden Person verletzt! Es wird vielmehr verhindert, daß aus dem Fötus jemals ein Wesen mit einem Überlebensinteresse entsteht. Hierin aber liegt ein wesentlicher Unterschied: Die Verhinderung der Entstehung eines Überlebensinteresses ist etwas ganz anderes als die Verletzung eines – sei es gegenwärtig oder zukünftig – existierenden Überlebensinteresses."[61]

Trotz der Übereinstimmung darüber, daß menschliches Leben keinen Wert an sich darstellt und Föten keine Personen mit eigenen Interessen sind, fällt die Antwort auf die Frage, bis zu welchem Zeitpunkt Abtreibung grundsätzlich erlaubt sein sollte, doch unterschiedlich aus. Tooley und Singer halten Schwangerschaftsabbrüche bis zum neunten Monat und darüber hinaus sogar „Kindstötung während eines kurzen Zeitraums nach der Geburt [für] moralisch akzeptabel"[62], weil das Menschenjunge in dieser Zeit noch keine Person mit Überlebensinteresse sei. Dabei denken sie allerdings ausschließlich an schwerstgeschädigte Neugeborene, die unter großen Qualen nur für kurze Zeit leben könnten. In solchen Fällen sollte es nach ihrer Ansicht möglich sein, solches Leben unter Einhaltung strenger Vorschriften auch noch im ersten Monat nach der Geburt zu beenden.

Dagegen hält Hoerster solche Kindstötung für unvertretbar, selbst wenn Kleinstkinder auch noch keine Personalität besäßen. Da die Gefahr des Mißbrauchs zu groß und die Überwachung zu schwierig sei, sollte es bei der Geburt als äußerster Abtreibungsgrenze bleiben.[63]

Leist verlegt die Grenze noch weiter zurück, weil er seine Überlegungen nicht auf die Fähigkeit zu Wünschen und Interessen, kurz Personalität, stützt, sondern auf Empfindungsfähigkeit. Da ein Fötus bereits im 4. bis 5. Monat empfindungsfähig sei, sollte eine Abtreibung nur während der ersten drei Monate erlaubt sein. Zwar habe der Fötus zu diesem Zeitpunkt noch keine wirklichen Wünsche und Interessen, auch kein Zukunftsbewußtsein, es könne aber davon ausgegangen werden, daß er Empfindungen als angenehm oder unangenehm erlebe, und daß „einem lustvoll empfindenden Wesen ein Schaden entsteht, wenn sein Empfinden unterbrochen wird."[64] Denn etwas als angenehm oder lustvoll empfinden, heiße doch zu wünschen, wenn auch unbewußt, daß diese Empfindung weiter andauere. Deshalb schade man einem Wesen, „wenn man es beim lustvollen Empfinden unterbricht – und daß Töten ein Unterbrechen ist, dürfte unstrittig sein."[65]

Wieder anders *Sass*, nach dem „die Hineinnahme des werdenden Menschen in die Solidargemeinschaft mündiger Personen auf den 36. Tag post fertilisationem"[66], also auf das Ende der fünften Woche, festgelegt werden sollte, weil von diesem Zeitpunkt an Hirntätigkeit gegeben sei. Damit unterläuft Sass sogar die geltende Frist von drei Monaten, in denen heute Schwangerschaftsabbrüche auf Verlangen der Frau grundsätzlich durchgeführt werden dürfen. Andere halten Abtreibung für ganz unzulässig, sobald der Organismus menschliche Form angenommen hat oder zu spontaner Bewegung fähig ist. Wieviele Antworten auf die Abtreibungsfrage auch noch vorstellbar sein mögen, die dargestellten geben bereits einen gewissen Überblick[67] und machen eines deutlich: Die verschiedenen Vorschläge erhalten ihre Plausibilität von dem Menschenbild, das dem jeweiligen Verfasser vorschwebt; und die Entscheidung für die eine oder andere Art ergibt sich aus seiner Weltanschauung oder Religion. Ob und ab wann man menschliches Leben als Wert an sich ansieht oder nicht, darüber gehen die Meinungen weit auseinander, und so kommt es zu dem teils aggressiv, teils militant geführten Kampf der Weltanschauungen.

In dieser fast aussichtslos, geradezu verfahren wirkenden Situation kommt über den Atlantik ein neuer Vorstoß des amerikanischen Juristen *Dworkin*. Auch er unterscheidet zwischen der einen Frage, ob ein Fötus bereits eine Person ist, die Wünsche, Interessen, Rechte besitzt, und der ganz anderen, ob menschliches Leben einen Wert an sich darstellt, besetzt mit Wesenswürde. Dworkin ist davon überzeugt, daß die meisten Menschen, ob konservativ oder liberal, Föten nicht von Empfängnis an als Personen mit Wünschen und Interessen ansehen. Vernünftigerweise sollte man das auch gar nicht tun. Er vertritt also wie Tooley, Singer und Hoerster die Auffassung, „daß ein Fötus nicht mit der Empfängnis bereits eine Person"[68] mit eigenen Interessen darstellt. Dabei gebraucht er den Begriff Interesse weiter als Tooley, Singer und Hoerster, indem er ihm wie Leist die Fähigkeit zu Schmerzempfinden hinzufügt. „Geschöpfe, die Schmerz empfinden können, haben natürlich ein Interesse daran, ihn zu vermeiden."[69] Allerdings geht er im Gegensatz zu Leist davon aus, daß erst von der dreißigsten Schwangerschaftswoche an wirkliches Empfinden möglich sei, weil nun ein „neuronales Substrat für empfundenen Schmerz existiere."[70] Noch wichtiger aber als dieser Unterschied ist hier ein anderer Gesichtspunkt.

Daß Föten noch keine Personen sind, schrieben bereits Tooley, Singer und Hoerster. Neu und bemerkenswert an den Ausführungen Dworkins ist dagegen seine Einbeziehung religiös eingestellter Menschen in die Lösung dieses Problems. Niemand, so urteilt er, ob Christ, Vernunftphilosoph, Atheist oder Naturalist könne ernsthaft glauben, daß ein Fötus im Frühstadium bereits eigene Interessen, Überlebenswünsche habe. Das müßten selbst die zugeben, welche menschliches Leben als mit einer Geistseele ausgestattetes Gottesgeschenk ansehen. Es mache einfach keinen Sinn zu sagen, etwas besitze Interessen oder Wünsche, wenn es nicht zu irgendeinem Bewußtsein fähig ist oder Schmerz empfinden kann oder zuvor schon einmal konnte. Daran ändere auch die unbestreitbare Tatsache nichts, daß die Zellen des in die Gebärmutter eingenisteten Embryos genetische Codes enthalten, welche dann die spätere Entwicklung grundlegend bestimmten. Wie man es auch drehe und wende, der Fötus der ersten Schwangerschaftsmonate sei zu keinem Zeitpunkt bereits eine Person mit Interessen und Wünschen. Wäre er eine solche, dann hätte ein weltanschaulich neutraler Staat natürlich die Pflicht, seinen Bürgern Schwangerschaftsabbrüche zu verbieten. Wie in jedem Rechtsstaat müßten sie dann als Mord an unschuldigen Menschen entsprechend bestraft werden. Da aber der Fötus noch keine Person darstellt, entfällt diese Pflicht. Dementsprechend ist der Staat auch nicht einmal berechtigt, Abtreibung bis zu irgendeinem Entwicklungsstadium zu verbieten.

Nun glauben nach Dworkins Ansicht ohnehin nur wenige, daß Föten bereits Personen sind. Die meisten hielten Abtreibung für verboten, schreibt er, weil sie in menschlichem Leben an sich einen achtbaren Wert mit Wesenswürde erblickten – ein Standpunkt, der bei den einen religiös, bei den anderen oftmals nur gefühlsmäßig, eher diffus, in jedem Falle aber weltlich begründet sei. Auf die Schwierigkeiten beider Begründungen, wie sie bereits Kuhse aufzeigte, geht Dworkin nicht näher ein. Er selbst ist davon überzeugt, „daß unser Leben als solches einen ihm innewohnenden unverletzlichen Wert hat."[71] An der „Heiligkeit des Lebens"[72] festhaltend, zieht er an keiner Stelle ernsthaft in Betracht, daß Leben an sich vielleicht gar keinen Eigenwert besitzt, sondern ausschließlich für uns persönlich einen Wert darstellt. Allerdings erkennt er deutlich, daß jede Interpretation von Heiligkeit des Lebens weltanschaulich gebunden ist und damit stets anfechtbar bleibt. Strittig ist für Dworkin somit nicht, ob menschliches Leben überhaupt einen Wert hat, sondern nur, was Wert des Lebens eigentlich bedeutet. Da aber dieses eine Weltanschauungsfrage sei, könne sie nicht allgemeinverbindlich beantwortet werden. Deshalb müsse überlegt werden, „ob eine Abtreibung oder eine Geburt dem Wert Leben besser dient, wenn der Fötus mißgebildet ist oder wenn die Chance der Frau auf ein lebenswertes Leben durch ein Kind ernsthaft verringert wird. Schützt der Staat einen anfechtbaren Wert am besten, indem er seine Bürger ermutigt, seine Anfechtbarkeit zu akzeptieren und zu begreifen, daß sie selbst die Verantwortung dafür tragen, wie sie in dieser Lage denken und handeln? Oder schützt der Staat einen anfechtbaren Wert am besten, wenn er selbst durch einen politischen Entscheidungsprozeß festlegt, welche Interpretationen die richtige ist, und dann alle Bürger zur Konformität zwingt?"[73] Diese Frage stellt sich uns noch viel schärfer, wenn man bedenkt, daß Leben an sich vielleicht gar keinen Wert, keine angeborene Würde besitzt – eine Weltanschauung, die weder menschenverachtend noch irrational sein muß, sondern im heutigen Zeitalter der Naturwissenschaften eine durchaus vertretbare und auch vertretene Position darstellt.

Überzeugend führt Dworkin weiter aus, daß im Hintergrund der gegenwärtigen Abtreibungskontroverse ein Weltanschauungskampf tobt, wie er in der Vergangenheit zu Religions- und Bürgerkriegen führte. Der demokratische Rechtsstaat hatte geglaubt, diese durch sein Bekenntnis zu Religions- und Weltanschauungsfreiheit für immer unmöglich gemacht zu haben. Beide Freiheiten werden heute weltweit als Menschenrechte deklariert und bei uns sogar als Grundrechte garantiert. So gesehen, darf ein Staat auch nach Dworkins Urteil nicht vorschreiben, „wie seine Bürger über ethische und geistige Werte – insbesondere über religiöse – zu denken haben [...]. Vor ein paar Jahrhunderten haben Menschen sich noch gegenseitig umgebracht, da sie meinten, einige Formen der Häresie oder des Unglaubens wären zu schlimm [...], als daß man sie tolerieren könnte. Heute aber sind [...] die meisten Menschen in den westlichen Demokratien entgegengesetzter Meinung: Wir finden, es sei eine schreckliche Form der Tyrannei [...], wenn die Gemeinschaft [dem Einzelnen] Glaubenssätze oder Überzeugungen aufzwingt."[74]

Kernpunkt der Debatte ist nach alledem also „nicht die Frage, ob ein Fötus eine Person im Sinne der Verfassung ist, sondern ob es in der Zuständigkeit der Staaten liegt, ihren Bürgern zu diktieren, wie sie den Wert menschlichen Lebens zu respektieren haben."[75] Nach allem Ausgeführten ist diese Frage selbstverständlich zu verneinen – einmal aus der pragmatischen Erkenntnis, daß wir Menschen uns in Weltanschauungsfragen wie denen nach dem Wert des Lebens und dem Sinn der Welt wohl niemals ganz einigen werden, weiterhin aus der philosophischen Einsicht, daß sich in Weltanschauungsfragen eben keine endgültigen, zwingenden, allgemeingültigen Antworten erteilen lassen, und schließlich aus juristischen Gründen, nach denen in einer freien, pluralistischen Gesellschaft wie der unsrigen es dem einzelnen überlassen werden muß, wie er für sich Weltanschauungsfragen beantworten will. Es bleibt allen unbenommen, Schwangerschaftsabbrüche als unverzeihliche Sünde oder „kosmische Schande"[76] zu bewerten, nur darf keiner den anderen zwingen, das genauso zu sehen. Noch weniger ist es mit den Grundsätzen einer pluralistischen Demokratie vereinbar, daß eine Regierung ihren Bürgern weltanschaulich gebundene Werte vorschreibt, indem sie sich für alle bindend auf Wertorientierungen wie die Wesenswürde festlegt, die nicht zu verallgemeinern sind. Damit spräche sie ihren Bürgern das Recht ab, „selbst zu entscheiden, was Heiligkeit des Lebens für sie bedeutet."[77]

Selbstverständlich sollen damit weder private noch öffentliche Streitgespräche ausgeschlossen werden; die kontroverse Diskussion gehört grundsätzlich zu einem pluralistischen Gemeinwesen. Nur sollte der weltanschaulich neutrale Staat seinen Bürgern keine offizielle Lebens- und Weltdeutung als einzig wahre aufzwingen wollen, und die Bürger eines solchen Gemeinwesens sollten sich selbst weitgehend tolerant gegeneinander verhalten. Niemand ist gezwungen, den Standpunkt anderer zu teilen. Sobald es um Weltanschauungsfragen geht, muß man aber auch andere als die eigene Meinung dulden können. Wie ausgeführt, kennzeichnet diese Haltung einen zivilisierten Menschen und ist eine notwendige Voraussetzung für ein demokratisches Gemeinwesen. Toleranz bedeutet eben, im Bewußtsein eigener Überlegenheit dennoch andere Meinungen zuzulassen. Wie wir uns als Katholiken, Protestanten, Muslime oder Atheisten gegenseitig achten, sollten wir mindestens tolerieren, wenn die einen aus religiösen Gründen Schwangerschaftsabbrüche ablehnen, hingegen andere sie aus wieder anderen Gründen für erlaubt halten. Alle sonstigen Lösungen widersprächen der verfassungsmäßig garantierten Religionsfreiheit, zu der auch die Freiheit gehört, kein religiöses Bekenntnis zu haben. Es bleibt niemandem verwehrt zu glauben, bei der Empfängnis von Gott mit einer Geistseele ausgestattet worden zu sein. Es muß aber dem anderen auch erlaubt sein, dies nicht zu glauben, weil es doch eine Frage der persönlichen Entscheidung ist, die jeder allein vor sich selbst verantworten kann, und die auch deshalb in die Privatsphäre fällt. Einmischungen durch Mitbürger und Staat sollten darum nicht unwidersprochen hingenommen werden.

Daraus ergibt sich nach Dworkin auch das Recht der Frau „auf reproduktive Autonomie, auf Selbstbestimmung im Bereich der Fortpflanzung, auf Kontrolle über ihren Körper und ihre Rolle als Frau."[78] Sie sollte nicht nur selbst entscheiden dürfen, „ob Kinder gezeugt [werden], sondern auch, ob sie die Kinder austragen"[79] will. Da einerseits der Fötus keine Person darstelle, außerdem dieser bis zu einem gewissen Entwicklungsstadium noch gar keine Empfindungen besitze, andererseits der Staat nicht für die Beantwortung von Weltanschauungsfragen, wie der Frage nach Wert und Heiligkeit des Lebens zuständig sei, gebe es auch keinen triftigen Grund, der Frau ihr Recht auf Selbstbestimmung abzuerkennen.

In Deutschland gilt zur Zeit eine Fristenregelung mit Beratungspflicht. Schon seit Frühjahr 1974 strebte man eine Reform des Abtreibungsrechts an, mit der man in den letzten Jahrzehnten jedoch nur schwer vorankam. Der Schlagabtausch mit immer gleichen Argumenten in der jahrelangen Auseinandersetzung nahm allmählich ermüdende, geradezu mechanische Form an. Während die einen auf das Lebensrecht des ungeborenen Kindes beharren, rücken andere das Selbstbestimmungsrecht der Frau in den Vordergrund, und manche von ihnen plädieren sogar für eine völlige Streichung des §218. Nach einer Entscheidung des Bundesverfassungsgerichtes vom 28. Mai 1993 sind Schwangerschaftsabbrüche grundsätzlich rechtswidrig, bleiben aber straffrei, wenn sie innerhalb der ersten zwölf Wochen nach einer Beratung durchgeführt werden. Das daraufhin entstandene neue *Schwangeren- und FamilienhilfeÄnderungsGesetz* vom 21. August 1995 basiert auf einem Kompromiß, der so aussieht: Der Schwangerschaftsabbruch ist grundsätzlich verboten und rechtswidrig. Allerdings ist dieser Tatbestand nicht verwirklicht, wenn die Schwangere den Abbruch verlangt und dem Arzt durch eine Bescheinigung einer anerkannten Schwangerschaftskonfliktberatungsstellte ihre Beratung mindestens 3 Tage vor dem Eingriff nachgewiesen hat, und der Abbruch von einem Arzt binnen 12 Wochen seit der Empfängnis vorgenommen wird, wobei die Schwangere selbst sogar bis zur 22. Woche straflos bleibt. Die gesetzlichen Krankenkassen bezahlen Schwangerschaftsabbrüche, wenn die Schwangerschaft zu Gesundheitsschäden für die Mutter führt, dann medizinische Indikation genannt, oder wenn die Schwangerschaft durch Vergewaltigung entstand, die sogenannte kriminologische Indikation. Eine embryopathische Indikation – wenn eine schwere Schädigung des Kindes im Mutterleib vorliegt oder abzusehen ist – sieht das neue Gesetz nicht mehr ausdrücklich vor. Aber auch in diesem Falle ist ein Schwangerschaftsabbruch nicht rechtswidrig, wenn zugleich die Voraussetzungen einer medizinischen Indikation vorliegen. Sollten Frauen, die aus anderen als den angegebenen Gründen einen erlaubten Schwangerschaftsabbruch durchführen lassen, über kein eigenes oder nur geringes Einkommen verfügen, das heißt als sozial bedürfig gelten,[80] übernehmen die Träger der gesetzlichen Krankenversicherung die Kosten, die ihnen von den Ländern zu erstatten sind.

Von philosophischer Bedeutung ist an dieser umfassenden Regelung vor allem die grundsätzliche Rechtswidrigkeit der Schwangerschaftsabbrüche. Das Bundesverfassungsgericht stützt diese Entscheidung auf die Idee der menschlichen Wesenswürde, das Recht auf Leben und körperliche Unversehrtheit eingeschlossen, und weiß sich dabei eins mit den Vorstellungen des *Parlamentarischen Rates*. Dessen Hauptausschuß hatte in der 42. Sitzung am 18. Januar 1949 festgelegt, daß in der Formulierung von Art. 2 Abs. 2 des Grundgesetzes „jeder hat das Recht auf Leben" der Schutz des ungeborenen Lebens enthalten sei, so daß sich eine besondere Hervorhebung erübrige. Demnach war man sich damals bereits darüber einig, „daß bei dem Recht auf Leben und körperliche Unversehrtheit das keimende Leben ausdrücklich eingeschlossen sei"[81], da die Leibesfrucht dem geborenen Kind in grundrechtlicher Beziehung gleiche – gemäß dem lateinischen Ausspruch: nasciturus pro iam nato habetur: Das gezeugte Kind wird als schon geboren behandelt. Dazu paßt auch die allgemeine Feststellung: „Wo menschliches Leben existiert, kommt ihm Menschenwürde zu."[82]

Kritisch muß hierzu allerdings aufs neue angemerkt werden: Selbstverständlich wären Schwangerschaftsabbrüche eine grundsätzlich rechtswidrige Würdeverletzung, wenn der Fötus eine lebendige Person mit Empfindungsfähigkeit, Wünschen, Interessen darstellte, oder aber wenn Leben an sich wertvoll wäre. Nun hat sich jedoch im Zusammenhang mit der Darstellung von Dworkins Auffassung gezeigt, daß die erste Annahme (lebendige Person) unhaltbar, die zweite (Leben an sich wertvoll) weltanschaulicher Art ist. Folglich darf eine Bewertung menschlichen Lebens, wie sie der Beurteilung von Schwangerschaftsabbrüchen als rechtswidrig zugrundeliegt, niemandem verbindlich aufgezwungen werden, weil das einen Verstoß gegen die verfassungsmäßig garantierte Religions- und Weltanschauungsfreiheit darstellen würde. Daraus folgt, das Urteil, demzufolge Schwangerschaftsabbrüche grundsätzlich rechtswidrig sein sollen, weil menschliches Leben einen Wert an sich darstellt, das heißt Wesenswürde besitzt, ist selbst rechtswidrig, denn Beurteilungen dieser Art sind weltanschaulich bedingt: Nicht der Schwangerschaftsabbruch also, sondern vielmehr dessen grundsätzliches Verbot verstößt gegen das Grundgesetz.

Mit diesem überraschenden Ergebnis ist aber noch nicht die schwierige Frage beantwortet, bis zu welcher Woche Schwangerschaftsabbrüche denn nun erlaubt werden sollten, und welche Ausnahmeregelungen zuzulassen wären. Darauf sei hier nicht näher eingegangen, obgleich nicht verschwiegen werden darf, daß der Verfasser den von Leist gemachten Vorschlag am überzeugendsten hält. Er stuft, aus guten Gründen Empfindungsfähigkeit des Fötus als oberstes Kriterium wählend, Schwangerschaftsabbrüche bis zur 13. Woche als moralisch und rechtlich unbedenklich ein.[83] Nach heutiger Erkenntnis setzt die Empfindungsfähigkeit spätestens ab der 24. Woche[84], frühestens aber nach der 15. Woche ein.[85] Weltanschauungsneutral betrachtet, ist es deshalb erst ab diesem Zeitpunkt beziehungsweise ab der 13. Woche sinnvoll, in Schwangerschaftsabbrüchen einen Verstoß gegen die Menschenwürde zu sehen, will man nicht ganz auf den Begriff in diesem Zusammenhang verzichten. Dann aber wäre der hierzulande erlaubte Schwangerschaftsabbruch auch nach der 13. Woche wegen zu erwartender schwerwiegender gesundheitlicher Schäden des Kindes in moralischer und rechtlicher Hinsicht problematisch, es sei denn, man gründete das Lebensrecht des Keimlings, dessen eventuelle Behinderung oftmals erst nach dem dritten Schwangerschaftsmonat feststellbar ist, von vornherein auf dessen mögliches Schmerzempfinden ab der 24. Woche. In diesem Falle müßten jedoch Schwangerschaftsabbrüche allgemein bis zum siebten Monat als erlaubt gelten, was fast niemand hierzulande möchte. Eine allseits befriedigende Lösung dieses Problems ist nicht in Sicht, und sie steht auch nicht zu erwarten.

Eine Erkenntnis aber bleibt von dieser Schwierigkeit gänzlich unberührt, daß nämlich jene, die sich heute gerne auf unsere Verfassung berufen, wenn sie verfassungsrechtliche Bedenken anmelden, um alle Schwangerschaftsabbrüche als Unrecht zu verurteilen, genaugenommen nicht in Abbrüchen von Schwangerschaften eine Rechtswidrigkeit erkennen müßten, sondern vielmehr in deren absolutem Verbot.

In diesem Zusammenhang stellt sich auch die Frage nach der Zulässigkeit der Transplantation von fetalem Gewebe. Mittlerweile ist die Verpflanzung von Hirngewebe und Augenzellen abgetriebener Föten zur Bekämpfung von „Parkinson" oder des Augenleidens „Retinitis pigmentosa" längst kein bloßer Zukunftstraum mehr. Wie nicht anders zu erwarten, sind die ethischen Aspekte solcher Transplantationen innerhalb der Gesellschaft und Ärzteschaft äußerst umstritten. In Deutschland sind solche Methoden verboten, während es in Schweden bereits gesetzliche Regelungen gibt, die vorschreiben, unter welchen Bedingungen fetales Gewebe für Transplantationszwecke verwendet werden darf.[86] Aus weltanschauungsneutraler Sicht spricht für beziehungsweise gegen die Transplantation von fetalem Gewebe nicht mehr und nicht weniger als für oder gegen die Erforschung überzähliger Embryonen. Da der abgetriebene Fötus keine besondere Würde besitzt, können solche Gewebeentnahmen auch keine Würdeverletzung darstellen. Davon abgesehen wäre es absurd, den Schwangerschaftsabbruch zu erlauben, die Verpflanzung oder Erforschung von Zellen abgetriebener Föten jedoch mit dem Argument ihrer Würde zu verbieten. Sicherlich sind auch hier klare Richtlinien notwendig, welche die Bedingungen für die Vewendung von fetalem Gewebe festlegen.

Zugegebenermaßen klingt das greulich, Föten eigens zu Transplantationszwecken zu erzeugen und dann abzutreiben. Das hört sich genauso schlimm an wie Produktion von Embryonen zu Forschungszwecken. Hierzu sind sicherlich nur die wenigsten Frauen bereit. Jedoch bestünde auch die Möglichkeit zur künstlichen Herstellung von Embryonen und Föten. Im allgemeinen widerspricht aber bereits die Vorstellung abgetriebener Föten als Ersatzteillager wie ihre Verwendung sogar als Mittel zu einem guten Zweck dem sittlichen Empfinden und der Selbstachtung vieler Menschen. Der Einzelne kann sich hierdurch in seiner Würde verletzt fühlen. Andererseits spricht grundsätzlich nichts gegen die Transplantation oder Erforschung von Zellen abgetriebener Föten, stehen solche Methoden doch im Einklang mit der Würde als Gestaltungsauftrag, wenn hierdurch Schwerkranken geholfen werden kann. Daher darf der Staat nicht aus prinzipiellen Erwägungen heraus solche Maßnahmen verbieten. Wenn zutrifft, daß der Fötus bis zum Augenblick des Schwangerschaftsabbruchs weder Würde noch Empfindungsfähigkeit besitzt, dann lassen bestimmte Ziele – etwa die Rettung eines Verwandten, möglicherweise des eigenen Kindes – sogar die Erzeugung von fetalem Gewebe zu Transplantationszwecken als zulässig erscheinen; allerdings darf niemand hierzu gezwungen werden. In absehbarer Zeit wird es möglich sein, „Embryonen im Reagenzglas so weit zu entwickeln, daß sie siebzehn Tage nach der Befruchtung Blut-Stammzellen bilden, die man zur Behandlung verschiedener bisher tödlicher Blutkrankheiten einsetzen könnte."[87] Schon heute sind Fälle bekannt, da Eltern ein zweites Kind zeugten, um so ihrem kranken Erstgeborenen eine rettende Rückenmarktransplantation zu ermöglichen.

Das Problem der Transplantation von fetalem Gewebe führt unausweichlich zu der Frage, ob und unter welchen Voraussetzungen die Transplantationschirurgie überhaupt Organe und Gewebe, sei es von Lebendspendern oder Toten, entnehmen darf – und somit von den Anfängen des menschlichen Lebens zu dessen unwiderruflichem Ende.

Organe, Tod und würdiges Sterben

Die Verpflanzung menschlichen Gewebes und lebenswichtiger Organe kann das Dasein schwerkranker Menschen nicht nur verbessern und verlängern, sondern auch retten. Lebendspender helfen ihren leidenden Mitbürgern, verlorene Körperfunktionen wiederzugewinnen, wobei für solche Übertragungen nur paarige Organe wie Nieren, in besonderen Notfällen auch Teile der Bauchspeicheldrüse, Leber und des Dünndarms sowie regenierbare Substanzen wie Knochenmark in Frage kommen. Nach der

Bioethetik-Konvention darf die „Entnahme von Organen oder Gewebe von Lebendspendern für Transplantationszwecke [...] ausschließlich zum therapeutischen Nutzen des Empfängers" vorgenommen werden; als solche steht sie im Dienste der Menschenwürde als Gestaltungsauftrag. Dennoch gelten hier wie anderswo in Europa und den USA scharfe Bestimmungen für Gewebe- und Organspenden von Lebenden. Aus Sorge um deren Freiwilligkeit werden sie lediglich zwischen blutsverwandten Familienmitgliedern, Ehegatten und Lebenspartnern gestattet, wobei selbstverständlich niemand zu einer Gewebe- oder Organspende gezwungen werden darf.

Bemerkenswerterweise sieht die *Bioethik-Konvention* aber eine Ausnahme vor. Auch einwilligungsunfähigen Personen darf regenierbares Gewebe entnommen werden, wenn ein passender einwilligungsfähiger Spender sonst nicht zur Verfügung steht und die Spende das Leben des Empfängers, der ein Bruder oder eine Schwester sein muß, retten kann. Mit dieser Einschränkung der Spendeerlaubnis auf dem Kranken nahestehende Personen soll von vornherein die Möglichkeit des Organhandels ausgeschlossen werden. Man glaubt, daß ohne solche Begrenzungen mittellose Kranke wohlhabenderen gegenüber benachteiligt wären, und befürchtet, daß Menschen aus bloß finanziellen Gründen ihre Gesundheit aufs Spiel setzen könnten, ohne die Folgen ihres Tuns hinreichend zu bedenken. Trotz Verbot blüht aber der Organhandel in der Dritten Welt zugunsten wohlhabender Bürger der reichen Industrienationen. Aufgrund der großen Nachfrage nach frischen Organen kommt es gelegentlich sogar zu Morden an Kindern und Jugendlichen. Selbstverständlich sind solche menschenverachtenden Greueltaten aufs schärfste zu verurteilen, ja, mit allen Mitteln zu verfolgen, dabei darf aber nicht übersehen werden, daß sie auch die erschreckende Armut der Dritten Welt widerspiegeln.

Nun ist eines die Organspende von Lebenden, ein anderes die Organentnahme von Hirntoten, die mittlerweile in den meisten Ländern als echte Tote angesehen werden. Ist aber ein Mensch wirklich tot, wenn dessen Hirnfunktionen irreversibel erloschen sind, aber die Herz-Kreislauffunktion durch künstliche Beatmung noch aufrechterhalten werden kann, oder sind Hirntote doch erst Sterbende? Die Gegner der Gleichsetzung von Hirntod mit Tod sehen darin eine unhaltbare Vorverlegung und gefährliche Umdeutung des Todes im Interesse der Transplantationsmedizin; Hirntote seien noch lebende Menschen, sagen sie.[88]

Zugegebenermaßen geht es bei der Neufestlegung des Todes auch um die Frage, zu welchem Zeitpunkt und unter welchen Voraussetzungen die Entnahme lebenswichtiger Organe zur Heilung und Rettung schwerkranker Menschen erlaubt sei. Allerdings darf die Neubestimmung des Todes nicht auf diese Hintergrundfrage reduziert werden. Tatsache ist: „Ein Mensch, dessen Gehirn abgestorben ist, kann nichts mehr aus seinem Inneren und aus seiner Umgebung empfinden, wahrnehmen, beobachten und beantworten, nichts mehr denken, nichts mehr entscheiden. Mit dem völligen und endgültigen Ausfall der Tätigkeit seines Gehirns hat der betroffene Mensch aufgehört, ein Lebewesen in körperlich-geistiger oder leiblich-seelischer Einheit zu sein. Deshalb ist ein Mensch tot, dessen Gehirn völlig und endgültig ausgefallen ist."[89] Zwar können durch Beatmung und künstliche Nahrungszufuhr der Ausfall der Herztätigkeit wie das Absterben der Organe und Zellen aufgehalten werden, mit dem totalen, unumkehrbaren Hirntod sind aber die für das Leben des Menschen notwendigen Voraussetzungen endgültig und unwiederbringlich ausgelöscht. Darum darf der Hirntod auch nicht mit bleibender Bewußtlosigkeit verwechselt werden.

In Deutschland gilt derzeit eine Regelung, nach welcher der endgültige Hirnausfall durch zwei Ärzte nachgewiesen werden muß, die hierüber Protokoll zu führen haben und an einer möglichen Organübertragung nicht mitwirken dürfen; außerdem muß mindestens einer der beiden Ärzte mehrjährige intensivmedizinische Erfahrung besitzen.

Ethisch gesehen steht der Übertragung gesunder Organe oder Gewebe eines Hirntoten auf chronisch Kranke nichts im Wege. Da die Lebenstüchtigkeit der meisten transplantierbaren Organe von einer möglichst kurzen Unterbrechung der Sauerstoffversorgung abhängt, sollte der Körper zum Zeitpunkt der Entnahme tatsächlich weiter durchblutet werden. Verpflanzt werden dabei außer Niere, Herz und Leber auch Lunge, Bauchspeicheldrüse, Augenhornhaut, Knochenmark und Gehörknöchelchen. Nach allgemeiner Auffassung wird die menschliche Würde durch Organtransplantationen nicht verletzt. Wo immer Organe oder Gewebe einem Hirntoten entnommen werden, kann man sogar sagen: Hier eilt der Tod freudig dem Leben zur Hilfe – dem lateinischen Ausspruch gemäß: Hic est locus ubi mors gaudet succursu vitae! Selbst die Kirchen sehen in der Bereitschaft zur Organspende ein Zeichen der Nächstenliebe wie der Verbundenheit mit Schwerkranken, und betonen, daß die Pietät vor dem menschlichen Leichnam hinter dieser Art von Solidarität durchaus zurücktreten dürfe. Anders formuliert: Organspenden dienen der menschlichen Würde als Gestaltungsauftrag.

Strittig ist allerdings, ob Organe nur dann entnommen werden dürfen, wenn der Tote zu Lebzeiten seine Einwilligung dazu gegeben hat (enge Zustimmungslösung). Zu dieser Auffassung neigen die Gegner der hirnbezogenen Todesvorstellung, ohne zu bedenken, daß bei Ablehnung des Hirntodes als Lebensgrenze und der Bewertung hirntoter Patienten als noch Lebende eine Organentnahme auch mit deren vorherigen Einwilligung unzulässig sein müßte, denn nichts kann die Entnahme für den Körper notwendiger Organe von Lebenden rechtfertigen. Nach geltendem Recht, das heißt dem *Transplantationsgesetz* aus dem Jahre 1997, genügt im Gegensatz zur engen Zustimmungslösung – gesetzt den Fall, eine schriftliche Erklärung liegt nicht vor – auch das Einverständnis der nächsten Angehörigen des Verstorbenen, wie es außer Ehegatten, Eltern und Großeltern volljährige Kinder und Geschwister sind, sofern sie in den letzten Jahren vor dem Tod des Verwandten noch persönlichen Kontakt zu ihm hatten. Dem Verstorbenen nahestehende Personen wie enge Freunde und nicht-eheliche Lebenspartner treten an die Stelle der nächsten Angehörigen, wenn der Tote zu Lebzeiten die Entscheidung über eine Organentnahme ihnen übertragen hatte (erweiterte Zustimmungslösung).

Mag es Angehörigen und Freunden in dieser Situation auch schwer fallen, sich mit der Bitte um Zustimmung der Organentnahme auseinanderzusetzen, so können sie doch noch am ehesten im Sinne des Verstorbenen entscheiden. Sie mögen die Last der Entscheidung als erdrückend empfinden, die Menschenwürde als Gestaltungsauftrag aber wird durch die erweiterte Zustimmungslösung nicht verletzt. Vielleicht sollte es angesichts der vielen Schwerkranken, denen mit einer Organspende geholfen wäre, sogar Bürgerpflicht werden, zu Lebzeiten eine Entscheidung für oder gegen die Bereitschaft zur Organspende zu treffen. Diese Entscheidung, die ebenso das Recht zur Nichtentscheidung einschließt, wäre in einem bundeszentralen Spenderregister festzuhalten und könnte jederzeit geändert werden. Sie erleichterte die Situation der Angehörigen und Freunde, die sich so außer mit dem Verlust eines geliebten Menschen manchmal auch mit dessen mutmaßlichem Willen auseinandersetzen müssen.

Möglicherweise sollte noch ein Schritt weiter gegangen werden. Da wegen Verdrängung und Gedankenlosigkeit die meisten von uns zu Lebzeiten keine Spendeentscheidung treffen, könnte auch eine Widerspruchsregelung in Betracht gezogen werden. Hiernach wären alle Bürger potentielle Organspender, solange sie keinen Widerspruch dagegen einlegen. Ihr Selbstbestimmungsrecht bliebe gewahrt, da keiner zur Spende verpflichtet wäre, niemand ein Recht auf eines anderen Organ erhielte. Jedermann könnte uneingeschränkt von seinem Widerspruchsrecht Gebrauch machen, wobei über die Modalitäten selbstverständlich gesondert nachzudenken wäre. Nun befürchten jedoch manche zu Recht, daß eine solche Regelung zu pausenlosen, juristischen Auseinandersetzungen führen könnte; allerdings würde sich vermutlich auch die Spendehäufigkeit innerhalb der Bevölkerung erhöhen. Eine weitere Möglichkeit, die Spendebereitschaft unter den Erwachsenen zu vergrößern, läge darin, nur jenen ein Organ zu verpflanzen, die auch für sich selbst eine Organspendeerklärung abgegeben haben.[90] Diese hätten dann vorrangigen Anspruch auf ein fremdes Organ.

Gegenwärtig werden die verfügbaren Organe verteilt nach Dringlichkeit, Erfolgsaussicht und Wartezeit, wobei diese drei Aspekte leider nicht immer miteinander übereinstimmen.

Größte Unsicherheit besteht in der Frage, wieweit Alter, Allgemeinzustand und andere Erkrankungen des Patienten mitbedacht werden sollten. Hierzu läßt sich der Würdeidee als Gestaltungsauftrag nichts Sicheres entnehmen. Außer Zweifel steht allein, daß das Leben eines Menschen nicht im Interesse eines Organempfängers verkürzt werden darf; dies darf höchstens im eigenen Interesse geschehen, womit wir beim Problem der Sterbehilfe wären.

Menschen sehnen sich nicht nur nach einem würdevollen Leben, sondern auch nach würdigem Sterben, und sie fürchten sich heute viel mehr davor, zu lange am Leben erhalten, als bei lebendigem Leibe begraben zu werden. Allgemein unterscheidet man zwischen Hilfe im Sterben durch Schmerztherapie ohne lebensverkürzendes Risiko und Hilfe zum Sterben: als Sterbenlassen (passive Sterbehilfe) oder als bewußte Tötung bei einer nicht mehr als sinnvoll erscheinenden Lebensverlängerung (aktive Sterbehilfe). Hierbei geht es nicht bloß um Sterbehilfe auf Verlangen urteilsfähiger Schwerkranker, sondern auch um die Frage nach der moralischen und rechtlichen Zulässigkeit von Sterbehilfe für urteilsunfähige Menschen, wie komatöse Patienten und schwerstgeschädigte Neugeborene. Viele Bürger, die von der Heiligkeit des menschlichen Lebens und dessen Wesenswürde ausgehen, sehen im menschlichen Leben einen unverfügbaren, absoluten Wert und lehnen darum fast jede Form von Sterbehilfe ab. Menschliches Leben ist für sie, unabhängig von seiner Qualität und seinem Wert für den Leidenden selbst, ein schützenswertes Gut.[91] Wie bekannt ist jedoch eine solche Vorstellung weltanschauungsgebunden und damit nicht verallgemeinerungsfähig; deshalb soll sie hier auch nicht weiter berücksichtigt werden. Es sei zwar dem Belieben jedes Einzelnen überlassen, worauf er seine Argumentation aufbaut, Schlußfolgerungen, die auf weltanschaulichen Prämissen beruhen, können aber nur diejenigen überzeugen, die auch daran zu glauben bereit sind. Auf alle Fälle darf der weltanschauungsneutrale Staat seinen Bürgern keine Lehre von der Heiligkeit menschlichen Lebens vorschreiben, sondern sollte die Beantwortung dieser Frage ihnen selbst überlassen. Weltanschauungsneutral betrachtet stellt das Leben an sich keinen Wert dar, sondern empfängt diesen erst durch uns. Darum ist es, wie bereits dargelegt, auch möglich zu denken, daß menschliches Leben überhaupt keinen Wert hat, was genau dann der Fall wäre, wenn es den Betroffenen selbst nicht mehr als lebenswert erschiene.

Daß Hilfe im Sterben mit der Würde als Gestaltungsauftrag vereinbar ist, liegt auf der Hand und bedarf keiner weiteren Erläuterung. Zwischen der Hilfe im Sterben und der Hilfe zum Sterben ist die sogenannte indirekte Sterbehilfe angesiedelt mit der alten Lehre von der Doppelwirkung im Hintergrund.[92] Deren Anhänger unterscheiden zwischen unmittelbaren, durchaus lobenswerten Absichten und voraussehbaren, aber unerwünschten Nebenfolgen. Sie sagen, in Anbetracht der großen Qualen eines Todkranken kann die Linderung seines Elends durch eine hochdosierte Schmerztherapie derart dringlich werden, daß dafür als Nebeneffekt eine Beschleunigung des Sterbeprozesses und damit ein früherer Todeseintritt in Kauf genommen wird. Sicherlich war dieser vorhersehbar, beabsichtigt wurde er aber nicht, warum man in diesem Falle auch von indirekter Sterbehilfe spricht. Die Lehre von der Doppelwirkung im beschriebenen Sinne entstammt der katholischen Moraltheologie, und ist mit der Würdeidee als Gestaltungsauftrag völlig vereinbar. Diese erlaubt, ja gebietet, Patienten mit unerträglichen Leiden hochdosierte Schmerzmittel zu verabreichen, auch wenn es sie das Leben kostet. Offenkundig wird hier Leidensverringerung höher bewertet als Lebenserhaltung, woran religiös eingestellte Menschen sonst eher Anstoß nehmen. Doch lassen immer öfter auch gläubige Christen die vielzitierte Heiligkeit und Unantastbarkeit des menschlichen Lebens hinter die Frage nach der Lebensqualität zurücktreten, diese als Grundlage von Entscheidungen über Leben und Tod akzeptierend.

Im Unterschied zur indirekten Sterbehilfe geht es bei der passiven um Geschehenlassen des Sterbens durch Nichtaufnahme einer das Leben verlängernden Behandlung oder durch Abbruch lebensverlängernder Maßnahmen. Der Tod darf nicht mit allen Mitteln verhindert, das Leben nicht um jeden Preis verlängert werden, im Gegenteil, wie es ein Recht zu leben gibt, so sollte es auch ein Recht zu sterben geben. Deshalb ist unter bestimmten Voraussetzungen das Sterben freizugeben und der Arzt von der Pflicht zu entbinden, alles in seiner Macht Stehende zu tun, um einen Menschen am Leben zu erhalten; es gibt Grenzen des Zumutbaren, wie *Jonas* betont: „Von einem bestimmten Moment an hört der Arzt auf, Heiler zu sein, und wird zum Todeshelfer des Patienten."[93] Das hat mittlerweile auch die deutsche Rechtsprechung erkannt und anerkannt.[94] Jedoch bleibt das Problem der Ermittlung der Grenze zwischen sinnvoller Lebensrettung und unzumutbarer Lebensverlängerung bestehen. Nach Auffassung der meisten Medizinethiker wie auch der Bundesärztekammer sollten Schwerkranke, die noch bei Bewußtsein im Endstadium einer unheilbaren, quälenden Krankheit sind, wenn sie es wirklich wollen, sterben dürfen, indem jene außerordentlichen Maßnahmen eingestellt werden, die sie unter allen Umständen am Leben zu halten suchen. Natürlich bedeutet das nicht das Ende der Versorgung mit künstlicher Nahrung, die einem Patienten selbst dann nicht vorenthalten werden darf, wenn alle übrigen Apparate bereits abgeschaltet sind.

Normalerweise rechtfertigt man die Freigabe der passiven Sterbehilfe mit dem Selbstbestimmungsrecht des Schwerkranken, das dem Staat verbiete, sich in dessen höchst persönliche Angelegenheiten einzumischen.[95] Man sagt berechtigterweise, ein Behandlungsverzicht im Einverständnis oder auf Verlangen eines zurechnungsfähigen, umfassend informierten Patienten geschehe aus Achtung vor ihm und seinem Leben, und ist daher mit der Würde als Gestaltungsauftrag grundsätzlich vereinbar.

Weitaus schwieriger ist dagegen der Behandlungsabbruch zu begründen bei Patienten in irreversiblem Koma oder anhaltender Bewußtlosigkeit, wenn keine Einverständniserklärung vorliegt. Da kann man noch nicht einmal mit dem vorrangigen Ziel der Leidensverminderung argumentieren, weil der komatöse oder bewußtlose Patient im Normalfall keine Schmerzen mehr verspürt. Trotzdem halten zahlreiche Mediziner und Juristen passive Sterbehilfe bei irreversiblem Bewußtseinsverlust auch ohne Einverständnis des Patienten für erlaubt und begründen dies mit der Unzumutbarkeit der weiteren Behandlung. Deren Fortsetzung verstoße gegen die Würde des Sterbenden.

Noch problematischer ist aktive Sterbehilfe im Sinne schmerzloser, tätiger Herbeiführung des Todes eines Patienten – etwa durch eine tödliche Injektion. Obwohl in Deutschland das Problem der Sterbehilfe bislang nicht gesetzlich geregelt ist, darf es Tötung auf ausdrückliches Verlangen eines Patienten nicht geben; sie widerspräche §216 des Strafrechts. Nichtsdestoweniger befürworten viele die aktive Sterbehilfe, selbst Theologen.[96] Dabei stellen ihre Anhänger immer wieder die geläufige Unterscheidung zwischen aktivem Bewirken des Todes und passivem Geschehenlassen des Sterbens in Frage. Die meisten Befürworter der aktiven Sterbehilfe sind der Auffassung, daß zwischen Sterbenlassen und Töten kein moralisch relevanter Unterschied besteht.[97] Denn beides geschehe nicht nur in gleicher Absicht, sondern, wenn ein Arzt darauf verzichte, den Tod seines Patienten zu verhindern, dann habe er diesen auch genauso verursacht, wie wenn er ihm eine tödliche Spritze verabreicht hätte. Moralisch gesehen sei deshalb die Unterscheidung zwischen aktiver und passiver Euthanasie, Töten und Sterbenlassen äußerst fragwürdig, genaugenommen hinfällig.

Aus den genannten Gründen sei aber auch die unterschiedliche Bewertung von aktiver und indirekter Sterbehilfe problematisch, obgleich letztere den Tod des Patienten nicht unmittelbar anstrebe.[98] Die Tatsache jedoch, daß man ihn voraussehe und vermeiden könne, hebe den Unterschied zur schmerzfreien, gezielten Tötung fast vollständig auf. Mit anderen Worten: „Wir sind ceteris paribus sowohl kausal als auch moralisch in gleichem Maße für das verantwortlich, was wir geschehen lassen, wie für das, was wir geschehen machen."[99]

Dennoch beharren die Gegner der aktiven Euthanasie auf dem Standpunkt, daß indirekte Sterbehilfe nicht mit ersterer gleichzusetzen sei. Denn für einen Arzt sei es durchaus etwas anderes, Schmerzmittel zu verabreichen, um dadurch Leiden zu vermindern, auch wenn der Tod daraus folge, als Medikamente zu verordnen, um dadurch den Tod direkt herbeizuführen. Außerdem halten die Gegner der aktiven Sterbehilfe hartnäckig an der Unterscheidung fest zwischen Auslösung einer Ereigniskette, die notwendigerweise zum Tode führt, und bewußter Unterlassung eines Eingriffs, obwohl sie auch den Tod bewirkt. Tatsächlich sind beide Unterscheidungen bedeutsam, aber anders als vermutet. Unmißverständlich tritt die *Erklärung des Deutschen Ärztetages zur Euthanasie* von 1996 all jenen entgegen, welche den Unterschied zwischen Behandlungsabbruch und tödlicher Injektion bestreiten. Es wird gesagt, „daß es für das ärztliche Selbstverständnis einen grundsätzlichen Unterschied darstellt, ob auf die Substituierung zentraler Lebensfunktionen bei einem Krankheits- und Zerfallsprozeß des Organismus verzichtet oder ob eine tödliche Noxe zugeführt wird: Eine tödliche Injektion würde das Leben eines Kranken wie das eines Gesunden beenden; der Abbruch intensivmedizinischer Maßnahmen dagegen führt nur bei Sterbenskranken zum Tod und hätte beim Gesunden keine Auswirkung."[100] Das ist ein durchschlagendes Argument, das erklärt, warum es Ärzteschaft und Gesellschaft schwerfällt, in die aktive Euthanasie einzuwilligen. Denn äußerlich läßt sich letztere kaum von der gezielten Tötung eines Gesunden unterscheiden und überschreitet so bei uns sonst anerkannte moralische Grenzen und Grundsätze. Verständlicherweise fühlen sich viele Ärzte mit dieser Aufgabe überfordert.

Zu dem Ausgeführten hinzu kommen die sogenannten Dammbruch- oder Schiefe-Ebene-Argumente (slippery slope arguments), die zwar mehr pragmatischer Natur sind, aber in der Medizinethik eine große Rolle spielen. Diesen zufolge besteht hier wie sonst auch die Gefahr des Abgleitens bei einmal geöffneter Schleuse vom ethisch Vertretbaren ins ethisch Verwerfliche, wobei gewöhnlich von einer Unaufhaltsamkeit dieses Prozesses ausgegangen wird, weshalb dieser erst gar nicht in Gang gesetzt werden dürfe. Man befürchtet, daß aktive Euthanasie den allgemeinen Respekt des Ärztestandes vor dem Leben aufweichen könnte, mit der Folge, daß künfig auch schon leichter erkrankte Patienten aus dem Wege geräumt würden. Dabei verweist man immer wieder auf die furchtbaren Greueltaten des Nationalsozialismus. Weiter sagt man, daß die Legalisierung der Tötung auf Verlangen einen gefährlichen Sog auf alle todkranken Patienten ausübe, die sich nun schnell verpflichtet sehen könnten, von dieser Möglichkeit Gebrauch zu machen. Tatsächlich gemahnt der methodische Pessimismus, Einsprüche dieser Art ernst zu nehmen, und sorgfältig zu überdenken, ob, wenn aktive Sterbehilfe erlaubt wäre, unter dem Druck steigender Gesundheitskosten und der zunehmenden Überalterung der Bevölkerung das Gebot des Lebensschutzes für alte und kranke Menschen leicht unterlaufen werden könnte. Selbst wenn dies nicht der Fall wäre, könnte es doch schwierig werden, Kranke und Alte vom Gegenteil zu überzeugen und ihnen die Angst davor zu nehmen.

Gleichwohl bestehen berechtigte Zweifel, ob die vorgebrachten Argumente gegen aktive Euthanasie stark genug sind, um die Gründe aufzuwiegen, die für das gezielte Herbeiführen des Todes eines schwerkranken Patienten sprechen. Obwohl es keine genauen Maßstäbe für die in unsere Verantwortung gestellte Abwägung zwischen möglichen Gefahren und wirklichen Leiden gibt: Die langsame, oft qualvolle Prozedur des Sterbenlassens eines Patienten, dem wir nicht mehr helfen können und für den das Leben zur unerträglichen Last geworden ist, läßt die aktive Sterbehilfe – allen Einwänden zum Trotz – geradezu als ein Gebot der Menschlichkeit erscheinen. „Als Gesellschaft sind wir zu dem Schluß gelangt, daß es humaner ist, unsere Haustiere einzuschläfern, als sie an einer unheilbaren Krankheit leiden zu sehen"[101], wie könnte es da ein Akt der Barbarei sein, einem geliebten Menschen, der unheilbar krank ist und Schmerzen leidet, mit ärztlicher Unterstützung zu helfen, würdevoll zu sterben? Aktive Sterbehilfe auf Verlangen hat nichts mit unmenschlicher Verrohung zu tun, auch nicht damit, daß es unsere Gesellschaft nicht erträgt, Menschen leiden zu sehen, sondern ist vielmehr Ausdruck mitfühlender Anteilnahme am Leid eines unheilbar kranken Menschen und so mit der Würdeidee als Gestaltungsauftrag durchaus vereinbar.

1996 entschied in der Geschichte der amerikanischen Rechtsprechung ein Gericht zum ersten Mal, daß es verfassungswidrig sei, wenn ein Staat einem Arzt, Apotheker oder Familienmitglied verbiete, einem Sterbenden zu helfen, der noch im Vollbesitz seiner geistigen Kräfte sei, den eigenen Tod zu beschleunigen. Zwei Jahre zuvor hatte bereits die gesetzgebende Versammlung des Northern Territory von Australien als erstes Parlament der Welt die aktive Sterbehilfe auf Verlangen legalisiert, wobei das niederländische Parlament schon 1993 Richtlinien verabschiedete, welche die Anklagebehörden anweisen, Ärzte, die aktive Sterbehilfe auf Ersuchen eines Patienten leisten, um unerträgliche Leiden ohne Aussicht auf Besserung zu beenden, strafrechtlich nicht zu verfolgen.

Selbstverständlich soll niemand getötet werden, der nicht den Wunsch danach geäußert hat, auch dürfen Angehörige und Ärzte keinerlei Druck auf den Patienten ausüben, wie überhaupt die Praxis der aktiven Sterbehilfe auf Extremfälle begrenzt bleiben sollte. Mit *Birnbacher* gesprochen, liegt ein solcher Fall dann vor, „wenn ein Leiden von dem Leidenden als unerträglich beurteilt wird, keine Besserungsaussichten bestehen, andere Mittel zur Leidensbegrenzung, insbesondere angemessene Schmerztherapien, nicht zur Verfügung stehen und eine Selbsttötung – auch mit Beihilfe – nicht mehr möglich ist [...]. Um das Selbstbestimmungsrecht des Kranken zu sichern, scheint [...] allerdings für den Regelfall des unerträglich gewordenen und nicht mehr linderbaren Leidens die Selbsttötung mit Beihilfe die eindeutig bessere Option."[102]

Gerade aus Achtung vor der Freiheit seiner Bürger und aus Sorge um deren Wohlergehen sollte der Staat die Entscheidung über aktive Sterbehilfe aber den Betroffenen selbst überlassen und lediglich angemessene Vorkehrungen gegen den möglichen Mißbrauch treffen. §216 des Strafrechts, der Tötung auf Verlangen ausdrücklich verbietet, müßte deshalb dringend geändert, eingeschränkt, abgeschwächt werden. Auf alle Fälle läßt sich das genannte Verbot in einem weltanschaulich neutralen Staat kaum noch aufrechterhalten und nicht mehr mit dem absoluten Wert des menschlichen Lebens begründen.

Besonders schwierig zu beantworten ist die Frage nach der aktiven Euthanasie für Patienten, die nicht mehr darum bitten können und zuvor keine Einwilligung hierzu gegeben haben. Sollten die Betreffenden unerträglich leiden, die Möglichkeiten der Schmerzlinderung erschöpft sein und die lebenserhaltenden Maßnahmen bloß dazu dienen, den Moment des Todes künstlich hinauszuzögern, dann wäre selbst in diesem Falle aktive Euthanasie zu erwägen, worüber sich jedoch keine allgemeinen Aussagen machen lassen. Befindet sich dagegen der Sterbende in einem schmerzfreien Zustand irreversibler Bewußtlosigkeit, so scheint lediglich passive Euthanasie angebracht zu sein, da sich die vorrangige Aufgabe der Schmerzlinderung bereits erledigt hat. Heute gibt es fast keine therapieresistenten somatischen Schmerzen mehr.[103]

Großes Kopfzerbrechen bereitet gegenwärtig vor allem das Problem der sogenannten Früheuthanasie schwerstgeschädigter oder mißgebildeter Neugeborener. Auch hier stellt sich die Frage nach den Grenzen erlaubter Sterbehilfe, welche unbedingt geachtet und eingehalten werden sollten. Der besorgte Blick richtet sich vor allem auf Kinder mit Krankheiten, deren Behandlung ihnen nichts nützen würde. „Sie verlängerte vielleicht ihr Leben, doch das wäre entweder ohne Bedeutung für sie (denn sie würden nie ein Bewußtsein erlangen) oder definitiv zu ihrem Schaden (denn es wäre ein elendes Leben für sie)."[104] Ersteres trifft besonders auf Neugeborene mit Anenzephalie zu, also auf solche, die ohne Gehirn geboren werden bzw. in einem Frühstadium der Entwicklung stehengeblieben sind und darum niemals Bewußtsein erlangen werden. Für sie bedeutet ein Weiterleben zwar nicht Leiden, da sie keine Schmerzen empfinden können, doch sollte die Lebenserhaltungspflicht dort ihre Grenze haben, wo dem Menschen jede Möglichkeit der Selbstwahrnehmung genommen ist, weshalb in diesem Falle die Menschenwürde geradezu nach passiver Sterbehilfe verlangt.

Anders sieht es dagegen bei sogenannten Spina-bifida-Kindern aus,[105] „wo das aus der Rückgratspalte hervortretende Rückenmark zur Lähmung von der Brust abwärts, Inkontinenz von Blase und Darm, Flüssigkeitsansammlung im Gehirn und häufig auch zu geistiger Behinderung führt"[106], oder bei Säuglingen mit inoperablem, unaufhaltsam wachsenden Tumor in der Schädelgrube.[107] Diese Kinder bieten von Geburt an ein Bild des Jammers, das sich im Laufe ihres gewöhnlich recht kurzen Lebens zunehmend verschlechtern wird. Seit Lebensbeginn von schrecklichen Schmerzen und Qualen geplagt, wird sich ihr Zustand niemals gravierend verbessern, sondern eher noch verschlimmern. Dies als richtig unterstellt, gebietet die Würde als Gestaltungsauftrag die aktive Sterbehilfe über alle sonst anerkannten Hemmschwellen hinweg. Jedenfalls kann es unter solchen Bedingungen nicht falsch sein, wie *Kuhse* betont, „ein Neugeborenes schmerzlos zu töten", aber sehr wohl unmenschlich, es „qualvoll sterben zu lassen."[108] Es ist zu grausam, meint *Peter Singer*, als daß jemand ernsthaft verlangen könnte, wir sollten „unter Aufbietung aller Möglichkeiten moderner medizinischer Technologie das Leben jedem Säugling so lange wie möglich erhalten, ungeachtet dessen, wie hoffnungslos seine Prognose ist und wie schmerzreich seine Existenz."[109] Doch muß natürlich jeder Fall einzeln geprüft werden, bevor Eltern, Ärzte und ein Ethik-Ausschuß des Krankenhauses gemeinsam eine Entscheidung hierüber treffen.[110]

Selbstverständlich geht es bei Früheuthanasie immer nur um individuelle Sterbehilfe zur Schmerzbeseitigung und Leidverhinderung, nicht aber um gesellschaftliche Herabsetzung von Behinderten. Neugeborene mit Down-Syndrom, die durchaus ein glückliches Leben führen können, fallen deshalb von vornherein aus diesen Überlegungen heraus. Dennoch sei keineswegs bestritten, daß, nachdem die Ideen der Heiligkeit oder der Wesenswürde des menschlichen Lebens ihrer weltanschaulichen Voreingenommenheit wegen aufgegeben wurden, die Qualität des gelebten und zu erwartenden Lebens, der Wert, den dieses für das betreffende Individuum hat, den Ausschlag geben soll dafür, ob es erhalten werden muß oder nicht.

Aus den vorherigen Ausführungen ist bereits deutlich geworden, wie schwer es ist, mit Würde zu sterben. Schon antike Philosophen wie Seneca hielten Selbsttötung für moralisch vertretbar, wenn dem Einzelnen das Leben nicht mehr als lebenswert erscheine und keine Aussicht auf Besserung seiner Lage bestehe. Man muß nicht wie Theognis und Schopenhauer, die sich beide in hervorragender Weise auf die Darstellung der grausamen Seiten des Lebens verstanden, der Meinung sein, daß es überhaupt besser wäre, nicht geboren zu werden, um sich Situationen ausmalen zu können, in denen einem das Leben als wertlos und unaushaltbar vorkommt. Doch ist der Wille weiterzuleben bei uns Menschen in der Regel größer als der Wunsch zu sterben. Menschen sind Lebewesen, die es gewöhnlich als Zumutung ansehen, die eigene Vergänglichkeit anzunehmen, weil sie am Leben hängen, so mühsam und sorgenvoll es auch ist. Deshalb überfällt die meisten auch ein Grauen bei der Vorstellung, die Erde wieder verlassen zu müssen, nur noch Vergangenheit und keine Zukunft mehr zu sein. Wir empfinden Trauer über verlorenes Glück und die entflohene Kraft der Jugend, aber um wieviel mehr bedrückt uns die Last der Sterblichkeit, die unwiderrufliche Begrenztheit unseres Lebens.

Weltanschauungsneutral betrachtet, ist der Tod die „Endstation eines Naturablaufs“[111], wie *Elias* schreibt, eine biologische Gegebenheit, die wir mit Hilfe der modernen Medizin und durch gesunde Lebensweise zwar hinausschieben, aber nicht abwenden können. Deshalb verbinden die Menschen seit jeher mit der Trauer über den Verlust ihrer Lebenszeit eine vage Hoffnung auf Unsterblichkeit, den Tod als Beginn einer Wiedergeburt deutend. Abschied in Ankunft verkehrend, sterben sie im Glauben an ein Wiedersehen mit ihren Nächsten wie auch mit sich selbst. Aber schon ein flüchtiger Blick in das ausgehobene Grab kann diesen Trost leicht in Trostlosigkeit verwandeln, wenn die alten metaphysischen Stützen und Pfeiler nicht mehr tragen. „Der Tod ist das absolute Ende der Person“[112], schreibt *Elias*, und hat vermutlich recht damit. So leben wir heute immer mehr im Bewußtsein eines uns bevorstehenden Endes ohne Neuanfang.

Dabei gibt es nichts, was uns über unseren Tod hinwegtrösten könnte, wie *Hans Blumenberg* meint: „Niemand läßt sich darüber trösten, daß er sterben muß. Alle Argumente sind schlecht bis lächerlich, die dafür Trost- und Tröstungsfähigkeit unterstellen.“[113] Das Bestürzende des Todes, dem alles Lebendige unterworfen ist, liegt in dessen Endgültigkeit, über die wir nur schwer hinwegkommen, obwohl wir damit fertig werden müssen. Jeder

Abschied von etwas Liebgewonnenem fällt schwer, wenn er ohne Versprechen auf Wiedersehen, also für immer ist.

Trotzdem glauben seit jeher Philosophen und Dichter an die Möglichkeit eines würdevollen Sterbens. Dieses sei sogar erlernbar, sagen sie, und raten den Menschen, sich mitten im Leben mit dem Tod auseinanderzusetzen und in die eigene Vergänglichkeit einzuwilligen. Nur wer in der Lage sei, dem Tod mit innerer Gelassenheit zu begegnen und vom Leben, das wir nicht in der Hand hätten, loszulassen, wenn es soweit ist, beherrsche die Kunst des Sterbens – ars moriendi. Ja, wer ohne innere Abwehr, mit sich und der Welt versöhnt, die Erde und das eigene Leben verlasse, beweise sogar Würde. In jedem Falle werde das „einzige, das wir noch tun können, wenn unsere Zeit abgelaufen ist, [...] dies sein, Abschied zu nehmen von der Welt und in einem ausgezeichneten ganz und gar eindeutigen Sinn auch von uns selbst."[114] Aber es ist fraglich, ob wir wirklich imstande sind, am Ende unseres Lebens ruhig und gelassen zu uns selbst Lebewohl zu sagen; das hängt auch und vor allem von unserem Körper, der Freisetzung der ihm eigenen Endorphine ab, die unser Schmerzempfinden blockieren und Gleichmut generieren können. Sicherlich kann sich das Sterben friedlich vollziehen, doch häufig tut es dies nicht; die Realität des Todes ist oftmals qualvoll und brutal. Deshalb besteht wenig Grund zu der Hoffnung, daß die meisten von uns in Würde sterben werden.

Die Vorstellung eines friedlichen Todes ist ein alter Mythos, der wie alle anderen Mythen die Aufgabe hat, die Schrecken der bedrohlichen Wirklichkeit zu bannen. Leider gelingt ihnen das nur selten. Heute sterben die meisten Menschen in der Einsamkeit großer Krankenhäuser und Pflegeheime mitten unter vielen anderen Patienten, für die es völlig gleichgültig ist, ob man existiert oder nicht. Statt in den Armen eines geliebten Menschen scheiden viele aus dem Leben in den Armen anonymer Apparate – fast ohne jeden tröstlichen Beistand. Die Gründe hierfür sind der fortschreitende Zerfall enger familiärer Lebensformen, die zunehmende Verlegung von Sterben und Tod hinter die Kulissen der modernen Gesellschaft und die rasant gestiegenen Möglichkeiten der Medizin, das Leben selbst noch in Phasen hochgradigen körperlichen und geistigen Verfalls zu erhalten. In dieser schwierigen Situation fordert die Würde als Gestaltungsauftrag eine Verbesserung der allgemeinen Lage sterbender Menschen, worüber schon so viel geschrieben wurde, daß das meiste als bekannt vorausgesetzt werden darf. Doch bleibt das Sterben selbst bei liebevoller menschlicher Zuwendung, trotz fürsorglicher Begleitung in Sterbekliniken, sogenannten Hospizen, oder intensiver häuslicher Betreuung oftmals eine würdelose Angelegenheit. Deshalb hoffen wir für gewöhnlich alle auf einen schnellen Tod, der uns im Schlaf überrascht. War es schon anstrengend, auf die Welt zu kommen, sie zu verlassen ist anscheinend noch viel anstrengender.

Dabei sind Alter und Verfall durchaus natürliche Vorgänge, bei denen Nerven- und Muskelzellen absterben, das Knochenskelett brüchiger wird, Veränderungen im Harnsystem auftreten, die Leistungsfähigkeit von Herz und Hirn nachläßt und sich dunkle Flecken auf der Haut bilden. Hierfür gibt es „zwei Erklärungsansätze. Nach dem ersten beruht das Altern vor allem auf dem Verschleiß, dem die Körperorgane und ihre Zellen bei der alltäglichen Erfüllung ihrer Aufgaben unterliegen [...]. Dem anderen Erklärungsmodell nach folgt das Altern einem genetischen Programm, das die Lebenszeit der einzelnen Zellen, der Organe und des Gesamtorganismus bestimmt."[115] Vorboten des Todes sind altersbedingte Krankheiten, welche die Lebensqualität der hiervon Betroffenen häufig erheblich vermindern. Der Tod selbst hingegen ist weder schrecklich noch geheimnisvoll, sondern einfach nur der Preis des Lebens. Er tritt ein, sobald die Versorgung des Körpers mit Sauerstoff zusammenbricht.

Was das würdevolle Sterben so schwierig macht, sind nach allem bisher Ausgeführten außer der von den Philosophen und Theologen immer wieder erörterten Todesangst vor allem die zahllosen Gebrechen der letzten Lebensphase, die durch Erbanlagen, falsche Lebensgewohnheiten und die natürliche Umwelt verursacht werden. In den westlichen Gesellschaften heißen die „sieben Todesengel [...] Arteriosklerose, Bluthochdruck, Altersdiabetes, Fettleibigkeit, Formen seniler Demenz wie die Alzheimersche Krankheit, Krebs und eine geschwächte Immunabwehr."[116] Nach der *Weltgesundheitsorganisation* stehen koronare Herzerkrankungen und Krebs als Todesursache an erster und zweiter Stelle, der Schlaganfall dagegen an dritter. Außerdem rafft inzwischen AIDS zahllose Menschen auf grausame Weise hin, während die anderen meist nur ratlos zusehen und trauern können. Krankheiten solcher Art lassen das menschliche Bemühen um würdevolles Sterben häufig als aussichtslos erscheinen. Nicht selten sind die letzten Wochen und Tage der Sterbenden not- und qualvoll. Freilich gibt es auch den sogenannten schönen Tod, den schnellen, friedvollen; aber er ist und bleibt, trotz schmerzlindernder Medizin, eher die Ausnahme.

Bloß wenigen ist es vergönnt, das Leben ruhig und gelassen, eben würdevoll zu beschließen. Was wie Einwilligung ins eigene Verlöschen aussieht, erweist sich oftmals bei näherem Hinsehen als bloße Erschöpfung. Von Würde kann hierbei keine Rede sein. „Mögen viele Kranke auch bewundernswerte Geduld in ihrem Leid und große moralische Kraft angesichts des sicheren Todes zeigen, die Unerbittlichkeit, mit der die Krankheit sie dahinrafft, ist jedesmal aufs neue niederschmetternd."[117] Der Körper verfällt, die Gelenke versteifen, die Leistungsfähigkeit des Hirns läßt nach, die Pumpkraft des Herzens sinkt; der Patient findet nicht mehr die richtigen Worte, verliert die Körperbeherrschung, verlernt das Essen, Verwirrungszustände treten auf. Da fällt es einem nicht nur schwer, tröstende Worte zu finden, der ausgemergelte oder geschwollene fiebrige Körper scheint auch keinen Platz mehr für Würde zu bieten. Sie erweist sich in dieser hoffnungslosen Situation als reine Wunschvorstellung weltfremder Philosophen, Theologen und Dichter; ein Mediziner stellt demgegenüber nüchtern fest: „Ich habe nur selten Würde beim Sterben erlebt"[118], viel häufiger dagegen „menschenunwürdiges Siechtum"[119].

Gerade deshalb sind angemessene medizinische Versorgung und menschliche Pflege wichtig, ohne die das Sterben nicht einmal eine Spur von Würde besäße. Wir Menschen sind eine Gemeinschaft alternder Lebewesen, die, wenn das Ende naht, es sich so leicht und angenehm machten sollten wie nur möglich. Hierbei hilft die moderne Medizin, die vielen, welche früher in furchtbaren Qualen gestorben wären, heute einen friedlicheren, ruhigen Tod ermöglicht. Kein Patient sollte unnötigerweise leiden müssen. Mittlerweile verfügen wir über zahlreiche schmerzlindernde Medikamente, und wir haben das Recht, sie bei akuten Schmerzen anzuwenden.[120] Besonders bei Erkrankung im Endstadium spielt die Entwicklung einer möglichen Abhängigkeit von Schmerzmitteln keine Rolle mehr, wobei es jedoch hierzu ohnehin nur selten kommt – auch nicht nach längerfristiger Schmerztherapie. Daneben gehört zum friedlichen Sterben auch eine Geborgenheit spendende Umgebung, die hier wie auch sonst im Leben hauptsächlich von der teilnahmsvollen Fürsorge treuer Freunde und Angehöriger abhängt – neben Religion und Musik der wohl wichtigste Beistand für viele Menschen im beschwerlichen Alltag der Welt.

Nun sei aber nicht bloß von der Würde der Sterbenden gesprochen, sondern auch auf die Würde der Toten hingewiesen, die man in Friedenszeiten bekanntlich mehr achtet als im Krieg, wo bereits die Lebenden fast nicht zählen. Aus weltanschauungsneutraler Sicht können eigentlich nur Lebende Träger von Würde sein, Tote hingegen nicht. Dennoch gebietet der Respekt vor dem gelebten Leben eines Verstorbenen und die Achtung vor den Gefühlen der Angehörigen und Freunde eine würdevolle Behandlung jedes Leichnams – dem Willen des Toten und den Pietätsvorstellungen der Gesellschaft gemäß.

Homosexualität und Rassismus

Aus der Fülle der Probleme, welche die Menschenwürde berühren, sei als weiteres Thema die Homosexualität herausgegriffen. Im allgemeinen verdanken wir Menschen der Sexualität als der natürlichen Quelle unserer Existenz die lustvollsten Erlebnisse, zu denen wir in der Lage sind; sie ermöglicht uns, gesellschaftliche Hemmschwellen zu überwinden, tief verwurzelte Sehnsüchte, Begierden, Triebe auszuleben und damit eine Art von körperlicher wie gefühlsmäßiger Befriedigung, die wir anders nicht erreichen können. Heutzutage umgibt die Sexualsphäre, die jahrhundertelang mit der Erbsündenlehre in Verbindung gebracht wurde, keine Aura des Verbotenen und Heimlichen mehr.[121] Es ist mittlerweile sogar zwischen den Generationen möglich, ohne Scham und Verlegenheit über sexuelle Fragen miteinander zu reden. Diesbezüglich ist eine große Entspannung innerhalb der Gesellschaft eingetreten. So billigen wir inzwischen jedermann ein Recht auf sexuelle Selbstbestimmung zu und halten sexuelle Phantasien und Praktiken für persönliche Angelegenheiten, welche in den Privatbereich des Einzelnen fallen. Jeder soll auf seine Weise selig werden, solange er nur seinen Mitmenschen keinen Schaden zufügt. Doch gibt es seit jeher Grenzen der Toleranz – Ausgrenzungen und Verfolgungen nicht nur von Andersdenkenden, sondern auch von Menschen mit normabweichendem Sexualverhalten; dazu gehören Lesben und Schwule, denen im Laufe der Geschichte schweres Leid zugefügt wurde.

Die am häufigsten gegen sie erhobenen Vorwürfe hießen früher Naturwidrigkeit und Unsittlichkeit. Wer sich gleichgeschlechtlicher Liebe hingab, galt – und gilt noch heute oftmals – als abnorm, gefährlich, asozial, krank.[122] Gelegentlich wurde Homosexualität sogar als staatsgefährdend und -zersetzend angesehen, als Verwilderung der Sitten oder als Verlust des Schamgefühls verurteilt. Manche Staaten sahen in Homosexualität ein Krisenphänomen des Kapitalismus, das in einer klassenlosen Gesellschaft überwunden sei, und wieder andere kennzeichneten sie als geistige Verwirrung, behandlungsbedürftige psychische Störung, als eine Art Geisteskrankheit, Irrsinn oder Wahnsinn. Weit davon entfernt homosexuelle Beziehungen als gleichwertige Variante menschlichen Sexualverhaltens anzuerkennen, war und ist sie nach wie vor für viele Menschen eine Form verfehlter Heterosexualität.

Dementsprechend bietet die Geschichte der Homosexualität ein trostloses Schauspiel; sie ist eine Leidensgeschichte, in der Schwule entweder kriminalisiert, also strafrechtlich verfolgt, pathologisiert, für krank und gestört erklärt oder schlicht als sittlich verkommen, lasterhaft abgeurteilt wurden. Erstaunlicherweise wurden Lesben in der abendländischen Geschichte nie so erbittert verfolgt, bei der Kriminalisierung der Homosexualität oftmals sogar übergangen. Im deutschen *Strafgesetzbuch* hat es niemals eine antilesbische Vorschrift gegeben, so daß auch nach Einführung des berühmt-berüchtigten §175 im Jahre 1871 lesbische Liebe straffrei blieb. Noch das Bundesverfassungsgericht vertrat 1957 die Auffassung, daß zwischen weiblicher und männlicher Homosexualität wesentliche Unterschiede bestünden.

Wie erwähnt, geht §175 des Strafgesetzbuches, der männliche Homosexualität als widernatürliche Unzucht verurteilt und unter Strafe stellt, auf das Jahr 1871 zurück; Vorgänger und Vorbild hierfür war §143 des Preußischen Strafgesetzbuches, an dessen Stelle nach der Gründung des Deutschen Reiches das einheitliche Reichsstrafgesetzbuch trat. Auch in der Weimarer Republik hielt man an §175 und damit an der generellen Strafwürdigkeit homosexueller Handlungen fest. In der anschließenden Ära des Nationalsozialismus wurde dieser Paragraph sogar noch verschärft. Nun brachte Homosexualität Konzentrationslager und Tod. Dennoch blieb §175 nach 1945 weiter in Kraft, da er nicht als typische NS-Bestimmung angesehen wurde. Diese Situation änderte sich auch nicht, als in den fünfziger Jahren ein Betroffener eine Verfassungsbeschwerde beim Bundesverfassungsgericht einbrachte. Darin hieß es, daß die Bestrafung schwuler Männer gegen die Menschenwürde und das jedem Bürger gewährleistete Recht auf freie Entfaltung der Persönlichkeit verstoße, welche auch freie geschlechtliche Betätigung umfasse. Die Klage wurde damals mit dem Argument abgewiesen: „Gleichgeschlechtliche Betätigung verstößt eindeutig gegen das Sittengesetz."[123] Erst im Jahre 1969 setzte ein erfolgversprechender Prozeß der Entkriminalisierung homosexueller Handlungen mit dem *Ersten Gesetz zur Reform des Strafrechts* ein, nach dem gleichgeschlechtliche Beziehungen dann straffrei bleiben sollten, wenn beide mindestens 21 Jahre oder noch nicht 18 Jahre sind. In den folgenden Jahren wurden diese Vorschriften mehr und mehr gelockert, aber gestrichen wurde §175 erst am 31. Mai 1994; die allgemeine Schutzaltersgrenze für Jugendliche war inzwischen auf 16 Jahre herabgesetzt worden (§182 StGB).

Nun bedeutet Entkriminalisierung von Homosexualität nicht bereits gesellschaftliche Anerkennung und Billigung, obgleich in den letzten Jahren eine zunehmende Toleranz gegen Schwule und Lesben in der Gesellschaft zu beobachten ist. Aber mag die Entwicklung in der westlichen Welt auch auf eine Gleichstellung von Schwulen und Lesben mit Heterosexuellen hinauslaufen, so steht dennoch außer Zweifel, „daß viele Heterosexuelle, die in den letzten Jahren so weit gekommen sind, Gesetze gegen homosexuelles Verhalten – und die Diskriminierung von Homosexuellen überhaupt – abzulehnen, im Innersten nichtsdestoweniger homophob geblieben sind"[124], wie *Nagel* treffend bemerkt.

Dazu paßt, daß man sich sehr langsam von der überholten Vorstellung löst, Homosexualität sei Ergebnis einer psychischen Fehlentwicklung. Selbst Freud, der in seinem Frühwerk Homosexualität noch nicht pathologisierte, bewertete sie später als degenerierte, pervertierte Heterosexualität, als „schädliche Abweichung von der normalen, kulturförderlichen Sexualität, [...] als Entwicklungsstörung, [...] deren Träger sozial unbrauchbar und unglücklich"[125] seien. Nach 1945 hat nicht zuletzt dieses Verdikt dazu geführt, daß in der *Psychoanalyse* jahrzehntelang heterosexuelle Genitalität als die einzig normale und gesunde Sexualentwicklung galt, Homosexualität dagegen als präödipale Störung der Objektbeziehung aufgefaßt wurde, die durch eine dominante Mutter und einen schwachen Vater, der keine Möglichkeit zur Identifikation biete, ausgelöst werde.[126] Erst 1980 wurde der Begriff Homosexualität als Krankheit aus dem *Diagnostischen und Statistischen Manual Psychischer Störungen* der *American Psychiatric Association* gestrichen.[127] Dennoch gibt es auch heute noch zahlreiche Psychoanalytiker, denen zufolge Homosexualität eine psychische Störung darstellt und damit dem Bereich der Psychopathologie entstammt. Wie sehr in der Psychoanalyse Homosexualität als abweichendes Verhalten gedeutet wurde und Heterosexualität als Norm gilt, wird auch daran deutlich, daß bis in die jüngste Vergangenheit Bewerber um eine psychoanalytische Ausbildung ihrer „falschen" sexuellen Orientierung wegen abgelehnt wurden. Heute betonen zwar die *Deutsche Psychoanalytische Vereinigung* und die *Deutsche*

Psychoanalytische Gesellschaft, daß sie auch homosexuelle Bewerber aufnehmen, wenn keine anderen schwerwiegenden Bedenken gegen eine solche Zulassung sprechen; trotzdem gilt „manifeste Homosexualität vielerorts immer noch als Ausschlußkriterium von der psychoanalytischen Weiterbildung."[128] Darum kann man sich nicht des Eindrucks erwehren, daß bestimmte Richtungen der Psychoanalyse in dieser Frage der Einstellung der katholischen Kirche näher stehen als ihnen vermutlich lieb ist.

Das kirchliche Verhältnis zu Homosexualität war seit jeher gestört und bestimmt durch ablehnende Haltung; moralische Mißbilligung stand stets im Vordergrund – so auch in der berühmten *Erklärung zu einigen Fragen der Sexualethik*, welche die römische Glaubenskongregation 1976 herausgab. Darin wird Homosexualität als pathologische Veranlagung beschrieben, welche bereits die Heilige Schrift als schwere Verirrung verurteile.[129] Homosexuelle Handlungen seien in sich nicht in Ordnung, heißt es, und könnten darum in keiner Weise gutgeheißen werden. Der neue *Katechismus der katholischen Kirche* aus dem Jahre 1993 wiederholt diese Ansicht, derzufolge Homosexualität gegen das natürliche Gesetz verstößt, fügt dem aber hinzu, daß, da sie angeboren sei, Schwulen und Lesben „mit Achtung, Mitleid und Takt begegenet werden [sollte]. Man hüte sich, sie in irgend einer Weise ungerecht zurückzusetzen."[130] Genauer betrachtet spricht aus diesen verständnisvollen Worten dennoch eine ungeheure Überheblichkeit und Arroganz, da überhaupt kein Grund zu Mitleid mit Homosexuellen besteht, es sei denn, diese nähmen den gutgemeinten Rat wirklich ernst: „Homosexuelle Menschen sind zur Keuschheit gerufen"[131], und brächten sich so um viele schöne Stunden ihres Lebens.

Die Jahrhunderte lange Kriminalisierung, Pathologisierung und Moralisierung der Homosexualität hat bis heute maßgeblich zur Diskriminierung und Stigmatisierung insbesondere schwuler Männer beigetragen. Doch lassen sich solche Ächtungen überhaupt nicht begründen, nachdem zweifelsfrei feststeht, daß Homosexualität wie jede sexuelle Orientierung biologisch vorgegeben, nicht wählbar ist. Heute weiß man, daß sie durch ein Gen auf dem X-Chromosom des Mannes verursacht wird, das in Region Xq 28 liegt.[132] Da nun biologische Eigenschaften aber nichts über den Wert eines Lebens aussagen, sind sie moralisch bedeutungslos, in ethischer und rechtlicher Beziehung so nebensächlich wie die Augenfarbe oder Körpergröße eines Menschen. Bewertet man solche Persönlichkeitsmerkmale trotzdem, so macht man sich des Rassismus verdächtig. Denn üblicherweise wird rassistisch genannt, wer an sich wertneutrale Naturanlagen, wie eine bestimmte Hautfarbe, moralisch auflädt, um anschließend jene, die im Besitz dieser Eigenschaften sind, entweder zu privilegieren oder zu diskriminieren. Wer demnach behauptet, das Leben eines Menschen mit heterosexueller Orientierung sei aufgrund seiner sexuellen Veranlagung wertvoller als das von Schwulen und Lesben, ist ein Rassist.

Homosexuelle haben genauso ein Recht auf Achtung und Rücksicht wie andere Menschen auch. Was sie alle miteinander verbindet, sind bestimmte Grundbedürfnisse, wie schmerzfrei leben zu dürfen, satt zu essen und ein Dach über dem Kopf zu haben, aber auch sich in sexueller Beziehung ungestört entfalten zu können, wobei die wichtigste Grenze für das eigene Handeln immer die Freiheit des anderen ist. Darum gebührt homosexuellen Beziehungen auch jener Schutz, „der nur durch Rechte gewährt werden kann, durch das Recht auf freie Entfaltung der Persönlichkeit und den Schutz der Privatsphäre."[133]

Nicht wer sich homosexuell betätigt, verletzt die Menschenwürde, sondern vielmehr derjenige, der Homosexualität als abnormal, krank, sittenwidrig deklariert und auf diese Weise Lesben und Schwule diskriminiert. Im Gegensatz dazu gebietet die Würde als Gestaltungsauftrag die rechtliche Gleichstellung und Gleichbehandlung von Homosexuellen in Staat und Gesellschaft. Sicherlich, §175 ist abgeschafft, der in den sechziger Jahren noch zur Entlassung homosexueller Beamter aus dem öffentlichen Dienst führen konnte. Auch haben mittlerweile Lesben und Schwule ein hohes Maß an persönlicher und gesellschaftlicher Emanzipation in der westlichen Welt erreicht, was nicht allein auf eine größere Toleranz der Gesellschaft zurückzuführen ist, sondern auch vom wachsenden Selbstbewußtsein der Homosexuellen zeugt. Heute treten lesbische Frauen und schwule Männer verstärkt in die Öffentlichkeit, wie der *Christopher Street Day* und der sogenannte *Völklinger Kreis*, ein unabhängiger, überparteilicher Berufsverband für schwule Führungskräfte aus Wirtschaft, Wissenschaft und Politik, auf eindrucksvolle Weise beweisen.

Obwohl mittlerweile kaum noch jemand die Diskriminierung Homosexueller öffentlich fordert und das Europäische Parlament 1994 zu ihrer Gleichstellung aufrief, wird diese in Deutschland und anderswo in der Welt Lesben und Schwulen ihrer sexuellen Identität wegen aber nach wie vor verwehrt. Auch nach dem Ende jahrhundertelanger strafrechtlicher Verfolgung stößt nicht nur die gesellschaftliche Integration von Homosexuellen noch immer auf erhebliche Widerstände, zusätzlich gibt es viele rechtliche Benachteiligungen. Im Grunde stellt die bisherige Rechtlosigkeit gleichgeschlechtlicher Partnerschaften eine Diskriminierung einer Minderheit aufgrund ihrer sexuellen Identität dar. Umso notwendiger wird deshalb eine Änderung des Grundgesetzes und der Landesverfassungen in Richtung auf ein Verbot der Herabwürdigung von Menschen wegen ihrer sexuellen Orientierung. So wäre Art. 3 Abs. 3 des *Grundgesetzes* zu erweitern durch den Satz, daß niemand wegen seiner sexuellen Neigungen benachteiligt oder bevorzugt werden darf, und Art. 4 Abs. 1 müßte um das unverletzliche Recht auf sexuelle Selbstbestimmung ergänzt werden. Außerdem wäre die Einführung eines der Ehe gleichwertigen Rechtsinstituts für gleichgeschlechtliche Partner nach skandinavischem Vorbild zu überlegen und eine dementsprechende Änderung von §1353 BGB in Erwägung zu ziehen. In Dänemark, Grönland, Schweden, Norwegen und Holland gibt es bereits die Möglichkeit zur rechtlichen Eintragung homosexueller Partnerschaften.

Das alles fordert der erwähnte *Völklinger Kreis* in seinem *Grundsatzprogramm*, in welchem die „Gay Manager" für eine umfassende Rechts- und Chancengleichheit von Schwulen eintreten und allen Benachteiligungen, insbesondere im Arbeits- und Geschäftsleben, nachdrücklich entgegentreten. Dementsprechend heißt es in der Präambel: „Der Völklinger Kreis [...] setzt sich ein für einen Wandel zu einer Gesellschaft, in der

Homosexuelle sich offen zu ihrer Sexualität bekennen können, ohne Nachteile befürchten zu müssen, und gleichrangig am politischen, gesellschaftlichen, wirtschaftlichen und kulturellen Leben teilnehmen können." Ähnliches steht im Manifest der *European Gay Manager Association*, das auf Initiative des *Völklinger Kreises* entstand und das die gesellschaftspolitische wie rechtliche Situation der Schwulen europaweit verbessern möchte. Wie sehr diese Ziele mit der Würdeidee als Gestaltungsauftrag übereinstimmen, wird deutlich, wenn man bedenkt, daß jede Form der Stigmatisierung schwuler Männer und lesbischer Frauen mehr ist als nur die Diskriminierung einer Minderheit – sie stellt eine Art von Rassismus dar.

Drogen und das Recht auf Selbstschädigung

Daß wir Menschen eines Tages sterben werden, ist normal und folglich jedes weitere Wort darüber banal. Bemerkenswert ist allerdings, ob Erbanlagen oder falsche Lebensgewohnheiten den Ausschlag für unseren Tod geben. Menschen sterben auf ganz unterschiedliche Weise – die meisten an altersbedingter Erschöpfung und Auszehrung, viele aber auch als Opfer von Unfällen, Tötungsdelikten und selbstverschuldeten Krankheiten. Trotz des wachsenden Gesundheitsbewußtseins in unserer Gesellschaft richten zahlreiche Menschen ihr Leben durch falsche Ernährung, Übergewicht oder einen zu hohen Cholesterinspiegel zugrunde, andere mit Medikamenten, Alkohol und Nikotin. Nachweislich erhöht Nikotin das Krebsrisiko, fördert die Verengung und Verkalkung der Blutgefäße und führt zu Durchblutungsstörungen besonders der Herzkranzgefäße sowie der äußeren Gliedmaßen; dagegen kann durch Alkohol psychische und physische Abhängigkeit entstehen, wie überhaupt dessen regelmäßiger Konsum eine Schädigung der inneren Organe, eine Beeinträchtigung der Gehirnfunktion und des Nervensystems zur Folge hat. Ähnlich können Schmerz-, Schlaf- und Beruhigungsmittel oder Stimulanzien wie Weck- und Aufputschmittel in mißbräuchlich hohen Dosen starke körperliche und seelische Abhängigkeit verursachen, zu schleichender Vergiftung und schweren Organschäden führen.

Wo immer solche Abhängigkeiten entstehen, spricht man von Sucht als einem zwanghaften, nicht mehr steuerbaren Verlangen nach psychoaktiven Wirkstoffen, die in der Regel Hochstimmung, Erlebnisfülle, Glücksgefühle versprechen, und die je nach Zusammensetzung mal antriebs- und leistungssteigernd, mal innerlich ausgleichend und befriedend oder sinnestäuschend wirken. Jedoch können sie auch Niedergeschlagenheit, Angst und Verzweiflung hervorrufen. Fast immer lösen sie Gefühle der Gleichgültigkeit gegenüber den Anforderungen und Belastungen des Alltags aus, die sie für kurze Zeit vergessen lassen. Doch läßt sich Suchtverhalten nicht bloß beim Konsum von Rauschdrogen beobachten, sondern auch beim Spielen, Kaufen, Arbeiten, Fernsehen, Essen und Sex, und immer versteht man darunter die Unfähigkeit eines Menschen, mit seinen Möglichkeiten noch frei umzugehen. Wenn es soweit ist, hat nicht mehr der Einzelne seine Leidenschaften unter Kontrolle, sondern diese ihn.

Aber wie gesundheitsgefährdend, zerstörerisch und entmündigend die oben genannten Aktivitäten auch sein mögen, sie sind weder hier noch anderswo in der Welt verboten. Als Teil des menschlichen Daseins liegen sie in der Verantwortung jedes Einzelnen, der tatsächlich das Recht haben sollte, den eigenen Bedürfnissen entsprechend zu leben. In einem aufsehenerregenden Urteil der Lübecker Strafkammer aus dem Jahre 1992 heißt es, daß Rausch wie Essen, Trinken und Sex zu den fundamentalen Bedürfnissen des Menschen gehört. Deshalb forderten die damaligen Richter ein „Recht auf Rausch“, wobei sie vor allem an die Freigabe der sogenannten weichen Drogen Haschisch und Marihuana dachten. Es sei nicht zu verstehen, daß Alkohol als viel gefährlichere Droge frei konsumiert werden dürfe, Cannabis jedoch nicht. Hintergrund der Auseinandersetzung war, daß eine Frau ihrem Mann bei einem Besuch im Lübecker Gefängnis ein Briefchen Haschisch mitgebracht hatte und daraufhin selbst zu zwei Monaten Gefängnisstrafe ohne Bewährung verurteilt wurde.

Im Gegenzug zur Forderung der Lübecker Richter nach Gleichbehandlung verschiedener Drogen und des Alkohols stellte das Bundesverfassungsgericht 1994 aber klar, daß der freie Zugang zu Tabak und Alkohol den freien Rauschgiftkonsum nicht legitimiere, da niemals ein Übel ein anderes rechtfertigen könne; es gebe kein Recht auf Rausch.[134] Dennoch beharren bis heute viele auf dem Standpunkt, daß es dem Einzelnen nicht nur frei stehen sollte, sich auf seine Weise zu vervollkommnen, sondern auch sich zu schädigen, und daß jede Einschränkung dieses Rechtes paternalistischer Bevormundung gleichkomme.

Üblicherweise unterscheidet man zwischen legalen und illegalen Drogen. Zu letzteren zählen die genannten Cannabiserzeugnisse Haschisch und Marihuana, dann Halluzinogene wie LSD, ein synthetisches Produkt, und Mescalin, ein pflanzlicher Wirkstoff, der auch künstlich herstellbar ist, weiter Opiate wie Opium und Heroin, ferner Amphetamine, Kokain und Kokainzubereitungen wie Crack und Freebase und nicht zuletzt die sogenannten Designerdrogen, allen voran Ecstasy,[135] die chemisch und von der Wirkung her zwischen den wahrnehmungsverändernden Halluzinogenen und aufputschenden Amphetaminen liegen.[136] Das Verbot dieser und ähnlicher psychoaktiver Substanzen wird bei uns durch das sogenannte *Betäubungsmittelgesetz* geregelt, nach dem sich strafbar macht, wer solche Stoffe „unerlaubt anbaut, herstellt, mit ihnen Handel treibt, sie, ohne Handel zu treiben, einführt, ausführt, veräußert, abgibt, sonst in den Verkehr bringt, erwirbt oder sich in sonstiger Weise verschafft."[137] Schon der bloße Besitz von Rauschgift steht unter Strafe, wobei jedoch die Staatsanwaltschaft von einer Verfolgung wie das Gericht von einer Bestrafung absehen kann, „wenn der Täter die Betäubungsmittel lediglich zum Eigenverbrauch in geringer Menge anbaut, herstellt, einführt, ausführt, erwirbt, sich in sonstiger Weise verschafft oder besitzt."[138] Außerdem kann das Gericht auf die Erhebung einer öffentlichen Klage verzichten, wenn die erwartete Freiheitsstrafe nicht die Höhe von zwei Jahren übersteigt und der Drogenabhängige nachweist, daß er sich einer Behandlung unterziehen wird, so daß mit seiner Wiedereingliederung in die Gesellschaft zu rechnen ist. Bei einem bereits

Verurteilten darf die Strafvollstreckung zurückgestellt, die Therapiezeit angerechnet und die Strafe zur Bewährung ausgesetzt werden. Heutzutage werden Drogenkonsumenten weitgehend mit Nachsicht behandelt, was bereits in dem Grundsatz „Therapie statt Strafe" zum Ausdruck kommt, der sogar im Betäubungsmittelgesetz verankert ist.[139]

Die vorrangigen Ziele der strafrechtlichen Verfolgung von Drogenherstellung, -handel und -besitz heißen: Stopp der Drogenflut, Verknappung des Angebots und Abschreckung von Dealern, Konsumenten und all jenen, die mit dem Gedanken spielen, solche zu werden. Der eigentliche Strafzweck ist sonach spezial- und generalpräventiver Art. Dabei kommt es dem Gesetzgeber aber nicht so sehr auf die Bestrafung als vielmehr auf die Strafandrohung an, durch welche die Bürger zu Gehorsam gegenüber dem Gesetz veranlaßt werden sollen.

Allerdings beantwortet das noch nicht die Frage, warum Anbau, Herstellung, Besitz, Erwerb und Handel mit sogenannten harten Drogen überhaupt unter Strafe gestellt werden. Verblüffenderweise heißt die offizielle Begründung hierfür nicht Sicherung der Menschenwürde, wie man vermuten könnte, sondern Schutz der Volksgesundheit – ein Begriff aus dem „Wörterbuch des Unmenschen"[140], wie manche Kritiker allzu vereinfachend meinen. Tatsächlich wäre es weniger mißverständlich zu sagen, daß es um Erhaltung und Bestätigung unserer gesellschaftlichen Form geht, zu der Sucht und Drogen einen Gegenentwurf bilden. Denn keine Gesellschaft kann es sich leisten, Verstöße gegen ihre Ordnung unwidersprochen hinzunehmen, ohne daran längerfristig zugrunde zu gehen oder sich in Chaos aufzulösen.

Dem setzen die Kritiker der bisherigen Drogenpolitik entgegen, daß die Rauschgiftbekämpfung mit strafrechtlichen Mitteln bislang wenig erfolgreich war. Die Drogenpolitik der Prohibition und Repression sei weltweit gescheitert, was einen nicht weiter verwundere, da man mit Verboten gesellschaftliche Probleme noch nie in den Griff bekam. Viele vertreten sogar die Auffassung, daß die Kriminalisierung der Drogen mehr Schaden angerichtet habe, als es die Drogen selbst je vermocht hätten. Der größte Teil des Drogenelends, das jeder Würde entbehrt, sei weniger den Suchtmitteln selbst, als vielmehr den Bedingungen zuzuschreiben, unter denen sie erworben und konsumiert würden. Diese seien vornehmlich verantwortlich für die soziale und psychische Verelendung der Konsumenten, die hohen Drogenpreise, die Existenz der Rauschgift-Syndikate, die Verunreinigungen der Stoffe durch gesundheitsgefährdende Beimengungen wie auch für die Beschaffungskriminalität. Doch ist diese Beurteilung einseitig und irreführend, da sie den Eindrück erweckt, daß ausschließlich das Drogenverbot am Drogenelend schuld sei, nicht aber auch der Drogenkonsum und seine Wirkungen. Trotzdem muß man zugeben, daß Prohibition und Repression das Elend der Abhängigen vielfach gefördert und wesentlich zu den Problemen beigetragen haben, zu deren Lösung sie eigentlich führen sollten.

Näher betrachtet ist die Grenze zwischen legalen und illegalen Drogen mehr als fragwürdig, da doch alle psychoaktiven Substanzen in die natürlichen Abläufe des Körpers eingreifen, Stimmungen und Wahrnehmungen beeinflussen. Hinzu kommt, daß im Unterschied zu Alkohol, der als Genuß-, Rausch- und Nahrungsmittel seit jeher geschätzt wird, Cannabisprodukte wie Haschisch und Marihuana, Designerdrogen wie Ecstasy, Halluzinogene wie LSD oder Aufputschdrogen wie Speed nicht körperlich abhängig machen. Trotzdem werden Cannabis und Ecstasy immer wieder als Einstiegsdrogen dargestellt, was sie nicht mehr und nicht weniger sind als Alkohol oder Nikotin, mag es auch stimmen, daß mit der Einnahme jedes neuen Genuß- und Rauschmittels die Bereitschaft wächst, stärkere Drogen zu probieren. So gesehen führt die typische Drogenkarriere von Nikotin und Alkohol über Cannabis zu den Opiaten.[141] Allerdings sind nur wenige Jugendliche, die regelmäßig Alkohol trinken, Zigaretten rauchen oder Haschisch konsumieren für Heroin anfällig.

Sicherlich ist jede Droge gefährlich; keine ist davon ausgenommen. Bei regelmäßigem Konsum verursachen auch die sogenannten Softdrogen körperliche Schädigungen, schwere Psychosen und psychische Abhängigkeit – denn alles Schöne verlangt nach Wiederholung. Hinzu kommen als Entzugserscheinungen in einem verstärkt als grau und langweilig erlebten Alltag innere Unruhe und Leere, Nervosität, Schlaf- und Konzentrationsstörungen sowie zunehmende Gereiztheit.

Doch sind die legal erwerbbaren Rauschmittel in ihren gesundheitlichen Auswirkungen oftmals genauso schädlich wie die unter das Betäubungsmittelgesetz fallenden Wirkstoffe. Man denke bloß an die über eine Million Tablettenabhängigen in Deutschland, die zahllosen Alkoholkranken, von denen viele an den Folgen ihres übermäßigen Konsums jährlich sterben, und die ungezählten Nikotinabhängigen mit schweren Organschädigungen an Lunge, Atemwegen und Herzgefäßen oder gar mit Raucherbein. Aber wie nicht jeder, der zur Entspannung und Geselligkeit ein Bier trinkt, schon ein Alkoholiker ist, sind die Konsumenten von Cannabisprodukten oder Ecstasy, die bevorzugt von der jüngeren Generation eingenommen werden, bereits alle drogensüchtig. Nach dem bisher Ausgeführten ist die herkömmliche Einteilung in Arznei-, Genuß- und Suchtmittel problematisch und müßte neu geordnet werden.[142]

Heute verwerfen viele die prohibitive Drogenpolitik mit dem Argument, daß sie das Recht des Einzelnen auf Selbstbestimmung verletze. Davon ausgehend, daß die Einnahme sogenannter harter Drogen nicht gefährlicher sei als der Konsum von Alkohol und Tabak und daß es besonders von der Dosierung, Häufigkeit, der Art der Anwendung und dem jeweiligen Zeitpunkt abhänge, ob sich psychoaktive Substanzen von Heil- und Linderungsmitteln zu Genuß- oder Rausch- bzw. Suchtmitteln entwikkeln, fordern sie im Namen der menschlichen Freiheit die totale Freigabe aller Drogen, auch der harten; andere verlangen dagegen nur die Entkriminalisierung des Konsums weicher Drogen wie Haschisch und Marihuana oder Ecstasy. Es gehöre zur Würde des Menschen, auch auf die Gefahr der Selbstschädigung hin, eigenverantwortlich über den persönlichen Gebrauch von Genußmitteln zu entscheiden, sagen sie.

So überzogen diese Forderungen klingen, angesichts von Millionen Rauchern und Alkoholikern muß es tatsächlich erlaubt sein zu fragen, ob es nicht doch ein Recht auf Rausch geben sollte; jedenfalls scheint Rausch ein weit verbreitetes menschliches Bedürfnis zu sein. Hierbei bezweifelt niemand, daß Drogen gesundheitsgefährdende Genußmittel mit oft hohem Suchtrisiko sind, aber mit welchem Recht darf der Staat dem Einzelnen verbieten, seine Gesundheit zu ruinieren und seine Freiheit zu zerstören?

Das ist eine überaus wichtige Frage, wie überhaupt alle erwähnten Einwände gegen die prohibitive Drogenpolitik ernst genommen werden sollten. Heute glauben einige, darunter der bekannte Wirtschaftstheoretiker Milton Friedman, daß es an der Zeit sei, härtere Drogen zu legalisieren, und nicht wie bisher bloß zu kriminalisieren. Drogen mögen noch so schädlich sein, deren Verbot schadet den Süchtigen und dem Rest der Gesellschaft noch viel mehr, meint er.[143] Nur ein straffreier Zugang könne den Schwarzmarkt austrocknen und so dem von Drogengeschäften lebenden organisierten Verbrechen einen nachhaltigen Schlag versetzen. Außerdem würden durch Haftvermeidung und Drogenfreigabe die Marktpreise fallen, so daß die Konsumenten nicht mehr ihr gesamtes Einkommen zur Drogenbeschaffung nutzen müßten; der Beschaffungskriminalität wäre hierdurch die Spitze gebrochen.

In diesem Zusammenhang wird inzwischen auch über die Möglichkeit eines staatlichen Drogen-Monopols nachgedacht. Danach würde der Staat selbst den Abhängigen freien Zugang zu weichen wie harten Drogen verschaffen und auf diese Weise die illegal agierenden Anbieter allmählich vom Markt verdrängen. An diesem Vorschlag ist neben vielem anderen unklar, wie freizügig die staatlich kontrollierte Drogenabgabe gestaltet werden müßte, damit der illegale Markt mangels Nachfrage zusammenbricht.[144] Die Kritiker dieses Modells befürchten mit einigem Recht eine drastische Zunahme der Zahl der Süchtigen und verweisen in diesem Zusammenhang auf Schweden, wo die Freigabe von Heroin zwischen 1965 und 1967 zu einem starken Anstieg der Süchtigenzahl führte; allerdings stand die Heroin-Abgabe dort nicht unter staatlicher Kontrolle, wie die Befürworter des Monopolmodells betonen, welche nachdrücklich bestreiten, daß Heroinkonsum etwa jemals zu einem Massenphänomen werden könnte. Einig ist man sich in dieser Kontroverse lediglich darüber, daß der staatlich kontrollierte Verkauf harter Drogen niemals an Kinder und Erstkonsumenten erfolgen dürfe. Die Angst, daß diese dann für den Schwarzmarkt eine interessante Klientel bleiben könnten, scheint unbegründet, weil es sich für Rauschgifthändler nicht mehr lohnt, Jugendliche süchtig zu machen, wenn diese – einmal süchtig geworden – Zugang zur staatlichen Vergabe harter Drogen erhalten.

Nun heißt das selbstverständlich nicht, daß Erstkonsumenten möglichst bald Abhängige werden sollen, wie es den Befürwortern der Legalisierung härterer Drogen gewöhnlich auch nicht um das Selbstbestimmungsrecht des Einzelnen geht, sondern in erster Linie um die Schaffung menschenwürdiger Lebensverhältnisse in der Drogenszene. Dazu gehören die Vergabe von „sauberen" Spritzbestecken zur HIV-Prävention, die Bereitstellung von Methadon und anderen Substitutionsmitteln sowie die Einrichtung von hygienisch einwandfreien Fixerräumen, in denen die Drogeneinnahme unter verminderten gesundheitlichen Risiken erfolgen könnte. Damit zusammenhängend müßte auch über eine staatlich kontrollierte Heroinabgabe an Schwerstabhängige durch eigens lizenzierte Ärzte nachgedacht werden, wie sie bereits in der Schweiz durchgeführt wird, nachdem die Betroffenen eine Methadon-Substitution oder Abstinenz-Therapie mehrmals abgebrochen haben. Das Ziel all dieser Maßnahmen heißt Schadensbegrenzung, bei der selbstverständlich nicht stehengeblieben werden darf. Denn eines ist die Konsumform, ein anderes die gesundheitszerstörende Wirkung der psychoaktiven Substanzen. Statt aber Drogenabhängige strafrechtlich zu verfolgen, sollten die Hilfsangebote, Beratung und Therapie mit dem Ziel der Wiedereingliederung der Suchtkranken in die Gesellschaft, weiter ausgebaut werden. Außerdem sollten Kinder, Jugendliche und die gesamte Öffentlichkeit immer wieder aufs neue über die Gefahren des Drogenkonsums aufgeklärt werden.

In Deutschland hat der Gesetzgeber einen mittleren Weg eingeschlagen, seine Strategie heißt „Helfen und Verfolgen", wobei, wie erwähnt, unter bestimmten Voraussetzungen von Strafverfolgung und Strafvollstreckung abgesehen werden kann. Doch ginge eine vollständige Freigabe gesundheitsgefährdender Drogen mit hohem Suchtrisiko sicherlich zu weit, wenn vielleicht auch Erwerb und Besitz von Rauschmitteln in geringer Menge für den Eigengebrauch straffrei bleiben sollten. In diesem Zusammenhang stellt sich aufs neue die Frage, was an illegalen Drogen gefährlicher sei als an Nikotin und Alkohohl; man bedenke nur, wieviel Todesopfer das Rauchen und Trinken jährlich fordert. Jedenfalls sind Cannabisprodukte oder Partydrogen wie Ecstasy wenn auch nicht harmlos, so doch ungefährlicher als die Massendroge Alkohol, weshalb man sie auch nicht mit Opiaten, Kokain und Amphetaminpräparaten auf eine Stufe stellen darf. Doch spricht die Tatsache, daß jährlich Tausende an den Folgen ihres Alkohol- und Nikotingenusses sterben, weniger für eine Freigabe der Cannabisprodukte als vielmehr für eine größere Einschränkung dieser beiden Volksdrogen; vielleicht sollte als erstes die Werbung für Alkohol begrenzt, unter Umständen sogar untersagt werden. Andernfalls läßt sich nur schwer vermitteln, warum Drogen wie Haschisch und Marihuana oder Ecstasy weiter verboten bleiben sollten. In den Niederlanden wird der Besitz von Cannabisprodukten inzwischen nur noch als Ordnungswidrigkeit eingestuft, aber nicht mehr als Straftat verfolgt; auch Heroinbesitz wird dort verhältnismäßig mild behandelt, obwohl bereits der kurzzeitige, regelmäßige Verbrauch körperliche und seelische Abhängigkeit erzeugt, eine falsche Dosierung tödlich wirken kann, was eben harte Drogen von weichen unterscheidet.

Allerdings sollte man sich von der Illusion freimachen, das Drogenproblem ließe sich ein für allemal aus der Welt schaffen. Drogenabhängige hat es immer gegeben und wird es auch künftig geben, wie der *Deutsche Caritasverband* betont: „Es gibt keine Lösung des Drogenproblems im Sinne des Verschwindens der Abhängigkeiten von illegalen oder legalen Substanzen. [...] Es kann daher nur um Eingrenzung des Problems, um Milderung der Folgen für die Allgemeinheit und um Linderung oder Heilung für die betroffenen Menschen gehen."[145] Fast alle Bürger greifen hin und wieder zu Rauschmitteln, die ihnen den Alltag rosiger erscheinen lassen, als er für gewöhnlich ist, und die für Augenblicke ein Gefühl schwereloser Freiheit und beschwerdelosen Glücks ermöglichen.

Bereits *Freud* erkannte: „Das Leben, wie es uns auferlegt ist, ist zu schwer für uns, es bringt uns zuviel Schmerzen, Enttäuschungen, unlösbare Aufgaben. Um es zu ertragen, können wir Linderungsmittel nicht entbehren. Es geht nicht ohne Hilfskonstruktionen, hat uns Theodor Fontane gesagt. Solcher Mittel gibt es vielleicht dreierlei: mächtige Ablenkungen, die uns unser Elend geringschätzen lassen, Ersatzbefriedigungen, die es verringern, Rauschstoffe, die uns für dasselbe unempfindlich machen. Irgend etwas dieser Art ist unerläßlich. Auf erniedrigtem Niveau sagt Wilhelm Busch in der ... ‚Frommen Helene': Wer Sorgen hat, hat auch Likör."[146] Selbst *Platon* nennt Alkohol ein „Schutzmittel gegen die Trübseligkeit des Alters [...], das uns wieder jung werden und das Herzeleid vergessen läßt und das verhärtete Gemüt wieder weich macht."[147] Ob legale oder illegale Drogen, sie alle sind Genuß- und Problemlinderungsmittel, welche uns Hochgefühle, Entlastung und Erleichterung verschaffen sollen. Die einen nehmen sie aus Übermut, die anderen aus Überdruß, weil sie vielleicht den Arbeitsplatz verloren oder erst gar keinen gefunden haben, die familiären Bindungen zerbrochen sind, das problemreiche Leben unerträglich geworden ist. In dieser Situation muß ernsthaft gefragt werden, mit welchem Recht der Staat seinen Bürgern Drogen vorenthalten und ihren Anspruch auf Selbstbestimmung einschränken darf.

Die Idee der Volksgesundheit ist als Rechtfertigung dafür zu schwach und die Gefahr der Staatszersetzung zu gering, wenn auch die Bewahrung der gesellschaftlichen Ordnung die strafrechtliche Verfolgung von Gesetzesbrechern sonst zu legitimieren vermag. Dagegen sind die Kosten, die der Drogenabhängige der Allgemeinheit aufbürdet, ein durchschlagenderes Argument. Schließlich muß das Gemeinwesen für die medizinische und therapeutische Behandlung von Süchtigen einstehen. Wie es nicht selbstverständlich ist, daß Asketen für die Kuren Fettleibiger aufkommen, so ist es nicht selbstverständlich, daß Nicht-Süchtige Süchtige alimentieren.[148] Jedoch ließen sich mit dem gleichen Argument auch Autos, Sport, Zigaretten und Alkohol verbieten, da zahlreiche Bürger leichtsinnig Auto fahren, gefährlichen Sport treiben, übermäßig rauchen oder maßlos trinken, kurz, ihre Gesundheit schädigen, wofür je nach Ausgestaltung des sozialen Systems entweder eine einzelne gesellschaftliche Gruppe oder die Solidargemeinschaft als ganze aufkommen muß.

Doch ist mit alledem die für unseren Zusammenhang wichtigste Frage noch überhaupt nicht angesprochen, so bedeutsam die genannten Punkte auch sind. Es ist die Frage nach der Würde des Einzelnen, zu der auch das Selbstbestimmungsrecht gehört. Darf der Staat, der zweifellos soziale Verantwortung trägt, seine Bürger notfalls gegen deren Willen vor Selbstschädigung schützen? Vor dem Hintergrund der christlich-metaphysischen und vernunftphilosophischen Tradition, in welcher der Einzelne als Herr seiner selbst, nicht aber als Eigentümer seiner selbst gilt, muß diese Frage eindeutig bejaht werden. Läßt man aber diese Tradition hinter sich, so verliert diese Vorstellung vordergründig an Bedeutung und Überzeugungskraft.

Aus weltanschauungsneutraler Sicht gehört es zur Achtung der Würde des Einzelnen, zu Selbstachtung nicht gezwungen zu werden. Wenn einer die eigene Würde mit Füßen tritt, ohne dabei andere zu verletzen, dann ist das seine Sache. Denn wie das säkulare Recht den Einzelnen nicht zu Selbstvervollkommnung zwingt, so darf es ihn auch nicht von Selbstzerstörung abhalten, sondern muß vielmehr seinen Anspruch auf persönliche Freiheit achten. Genau aus diesem Grund kann aber der Staat harte Drogen nicht ohne weiters zulassen, da durch sie Kinder, Jugendliche oder Erwachsene süchtig gemacht und somit ihrer Fähigkeit zu einem eigenverantwortlichen, selbständigen Leben beraubt werden. Also gerade aus Achtung vor der freiheitlichen Selbstbestimmung darf der Staat dem Einzelnen nicht erlauben, seine Freiheit zur Vernichtung von Freiheit zu mißbrauchen, indem er sich in Drogenabhängigkeit begibt und so zum willenlosen Spielball psychoaktiver Stoffe wird – wie der Staat gerade aus Achtung vor dem Recht des Einzelnen auf Leben den Autofahrern das Angurten und den Motorradfahrern das Tragen von Helmen vorschreibt. Das alles hat wenig mit übertriebenem Paternalismus zu tun; es soll die Mitglieder der Gesellschaft lediglich vor einem Verhalten schützen, das mit Recht als selbstschädigend angesehen wird.

Ein Drogenabhängiger, der im Rausch seine freiheitliche Selbstbestimmung und die Fähigkeit zu klaren Denken aufgibt, zerstört seine achtunggebietende Würde. Denn weltanschauungsneutral betrachtet hört am Nullpunkt menschlicher Existenz, wenn der Einzelne – vollgepumpt mit tödlichen Stoffen – an der Nadel hängt, jegliche Menschenwürde auf zu existieren; es bleibt von ihr nur noch ein unerfüllter Anspruch, gewissermaßen eine leere Hülle übrig. Deshalb läßt sich mit dem grundgesetzlich geschützten Recht auf freie Entfaltung der Persönlichkeit auch weniger die Freigabe harter Drogen legitimieren als vielmehr deren grundsätzliches Verbot.

Letzteres rechtfertigen die Anhänger einer prohibitiven Drogenpolitik gewöhnlich mit seiner abschreckenden Wirkung, die es auf mögliche Konsumenten ausübe, wobei es ihnen nicht auf die Bestrafung selbst ankommt, sondern vielmehr auf die abschreckende Strafandrohung; deshalb werden heute auch immer weniger Drogenabhängige, dafür aber um so mehr Dealer und Rauschgiftorganisationen strafrechtlich verfolgt. Der Widerspruch hierbei ist allerdings, daß Drogenhilfe und Straffreiheit zwar der Verelendung der Süchtigen entgegenwirken, daß aber die „intensivere Verfolgung und stärkere Bestrafung der Anbieter geeignet [sind], den Marktpreis weiter zu erhöhen und [somit] die Verelendung der Süchtigen [wieder] zu verstärken."[149]

Trotzdem sollten aus Achtung vor der Menschenwürde als Gestaltungsauftrag der Erwerb und Besitz harter Drogen auch in geringer Menge für den Eigengebrauch verboten bleiben, grundsätzlich aber straffrei sein – verboten deshalb, weil ein Staat, der die Idee der Menschenwürde als Wesensmerkmal oder Gestaltungsauftrag anerkennt, seinen Bürgern kein Recht auf Zerstörung ihrer Gesundheit und Freiheit gewähren kann; straffrei, weil die Achtung vor der menschlichen Würde die strafrechtliche Verfolgung und Einstufung der Drogenkonsumenten als Verbrecher gleichfalls verbietet. Dazu kommt, je höher die Strafbelastung der Süchtigen, umso geringer die Chance für eine erfolgreiche Therapie und Wiedereingliederung in die Gesellschaft.

Mit einigem Recht betonen die Gegner der heutigen Drogenpolitik, daß die Prohibition, anstatt abschreckend zu wirken, mit an den menschenunwürdigen Verhältnissen in der Drogenszene schuld sei. Dennoch ist es unwahrscheinlich, daß durch eine Legalisierung der harten Drogen die Zustände in dieser Szene sich radikal bessern würden, da die Wirkungen der Substanzen doch die gleichen bleiben. Paragraph 5 des *Arzneimittelgesetzes* untersagt, „Arzneimittel in den Verkehr zu bringen [...], bei denen [...] der begründete Verdacht besteht, daß sie bei bestimmungsgemäßem Gebrauch schädliche Wirkungen haben, die über ein [...] vertretbares Maß hinausgehen", und Paragraph 3 des *Lebensmittelgesetzes* verbietet Nahrungsmittel, welche „die menschliche Gesundheit zu schädigen geeignet" sind. Wie kann der Gesetzgeber da den Verbrauch von die Gesundheit zerstörenden Rauschmitteln gestatten? Doch müßten dann nicht auch Alkohol und Zigaretten verboten werden? Sicherlich wäre noch stärker als bisher auf deren Gefahren aufmerksam zu machen, verhindern läßt sich ihr Genuß aber nicht.

Man kann es drehen und wenden, wie man will, die Grenzziehung zwischen legalen und illegalen Drogen bleibt problematisch, geradezu willkürlich, solange Cannabisprodukte oder sogenannte Partydrogen wie Ecstasy nicht aus der gesetzlichen Gleichstellung mit Heroin und Kokain herausgenommen werden. Die Alternative sollte daher nicht „alles oder nichts" heißen – zumal sich ein absolutes Verbot ohnehin nicht durchsetzen läßt, wenn man bedenkt, daß Rauschmittel in allen Kulturen eine feste Stellung hatten und haben; gegen eine totale Freigabe der Drogen spricht dennoch, daß sie die Menschen unterschiedlich schnell abhängig und krank machen. Aber je geringer die drohende Selbstschädigung, umso weniger scheint der staatliche Eingriff in die individuelle Handlungsfreiheit noch gerechtfertigt.

Darum empfiehlt die Idee der Würde als Gestaltungsauftrag eine pragmatische Behandlung dieses Problems, im Bewußtsein, daß der Einzelne seine Würde verliert, wo immer er in Elend versinkt und zum ohnmächtigen Werkzeug ihn beherrschender Rauschstoffe wird. Harte Drogen weiter verbietend, sollte der Staat daher den Suchtkranken außer menschenwürdigen Bedingungen für ihren Konsum auch ausreichend Hilfsangebote zur Verfügung stellen, Therapieplätze ebenso wie Substitutionsprogramme. Darüber hinaus sollte auch eine staatlich kontrollierte Heroinabgabe in Erwägung gezogen werden. Allerdings wäre genauso über therapeutische Zwangsmaßnahmen nachzudenken, wie sie in Schweden bereits durchgeführt werden. Auf keinen Fall aber sollten die Drogenabhängigen fallengelassen und im Unterschied zu Dealern oder Rauschgift-Syndikaten kriminalisiert werden. Suchtprophylaxe, vorbeugende Aufklärung, selbst über sogenannte weiche Drogen, tut auch künftig not. Gesucht wird dabei ein mittlerer Weg zwischen absoluter Prohibition und vollständiger Freigabe; diesen zu finden, ist nahezu unmöglich und bleibt darum eine dauerhafte gesellschaftliche Herausforderung. Eine glatte Lösung des Drogenproblems gibt es nicht.

Strafvollzug und Todesstrafe

Einerseits wird niemand ernsthaft bestreiten, daß unser Leben in die unterschiedlichsten Richtungen verlaufen kann, daß wir unter vielerlei Zwängen stehen – inneren wie äußeren, die es ermöglichen, fast jedes menschliche Vergehen zu entschuldigen. Andererseits steht der Vorstellung unseres absoluten Festgelegtseins die Tatsache des alltäglichen Lebens mit all seinen Einzelentscheidungen machtvoll entgegen. Gleichwohl bekommt man die angeblich freie Selbstbestimmung nicht so zu fassen, daß man sich von ihrer Realität zweifelsfrei überzeugen könnte. Das Wissen um das Phänomen der Freiheit und die Erfahrung davon reichen bekanntlich nicht aus, um zu beweisen, daß es sie wirklich gibt und keine Chimäre ist, denn die unser Denken und Handeln bestimmenden Kräfte treten nicht notwendigerweise ins Bewußtsein; sie können uns verborgen bleiben. So läßt sich nicht die Möglichkeit ausschließen, daß wir am Ende doch von uns vor- und übergeordneten anonymen Strukturen und Vorgängen vollständig beherrscht werden. Wenn die Naturalisierung des Menschen einmal ihr angestrebtes Ziel erreichen sollte – die Erklärung all unserer Gedanken, Gefühle und Anstrengungen durch chemische und physikalische Prozesse, dann müßte unser gesamtes bewußtes Leben als ohnmächtige Begleiterscheinung unverfügbarer Naturprozesse gelten. Wie oben dargelegt, behaupten bereits heute manche Wissenschaftler, daß nicht der Mensch denke, spreche und handele, sondern die ihn bestimmenden Sprachstrukturen, Genprogramme und Hirnprozesse. Je stärker aber anonyme Natur- und Geschichtsprozesse das menschliche Dasein prägen, umso mehr erweisen sich freiheitliche Selbstbestimmung, Zurechnungsfähigkeit und Schuld als Illusionen. Menschliche Verbrechen glichen in diesem Falle mehr unverfügbaren Naturkatastrophen als dem Sündenfall; die Idee der menschlichen Personalität hätte sich dann als unhaltbare Anmaßung herausgestellt.

Doch bedeutet die Entwertung des menschlichen Daseins zu einem ohnmächtigen Anhängsel anonymer Natur- und Geschichtsereignisse für den bewußt lebenden Menschen keineswegs eine Entlastung von der Sorge um sich oder eine Befreiung von der Suche nach Orientierungshilfen, wie bereits an früherer Stelle gezeigt wurde. Selbst wenn wir ohnmächtige Marionetten wären, müßten wir unser Leben selbst führen und könnten dabei weder unsere Gene noch Neuronen befragen, wie wir uns im Alltag entscheiden sollten, sondern wären wie zuvor auch auf unsere Klugheit und Urteilskraft, auf die Verständigung mit unseren Nächsten und deren Zusammenarbeit angewiesen. Ähnliches gilt für das liberale Recht auf freiheitliche Selbstbestimmung und die übrigen Menschenrechte. Selbst wenn es Freiheit an sich nicht geben sollte, so bliebe Freiheit im alltäglichen, politischen und rechtlichen Sinne doch ein schützenswertes Gut, begrenzt durch die Freiheit der anderen. Gleichfalls könnten wir nicht aufhören, unsere Kinder, Jugendlichen und Erwachsenen zu erziehen und an deren Lernfähigkeit zu glauben. Auch als ohnmächtige Teile der Natur wären wir an freiheitlicher Selbstbestimmung, politischer Mitwirkung, einem Leben ohne geistige Unterdrückung, Angst und Not interessiert – und die menschliche Bedürftigkeit und Verletzbarkeit, das nach Abhilfe verlangende Elend auf der Welt gäbe uns genügend Argumente an die Hand, weshalb wir uns auch künftig für würdigere Verhältnisse rund um den Erdball einsetzen sollten. Denn schwerer als die Erkenntnis der absoluten Determination wiegt seit jeher das Leid der Menschen, das uns immer wieder zu mehr Einsatz für eine gerechtere Welt gemahnt. Wie also der harte Determinismus uns nicht von der Sorge um uns entlastet, so entläßt er uns angesichts der weltweiten Not auch nicht aus der Pflicht, sich weiter für menschenwürdige Verhältnisse zu engagieren.

Einem aber wäre die Grundlage entzogen, wenn der absolute Determinismus recht hätte: der Schuldfähigkeit des Menschen. Doch stünde damit nicht bereits fest, daß dann überhaupt nicht mehr getadelt und gestraft werden dürfte. Schließlich käme ein Absehen von jeglicher Kritik und Strafe einer stillschweigenden Duldung des Angriffs auf die gesellschaftlichen Regeln gleich. Aus Gründen der Selbsterhaltung kann jedoch kein Staat die Störungen der bestehenden Ordnung einfach hinnehmen. Hinzu kommt, wie *Thomas Nagel* betont, „der Umstand, daß jemandes schlechtes Verhalten vorherbestimmt war, [bedeutet] nicht, daß er sich nicht schlecht verhalten hat. Wenn einer einem Schallplatten stiehlt, so ist dies ein Zeichen von Rücksichtslosigkeit und Unehrlichkeit, ob er nun vorherbestimmt war oder nicht"[150] – und darum kann dieses Vergehen auch nicht ohne weiteres toleriert werden. Trotzdem brauchte sich der Dieb nicht schuldig zu fühlen, keinerlei Reue zu empfinden, wenn es möglich wäre, seine Neuronen und Gene für sein Fehlverhalten verantwortlich zu machen. Sicherlich wird sich kein Opfer mit dieser Erklärung zufrieden geben, sondern im Gegenteil die Vergehen seiner Mitbürger aufs schärfste verurteilen und gerade nicht mit einer Naturkatastrophe gleichsetzen. Diese Reaktion ist verständlich, und es wäre unmenschlich zu verlangen, solche Empfindungen zu unterdrücken. Begreiflicherweise fordert das Opfer eine angemessene Bestrafung des Täters, wenn dieser ihm übel mitgespielt hat. Berechtigt wäre dieser Wunsch aber nicht, falls jener vollständig determiniert war.

Umgekehrt wird der Straftäter – hat er sich erst einmal sein Verbrechen bewußt gemacht – vermutlich Schuld und Reue fühlen, ob sein Verhalten determiniert war oder nicht. Denn Schuldgefühle und Reue hängen weniger von Freiheit ab als vielmehr davon, ob man sein Verhalten im nachhinein als falsch bewertet, als rücksichtslos oder grausam empfindet. Selbstverständlich gibt es viele Menschen, die zu solchen Unrechtsempfindungen außerstande sind und denen die genannten Erkenntnisse nicht genügen, um Schuld und Reue zu fühlen. Das ist traurig, sogar ärgerlich, doch wären diese Personen zu solchen Empfindungen selbst dann nicht bereit, wenn sie wüßten, daß sie bei ihrem Tun frei waren. Vor solchen Menschen muß sich die Allgemeinheit besonders schützen.

Aber warum wollen wir eigentlich, daß einer Schuld und Reue empfindet? Abgesehen davon, daß so wahrscheinlich unser Rachebedürfnis gestillt wird, sind tiefes Bedauern des eigenen Fehlverhaltens und die Bereitschaft zu Wiedergutmachung zugleich Ausdruck nachträglicher Verbeugung und Achtung vor dem Opfer, und ermöglichen diesem dadurch Vergebung, ohne daß sich eine solche erzwingen läßt.

Daraus wird deutlich: Der absolute Determinismus befreit uns weder von der Sorge um uns oder der Erziehung und Bildung unserer Kinder noch von der allgemeinen Aufgabe, eine lebenswerte Welt zu schaffen; er entlastet uns noch nicht einmal vom Gefühl der Schuld und Reue, haben wir erst einmal die eigene Tat als böse, rücksichtslos und ungerecht erkannt.

Doch wenn der absolute Determinismus recht hätte, dürfte genaugenommen niemand verurteilt werden, weil er sich schuldig gemacht hat, sondern nur, damit er keine weitere Straftat begeht und der Schaden an der gesellschaftlichen Ordnung begrenzt bleibt. Anders gesprochen: Mit dem absoluten Determinismus ist ausschließlich die prospektiv-präventive Straftheorie[151] vereinbar, wie sie im 19. Jahrhundert die Utilitaristen *Mill* und *Bentham* vertraten, der deutsche Rechtswissenschaftler *Franz von Liszt* und zwei Jahrhunderte zuvor bereits *Hobbes*, der schrieb, „daß man bei den Strafen nicht das vergangene Übel, sondern das zukünftige Gute im Auge haben soll; das heißt, die Auferlegung von Strafen ist nur zu dem Zwecke erlaubt, daß der, welcher gefehlt hat, gebessert wird oder daß andere durch dessen Strafe gewarnt, sich bessern."[152] Sinn der Strafe wäre demnach Schutz der Allgemeinheit, Abschreckung des Täters und, wenn möglich, dessen Besserung durch Therapie und andere resozialisierende Maßnahmen, kurz, Spezialprävention und dazu noch Generalprävention, doch nicht Vergeltung oder Wiedergutmachung, wie für die Anhänger der retrospektiv-retributiven Straftheorie, die den Menschen für grundsätzlich frei und schuldfähig halten.[153]

Nun widersprechen aber sowohl die prospektiv-präventive Straftheorie als auch die Vorstellung der absoluten Determination dem Würdeverständnis unserer Rechtsordnung, in der die Idee der Würde auf die freiheitliche Selbstbestimmung des Menschen gegründet wird. Deshalb erscheint auch die präventive Straftheorie als würdeverletzend, weil sie den Täter angeblich zu einem bloßen Behandlungsobjekt degradiert.

Was den ersten Punkt betrifft, muß tatsächlich zugegeben werden, daß der Mensch an sich keine Würde besitzt, sollte sich der absolute Determinismus als wahr herausstellen. Allerdings wissen wir nicht genau, wie weit die unserem Willen entzogenen Natur- und Geschichtsprozesse das eigene Leben beherrschen und lenken. Aber selbst wenn wir absolut determiniert wären, würde sich dennoch jeder von uns frei entfalten wollen im alltäglichen, politischen und rechtlichen Sinne, und als hochbedürftiges, verletzbares Wesen fühlen, das Achtung erfahren und in würdevollen Verhältnissen leben möchte. Dann wäre die Würde des Menschen zwar nichts Angeborenes mehr, dafür aber etwas Aufgegebenes, eben eine Zielvorstellung, ein Gestaltungsauftrag.

Dem entspricht unsere Strafprozeßordnung, wenn sie die Vorführung eines Angeklagten vor unabhängigen Richtern verlangt, dem bis zum gesetzlichen Nachweis seiner „Schuld" die Straftat nicht angelastet werden darf, gemäß dem Grundsatz: im Zweifelsfalle für den Angeklagten – in dubio pro reo. Außerdem gebietet die Achtung vor der Menschwürde, daß der Angeklagte nicht zur eigenen Sache aussagen muß, hierzu nicht gezwungen werden darf, obgleich er zur Mitwirkung an der Aufklärung der ihm zur Last gelegten Tat verpflichtet ist. Aber wie zivilisierte Menschen die Prügelstrafe als entwürdigend ablehnen, so verwerfen sie auch physischen Zwang oder die Anwendung von „Plauderdrogen", Lügendetektoren und Hypnose bei der Geständnisermittlung als würdeverletzend. Darum sind nach §136 a der *Strafprozeßordnung* solche Vernehmungsmethoden in Deutschland verboten. Überdies gehört zur Achtung vor der Menschenwürde, daß sich der Angeklagte frei zur eigenen Sache äußern darf, vom Gericht gehört wird, um auf diese Weise die Verhandlung und deren Ergebnis mit bestimmen zu können. Dementsprechend erkennt Artikel 103 des Grundgesetzes jedermann einen Anspruch auf rechtliches Gehör zu, und garantiert dem Einzelnen, daß er nicht wegen ein und derselben Tat mehrmals bestraft wird (ne bis in idem), sowie, daß seine Tat nur dann eine Strafe nach sich zieht, wenn deren Strafbarkeit zuvor bereits feststand (nulla poena sine lege praevia).[154] In diesen allgemeinen Anordnungen stimmen die unterschiedlichen Konzeptionen der Menschenwürde grundsätzlich überein – wie auch in der speziellen Frage, ob Haar- und Barttracht eines Beschuldigten bei einer Gegenüberstellung mit Zeugen verändert werden dürfen. Man ist der Überzeugung, daß ein solcher Eingriff keinen Würdeverstoß darstellt. Nach höchstrichterlicher Auffassung dürfen unter Umständen sogar ärztliche Karteikarten gegen den Willen des Angeklagten der Geheimhaltung entzogen werden, wenn es die Aufklärung des Falles erfordert, nicht aber tagebuchartige Aufzeichnungen.

Was den Vorwurf der Entwertung des Menschen als Objekt oder bloßes Mittels zum Zweck durch die prospektiv-präventive Straftheorie betrifft, muß genauer als bisher unterschieden werden zwischen Generalprävention und Spezialprävention. Rein generalpräventive Zwangsmaßnahmen – Strafe als Abschreckung von zur Verübung von Straftaten bereiten Personen – sind auch dann würdeverletzend, wenn es die Wesenswürde im metaphysischen Sinne nicht gibt, da sie den Strafgefangenen vollständig instrumentalisieren würden, ohne daß es überhaupt noch um ihn selbst ginge. Im Gegensatz dazu führen spezialpräventive Maßnahmen – Abschreckung und Besserung des Straftäters – nicht automatisch zu dessen Abwertung als Mittel und bloßes Behandlungsobjekt; im Gegenteil soll er hierdurch erst dazu gebracht werden, künftig in sozialer Verantwortung ein Leben ohne Straftaten, man kann auch sagen, ein würdevolleres Leben zu führen, wie es in §46 des *Strafvollzugsgesetzes* heißt. Jedenfalls überstrapaziert man die Objektformel, wenn man den Versuch, einen Täter durch Strafe zu bessern und für die Zukunft zu warnen, gleichsetzt mit der Degradierung seiner Person zur bloßen Sache. Denn angestrebt wird hierdurch doch seine Wiedereingliederung in die Gesellschaft als mündiger Bürger – ein durchaus respektables Ziel, das mit der Idee der Menschenwürde, wie auch immer man sie auslegen mag, absolut vereinbar ist. Nach dem Bundesverfassungsgericht gebietet die Idee der Menschenwürde sogar seine Resozialisierung. Jeder Gefangene soll nach verbüßter Strafe eine echte Gelegenheit bekommen, wieder vollwertiges Mitglied der Gesellschaft zu werden,[155] was allerdings deren Bereitschaft voraussetzt, ihn von neuem bei sich aufzunehmen.

Bestrafung und Anerkennung eines Straftäters als bedürftigen, verwundbaren Wesens schließen sich nach allem bisher Ausgeführten keineswegs aus. Noch der schlimmste Täter hat Anspruch auf würdevolle Behandlung schon seiner allgemeinen Bedürftigkeit und Verletzbarkeit wegen. Deshalb darf ihm auch das Recht auf Achtung nicht vorenthalten oder abgesprochen werden, selbst wenn er sich auf grausame Weise gegen die Menschenwürde anderer vergangen haben sollte. In einer zivilisierten Rechtskultur, in der das sittliche Niveau der staatlichen Institutionen oftmals höher ist als die Meinung der Mehrheit der Bürger, kann das nicht anders gesehen werden.[156] Dem entsprechend darf nach Auffassung des Bundesverfassungsgerichts die Bestrafung eines Verbrechers niemals würdeverletzend, „unmenschlich oder erniedrigend sein"[157], sollte dieser auch noch so würdelos gehandelt haben. Bei allem Verständnis für die Opfer verbiete die Idee der Menschenwürde als Gestaltungsauftrag jede Art von grausamer Bestrafung – und somit auch die Todesstrafe.

Mit Ausnahme der USA, wo seit 1970 mehrere hundert Hinrichtungen stattfanden und derzeit mehrere tausend Personen auf ihre Exekution durch Erhängen, Erschießen, Gas, tödliche Injektion oder den elektrischen Stuhl warten, haben mittlerweile die meisten demokratischen Länder die Todesstrafe aufgehoben. In Artikel 102 des deutschen *Grundgesetzes* heißt es dazu knapp und bestimmt: „Die Todesstrafe ist abgeschafft." So auch in Artikel 1 des sechsten Protokolls der *Europäischen Menschenrechtskonvention* aus dem Jahre 1983: „Die Todesstrafe ist abgeschafft." Nach einhelliger Meinung fast aller europäischer Staaten widerspräche ihre Beibehaltung der Achtung der Menschenwürde, die der staatlichen Ordnungsmacht das Recht abspricht, über die Weiterexistenz menschlichen Lebens eigenmächtig zu verfügen – ein Grundsatz, der in Kriegszeiten allerdings nicht mehr uneingeschränkt gilt. Davon abgesehen wird heute in mehr als achtzig Ländern der Erde immer noch die Todesstrafe verhängt und vollstreckt, und stößt selbst in der Bevölkerung der westlichen Industrienationen auf große Zustimmung. Mit mehreren tausend Hinrichtungen 1996 liegt China bei der Vollstrekkung von Todesurteilen weit vor allen übrigen Staaten, die an der Todesstrafe festhalten. Aber wie die Folter bleibt sie ein Zeichen der Barbarei – das blanke Gegenteil von Humanität.

Angeblich gibt es gute Gründe für ihre Aufrechterhaltung oder Wiedereinführung. Einer stammt von *Joseph de Maistre*, dem zufolge überhaupt erst der Henker das Band der menschlichen Gemeinschaft knüpft, weshalb in ihm statt ein Ungeheuer der Garant friedlichen Zusammenlebens gesehen werden sollte.[158] Demgegenüber sehen andere in der Todesstrafe zwar ein Übel, welches aber geringer sei als lebenslängliche Haft, die sie mit dem Begrabensein eines Menschen bei lebendigem Leibe vergleichen, weshalb sie die Todesstrafe auch der lebenslangen Freiheitsstrafe vorziehen. Wieder andere rechtfertigen die Todesstrafe mit der prospektiv-präventiven Straftheorie, nach der sie eine besonders abschreckende Wirkung haben soll. Am populärsten jedoch ist die Begründung der retrospektiv-retributiven Straftheorie. Entsprechend dem Talionsprinzip „Auge um Auge, Zahn um Zahn" vertreten Retributionstheoretiker wie *Kant* die Aufassung, daß Mord nur wieder durch die Tötung des Mörders ausgeglichen werden könne: „Hat er [...]

gemordet, so muß er sterben. Es gibt hier kein Surrogat zur Befriedigung der Gerechtigkeit"[159]; erst die Todesstrafe schafft fairen Ausgleich.

Im Gegensatz dazu betonen die Gegner der Todesstrafe, daß sich doch niemals die Möglichkeit eines Justizirrtums ausschließen lasse, weshalb sie der Unwiderrufbarkeit jeder Hinrichtung wegen verboten bleiben sollte. Davon abgesehen dürfe einem Staat kein totales Verfügungsrecht über seine Bürger eingeräumt werden, wie es bei Verhängung und Vollstreckung der Todesstrafe der Fall sei. Keine weltliche Instanz solle sich anmaßen, über Sein oder Nichtsein lebender Personen zu urteilen. Außerdem verstoße die Todesstrafe gegen das unveräußerliche Recht aller Menschen auf Leben, gegen dessen Heiligkeit – was allerdings ein weltanschaulich gebundenes Argument darstellt.

Ungeachtet dieser Einwände gegen die Todesstrafe sind bereits die Argumente dafür äußerst fragwürdig. Erstens lehrt gerade die neuere Geschichte, daß ein Staat auch ohne Henker existieren kann und nicht sofort in Anarchie versinkt, da es zivilisiertere Methoden als den elektrischen Stuhl gibt, um Schwerverbrecher auf wirkungsame Weise aus der Gesellschaft zu entfernen. Zweitens spricht, ethisch gesehen, die Grausamkeit lebenslänglicher Haft weniger für die Todesstrafe als gegen den lebenslangen Freiheitsentzug, und bezüglich der abschreckenden Wirkung bestehen seit jeher erhebliche Zweifel. *Wolf* weist darauf hin, „daß zur Zeit, als Taschendiebe in England noch hingerichtet wurden, andere Diebe ihre Fingerfertigkeit in der um den Galgen gedrängten Menge ausübten, während ihre Kollegen gehängt wurden."[160] Ähnliches schreibt *Camus*: „Die Angst vor dem Tod ist [...] eine unbestreitbare Tatsache, aber ebenso unbestreitbar ist, daß diese Angst, und mag sie noch so groß sein, noch nie stark genug war, um die Leidenschaften der Menschen einzudämmen."[161] Detaillierte Untersuchungen in den USA und anderen Ländern konnten bis heute nicht einen einzigen Beweis dafür erbringen, daß die Todesstrafe eine wirksamere Abschrekkung für Verbrecher darstellt als andere Strafen. Offenbar sind die Befürworter selbst nicht von ihrer abschreckenden Wirkung überzeugt, würden sie sonst die meisten Hinrichtungen bei

Nacht und unter Ausschluß der Öffentlichkeit durchführen lassen? Statt dessen müßten sie doch im Fernsehen übertragen werden, was jedoch absolut brutal und geschmacklos wäre sowie eine verrohende Wirkung auf die Zuschauer hätte.

Das wichtigste Argument gegen die Todesstrafe aber folgt aus den Ungereimtheiten der retributiven Strafbegründung. Unabhängig von der schwierigen Frage, ob es echte Freiheit, Schuld und Verantwortung gibt, enthält die retrospektiv-retributive Straftheorie bereits für sich gesehen eine Reihe von Mängeln und Unklarheiten. So fordert sie Gleichheit von Straftat und Strafe, welche jedoch häufig gar nicht herstellbar ist; man denke bloß an Geheimnisverrat, Vergewaltigung oder Bankraub. Darüber hinaus ist völlig unklar, wie man die ideale Proportion zwischen Größe des Verbrechens und Strafmaß erreichen kann. Die geläufigen Metaphern der Wiederherstellung eines gestörten Gleichgewichts oder der Rückzahlung einer Schuld klingen zwar verständlich und gefühlsmäßig einleuchtend, sind aber viel zu ungenau, als daß sich darauf eine Strafberechnung gründen ließe, und somit unbrauchbar. Weiter ist nicht zu erkennen, wie sich Unrecht bemessen, mit der Verhängung einer Strafe oder der Zufügung von Leid aufwiegen läßt. Hinzu kommt, daß durch Bestrafung das Opfer das Verlorene nicht wieder zurückerhält, und daß umgekehrt der Täter aus der Strafe keinen Nutzen zieht, wenn er nicht zu Reue bereit ist, woraufhin aber seine Bestrafung nahezu überflüssig würde.

Allerdings gelten fast alle vorgebrachten Einwände nicht für die Todesstrafe als Antwort auf vorsätzlichen Mord. Hier scheint der Sachverhalt eindeutig zu sein: Blut für Blut, Leben um Leben – ein fairer Ausgleich, bei dem der Tod des Täters das Leid des Opfers aufwiegt. Aber ganz so einfach ist die Sache nicht. Selbst wenn die Tötung des Mörders das seinem Opfer zugefügte Leid wettmachen sollte, so befänden sich doch Staat und Verbrecher auf gleichem Niveau, und es wäre die Ordnungsmacht wie der zum Tode Verurteilte selbst ein Mörder. Besteht aber zwischen dem Leid des unschuldigen Opfers und dem Leid des schuldigen Täters ein Unterschied, so kann der grausame Mord nicht mit der Todesstrafe verglichen und ausgeglichen werden, womit dieser alten rechtlichen Institution die Grundlage entzogen wäre. Offenbar ist die Todesstrafe entweder ohne tragendes Fundament oder genauso grausam wie die Tat des Schwerverbrechers. In jedem Falle bedeutet sie soviel wie vorsätzliche Tötung eines wehrlosen Menschen, durch die zwar Übles mit Üblem vergolten, aber keine Rechnung beglichen wird, da sich der Schaden eines Opfers nicht durch die Schädigung des Täters beheben läßt. Solche Maßnahmen widersprechen bei uns sonst allgemein anerkannten moralischen Grundsätzen. Wer anderen Leid zufügt, weil diese einem Leid zugefügt haben, verletzt das moralische Gebot, daß man niemandem Schaden und Schmerz zufügen soll, zumal wenn sich dadurch nichts mehr rückgängig machen läßt. Allerdings fällt es jedem von uns schwer, Menschen, die ihre Nächsten wie Unmenschen behandeln, nicht selbst für solche zu halten. Nur, wenn wir es täten, was unterschiede uns noch von diesen? Daß Opfer Rachegefühle ihren Feinden gegenüber haben, ist zwar menschlich, und daß sie Genugtuung bei deren Unglück empfinden, durchaus verständlich, moralisch unbedenklich ist es aber nicht. Jedenfalls widerspricht die Todesstrafe den Standards einer zivilisierten Gesellschaft wie der unsrigen, welche die Würde des Menschen, ob als Wesensmerkmal oder Gestaltungsauftrag, in den Mittelpunkt ihrer Wertordnung gestellt hat.

Ähnliches gilt für die lebenslängliche Freiheitsstrafe, die gerechtfertigt erscheint als Maßnahme zum Schutz der Allgemeinheit vor Schwerverbrechern, aber nicht von vornherein das letzte Wort sein darf. Hierzulande hält man lebenslange Freiheitsstrafe nur dann mit der Würde des Menschen vereinbar, wenn der Täter nicht jede Hoffnung aufgeben muß, jemals die Freiheit wieder zu erlangen. Allerdings glaubt man, daß die vage Möglichkeit einer Begnadigung hierfür nicht ausreicht, zumal in der Vergangenheit die einzelnen Bundesländer hiervon unterschiedlichen Gebrauch machten, ohne daß die Betroffenen selbst Einfluß auf das Begnadigungsverfahren nehmen konnten. Inzwischen ist das *Bundesverfassungsgericht* zu der Überzeugung gelangt, daß diese Frage allgemeinverbindlich geregelt werden muß. Man glaubt, daß der Kern der Menschenwürde getroffen wird, wenn ein zu lebenslanger Haft Verurteilter, ungeachtet der Entwicklung seiner Persönlichkeit, keine Gelegenheit mehr bekommt, ein eigenes Leben außerhalb der Gefängnismauern zu führen, und fordert deshalb, daß ihm „grundsätzlich eine Chance verbleibt, je wieder der Freiheit teilhaftig zu werden."[162] Dem entsprechend wurde durch das 20. Strafrechtsänderungsgesetz und der Einfügung von §57a in das *Strafgesetzbuch* 1981 jedem zu lebenslänglicher Freiheitsstrafe Verurteilten nach Verbüßung von mindestens fünfzehn Jahren ein Anspruch auf gerichtliche Entscheidung über die Aussetzung der Reststrafe gewährt.

Diese Regelung stimmt mit der Würde als Gestaltungsauftrag überein, zu der auch die Anordnung des *Bundesverfassungsgerichts* paßt, in den Vollzugsanstalten auf die Resozialisierung selbst lebenslänglich Inhaftierter hinzuwirken, „sie lebenstüchtig zu erhalten und schädlichen Auswirkungen des Freiheitsentzuges und damit auch und vor allem deformierenden Persönlichkeitsveränderungen entgegenzuwirken."[163] Allerdings folgt daraus kein Recht auf Aussetzung der Reststrafe für den Gefangenen. Selbstverständlich kann der Schutz der Allgemeinheit die lebenslange Vollstreckung der Freiheitsstrafe erforderlich machen. Aber auch dann sollte die Würde des Gefangenen geachtet werden, was einschließt, daß der Wärter beispielsweise das Guckloch in der Zellentür nur dazu benutzt, um hin und wieder zu prüfen, ob der Inhaftierte sich zu verletzen oder gar zu töten beabsichtigt, nicht aber, um ihn durch ständige Beobachtung jeglicher Privatsphäre zu berauben. Die Würde des Menschen ist nicht bloß während des Strafprozesses und bei der Strafbemessung zu beachten, sondern auch im Strafvollzug.

Ein weiteres Problem wirft die Frage nach der Vereinbarkeit der freien Berichterstattung über das Leben von Rechtsbrechern mit der Idee der Menschenwürde auf. Artikel 5 des Grundgesetzes schützt die Meinungs- und Informationsfreiheit aller Bürger, darum wissend, daß in der Öffentlichkeit nicht nur eine große Nachfrage nach politischen, wirtschaftlichen und kulturellen Nachrichten besteht, sondern auch nach Privatem, vermeintlich Geheimem – nach bebilderten Geschichten über Schwerverbrecher, die hierdurch leicht zu Objekten bloßer Neugierde, zu Opfern eines gnadenlosen Voyeurismus werden. So kommt es zu einer Kollision des Rechts auf freie Berichterstattung mit dem Recht des Verbrechers auf Schutz seiner Persönlichkeit und Würde. 1973 erwirkte ein Strafgefangener, der kurz vor seiner Entlassung stand, daß eine Fernsehsendung nicht ausgestrahlt werden durfte, die über ihn unter Nennnung seines Namens und Wiedergabe seines Bildes berichten wollte.[164] Seiner Beschwerde wurde damals stattgegeben mit der Begründung, daß eine solche Berichterstattung sein Persönlichkeitsrecht auf Intimsphäre verletze und den Erfolg seiner Resozialisierung gefährde. Beides habe in diesem Falle absoluten Vorrang vor dem Recht auf freie Berichterstattung. Verallgemeinert gesprochen, darf keine Sendung über ein den Täter identifizierendes Schwerverbrechen „nach seiner Entlassung oder in zeitlicher Nähe zu der bevorstehenden Entlassung ausgestrahlt"[165] werden. Sonst aber dürfen selbstverständlich der Presse und den anderen Massenmedien keine Maulkörbe umgehängt werden.

Wie Prominente aus Politik, Wirtschaft und Kultur müßten auch Schwerverbrecher damit rechnen, daß von ihnen Bilder gemacht und verbreitet werden. Allerdings kennt das *Kunsturhebergesetz* von 1907 in §23 ein bis heute gültiges „Recht am eigenen Bild", wonach Photos von Menschen nur mit deren Einwilligung veröffentlicht werden dürfen. Ausnahmen gelten für sogenannte „absolute Personen", das heißt für „Bildnisse aus dem Bereich der Zeitgeschichte", die ein allgemeines öffentliches Interesse auf sich ziehen. Hierunter fallen Photos von Politikern, Popstars, aber auch von Schwerverbrechern. Als Personen von zeitgeschichtlicher Bedeutung müssen sie es sich gefallen lassen, daß Photos von ihnen ohne ihre Einwilligung veröffentlicht werden. Grundsätzlich ist gegen diese Regelung nichts einzuwenden, die Frage ist allerdings, ob auch Bilder, die einen Prominenten beim Einkaufen oder einen Schwerverbrecher beim Zähneputzen zeigen, von zeitgeschichtlichem Interesse sind. Muß nicht das Recht auf Intimsphäre in diesen und anderen Alltagssituationen vorrangig bleiben? Das Grundgesetz schützt alle Bürger – ob Politiker oder Verbrecher, und so bleibt der Grundkonflikt zwischen

Pressefreiheit und Schutz der Menschenwürde, dem Verfügungsrecht des Einzelnen über sein Lebensbild, bestehen. Immer wieder von neuem muß die Intensität eines Eingriffs in den Persönlichkeitsbereich eines Einzelnen gegen das Informationsinteresse der Öffentlichkeit abgewogen werden.

Wir Menschen sind zwiespältige Wesen: Einerseits möchten wir uns überall sehen lassen können und von niemandem übersehen werden, andererseits empfinden wir Sichtbarkeit als Angreifbarkeit und Verwundbarkeit und suchen darum Schutz vor der Öffentlichkeit.[166] So beanspruchen wir gleichermaßen ein Recht auf Beachtung wie auf Unsichtbarkeit. Allerdings läßt sich beides nur schwer miteinander vereinbaren, geschweige denn garantieren.

Das Kreuz mit dem Kreuz

Es stimmt keineswegs, daß der große Streit zwischen Wissenschaft und Religion nur ein Thema des ausgehenden 19. Jahrhunderts war und nun beendet ist. Der Druck, den die Wissenschaften schon durch öffentliches Bekanntwerden ihrer Arbeit und Erfolge auf das religiöse Bewußtsein ausüben, ist auch heute noch von weit grundlegenderer Bedeutung als gewöhnlich zugegeben wird. Diesen Druck mag vielleicht derjenige nicht mehr spüren, der sich an die modernen Naturwissenschaften gewöhnt hat und das Aufregende an ihren Ergebnissen nicht ermessen kann. Wer aber diese Resultate beharrlich außer Betracht läßt, läuft Gefahr, die provokative Kraft der veröffentlichten Erfolge zu verkennen, die sich auf ganz unterschiedliche Weise äußert. Die modernen Wissenschaften wirken in dem Maße provozierend, wie ihre Ergebnisse das weit verbreitete Unbehagen an der Herrschaft menschlicher Rationalität verstärken, religiös-metaphysische Sinnbauten zum Einsturz und rechtliche Wertordnungen ins Wanken bringen können.

Es fällt in die Zuständigkeit einer philosophischen Hermeneutik des naturwissenschaftlichen Weltbildes,[167] diesen provozierenden Charakter herauszustellen, zu bewerten und Schlußfolgerungen daraus zu ziehen. Dabei ist dem grassierenden Vorurteil energisch zu widersprechen, daß Naturerkenntnisse für das menschliche Selbstverständnis ohne jede Bedeutung sind. Nach wie vor neigen viele Geisteswissenschaftler dazu, Juristen eingeschlossen, auf die Ergebnisse der Naturwissenschaften nur mit Schweigen zu reagieren, wenn nicht sogar diese zu ignorieren. Diese Tendenz herrscht heute noch vielerorts vor. Selbst so gegensätzliche Philosophen wie *Habermas* und *Lübbe* sind vom „kulturellen Bedeutsamkeitsverlust wissenschaftlicher Weltbilder"[168] überzeugt, davon nämlich, daß die Erkenntnisse der Atomphysik, Evolutionsbiologie oder Kosmologie „ohne Folgen für die Interpretation unserer Lebenswelt"[169] sind. Sie werden von ihnen nicht als möglicher Beitrag zum Selbstverständnis des Menschen gesehen und bewertet.

Solch geisteswissenschaftliche Ignoranz naturwissenschaftlichen Erkenntnissen gegenüber hängt mit der bekannten Verteilung des Wissens auf „zwei Kulturen" zusammen, zwischen denen noch immer eine unüberwindbare Kluft zu bestehen scheint, welche zu Entfremdung voneinander und Unverständnis füreinander geführt hat. Selbst wenn die Naturwissenschaften auf der einen Seite, die Geistes- und Rechtswissenschaften auf der anderen Seite nicht einfach zu veschmelzen sind, so ist es doch ein Irrtum zu glauben, daß das naturwissenschaftliche Wissen belanglos für das menschliche Selbstverständnis, für Ethik und Recht wäre. Freilich sei damit nicht die Eigenart der Kulturwissenschaften geleugnet; kein Romanist oder Germanist muß ein Studium in Biologie oder Astrophysik absolvieren, um seine eigentlichen Aufgaben erfüllen zu können. Dennoch sollten Theologen und Philosophen wie auch Juristen und Literaturwissenschaftler den Entdeckungen von Physik, Chemie oder Neurophysiologie mehr Beachtung schenken, die Erkenntnisse der Naturwissenschaften zumindest zur Kenntnis nehmen. Diese bieten doch durchaus eine Grundlage für weiterführende Reflexionen philosophischer, theologischer, literarischer und rechtlicher Art. Angesichts der wiederholten Bemühungen zahlreicher Naturwissenschaftler, die neuen Entwickungen einem größeren Publikum zugänglich zu machen und einer nicht naturwissenschaftlich gebildeten Leserschaft näherzubringen, dürfen sich die Geisteswissenschaften einer solchen Aufgabe nicht länger verschließen. Deshalb ist es keine übertriebene Forderung, Philosophie, Recht und Literatur an das naturwissenschaftliche Weltbild heranzuführen. Die Erfüllung dieser Aufgabe könnte in die Zuständigkeit einer Hermeneutik fallen, wie sie der Verfasser an anderer Stelle bereits ansatzweise entwickelt hat.[170]

Bisher kannte man nur eine Hermeneutik der Literatur, nicht aber eine Hermeneutik der Natur; eine solche lag außerhalb jeder Reichweite wegen der eindeutigen Zuordnung der Natur zu den Naturwissenschaften, der Hermeneutik zu den Geisteswissenschaften. Eine Hermeneutik der Natur ist dagegen nicht ohne Berücksichtigung der objektiven Naturwissenschaften möglich. Doch sollen diese nicht durch Hermeneutik ersetzt, die Hermeneutik aber auch nicht einfach naturwissenschaftliches Anhängsel werden, sondern vielmehr wären beide so aufeinander zu beziehen, daß sich als Drittes eine Deutung der gesamten verwissenschaftlichten Natur ergibt. Darunter kann man ebenso eine spekulative wie auch eine existenzielle Interpretation naturwissenschaftlicher Erkenntnisse über das All, das Leben und das menschliche Bewußtsein verstehen.

Eine spekulative Hermeneutik der Natur, wie sie in den Naturphilosophien der Romantiker, Herders, Schellings, Teilhard de Chardins oder Blochs vorliegt, bezieht sich auf die Natur selbst, um ein in allen Dingen schlafendes Zauberwort zu wecken – es zum Reden zu bringen, wie Eichendorff sagen würde. Sie entsiegelt in den schweigenden Räumen des unermeßlichen Alls bedeutungsvolle Zeichen und erahnt hinter den sichtbaren Dingen einen verborgenen Sinn, eine höhere Vernunft und göttliche Ordnung, im Glauben, daß Naturwissenschaft, Mythos und Philosophie längerfristig einander angenähert werden können. Solche spekulative Hermeneutik der Natur wendet sich den naturwissenschaftlichen Erkenntnissen selbst zu, um sie im Lichte vereinheitlichender, höherer Sinnmodelle zu deuten. Philosophen wie Schelling, Teilhard de Chardin oder Bloch glaubten, daß ohne diese ein stimmiges Naturbild unmöglich wäre. Deshalb hielten sie eine spekulative Deutung aller naturwissenschaftlich erforschten Dinge und Ereignisse für notwendig, wenn ein einheitliches Naturbild mit dem Philosophie und Wissenschaft betreibenden Menschen als Teil darin erreicht werden soll. Andere begnügen sich damit, die Naturphänomene einmal physikalisch zu erklären, das andere Mal poetisch zu beschreiben, und beide Sichtweisen als gleichberechtigt nebeneinander stehen zu lassen.

Die hier eben erwähnte existenzielle Hermeneutik der Natur darf weder mit solchen poetischen Naturschilderungen noch mit spekulativer Naturdeutung gleichgesetzt oder verwechselt werden, denn sie bezieht sich nicht auf die verwissenschaftlichte Natur als solche, sondern auf unser Verhältnis zu ihr.[171] Dem entsprechend wird in ihr auch nur nach den Folgen des naturwissenschaftlichen Weltbildes für unser letztes Selbst- und Weltverständnis gefragt – einerseits nach dem Eindruck, den es in uns hinterläßt, andererseits nach dem Druck, den es auf unsere Sinnerwartungen ausübt. Hierbei setzt sich diese existenzielle Hermeneutik der Natur bewußt der Härte und Erbarmungslosigkeit einer naturwissenschaftlich entzauberten Welt aus und bezieht diese auf unsere sorgenvolle Existenz mit all ihren Hoffnungen und Ängsten. Im wiederholten Nachdenken über das naturwissenschaftliche Weltbild versucht sie Klarheit über die Glaubwürdigkeit höherer Sinnmodelle mythischer, religiöser, metaphysischer Art zu gewinnen wie auch über die Konsequenzen naturwissenschaftlicher Erkenntnisse für die heutige Ethik und das moderne Recht.

Dabei bleiben ihre existenziell ausgerichteten Überlegungen und Auslegungen grundsätzlich verschieden von den naturwissenschaftlichen Erkenntnissen selbst und stehen darum auch nicht unter deren Urteil. Die existenzielle Hermeneutik des wissenschaftlichen Weltbildes kennzeichnet, daß sie, ausgehend vom durch Erfahrung abgestützten Bereich der Naturwissenschaften, danach fragt, was deren Ergebnisse für unser letztes Selbst- und Weltverständnis bedeuten können. Anders formuliert, befaßt sie sich mit den Aus- und Rückwirkungen der naturwissenschaftlichen Erkenntnisse auf Religion und Leben[172] und – wie im vorliegenden Buch – auf Ethik und Recht, überzeugt davon, daß seit Kopernikus und Galilei die Naturwissenschaften nichts von ihrem provozierenden Charakter eingebüßt haben.

Die im Rahmen dieser Hermeneutik entwickelte Weltdeutung wird von der Überzeugung getragen, daß das sich in unermeßliche Weiten hin erstreckende Universum mit seinen Milliarden Sonnen umfassenden Milliarden Galaxien alles ist, was es gibt. Innerhalb dieses Universums ist die Menschheit – ein Produkt der Naturgeschichte, in der unser Auftreten höchst unwahrscheinlich war – auf einem winzigen vergänglichen Planeten am Rande einer durchschnittlichen Spiralgalaxie angesiedelt. Der Homo sapiens, der irgendwann aus der stummen Gleichgültigkeit des letztlich unbegründbaren Universums emportauchte, wird eines Tages wieder spurlos von der Erde verschwunden sein, als ob es ihn nie gegeben hätte, einem Ausspruch *Nietzsches* gemäß: „Wie kläglich, wie schattenhaft und flüchtig, wie zwecklos und beliebig sich der menschliche Intellekt innerhalb [...] des in zahllosen Sonnensystemen flimmernd ausgegossenen Weltalls [...] ausnimmt; es gab Ewigkeiten, in denen er nicht war; wenn es wieder mit ihm vorbei ist, wird sich nichts begeben haben."[173] Ähnliches vermerkt *Lévi-Strauss*: „Die Welt hat ohne den Menschen begonnen, und sie wird ohne ihn enden."[174] Auf die „Götterdämmerung"[175] wird die „Menschheitsdämmerung"[176] folgen, und „vom Menschen, von all jenen subtilen und raffinierten Werken wie der Sprache, den sozialen Institutionen, den Sitten, den Werken der Kunst und den Mythen [wird] nichts bestehen"[177] bleiben, sondern alles wird „ins Nichts zurücksinken."[178] Mit dem „unvermeidlichen Verschwinden [des Menschen] von der Oberfläche eines Planeten, der [...] dem Tod geweiht ist, [werden] auch seine Mühen, Schmerzen, Freuden, Hoffnungen und Werke schwinden, als hätten sie nie existiert, da kein Bewußtsein mehr da ist, um auch nur die Erinnerung an jene ephemeren Bewegungen zu bewahren."[179] Anscheinend sind nicht bloß wir Menschen und das gesamte irdische Leben zu spurloser Vergänglichkeit verurteilt, sondern gleichfalls alle Schöpfungen geistiger Kultur, wie stellvertretend für viele andere auch *Hans Blumenberg* betont, bei dem zu lesen ist, daß irgendwann „die Bedingungen des Lebens auf der Erde und sogar im ganzen Universum verschwinden [werden] und alles in Leblosigkeit – also auch Gedächtnislosigkeit – erstarren"[180] wird. Ist die wichtigste definitorische Eigenschaft des Lebens dessen Unwahrscheinlichkeit, so ist das beunruhigendste Merkmal des Todes dessen Gewißheit.

Der Mensch, der sich seine Existenz und die Bedingungen seiner Existenz nicht selbst gegeben hat, dessen Lebensumstände und Lebenszeit weitgehend nicht in seiner Macht liegen und der sich zeitlebens um sein notvolles Dasein selbst sorgen muß, scheint im letzten nichts weiter zu sein als ein vergängliches Naturwesen. Solch nüchternes Menschenbild, zu dem unser Zeitalter unter den Überschriften säkulare Kultur, naturalistische Weltauffassung, wissenschaftliches Naturverständnis immer mehr tendiert, ruft schwerwiegende rechtliche Folgeprobleme hervor, wie in den vorherigen Abschnitten deutlich wurde. Allen voran steht die bange Frage nach der Vereinbarkeit der dargelegten Lebens- und Weltsicht mit der in zahlreichen Proklamationen, Verfassungen und Konventionen als unantastbar erklärten Menschenwürde. Es sieht ganz so aus, als könnten wir bezüglich jener Idee auch bei bestem Willen nicht mehr ernsthaft glauben, woran wir angesichts von Leid und Ungerechtigkeit in der Welt so gerne glauben möchten: nämlich an die unantastbare Wesenswürde. Denn der dargestellte säkulare Naturalismus zeichnet ein Bild vom Menschen, auf dem die Wesenswürde nicht nur keine Begründung zu haben scheint, sondern überhaupt nicht mehr vorkommt. Offenbar ist in unserer säkularen Kultur mit zunehmend naturwissenschaftlichem Weltbild diese Idee unhaltbar geworden, da sie von religiös-metaphysischen und vernunftphilosophischen Voraussetzungen abhängt, die als einzige dem Menschen einen absoluten, unvergleichlichen Wert zuerkennen können, den er als vergängliches Lebewesen aber vermutlich nicht hat.

Allerdings läßt sich der Entwurf eines solch enttäuschenden Welt- und Menschenbildes bereits mit der einfachen Feststellung relativieren, daß er auch bloß eine Deutung darstellt, die trotz ihrer Plausibilität weder allgemeingültig noch für alle verbindlich ist. Das ist sicherlich richtig; dennoch muß das Recht – auch in Hinblick auf die Idee der Menschenwürde – so verfahren, als ob es Gott und Theologie nicht gäbe, weil der liberale Staat seinen Bürgern nicht die Anerkennung einer bestimmten Weltanschauung vorschreiben darf, sondern das Gebot der weltanschaulichen Neutralität zu beachten hat. Sobald die Staatsmacht eine bestimmte Weltdeutung für verbindlich erklärt, ist mit dem Streit in der Kultur auch die Freiheit der Kultur gefährdet. Diese streng zu achten bedeutet sonach, keiner religiös-weltanschaulichen Überzeugung den Vorzug vor einer anderen zu geben. Doch dann dürfte weder das Grundgesetz noch irgendeine Landesverfassung dem christlichen Glaubensbekenntnis eine Sonderstellung einräumen, geschweige den Kirchen bestimmte Sonderrechte gewähren. Das wird besonders in einer Zeit deutlich, in der viele Menschen sich bereits vom Christentum abgekehrt haben. Darum konnte es auch erst in der Gegenwart zum sogenannten Kruzifix-Beschluß des Bundesverfassungsgerichts kommen, während noch in den fünfziger Jahren die Maßstäbe für die Beurteilung sittlichen Verhaltens den Lehren der christlichen Kirchen entnommen wurden.[181]

Der Kruzifix-Beschluß aus dem Jahre 1995 richtete sich ausdrücklich gegen die bayerische Verordnung, in allen Klassenzimmern der Volksschulen christliche Kreuze anzubringen. Das Gericht erklärte damals diese Anweisung für unvereinbar mit der Religionsfreiheit (Artikel 4) und so lange für verfassungswidrig, wie nicht eine Ausnahmeregelung geschaffen werde für all jene, die anders denken und sich deshalb in ihren Überzeugungen verletzt fühlen können.[182] Verständlicherweise rief dieser Beschluß im stark christlich geprägten Bayern, dessen Landesverfassung die „Ehrfurcht vor Gott" zu den „obersten Bildungszielen" zählt, große Empörung, Entrüstung, ja Widerstand hervor. Nicht nur daß man die angefochtene Regelung trotzig beibehielt, man verlieh ihr nun sogar Gesetzeskraft und kam dabei dem Spruch des Verfassungsgerichts nur insofern entgegen, als man erstmals eine Widerspruchsregelung einführte.

Danach obliegt es dem Schulleiter, eine gütliche Einigung herbeizuführen, wenn ein Erziehungsberechtigter „ernsthafte und einsehbare Gründe" gegen die Beibehaltung des Kruzifixes vorträgt.

Auch wenn die heftige Reaktion auf den Beschluß des höchsten Gerichts zum Kreuz in der Schule abzusehen war, so ist sie doch schwer zu verstehen, bedenkt man, daß bereits 1973 das Bundesverfassungsgericht mit Blick auf das weltanschauliche Neutralitätsgebot entschied, daß niemand gezwungen werden dürfe, entgegen seiner religiösen oder weltanschaulichen Überzeugung in einem Gerichtssaal zu verhandeln, der mit einem Kreuz ausgestattet sei.[183] Ähnliches steht in einem Urteil aus dem Jahre 1979, dem zufolge ein Schüler nicht zur Teilnahme am Schulgebet verpflichtet werden darf, sondern eine Möglichkeit zum Ausweichen haben muß. Denn wie es in einer pluralistischen Gesellschaft ein Recht auf Vornahme religiöser Übungen gebe, so müßten Andersdenkende auch ein Recht haben, an solchen nicht teilnehmen zu müssen.[184]

Genauer betrachtet, ergeben sich solche Rechtsbeschlüsse fast zwangsläufig aus dem Prinzip der weltanschaulichen Neutralität des Staates, das zwar im Grundgesetz nicht ausdrücklich erwähnt wird, vom Bundesverfassungsgericht aber aus den Artikeln 3, 4, 33 und 140 abgeleitet und in den Rang eines höchsten Rechtsgrundsatzes erhoben wurde. Danach soll sich der Staat jedes religiös-weltanschaulichen Urteils enthalten und sich mit keiner Religion, Konfession oder Weltanschauung identifizieren: „Das Grundgesetz legt [...] dem Staat als Heimstatt aller Staatsbürger ohne Ansehen der Person weltanschaulich-religiöse Neutralität auf. Es verwehrt die Einführung staatskirchlicher Rechtsformen und untersagt auch die Privilegierung bestimmter Bekenntnisse."[185] Nähme man diese Erklärung beim Wort, so dürfte es weder Kreuze in Schulen und Gerichtssälen geben, noch dürfte irgendein Religionsunterricht in staatlichen Schulen als ordentliches Lehrfach abgehalten und den Kirchen kein Besteuerungsrecht zugebilligt werden. Solange jedoch diese Einrichtungen bestehen, wird selbstverständlich eine bestimmte Religionsgemeinschaft oder ein weltanschauliches Bekenntnis bevorzugt, und die Trennung von Staat und Kirche ist nur unvollständig, nicht aber wie in den USA oder Frankreich schon strikt vollzogen.

Im einzelnen werden die Privilegien der christlichen Kirchen mit der Mitgliedschaft der meisten Bürger und deren inneren Bindung an eine der beiden großen Konfessionen begründet, dann mit dem Wunsch der Mehrheit der Erziehungsberechtigten nach Religionsunterricht sowie mit der Tatsache, daß weite Kreise der Bevölkerung gegen die Anbringung von Kreuzen in Schulen und Gerichtssälen nichts einzuwenden haben. Eigentlich belästigen sie niemanden, sagt man, selbst den Atheisten nicht, der in Gegenwart eines christlichen Symbols durchaus seiner Überzeugung treu bleiben kann, und den gleichgültig eingestellten Menschen noch viel weniger, der das Kreuz sowieso keines Blickes würdigt, so daß sein Einfluß auf ihn ohne Wirkung, gewissermaßen gleich Null bleibt.

Davon abgesehen wird häufig zur Rechtfertigung der kirchlichen Sonderrechte auf den engen Zusammenhang zwischen Christentum und demokratischen Rechtsstaat hingewiesen. Trotz institutioneller Trennung von Staat und Kirche sei nicht nur unsere derzeitige Kultur ohne christliche Tradition unvorstellbar, die christlichen Kirchen trügen auch unvergleichlich viel zum Erhalt der Grundwerte unserer Gesellschaft wie zum gedeihlichen Zusammenleben der Bürger bei. Sie verkündigten die Freiheit und Gleichheit aller Menschen, ermahnten zu Toleranz, Ehrfurcht vor menschlichem Leben und menschlicher Würde und erzögen zu sittlichen Haltungen wie Solidarität mit Armen und Schwachen, was sich auf die Wahrnehmung staatsbürgerlicher Rechte und Pflichten durchaus positiv auswirke. Deshalb sei die Bevorzugung der christlichen Kirchen vor anderen Religionsgemeinschaften wie beispielsweise den Zeugen Jehovas, welche ihren Mitgliedern die Teilnahme an staatlichen Wahlen oder Wehr- und Ersatzdienst verbieten, durchaus gerechtfertigt.

Die Ironie dieser Argumentation liegt darin, daß ausgerechnet jene, die den Verbleib des Kreuzes in den Schulen fordern, es hierbei tendenziell zu einem bloßen Kultursymbol herabwürdigen, während seine Gegner es ernst zu nehmen scheinen, wenn sie es als Zeichen einer religiösen Botschaft interpretieren. Dennoch klingt die dargelegte Argumentation weitgehend überzeugend, wobei jedoch die „überragende Prägekraft" des Christentums ohnehin nie in Frage stand.

Allerdings ist die Abwendung vieler Menschen vom christlichen Glauben eine ebenso unbestreitbare Tatsache unserer Zeit, in der Kirchenaustritte und die Abmeldung vom Religionsunterricht längst keine Ausnahmen mehr darstellen. Je mehr Menschen sich aber vom christlichen Glauben innerlich und äußerlich lösen, umso weniger lassen sich noch die Privilegien der christlichen Kirchen aufrechterhalten. Heute zeichnet sich in Westeuropa eine Entwicklung ab, die von der christlichen Religion wegführt, ein Wertewandel, der eine Korrektur bestehender Gesetze, Konkordate und Kirchenverträge, eine Änderung unserer Kulturordnung, in den nächsten Jahrzehnten erwarten läßt.

Dazu kommt, daß religiös oder weltanschaulich gebundene Deutungsmodelle in einem weltanschaulich neutralen Gemeinwesen schon aus grundsätzlichen Überlegungen heraus nicht bevorzugt werden dürften. Gegen diese allgemeine Feststellung ist bisher immer wieder eingewandt worden, daß der Verfassungsgrundsatz der Neutralität lediglich der Glaubensbotschaft gegenüber gelte, wonach der Staat nicht zugunsten einer Religion missionieren und andere Glaubensrichtungen ausgrenzen dürfe. Doch verpflichte das Neutralitätsgebot den Staat nicht zur gleichen Distanz oder gar völligen Indifferenz gegen alle religiösen und weltanschaulichen Bekenntnisse. Es schließe zwar Identifikation aus und lege Toleranz nahe, nicht aber die schematische Gleichbehandlung aller Glaubensgemeinschaften. Das verbiete schon die geschichtliche und sachliche Nähe unseres Gemeinwesens zur christlichen Religion. Darüber hinaus existiere der Mensch nicht nur als Bedürfniswesen und Rechtssubjekt, sondern lebe auch von Sitten, Gebräuchen und Traditionen, zu denen in unserem Kulturkreis nun einmal das Christentum gehöre.

Dem allen steht mittlerweile aber ein sich immer weiter verbreitender religiös-weltanschaulicher Pluralismus entgegen, der in absehbarer Zeit eine strikte Interpretation des Neutralitätsgebotes wahrscheinlich, wenn nicht sogar unvermeidlich werden läßt. Das vorausgesetzt, sollte der liberale Verfassungsstaat nicht nur den Entscheidungen seiner Bürger, sich einer Religion anzuschließen oder fernzubleiben, neutral gegenüberstehen, er sollte sich auch auf die Vermittlung allein solcher Werte beschränken, die von allen Weltanschauungen geteilt werden, genauer, weltanschaulich neutral und für das friedliche Zusammenleben der Menschen unentbehrlich sind; andernfalls läßt sich die politische Ordnung, wie sie ist, nicht mehr vor allen Bürgern in gleichem Maße legitimieren.

Wenn das stimmt, dann darf der Staat auch nicht mehr seinen Bürgern eine religiös-metaphysische und vernunftphilosophische Auslegung der Menschenwürde als verbindlich vorschreiben. Nun hat sich in den vorherigen Abschnitten aber gezeigt, daß ohne Rückgriff auf Religion, Metaphysik oder Vernunftphilosophie die Idee der menschlichen Wesenswürde überhaupt nicht mehr gedacht werden kann. Trotzdem darf der Staat eine solche Würdevorstellung nicht seinen Bürgern aufzwingen, und diese wiederum nicht ihren Nachbarn, auch wenn jeder Einzelne für sich an den absoluten Wert seiner Person, seine Sonderstellung in der Natur oder Gottebenbildlichkeit glauben darf. *Das Neutralitätsgebot betrifft den Staat und die Bürger in ihrer politisch-rechtlichen Rolle; niemandem aber sei es verwehrt, im privaten und gesellschaftlichen Bereich für sein religiös-weltanschauliches Bekenntnis einzutreten und aus diesem zu leben.*

Jedoch wäre es voreilig, hieraus den Schluß zu ziehen, daß nun die Idee der Menschenwürde im Staats- und Völkerrecht gänzlich aufgegeben werden müßte. Es konnte gezeigt werden, daß – selbst wenn der Würdebegriff weltanschaulich unbestimmt und metaphysisch unbegründet sein sollte – auf ihn dennoch nicht verzichtet werden kann angesichts des Elends in der Welt. Es ist sogar so, daß die Idee der Würde auch in einem Weltall ohne großen Sinn, das keinerlei Rückschlüse mehr auf den absoluten Wert des Menschen erlaubt, lebendig bleiben kann. Zwar läßt sich die Würde nun nicht mehr als abstraktes Wesensmerkmal vorstellen, dafür aber als konkreten Gestaltungsauftrag mit dem Ziel, materielle Not, geistige Unterdrückung und soziale Ungerechtigkeit zu beseitigen. Nur operationalisieren läßt sich der Würdebegriff auch jetzt nicht. Dennoch bleibt er als normative

Leididee erhalten, die statt auf Metaphysik auf einer Ethik fußt, welche im Menschen ein hochbedürftiges, verletzbares, sorgenvolles Lebewesen sieht, das, auf Selbsterhaltung angelegt und auf Sinnerfüllung bedacht, durchaus zu selbstdistanzierender Erkenntnis fähig ist. Danach kann der Einzelne grundsätzlich einsehen, daß Leid, Grausamkeit und Ungerechtigkeit nicht nur für ihn selbst etwas Schlimmes sind, sondern für jeden anderen auch, weshalb die sozialen Mißstände dieser Welt mit allen zur Verfügung stehenden Mitteln bekämpft werden sollten. Ziel wäre demnach die Herbeiführung menschenwürdiger Verhältnisse überall auf der Erde, deren Inbegriff die Menschenrechte sind, die auch ohne metaphysische Hintergrundannahmen bestehen können, weil sie bereits durch ethische Überlegungen und den methodischen Pessimismus begründbar sind.

Mögen alle Rechtsordnungen offen, fortlaufendem Wandel und der ständigen Beurteilung der Bürger ausgesetzt sein, es gibt genug gute Gründe, die Idee der Menschenwürde als Gestaltungsauftrag und damit die Menschenrechte, zwischen denen eine unauflösbare Spannung besteht, in den Rang von Grundrechten zu erheben. Diese sollten mit Blick auf den methodischen Pessimismus der mehrheitsdemokratischen Beschlußfassung sowie der gesetzgebenden Gewalt fast gänzlich entzogen werden. Anders gesagt: Gerade weil der Mensch verletzlich ist, sollte er als unverletzlich normiert werden! Auf den internationalen Bereich übertragen, heißt das: Auch wenn die Hoffnungen gering sind, daß wir den Weg zu einer gerechten, freien und friedlich geeinten Menschheit jemals erfolgreich zurücklegen werden, da auf den Straßen dieser Welt die Voraussetzungen für menschenwürdige Verhältnisse nicht gegeben sind, darf die UNO nicht aufgeben, sich für diese Ziele einzusetzen, denn eine Alternative steht nicht zu Gebote, an die sie ihre Aufgaben weiterreichen könnte. Doch davon abgesehen, so groß die Diskrepanz zwischen der Menschenwürde als Gestaltungsauftrag und der sozialen Welt ist, die rauhe Wirklichkeit war noch nie ein Argument, mit dem sich ethische Ideale widerlegen ließen; im Gegenteil wurde die Wirklichkeit durch solche immer nur bloßgestellt und beschämt.

Aber so wichtig die Idee der Menschenwürde als normative

Zielvorstellung in der Leere der geschwundenen religiös-metaphysischen Deutungen auch ist, strenge Schlußfolgerungen lassen sich daraus bloß ansatzweise ziehen, wie die Auseinandersetzung mit einigen bedrängenden Sachfragen unserer Zeit gezeigt hat. Hierbei wird deutlich, daß wir zuletzt immer nur die Möglichkeit der argumentierenden Beratung haben, der sorgfältigen Abwägung unterschiedlicher Argumente für und gegen eine bestimmte Position und – aufs Risiko des Scheiterns – das Wagnis der Entscheidung. Trotzdem ist die Idee der Menschenwürde, auch ohne metaphysischen Hintergrund, kein Begriff ohne Botschaft, auf den man so einfach verzichten könnte. Gerade weil die Würde nichts mehr „hinter sich" hat, kann der Gestaltungsauftrag mit dem Ziel, ein möglichst leidfreies Leben in politischer Freiheit, materieller Sicherheit und sozialer Gerechtigkeit zu gewährleisten, auch nicht „nach hinten" auf eine höhere Macht abgewälzt werden. Eine Garantie, die genannten Ziele zu erreichen, gibt es nicht, da deren Verwirklichung von der Bereitschaft der jeweils Regierenden und dem guten Willen der Bürger abhängt. Hinzu kommt, daß sich niemals alle Meinungsverschiedenheiten, Mißverständnisse, aber auch Mängel und Gefahren ausschalten lassen. Besonders in bioethischen Fragen wissen wir oftmals nicht sicher, was zu tun ist, da der zu verantwortende, strittige Punkt jeder Eindeutigkeit entbehrt.

Zugegeben, das klingt banal, und doch ist es bemerkenswert, weil auf irgendeine Art enttäuschend. Denn obwohl wir wissen, daß es keine letzten Gewißheiten gibt, die Kunst der verständigen Beratung nur zu mehr oder weniger glaubwürdigen Entscheidungen führt, wollen wir uns damit nicht zufrieden geben, wenn es um alles oder nichts, um Leben und Tod geht. Das ist verständlich,bloß ändern können wir es nicht. Aber wieso sollte es in der philosophischen Diskussion über Menschenwürde auch anders sein als im sonstigen Leben, dessen Gelingen gleichfalls niemals sicher ist? Da wir im säkularen Staat mit zunehmend naturalistischem Weltbild gezwungen sind, stärker als bisher mit einer eher provisorischen Menschenwürde zurechtzukommen, wird bei der Schaffung menschenwürdiger Verhältnisse künftig auch mehr Mut zum Improvisieren notwendig sein.

Anmerkungen

1 Der trügerische Glanz des höchsten Rechtsbegriffs

1 Lepp (1980).
2 Hayek (1991), S. 6.

2 Ideengeschichte des Würdebegriffs

1 Vgl. Roetz (1992).
2 Spaemann (1987), S. 300.
3 Aristoteles (1975) 1123 b.
4 Ebenda 1119 a.
5 Cicero (1964), 1, 69.
6 Ebenda 1, 106.
7 Ebenda.
8 Ebenda 1, 32.
9 Ebenda 1, 90.
10 Schiller (1976), S. 404.
11 Ebenda, S. 148.
12 Ebenda, S. 15o.
13 Ebenda, S. 155.
14 Ebenda, S. 156.
15 Cicero (1964), 1, 130 f.
16 Ebenda 1, 106.
17 Ebenda 1, 107.
18 Ebenda 1, 14.
19 Ebenda 3, 27.
20 Vgl. Giese (1975).
21 Felix in Dürig (1957), S. 1028 f.; übersetzt vom Verfasser.
22 Hilarius in Dürig (1957), S. 1029; übersetzt vom Verfasser.
23 Ambrosius in Dürig (1957), S. 1029; übersetzt vom Verfasser.
24 Theophilos in Pöschl (1989), S. 44.
25 Gregor in Pöschl (1989), S. 44 f.
26 Nemesios in Bruch (1981), S. 140.
27 Augustinus in Pöschl (1989), S. 47.
28 Ebenda.
29 Leo in Dürig (1957), S. 1030; übersetzt vom Verfasser.
30 Galater 3, 28.
31 Antiphon in Diels (1974), B 44 B.
32 Thomas von Aquin, S. th. I, 113, 2.
33 S. th. I, 42, 4.
34 S. th. I, 29, 3.
35 S. th. II-II, 32, 5.
36 S. th. I, 29, 3.

[37] Alexander von Hales in Kobusch (1993), S. 24, übersetzt vom Verfasser.
[38] Philipp der Kanzler ebenda.
[39] Thomas von Aquin, S. th. III, 46, 3.
[40] Leo der Große in Dürig (1957), S. 1030, übersetzt vom Verfasser.
[41] Ebenda, übersetzt vom Verfasser.
[42] Thomas von Aquin, S. th. II-II, 141, 8.
[43] S. th. II-II, 145, 1.
[44] S. th. II-II, 142, 4.
[45] S. th. II-II, 63, 2.
[46] Vgl. Platon (1986), 726ff.
[47] Vgl. Bruch (1981), S. 142.
[48] Augustinus (1962), 3, 12.
[49] Ebenda.
[50] Ebenda.
[51] Thomas von Aquin, S. th. II, 64, 2.
[52] Platon (1991), 9, 586a.
[53] Vgl. Bruch (1981), 142.
[54] Lotario de Segni (1990), S. 41.
[55] Homer (1968), 24, 525.
[56] Simonides von Keos, Fragmente 9, 11, in: Fränkel (1993), S. 348.
[57] Pindar, Pythien, in: Fränkel (1993), S. 568.
[58] Hiob 14, 1-2.
[59] Sprüche Salomons 2, 1-5.
[60] Kohelet 3, 19f.
[61] Vgl. Lotario de Segni (1990).
[62] Petrarca (1988), S. 191ff.
[63] Ebenda, S. 195.
[64] Ebenda, S. 199.
[65] Ebenda.
[66] Ficino (1993), S. 209; vgl. auch Kristeller (1972).
[67] Pico della Mirandola (1990), S. 3.
[68] Manetti (1990), S. 34.
[69] Ebenda, S. 85, 81.
[70] Vgl. Manetti (1990), S. 91.
[71] Petrarca (1988), S. 195.
[72] Vgl. Voltaire (1969).
[73] Montaigne (1953), S. 432f.
[74] Pascal (1978), Frg. 417.
[75] Ebenda
[76] Ebenda, Frg. 416.
[77] Ebenda, Frg. 418.
[78] Ebenda.
[79] Ebenda, Frg. 347.
[80] Ebenda, Frg. 365.
[81] Ebenda, Frg. 348.
[82] Mill (1988), S. 48.
[83] Kopernikus (1990), S. 103.

[84] Ebenda, S. 105.
[85] Ebenda, S. 73.
[86] Vgl. Blumenberg (1965); Wetz (1993).
[87] Pico della Mirandola (1990).
[88] Ebenda, S. 6f.
[89] Vgl. Platon (1974), 321.
[90] Sartre (1975), S. 25.
[91] Ebenda, S. 11.
[92] Jaspers (1962), S. 474.
[93] Ebenda.
[94] Pufendorf (1744), 3,2,2, übersetzt vom Verfasser.
[95] Ebenda, 1,1,4.
[96] Ebenda.
[97] Vgl. Kobusch (1993).
[98] Pufendorf (1753), 1,7,1, übersetzt vom Verfasser.
[99] Pufendorf (1744), 3,2,1, übersetzt vom Verfasser.
[100] Ebenda, 1,3,1, übersetzt vom Verfasser.
[101] Ebenda, 2,1,5, übersetzt vom Verfasser.
[102] Ebenda, übersetzt vom Verfasser.
[103] Kant (1968), Bd. 5, S. 162.
[104] Kant (1968), Bd. 6, S. 434.
[105] Kant (1968), Bd. 7, S. 119.
[106] Kant (1968), Bd. 5, S. 162.
[107] Kant (1968), Bd. 7, S. 127.
[108] Kant (1968), Bd. 5, S. 161.
[109] Ebenda, S. 102.
[110] Kant (1968), Bd. 6, S. 435.
[111] Ebenda.
[112] Kant (1968), Bd. 7, S. 119.
[113] Kant (1968), Bd. 4, S. 436.
[114] Ebenda, S. 435.
[115] Kant (1968), Bd. 6, S. 434.0
[116] Kant (1968), Bd. 4, S. 434.0
[117] Kant (1968), Bd. 6, S. 434 f0.
[118] Ebenda, S. 4630.
[119] Vgl. Blumenberg (1981), S. 89; Löwith (1988), Bd. 5, S. 163.
[120] Kant (1968), Bd. 9, S. 488.
[121] Ebenda.
[122] Kant (1968), Bd. 6, S. 436.
[123] Vgl. Platon (1986), 870 f.; Aristoteles (1975), 1137 f.
[124] Kant (1968), Bd. 6, S. 437.
[125] Ebenda, S. 436.
[126] Ebenda.
[127] Vgl. ebenda, S. 237.
[128] Kant (1968), Bd. 4, S. 436.
[129] Ebenda, S. 435.
[130] Kant (1968), Bd. 6, S. 397.
[131] Ebenda, S. 276, 420.

[132] Kant (1968), Bd. 7, S. 58.
[133] Ebenda.
[134] Kant (1968), Bd. 8, S. 288.
[135] Kant (1968), Bd. 6, S. 270.
[136] Kant (1968), Bd. 4, S. 429.
[137] Kant (1968), Bd. 9, S. 489.
[138] Ebenda.
[139] Kant (1968), Bd. 6, S. 429.
[140] Kant (1968), Bd. 7, S. 127.
[141] Kant (1968), Bd. 6, S. 443.
[142] Kant (1968), Bd. 7, S. 55.
[143] Ebenda, S. 49.
[144] Kant (1968), Bd. 4, S. 440.
[145] Kant (1968), Bd. 8, S. 290.
[146] Kant (1968), Bd. 7, S. 237.
[147] Mill (1988), S. 108.
[148] Humboldt (1987), S. 48.
[149] Ebenda, S. 38.
[150] Ebenda, S. 195.
[151] Schelling (1958), Bd. 1, S. 249.
[152] Ebenda, S. 81.
[153] Ebenda.
[154] Hegel (1969), Bd. 18, S. 13f.
[155] Hegel (1969), Bd. 16, S. 301.
[156] Ebenda.
[157] Fichte (1971), Bd. 1, S. 412.
[158] Ebenda, S. 415.

3 Würde als höchster Rechtswert

[1] Schiller (1976), Bd. 5, S. 312.
[2] Schiller (1976), Bd. 3, S. 419.
[3] Schiller (1976), Bd. 1, S. 524.
[4] Ebenda, S. 529.
[5] Vgl. Locke (1992).
[6] Vgl. Schnur (1964), S. 1-77, 113-128.
[7] Ebenda, S. 78-112.
[8] Vgl. Kriele (1990), S. 71-95.
[9] Lessing (1983), S. 139.
[10] Benjamin (1992), S. 146.
[11] Hegel Bd. 12, (1970), S. 42.
[12] Vgl. Fink-Eitel (1994), S. 104.
[13] Vgl. Hofstetter (1992); Delgado (1994), S. 35ff.
[14] Reinhard (1985), S. 64.
[15] Vgl. Zippelius (1994), S. 128ff.
[16] Locke (1992), S. 19.
[17] Rousseau (1981), S. 275.
[18] Kant (1968), Bd. 6, S. 238.

[19] Ebenda.
[20] Vgl. etwa Böckenförde (1965), S. 9ff.
[21] Vgl. Wetz (1994), S. 92ff.
[22] Dilthey (1977), S. 226.
[23] Vgl. Savigny (1814).
[24] Ebenda, S. 11.
[25] Vgl. Wetz (1996), S. 201f.
[26] Kelsen (1928), S. 8.
[27] Ebenda, S. 8f.
[28] Dietze (1936), S. 1.
[29] Schiller (1976), Bd. 3, S. 53.
[30] Radbruch (1932), S. 188.
[31] Radbruch (1966), S. 1.
[32] Ebenda, S. 2.
[33] Vgl. Lange (1993).
[34] Aristoteles (1990), 1252b.
[35] Hobbes (1994), S. 205.
[36] Leibholz/ Mangoldt (1951), S. 48.
[37] Floehr (1985), S. 84.
[38] Ebenda.
[39] Parlamentarischer Rat (1948/49), S. 529ff.
[40] Ebenda, S. 530.
[41] Ebenda, S. 531.
[42] Vgl. Leibholz/ Mangholdt (1951), S. 49.
[43] Vgl. Ranft (1965); Maihofer (1966); Schelauske (1968); Sen-ron Lin (1977).
[44] Vgl. Böckle/ Böckenförde (1973).
[45] Vgl. Weinkauff (1962), S. 554ff.
[46] BVerfGE 10, 81.
[47] Pawlowski (1986), S. 5.
[48] Kriele (1990), S. 440.
[49] Dürig (1956), S. 117.
[50] Schmitt (1985), S. 159.
[51] Vgl. Dürig (1958), Rdnrn 16, 29.
[52] Vgl. Vitzthum (1987), S. 34.
[53] Starck (1981), S. 457.
[54] Vgl. BVerfGE 16, 126.
[55] Vgl. BVerfGE 16, 194.
[56] Vgl. BVerfGE 50, 260.
[57] Vgl. BVerfGE 31, 236.
[58] Vgl. Kriele (1990), S. 586ff.
[59] Wesel (1996), S. 52.
[60] Ebenda, S. 56.
[61] BVerfGE 30, 25.
[62] BayVerfGHE 1, 32; vgl. auch Naviasky (1953), S. 109f.
[63] Vgl. Scheler (1954).
[64] Vgl. Hartmann (1935).
[65] Dürig (1956), S. 117.

[66] Ebenda.
[67] Ebenda, S. 118.
[68] Ebenda, S. 125.
[69] Dürig (1952), S. 260 f.
[70] Ebenda, S. 261.
[71] Ebenda.
[72] Ebenda.
[73] Ebenda, S. 262.
[74] Nipperdey (1954), S. 2.
[75] Ebenda.
[76] BVerfGE 5, 204; 32, 106; 52, 247; 82, 87.
[77] BVerfGE 6, 36.
[78] BVerfGE 4, 15; 6, 36.
[79] BVerfGE 5, 205; 30, 214; 45, 228.
[80] BVerfGE 5, 205.
[81] BVerfGE 5, 204.
[82] BVerfGE 5, 204.
[83] BVerfGE 6, 41.
[84] BVerfGE 5, 205.
[85] BVerfGE 6, 36.
[86] BVerfGE 45, 228.
[87] BVerfGE 30, 39
[88] BVerfGE 6, 41; 27, 6; 33, 376; 80, 373.
[89] BVerfGE 27, 6.
[90] BVerfGE 4, 15 f.
[91] BVerfGE 12, 51.
[92] BVerfGE 45, 227 f.
[93] BVerfGE 5, 204; 27, 6; 45, 228.
[94] BVerfGE 87, 228.
[95] Dürig (1956), S. 127.
[96] Nipperdey (1954), S. 7.
[97] BVerfGE 30, 25 f.
[98] Vgl. Holzhüter (1989), S. 157 ff.
[99] BVerfGE 30, 33, 39 f.
[100] BVerfGE 27, 6.
[101] Vgl. Schmitt (1985), S. 53.
[102] Ebenda, S. 50.

4 Die Würde des Menschen – Eine Illusion

[1] BVerfGE 1, 18.
[2] Feuerbach (1974), S. 176.
[3] Evangelischer Erwachsenenkatechismus (1989), S. 728.
[4] Katechismus der Katholischen Kirche (1993), 1700.
[5] Ebenda, 1934.
[6] Johannes Paul II. (1980).
[7] Vgl. Pöschl (1989), S. 57 ff.
[8] Vgl. Rahner/ Vorgrimler (1982), S. 661 ff.

[9] Marcel (1965), S. 142.
[10] Ebenda, S. 155.
[11] Starck (1981), S. 827f.
[12] Kriele (1986), S. 248.
[13] Vgl. Ratschow (1987), S. 177ff.
[14] Vgl. Beck (1989), S. 135ff.
[15] Isensee (1987), S. 165.
[16] Vgl. Böckenförde/ Spaemann (1987), S. 314f.; Böckenförde (1991).
[17] Kriele (1986), S. 55.
[18] Böckenförde/ Spaemann (1987), S. 302.
[19] Ebenda, S. 315.
[20] Ratschow (1987), S. 184.
[21] Honnefelder (1994), S. 220f. Vgl. Rager (1998), S. 161–242.
[22] Ebenda, S. 231.
[23] Wagner (1992), S. 38.
[24] Ebenda, S. 348.
[25] Ebenda, S. 346.
[26] Ebenda, S. 189.
[27] Ebenda, S. 175.
[28] So auch bereits Frankfurter Reichsverfassung 1849 und Weimarer Reichsverfassung 1919.
[29] Haeckel (1984), S. 9.
[30] Lübbe (1990), S. 35ff.
[31] Vgl. Wetz (1994), S. 275ff.
[32] Adorno (1970), S. 99.
[33] Jonas (1973), S. 269; vgl. Wetz (1994).
[34] Vgl. Kersting (1981), S. 157ff.; Brocker (1992).
[35] Vgl. White (1967), Drewermann (1981), Amery (1974), Groh (1991).
[36] Vgl. Brocker (1992), S. 35ff.
[37] Vgl. Schäfer (1993).
[38] Vgl. Brocker (1992), S. 125ff.
[39] Vgl. Locke (1992); Brocker (1992), S. 137ff.
[40] Vgl. Brocker (1992), S. 357.
[41] Vgl. ebenda, S. 366f.
[42] Jonas (1983), S. 9.
[43] Schäfer (1993), S. 165; vgl. auch Apel (1990); Höffe (1993).
[44] Wagner (1992), S. 368.
[45] Vgl. Pfordten (1996), S. 267ff.
[46] Ebenda.
[47] Hobbes (1994), S. 165.
[48] Kant Bd. 7 (1968), S. 127.
[49] Ebenda.
[50] Vgl. Wetz (1994), S. 138ff.; Kanitscheider (1994), S. 184ff.; Vollmer (1994), S. 200ff.
[51] Vgl. Lange (1974).
[52] Kant Bd. 4 (1968), S. 363.
[53] Fichte Bd. 1 (1971), S. 438.
[54] Ebenda, S. 435.

[55] Schelling (1982), S. 218.
[56] Dilthey (1993), S. 51.
[57] Droysen (1958), S. 5.
[58] Ebenda, S. 18.
[59] Troeltsch (1961), S. 108.
[60] Ebenda, S. 92.
[61] Rickert (1926), S. 4.
[62] Rickert (1929), S. 188.
[63] Ebenda, S. 4.
[64] Rickert (1934), S. 230.
[65] Husserl (1993), S. 178.
[66] Husserl (1981), S. 13.
[67] Ebenda, S. 14.
[68] Ebenda.
[69] Ebenda, S. 15.
[70] Husserl (1988), S. 207.
[71] Husserl (1962), S. 288.
[72] Vgl. Bieri (1981); Bieri (1992).
[73] Kriele (1986), S. 53.
[74] Ebenda, S. 36.
[75] Ebenda.
[76] Spaemann (1987), S. 17.
[77] Vgl. Spaemann (1996).
[78] Vgl. Spaemann (1987), S. 8.
[79] Wagner (1992), S. 189.
[80] Ebenda, S. 137.
[81] Ebenda.
[82] Ebenda, S. 60.
[83] Ebenda.
[84] Kriele (1986), S. 91.
[85] Böckenförde / Spaemann (1987), S. 313.
[86] Vgl. Honnefelder (1991), S. 37.
[87] Kelsen (1928), S. 60.
[88] Ebenda, S. 55.
[89] Hume (1984), S. 193.
[90] Ebenda.
[91] Luhmann (1965), S. 9.
[92] Nietzsche Bd. 1, (1980), S. 875.
[93] Lévi-Strauss (1976), S. 817.
[94] Nagel (1992).
[95] Montaigne (1953), S. 196.
[96] Voltaire (1969), S. 142.
[97] Vgl. Blumenberg (1997), S. 308, 439f.
[98] Anders (1994), S. 12.
[99] Ebenda, S. 61.
[100] Ebenda, S. 59.
[101] Ebenda, S. 65.
[102] Zitiert nach Stöckler (1991), S. 26.

[103] Ebenda.
[104] Vgl. Gould (1994).
[105] Jonas (1992), S. 17.0
[106] Lichtenberg (1983), S0. 511.
[107] Schelling Bd. 5 (19509), S. 82.
[108] Skinner (1973), S. 2005.
[109] Ebenda, S. 188.
[110] Vgl. Skinner (1973).
[111] Lévi-Strauss (1976), S. 808.
[112] Foucault (1981), S. 82.
[113] Foucault (1978), S. 24.
[114] Foucault (1974), S. 412.
[115] Mohr (1987), S. 91.
[116] Vgl. Bayertz (1993), S. 328 ff.
[117] Dawkins (1978), S. 79.
[118] Ebenda, S. 145.
[119] Ebenda.
[120] Bayertz (1993), S. 346.
[121] Vgl. etwa Tetens (1994); Roth (1994).
[122] Roth (1994), S. 271; vgl. Spektrum (1994).
[123] Rorty (1994), S. 589.
[124] Ebenda, S. 616.
[125] Vgl. Kanitscheider (1996), S. 17.
[126] Roth (1994), S. 32, 59.
[127] BVerfGE 27, 6; 30, 1; 48, 193; 57, 275.
[128] BVerfGE 50, 175; 87, 228.
[129] Vgl. Zippelius (1994); S. 242 ff.; Wolf (1992); Kaufmann (1996), S. 303 ff.; Nida-Rümelin (1996), S. 279 ff.
[130] Hartmann (1935), S. 695.
[131] Vgl. Pothast (1978), (1980).
[132] Vgl. Platon (1988), 482 b.
[133] Hegel (1955), S. 95 f.
[134] Marx/Engels Bd. 8 (1974), S. 507.
[135] N. Hartmann (1935), S. 664 f.
[136] Ebenda, S. 675.
[137] BVerfGE 28, 391; 45, 228; 50, 133.
[138] Vgl. Pothast (1978), (1980).
[139] Nietzsche Bd. 2 (1980), S. 103.
[140] Kant Bd. VI (1968), S. 331 f.
[141] Hegel (1955), S. 96.
[142] Nietzsche Bd. 1 (1980), S. 117, 765 ff.
[143] Ebenda, S. 117.
[144] Ebenda, S. 765.
[145] Ebenda.
[146] Pindar (1993), S. 568.
[147] Ebenda, S. 776.
[148] Schopenhauer Bd. 5 (1976), S. 239.
[149] Ebenda.

[150] Schopenhauer Bd. 3 (1978), S. 695.
[151] Schopenhauer Bd. 5 (1976), S. 239.

5 Wie die Würde das eigene Ende überdauert

[1] Blumenberg (1986), S. 340.
[2] Maihofer (1967), S. 11.
[3] Kant Bd. 7 (1968), S. 119.
[4] Vgl. Wetz (1994), S. 125ff.
[5] Jonas (1988), S. 223.
[6] Rorty (1981), S. 419.
[7] Lange (1974), S. 1002.
[8] Vgl. Spaemann (1989), S. 132.
[9] Camus (1965), 1427.
[10] Rorty (1981), S. 394.
[11] Lederberg (1985), S. 208.
[12] Stirner (1985), S. 412.
[13] Musil (1970), S. 11ff.
[14] Sartre (1975), S. 11.
[15] Schulz (1985), S. 271.
[16] Vgl. Spaemann (1996), S. 58, 104.
[17] Benn (1988), S. 88.
[18] Luhmann (1965), S. 68f.
[19] Meinhof (1994), S. 30.
[20] Luhmann (1965), S. 78.
[21] Ebenda, S. 75.
[22] Vgl. Podlech (1989), S. 204.
[23] Vgl. Giese (1975), S. 69.
[24] Tugendhat (1995), S. 145.
[25] Ebenda, S. 70.
[26] Vgl. ebenda, S. 28, 80, 144, 146.
[27] Vgl. ebenda, S. 296.
[28] Forster (1966), S. 141.
[29] Schiller Bd. 3 (1993), S. 438.
[30] Lassalle (1970), S. 40.
[31] Kraus (1980), S. 167.
[32] Bloch (1991), S. 14.
[33] Ebenda, S. 215.
[34] Ebenda, S. 14.
[35] Gorki (1992), S. 65.
[36] Ebenda, S. 90.
[37] Diderot (1991), S. 40f.
[38] Vgl. Vitzthum (1985), S. 207.
[39] Vgl. Honneth (1996), S. 286ff.; Forst (1994), S. 433ff.
[40] Benda (1985), S. 230.
[41] Hiob 1, 21.
[42] Platon (1990), S. 72.
[43] Lukrez (1973), Buch V, 222-227.

[44] Herder (1989), S. 20, 24.
[45] Gehlen (1978), S. 33.
[46] Vgl. Hassenstein (1972), S. 74; Lorenz (1981), S. 177; Bischof (1989), S. 512; Reichholf (1990), S. 145.
[47] Blumenberg (1989), S. 20.
[48] Ebenda, S. 55.
[49] Jonas (1984), S. 192.
[50] Pufendorf (1744), 2, 3, 14 ff.; (1753), 1,3,3.
[51] Aristoteles (1990), 1134 b.
[52] Cicero (1975), 3, 22 / 33.
[53] Vgl. Welzel (1990).
[54] Bloch (1991), S. 215.
[55] Tugendhat (1993), s. 216.
[56] Stirner (1985), S. 5.
[57] Lévi-Strauss (1976).
[58] Vgl. Wetz (1990).
[59] Lévinas (1987), S. 102.
[60] Ebenda, S. 102.
[61] Ebenda, S. 9.
[62] Ebenda, s. 10.
[63] Lévinas (1986), S. 66.
[64] Ebenda, S. 73.
[65] Vgl. Nagel (1991), S. 39 ff.
[66] Vgl. Rawls (1979).
[67] Vgl. Rorty (1989).
[68] Vgl. Nagel (1991), S. 61 ff.; Rorty (1989), S. 14 f.; Mackie (1983).
[69] Vgl. Singer (1996), S. 18 ff.; vgl. auch Spaemann (1993), S. 173.
[70] Vgl. Tugendhat (1995), S. 288 ff.
[71] Vgl. Rorty (1994), S. 118 f.
[72] Rorty (1994), S. 86.
[73] Ebenda, S. 115.
[74] Vgl. Spaemann (1993).
[75] Ebenda, S. 129.
[76] Vgl. Podlech (1989), S. 208 ff.
[77] Vgl. Margalit (1997).
[78] Spaemann (1993), S. 147.
[79] Freud (1996), S. 42.
[80] Hegel Bd. 12 (1970). S. 42.
[81] Diogenes Laertius (1967), S. 48.
[82] Machiavelli (1976), S. 132.
[83] Ebenda, S. 95.
[84] Hobbes (1994), S. 17.
[85] Vgl. Schmitt (1993), S. 59 ff.; (1996), S. 61.
[86] Schmitt (1996), S. 63; vgl. auch Berlin (1990), S. 123 ff.; Holmes (1996), S. 35 ff.
[87] Schopenhauer Bd. 3 (1978), S. 742.
[88] Ebenda.
[89] Freud (1996), S. 76.

[90] Ebenda, S. 145.
[91] Vgl. Wetz (1996), S. 86 f.
[92] Gehlen (1986), S. 59.
[93] Ebenda.
[94] Hayek (1991), S. 76.
[95] Epiktet (1938), S. 15.

6 Rechtsprinzipien und Menschenrechte

[1] Kant Bd. 8 (1968), S. 15.
[2] Kant Bd. 5 (1968), S. 294 f.
[3] Kant Bd. 8 (1968), S. 35.
[4] Ebenda.
[5] Ebenda.
[6] Vgl. Aristoteles (1975), 1140 a/b.
[7] Vgl. ebenda, 1140 a-1144 b
[8] Vgl. ebenda 1140 a/b, 1142 a/b.
[9] Vgl. Aristoteles (1989), 1355 b.
[10] Kant Bd. 6 (1968), S. 237.
[11] Kant Bd. 8 (1968), S. 290.
[12] Hobbes (1994), S. 107.
[13] Bodin (1994), S. 19.
[14] Hobbes (1994), S. 129.
[15] Bodin (1994), S. 111.
[16] Hobbes (1994), S. 176.
[17] Bodin (1994), S. 42.
[18] Ebenda, S. 25.
[19] Ebenda, S. 24.
[20] Hobbes (1994), S. 205.
[21] Ebenda.
[22] Vgl. Becker (1997), S. 1 ff.
[23] Kriele (1988), S. 22.
[24] Ebenda.
[25] Vgl. Ziegler (1994), S. 60 ff.
[26] Vgl. Zippelius (1994), S. 373.
[27] Vgl. Zippelius (1994), S. 154 ff.
[28] Locke (1974), 143.
[29] Montesquieu (1989), 11.4.
[30] Vgl Kriele (1990), S. 257 f., 287.
[31] Vgl. Montesquieu (1989), 11.6 et passim; Kant Bd. 8 (1968), S. 431; vgl. auch Locke (1992), 143 ff.
[32] Jefferson in: Hayek (1991), S. 316.
[33] Vgl. Kielmansegg (1994).
[34] Vgl. Rousseau (1981), 2.1, 4.2.
[35] Vgl. ebenda, 1.7.
[36] Tocqueville (1990), S. 145 ff.; Mill (1988), S. 9 ff.
[37] Vgl. Habermas (1992).
[38] Leibholz/Mangoldt (1951), S. 48.

[39] Ebenda, S. 49.
[40] Vgl. Zippelius (1994), S. 131.
[41] Vgl. Kriele (1990), S. 388.
[42] Vgl. Galtung (1994), S. 117.
[43] Rorty (1989), S. 13.
[44] Vgl. BVerfGE 1, 104.
[45] Vgl. BVerfGE 20, 32.
[46] Vgl. Tille (1993), S. 49 ff.
[47] Vgl. Welzel (1990), S. 17.
[48] Vgl. Huxley (1993), S. 67 ff.
[49] Vgl. Denzler (1977), S. 926 ff.; Isensee (1987), S. 138 ff.; (1988), S. 52 ff.
[50] Vgl. Rorty (1988).
[51] Rorty (1989), S. 12.
[52] Ottaviani (1960), S. 72 f.
[53] Vgl. Greinacher (1994), S. 131 ff.
[54] Marx Bd. 2 (1982), S. 365.
[55] Vgl. Kühnhardt (1987).
[56] Vgl. Sommer (1993), S. 93.
[57] Vgl. Roetz (1992).
[58] Höffe (1981), S. 249.
[59] Vgl. Tugendhat (1995).
[60] Vgl. Rorty (1994).
[61] Vgl. Walzer (1996).
[62] Vgl. Galtung (1994).
[63] Vgl. Nussbaum (1993).
[64] Ebenda, S. 339.
[65] Ebenda.
[66] Vgl. Galtung (1994), S. 92; Höffe (1981), S. 248.
[67] Vgl. Larmore (1993), S. 156 f.
[68] Walzer (1996), S. 104.
[69] Ebenda.
[70] Kriele (1990), S. 164.
[71] Vgl. Singer (1994), S. 278 ff.
[72] Vgl. Ebenda, S. 293.
[73] Weizsäcker (1994), S. 6, vgl. auch 123, 261 f.
[74] Vgl. Hauff (1987)
[75] Rorty (1994), S. 86; (1994), S. 103.
[76] Rorty (1994), S. 104.
[77] Ebenda, S. 118.
[78] Vgl. Nussbaum (1993), S. 354 f.
[79] Lassalle (1970), S. 55.
[80] Humboldt (1987), S. 52.
[81] Vgl. Hayek (1991), (1996).
[82] Vgl. Friedman (1971), (1985).
[83] Vgl. Nozick o. J.
[84] Vgl. Buchanan (1984).
[85] Vgl. Wende (1981), S. 250.
[86] Hayek (1991), S. 289, Vgl. Smith (1978), S. LXV.

[87] Vgl. ebenda, S. 113, 407.
[88] Ebenda, S. 101.
[89] Ebenda, S. 287.
[90] Vgl. Eucken (1955).
[91] Vgl. Erhard (1990).
[92] Vgl. Sachße/Engelhardt (1990), S. 10f.
[93] Vgl. Arendt (1981); Brocker (1992), S. 405ff.
[94] Vgl. Rifkin (1996).
[95] Vgl. Weizsäcker (1994), S. 249.
[96] Vgl. Abschnitt 4.2.
[97] Pascal (1978), fr. 436.
[98] Brocker (1992), S. 391ff.
[99] Vgl. Abschitt 4.2.
[100] Descartes (1960), S. 50.
[101] Locke (1992), S. 25f.
[102] Schelling Bd. 1 (1958), S. 172.
[103] Blumenberg (1979), S. 10.
[104] Lord Byron (1956), S. 825.
[105] Kant Bd. 5 (1968), S. 245.
[106] Locke (1992), II, 30, S. 218
[107] Vgl. Brocker (1992), S. 87ff.
[108] Schmitt (1942), S. 60ff.
[109] Montaigne (1953), S. 196.
[110] Staudinger (1996), S. 88.
[111] Vgl. Vitt (1991), S. 40ff.
[112] Vgl. Pritzsche (1991), S. 571.
[113] Vgl. Artikel 3 und 9 des Weltraumvertrages; Artikel 2, 4 und 6 des Mondvertrages.
[114] Blumenberg (1997), S. 479.
[115] Ebenda, S. 308.
[116] Brueton (1997), S. 14.
[117] Vgl. Blumenberg (1981), S. 793f.
[118] Vgl. Anders (1994).
[119] Schiller Bd. 3 (1976), S. 439.
[120] Blumenberg (1997), S. 485.

7 Würde als Bürde

[1] Vgl. Brock (1969).
[2] Vgl. Vilmar (1973).
[3] BVerfGE 65, 1.
[4] BVerfGE 27, 6.
[5] BVerfGE 65, 1.
[6] BVerfGE 27, 7.
[7] Schäfer (1993), S. 116.
[8] Wesel (1997), S. 417.
[9] Vgl. Becker/Hartmann-Kurz/Nagel (1997).
[10] Vgl. Vitzthum (1985), S. 201.

[11] Vgl. Weizsäcker (1994), S. 207.
[12] Vgl. Weizsäcker (1994).
[13] Schäfer (1993), S. 161.
[14] Vgl. Wetz (1994); Auer (1984); Meyer-Abich (1990); Jonas (1984).
[15] Vgl. Wagner (1992); Höffe (1993); Schäfer (1993).
[16] Vgl. Singer (1994); Birnbacher (1991), S. 278ff.
[17] Vgl. Kuhse (1994), S. 39.
[18] Vgl. ebenda, S. 82ff.
[19] Vgl. Ryder (1994), S. 337ff.
[20] Vgl. Cavalieri/Singer (1994).
[21] Singer (1994), S. 350.
[22] Vgl. Lorz (1992), S. 85ff.
[23] Ebenda, S. 74.
[24] Ebenda, S. 176.
[25] Nida-Rümelin (1996), S. 461.
[26] Ebenda, S. 491.
[27] BVerfGE 39, 41.
[28] Vgl. Universitas (1996), S. 839f., 850f.
[29] BVerfGE 39, 41.
[30] Vgl. Keller/Güther/Kaiser (1992), S. 228ff.
[31] Vgl. Vitzthum (1986), S. 825f.; Enders (1986), S. 246; Benda (1985), S. 208.
[32] Benda (1985), S. 208.
[33] Vitzthum (1986), S. 826.
[34] Vgl. Maar/Pöppel/Christaller (1996), S. 259ff., 295ff.
[35] Auer (1989), S. 25.
[36] Maar/Pöppel/Christaller (1996), S. 386.
[37] BVerfGE 49, 298.
[38] Vgl. Keller/Günther/Kaiser (1992), S. 40.
[39] Jonas (1992), S. 153.
[40] Ebenda.
[41] Ebenda, S. 157.
[42] Ebenda, S. 163.
[43] Nagel (1996), S. 356.
[44] Jonas (1987), S. 194.
[45] Vgl. Kitcher (1998), S. 34.
[46] Vgl. Keller/Günther/Kaiser (1992), S. 243.
[47] Instruktion der Glaubenskongregation in Rom (1987), S. 12; vgl. auch Wehowsky (1987).
[48] Vgl G. Jerouschek (1989), S. 284.
[49] Vgl. Sass (1985), S. 41f.; Dworkin (1994), S. 60f.
[50] Vgl. beispielsweise Gau-Jeng Ju (1990), S. 184f.
[51] Vgl. Spaemann (1998), S. 15-30; Rager (1998), S. 219–239.
[52] „Was du nicht willst, das man dir tu', das füg auch keinem anderen zu."
[53] „Handle so, daß die Maxime deines Willens jederzeit zugleich als Prinzip einer allgemeinen Gesetzgebung gelten könne."
[54] Hare (1990), S. 138.

[55] Vgl. Tooley (1990), S. 157 ff.; Kuhse/Singer (1993), S. 138.
[56] Rickert (1922), S. 165.
[57] Ebenda, S. 77.
[58] Vgl. Tooley (1990), S. 157 ff.; Singer (1984), S. 146 ff.; Hoerster (1991), S. 55 ff.
[59] Kuhse/Singer (1993), S. 162.
[60] Singer (1984), S. 70 ff.
[61] Hoerster (1991), S. 100.
[62] Tooley (1990), S. 186.
[63] Vgl. Hoerster (1991), S. 128 ff.
[64] Leist (1990), S. 147.
[65] Ebenda.
[66] Sass (1985), S. 41.
[67] Vgl. auch Leist (1990), S. 9-72.
[68] Dworkin (1994), S. 71.
[69] Ebenda, S. 27.
[70] Ebenda, S. 28.
[71] Ebenda, S. 43.
[72] Ebenda, S. 210.
[73] Ebenda, S. 211.
[74] Ebenda, S. 215.
[75] Ebenda, S. 232.
[76] Ebenda, S. 23.
[77] Ebenda, S. 221.
[78] Ebenda, S. 207.
[79] Ebenda, S. 153.
[80] Vgl. § 218 (1996), S. 21.
[81] BVerfGE 39, 38.
[82] BVerfGE 39, 41.
[83] Vgl. auch Tugendhat (1993), S. 194 f.; Zippelius (1992), S. 57-64.
[84] Vgl. Rager (1998), S. 94 ff; Dworkin (1994), S. 27 ff.
[85] Vgl. Leist (1990), S. 143.
[86] Vgl. Maar/Pöppel/Christaller (1996), S. 262 ff.
[87] Singer (1994), S. 179.
[88] Vgl. Jonas (1987), S. 219 ff.; Hoff/In der Schmitten (1994).
[89] Erklärung deutscher wissenschaftlicher Gesellschaften (1994), S. 7.
[90] Vgl. Kliemt (1993).
[91] Vgl. Kuhse/Singer (1993), S. 47 ff.; Kuhse (1994), S. 17 ff.
[92] Vgl. Kuhse/Singer (1993), S. 118 f.; Kuhse (1994), S. 110 ff.; Birnbacher (1995), S. 346.
[93] Jonas (1987), S. 257.
[94] BGH 32, 379.
[95] Vgl. Dworkin (1994), S. 262 ff.
[96] Vgl. Jens/Küng (1995).
[97] Vgl. Singer (1984), S. 200 ff.; Kuhse (1994), S. 51 ff., 109 f.; Birnbacher (1995), S. 350 f.
[98] Vgl. Kuhse/Singer (1993); Kuhse (1994).
[99] Kuhse (1994), S. 107.

[100] Erklärung des Deutschen Ärztetages zur Euthanasie (1996), S. 219.
[101] Kessler (1997), S. 220.
[102] Birnbacher (1995), S. 364 f.
[103] Vgl. Mittag (1997), S. 118.
[104] Kuhse/Singer (1993), S. 57.
[105] Vgl. Kuhse/Singer (1993); Kuhse (1994); Singer (1984).
[106] Kuhse/Singer (1993), S. 287.
[107] Vgl. Birnbacher (1995), S. 369.
[108] Kuhse (1994), S. 267.
[109] Kuhse/Singer (1993), S. 289.
[110] Vgl. ebenda, S. 232.
[111] Elias (1990), S. 72.
[112] Ebenda, S. 70.
[113] Blumenberg (1987), S. 153.
[114] Theunissen (1991), S. 212.
[115] Nuland (1994), S. 123.
[116] Ebenda, S. 129 f.
[117] Ebenda, S. 272.
[118] Ebenda, S. 18.
[119] Ebenda, S. 165.
[120] Vgl. Mittag (1997), S. 113 ff.; Kessler (1997), S. 91 ff.
[121] Vgl. Kanitscheider (1997).
[122] Vgl. Lautmann (1977), S. 9 ff.
[123] BVerfGE 6, 434.
[124] Nagel (1996), S. 353.
[125] Freud (1996), S. 119.
[126] Vgl. Dannecker (1978).
[127] Vgl. Rohde-Dachser (1994), S. 115.
[128] Ebenda.
[129] Vgl. Gen. 19, 1-29; Röm. 1, 24-27; 1 Kor. 6, 10; 1 Tim. 1, 10.
[130] Katechismus der Katholischen Kirche (1993), 2358.
[131] Ebenda, 2359.
[132] Vgl. Simon Le Vay (1993), S. 195.
[133] Nagel (1996), S. 353 f.
[134] Vgl. Gatzemeier (1993), S. 199 ff.; Täschner (1997), S. 51 ff.
[135] Vgl. Walder/Amendt (1997).
[136] Vgl. Täschner (1997), S. 36 f.
[137] §29 BtMG.
[138] §29, 31 a BtMG
[139] Vgl. Gersemann (1996), S. 12.
[140] Bundesverband (1993), S. 16.
[141] Vgl. Reindl/Nickolai (1994), S. 118.
[142] Vgl. ebenda, S. 12 ff.
[143] Vgl. Friedman (1985), S. 211 ff.
[144] Vgl. Gersemann (1996).
[145] Reindl/Nickolai (1994), S. 152.
[146] Freud (1996), S. 41.
[147] Platon (1940), St. 666

[148] Vgl. Gersemann (1996), S. 31.
[149] Gersemann (1996), S. 72.
[150] Nagel (1990), S. 46.
[151] Vgl. Abschnitt 4: Die Fragwürdigkeit menschlicher Strafwürdigkeit.
[152] Hobbes (1994), S. 104.
[153] Vgl. Abschnitt 4: Die Fragwürdigkeit menschlicher Strafwürdigkeit.
[154] Vgl. auch §2 StGB
[155] Vgl. BVerfGE 35, 219ff.
[156] Vgl. Kriele (1990), S. 289; Pawlowski (1986), S. 130.
[157] BVerfGE 50, 133; 75, 16f.
[158] Vgl. Holmes (1995), S. 64f.
[159] Kant Bd. 6 (1968), S. 333.
[160] Wolf (1992), S. 134.
[161] Camus (1960), S. 105.
[162] BVerfGE 48, 293.
[163] BVerfGE 45, 238.
[164] Vgl. Holzhüter (1989), S. 113ff.
[165] BVerfGE 35, 203.
[166] Vgl. Blumenberg (1997), S. 141f., 350.
[167] Vgl. Wetz (1994).
[168] Lübbe (1990), S. 35.
[169] Habermas (1968), S. 107.
[170] Vgl. Wetz (1994), (1995), (1997), (1998).
[171] Vgl. Wetz (1994), (1995), (1997), (1998).
[172] Vgl. Wetz (1994).
[173] Nietzsche Bd. 1 (1980), S. 875.
[174] Lévi-Strauss (1978), S. 405.
[175] Lévi-Strauss (1976), S. 816.
[176] Ebenda.
[177] Ebenda.
[178] Ebenda, S. 817.
[179] Ebenda.
[180] Blumenberg (1987), S. 154.
[181] Vgl. BVerfGE 6, 435.
[182] Vgl. NJW 95. 2477.
[183] Vgl. BVerfGE 35, 375f.
[184] Vgl. BVerfGE 52, 223ff.
[185] BVerfGE 19, 216.

Literatur

Adorno, Theodor W. (1970): Ästhetische Theorie, Frankfurt/M.

Altner, Günter (1988): Leben auf Bestellung. Das gefährliche Dilemma der Gentechnologie, Freiburg.

Amery, Carl (1974): Das Ende des Christentums. Die gnadenlosen Folgen des Christentums, Reinbek.

Anders, Günter (1994): Der Blick vom Mond, München.

Apel, Karl-Otto (1990): Diskurs und Verantwortung, Frankfurt/M.

Arendt, Hannah (1981): Vita activa oder: Vom tätigen Leben, München.

Aristoteles (1975): Nikomachische Ethik, München.

– (1990): Politik, Hamburg.

Auer, Alfons (1984): Umweltethik, Düsseldorf.

– (1989): Bioethische Argumentation mit der Menschenwürde, in: Schwab, D./ Giesen, D./ Liste, S./ Strätz, H.-W. (Hg.): Staat, Kirche, Wissenschaft in einer pluralistischen Gesellschaft, Berlin, S. 13-28.

Augustinus, Aurelius (1962): Theologische Frühschriften, Zürich/Stuttgart.

Balzer, Philipp/Rippe, Klaus Peter/Schaber, Peter (1998): Menschenwürde vs. Würde der Kreatur, Freiburg.

Bandzeladze, Gela D. (1987): Über den Begriff der Menschenwürde, Gießen.

Battegay, Raymond (1993): Vom Hintergrund der Süchte, Wuppertal.

Bayertz, Kurt (Hg.) (1993): Evolution und Kritik, Stuttgart.

– (1995): Die Idee der Menschenwürde: Probleme und Paradoxien, in: Archiv für Rechts- und Sozialphilosophie 4, S. 465-481.

– (Ed) (1996): Sanctity of Life and Human Dignity, Dortdrecht/Boston/London.

Beck, Heinrich (1989): Menschenwürde als Rechtswert, in: Salzburger Jahrbuch für Philosophie 34, S. 135-145.

Becker, Georg E./ Hartmann-Kurz, Claudia/ Nagel, Ute (Hg.) (1997): Schule für alle, Weinheim/Basel.
Becker, Werner (1985): Elemente der Demokratie, Stuttgart.
– (1997): Toleranz – Grundwert der Demokratie, in: Ethik und Sozialwissenschaften 8/4, S. 1-11.
Behrendt, Richard F. (1967): Menschenwürde als Problem der sozialen Wirklichkeit, Hannover.
Benda, Ernst/ Maihofer, Werner/ Vogel, Hans-Jochen (Hg.) (1983): Handbuch des Verfassungsrechts der Bundesrepublik Deutschland, Berlin/New York.
Benda, Ernst (1985): Erprobung der Menschenwürde am Beispiel der Humangenetik, in: Flöhl R. (Hg.), Genforschung – Fluch oder Segen, München, S. 205-231.
Benn, Gottfried (1988): Gedichte, Frankfurt/M.
Berlin, Isaiah (1990): Das krumme Holz der Humanität, Frankfurt/M.
Bieri, Peter (Hg.) (1981): Analytische Philosophie des Geistes, Königstein.
– (1992): Analytische Philosophie der Erkenntnis, Frankfurt/M.
Birnbacher, Dieter (Hg.) (1988): Ökologie und Ethik, Stuttgart.
– (1988): Verantwortung für zukünftige Generationen, Stuttgart.
– (1991): Mensch und Natur, in: Bayertz, K (Hg.), Praktische Philosophie, Reinbek, S. 278-321.
– (1995): Tun und Unterlassen, Stuttgart.
Bischof, Norbert (1989): Das Rätsel Ödipus, München/Zürich.
Bloch, Ernst (1991): Naturrecht und menschliche Würde, Frankfurt/M.
Blumenberg, Hans (1965): Kopernikus im Selbstverständnis der Neuzeit, Mainz.
– (1981): Die Genesis der kopernikanischen Welt, Frankfurt/M.
– (1986): Arbeit am Mythos, Frankfurt/M.
– (1987): Die Sorge geht über den Fluß, Frankfurt/M.
– (1989): Höhlenausgänge, Frankfurt/M.
– (1997): Die Vollzähligkeit der Sterne, Frankfurt/M.
Böckenförde, Ernst-Wolfgang (1965): Die Historische Rechtsschule und das Problem der Geschichtlichkeit des Rechts, in: Collegium Philosophicum, Basel/Stuttgart, S. 9-36.

– (1991): Recht, Staat und Freiheit, Frankfurt/M.
Böckenförde, Ernst-Wolfgang/ Spaemann, Robert (1987): Menschenrechte und Menschenwürde, Stuttgart.
Böckle, Franz/ Ernst-Wolfgang Böckenförde (Hg.) (1973): Naturrecht in der Kritik, Mainz.
Bodin, Jean (1994): Über den Staat, Stuttgart.
Boff, Leonardo (1994): Von der Würde der Erde, München.
Böhler, Dietrich (1992): Diskursethik und Menschenwürdegrundsatz zwischen Idealisierung und Erfolgsverantwortung, in: Apel, Karl-Otto/Kettner M.: Zur Anwendung der Diskursethik in Politik, Recht und Wissenschaft, Frankfurt/M., S. 201-232.
Brock, Adolf (Hg.) (1969): Die Würde des Menschen in der Arbeitswelt, Frankfurt/M.
Brocker, Manfred (1992): Arbeit und Eigentum, Darmstadt.
Bruch, Richard (1981): Die Würde des Menschen in der patristischen Tradition, in: Grüber, W. (Hg.): Wissen-Glaube-Politik, Graz, S. 139-154.
Brueton, Diana (1997): Der Mond, München.
Buchanan, James M (1984): Die Grenzen der Freiheit, Tübingen.
Buck, August (1991): Studien zu Humanismus und Renaissance, Wiesbaden.
Buergenthal et alii (1988): Grundzüge des Völkerrechts, Heidelberg.
Bundesverband für akzeptierende Drogenarbeit und humane Drogenpolitik (1993): Menschenwürde in der Drogenpolitik, Hamburg.
Camus, Albert (1960): Fragen der Zeit, Hamburg.
– (1965): Essais, Paris.
Cancik, Hubert (1987): Die Würde des Menschen ist unantastbar, in: Funke, H. (Hg.): Utopie und Tradition, Würzburg.
Cavalieri, Paola/ Peter Singer (Hg.) (1994): Menschenrechte für die Großen Menschenaffen, München.
Cicero, Marcus Tullius (1964): Vom rechten Handeln, Zürich/Stuttgart.
– (1975), Über den Staat, Stuttgart.
Copernicus, Nicolaus (1990): Das neue Weltbild, Hamburg.

Dannecker, Martin (1978): Der Homosexuelle und die Homosexualität, Frankfurt/M.

Dawkins, Richard (1978), Das egoistische Gen, Heidelberg.

Delgado, Mariano (1994): Kolonialismus und Menschenwürde, in: Brose, Th./ Lutz-Bachmann, M. (Hg.): Umstrittene Menschenwürde, Hildesheim, S. 35-67.

Denninger, Erhard (1994): Menschenrechte und Grundgesetz, Weinheim.

Denzer, Georg (1977): Das Papsttum und die Menschenrechte im 19. Jahrhundert, in: Liberal. Beiträge zur Entwicklung einer freiheitlichen Ordnung 19, S. 926-947.

Descartes, René (1960): Von der Methode, Hamburg.

Diderot, Denis (1991): Rameaus Neffe, Stuttgart.

Diels, Hermann/ Kranz, Walther (1974): Die Fragmente der Vorsokratiker, Zürich/Dublin.

Dietze, Hans-Helmuth (1936): Naturrecht in der Gegenwart, Bonn.

Dilthey, Wilhelm (1977): Gesammelte Schriften 8, Stuttgart/Göttingen.

– (1993): Edmund Husserl. Briefwechsel VI, Dordrecht/Boston/London.

Diogenes Laertius (1967): Leben und Meinungen berühmter Philosophen, Hamburg.

Drexler, Hans (1980): Dignitas, in: Klein, R.: Das Staatsdenken der Römer, Darmstadt, S. 231-254.

Droysen, Johann Gustav (1958): Historik, Darmstadt.

Dürig, Günter (1952): Die Menschenauffassung des Grundgesetzes, in: Juristische Rundschau 7, S. 259-263.

– (1956): Der Grundrechtssatz von der Menschenwürde, in: Grewe W./ Jacobi E. et alii (Hg.): Archiv des öffentlichen Rechts, 81. Bd., Tübingen, S. 117-157.

– (1957): Dignitas, in: Reallexikon für Antike und Christentum, Bd. 3, Stuttgart, S. 1024-1035.

– (1958), Artikel 1, in: Maunz, Th./ Dürig, G. (Hg): Grundgesetz Bd. 1, München, Rdnrn 16, 29.

Dworkin, Ronald (1984): Bürgerrechte ernstgenommen, Frankfurt/M.

– (1994): Die Grenzen des Lebens, Reinbek.
Elias, Norbert (1990): Die Einsamkeit der Sterbenden, Frankfurt/M.
Emter, Elisabeth (1995): Literatur und Quantentheorie, Berlin/New York.
Ender, Christoph (1986): Die Menschenwürde und ihr Schutz vor gentechnologischer Gefährdung, in: Europäische Grundrechte Zeitschrift 13/7, S. 241-252.
Epiktet (1938): Fragmente, Mainz.
Erhard, Ludwig (1990): Wohlstand für alle, Düsseldorf.
Erklärung des Deutschen Ärztetages zur Euthanasie (1996): Zeitschrift für Didaktik der Philosophie und Ethik 18/3, S. 218f.
Erklärung Deutscher Wissenschaftlicher Gesellschaften (1994): Hirntod, Neu-Isenburg.
Eucken, Walter (1955): Grundsätze der Wirtschaftspolitik, Tübingen.
Evangelischer Erwachsenenkatechismus (1989): Gütersloh.
Feuerbach, Ludwig (1974): Das Wesen des Christentums, Stuttgart.
Ficino, Marsilio (1993): Traktate zur Platonischen Philosophie, Berlin.
Fichte, Johann Gottlieb (1971): Werke, Berlin.
Fink-Eitel, Hinrich (1994): Die Philosophie und die Wilden, Hamburg.
Fleiner, Thomas (1996): Was sind Menschenrechte?, Zürich.
Flöhl, Rainer (Hg.) (1985): Genforschung – Fluch oder Segen?, München.
Floeht, Ralf (Hg.) (1985): Das Grundgesetz entsteht. Aus den stenographischen Berichten über die Plenarsitzungen des Parlamentarischen Rates, Krefeld.
Forst, Rainer (1994): Kontexte der Gerechtigkeit, Frankfurt/M.
Forster, Georg (1966): Über die Beziehung der Staatskunst auf das Glück der Menschheit, Frankfurt/M.
Foucault, Michel (1974): Die Ordnung der Dinge, Frankfurt/M.
– (1978): Von der Subversion des Wissens, Frankfurt/M./Berlin/Wien.
– (1981): Archäologie des Wissens, Frankfurt/M.

Frank, Oliver A. (1994): Die Strafbarkeit homosexueller Handlungen, Würzburg.
Fränkel, Hermann (1993): Dichtung und Philosophie des frühen Griechentums, München.
Freud, Sigmund (1996): Das Unbehagen in der Kultur und andere kulturtheoretischen Schriften, Frankfurt/M.
Friedman, Milton (1981): Capitalism and Freedom, Chicago/London.
–/ Rose Friedman (1985): Die Tyrannei des Status quo, München.
Friedrich, Hugo (1993): Montaigne, Tübingen/Basel.
Gadamer, Hans-Georg (1988): Die Menschenwürde auf ihrem Weg von der Antike bis heute, in: Humanistische Bildung 12: Vom Wert des Menschen, Stuttgart 1988, S. 95ff.
Galtung, Johan (1994): Menschenrechte – anders gesehen, Frankfurt/M.
Gatzemeier, Heiner (1993): Heroin vom Staat, München.
Geddert-Steinacher, Tatjana (1990): Menschenwürde als Verfassungsbegriff, Berlin.
Gehlen, Arnold (1978): Der Mensch, Wiesbaden.
– (1986): Anthropologische und sozial-psychologische Untersuchungen, Reinbek.
Geiger, Rudolf (1994): Grundgesetz und Völkerrecht, München.
Gersemann, Olaf (1996): Kontrollierte Heroinabgabe, Hamburg.
Giese, Bernhard (1975): Das Würde-Konzept, Berlin.
Gorki, Maxim (1992): Nachtasyl, Stuttgart.
Gould, Stephen Jay (1994): Zufall Mensch, München.
Greinacher, Norbert (1994): Bekehrung durch Eroberung, in: Innsbrucker geographische Studien 21, S. 131-145.
Groh, Ruth/ Groh, Dieter (1991): Weltbild und Naturaneignung, Frankfurt/M.
Habermas, Jürgen (1968): Technik und Wissenschaft als Ideologie, Frankfurt/M. 1968.
– (1981): Theorie des kommunikativen Handelns, Frankfurt/M.
– (1992): Faktizität und Geltung, Frankfurt/M.
Haeckel, Ernst (1984): Die Welträtsel, Stuttgart.
Hare, Richard M. (1990): Abtreibung und Goldene Regel, in: Leist, A. (Hg.): Um Leben und Tod, Frankfurt/M., S. 132-156.

Hartmann, Nicolai (1935): Ethik, Berlin/Leipzig.
Hassenstein, Bernhard (1972): Das spezifisch Menschliche nach den Resultaten der Verhaltensforschung, in: Gadamer, H.-G./ Vogeler, P. (Hg.): Neue Anthropologie Bd. 2, München/Stuttgart.
Hauff, Volker (Hg.) (1987): Unsere gemeinsame Zukunft, Greven.
Hayek, Friedrich A. von (1979): Wissenschaft und Sozialismus, Tübingen.
– (1979): Liberalismus, Tübingen.
– (1991): Die Verfassung der Freiheit, Tübingen.
– (1996): Die verhängnisvolle Anmaßung, Tübingen.
Hegel, Georg Wilhelm Friedrich (1969/70): Theorie-Werkausgabe, Frankfurt/M.
– (1955): Grundlinien der Philosophie des Rechts, Hamburg.
Herder, Johann Gottfried (1989): Abhandlung über den Ursprung der Sprache, Stuttgart.
Hobbes, Thomas (1991): Leviathan, Frankfurt/M.
– (1994): Vom Menschen/ Vom Bürger, Hamburg.
Hoerster, Nobert (1991): Abtreibung im säkularen Staat, Frankfurt/M.
Hofstetter, Viktor (1992): Bartolomé de Las Casas, Freiburg.
Hoff, Johannes/ Schmitten, Jürgen (Hg.) (1994): Wann ist der Mensch tot?, Reinbek.
Höffe, Otfried (Hg.) (1981): Johannes Paul II. und die Menschenrechte, Fribourg/Paris.
– Menschenrechte als Legitimation und kritischer Maßstab der Demokratie, in: Schwartländer, J. (Hg.): Menschenrechte und Demokratie, Kehl am Rhein/Straßburg, S. 241-274.
– (1993): Moral als Preis der Moderne, Frankfurt/M.
– (1996): Vernunft und Recht, Frankfurt/M.
Höffner, Josef (1972): Christentum und Menschenwürde, Trier.
Holmes, Stephen (1995): Die Anatomie des Antiliberalismus, Hamburg.
Holzhüter, Werner (1989): Konkretisierung und Bedeutungswandel der Menschenwürdenorm des Artikels 1, Absatz 1 des Grundgesetzes, Darmstadt.
Homer (1968): Ilias/ Odyssee, Darmstadt.

Honneth, Axel (1992): Kampf um Anerkennung, Frankfurt/M.
– (1996) Universalismus als moralische Falle?, in: Lutz-Bachmann, L./ Bohman, J.: Frieden durch Recht, Frankfurt/M., S. 272-299.
Honnefelder, Ludger/ Rager, Günter (Hg.) (1994): Ärztliches Urteilen und Handeln, Frankfurt/M.
Honnefelder, Ludger (1991): Person und Menschenwürde, in: Pöldinger, W. (Hg): Ethik in der Psychiatrie, Heidelberg, S. 22-39.
Humboldt, Wilhelm von (1987): Ideen zu einem Versuch, die Grenzen der Wirksamkeit des Staates zu bestimmen, Stuttgart.
Hume, David (1984): Die Naturgeschichte der Religion, Hamburg.
Husserl, Edmund (1962): Die Krisis der europäischen Wissenschaften und die transzendentale Phänomenologie, Husserliana VI, Haag.
– (1981): Philosophie als strenge Wissenschaft, Frankfurt/M.
– (1988): Vorlesungen über Ethik und Wertlehre 1908-1914, Husserliana XXVIII, Dordrecht.
– (1993): Briefwechsel VI, Dordrecht/Boston/London.
Huxley, Thomas Henry (1993): Evolution und Ethik, in: Bayertz, K. (Hg.): Evolution und Ethik, Stuttgart, S. 67-74.
Instruktion der Glaubenskongregation in Rom (1987): Leben und Fortpflanzung, Stein am Rhein.
Isensee, Josef (1987): Die katholische Kritik an den Menschenrechten, in: Böckenförde, E.-W./ Spaemann, R. (Hg.): Menschenrechte und Menschenwürde, Stuttgart, S. 138-174.
(1988): Wahrheit und Freiheit, in: Klug, U./ Kriele, M. (Hg): Menschen- und Bürgerrechte, Stuttgart 1988, S. 52-69.
Jaspers, Karl (1962): Der philosophische Glaube angesichts der Offenbarung, München.
Jendorff, Bernhard/ Schmalenberg, Gerhard (Hg.) (1993): Politik – Religion – Menschenwürde, Gießen.
Jens, Walter/ Küng, Hans (1995): Menschenwürdig sterben, München.
Jerouschek, Günter (1989): Vom Wert und Unwert der pränatalen Menschenwürde, in: Juristen Zeitung 6, S. 279-285.

Johannes Paul II. (1980):Von der Königswürde des Menschen, Stuttgart.
Jonas, Hans (1973): Organismus und Freiheit, Göttingen.
– (1983): Forschung und Verantwortung, St. Gallen.
– (1984): Das Prinzip Verantwortung, Frankfurt/M.
– (1987): Technik, Medizin und Ethik, Frankfurt/M.
– (1988): Heideggers Entschlossenheit und Entschluß, in: Neske, G./ Kettering E. (Hg.): Antwort, Pfullingen, S. 221-229.
– (1992): Philosophische Untersuchungen und metaphysische Vermutungen, Frankfurt/M.
Ju, Gau-Seng (1990): Kants Lehre vom Menschenrecht und von den staatsbürgerlichen Grundrechten, Würzburg.
Kaiser, Otto (1985): Der Mensch unter dem Schicksal, Berlin/NewYork.
Kanitscheider, Bernulf (1994): Naturalismus und wissenschaftliche Weltorientierung, in: Logos 2/1, S. 184-199.
– (1996): Im Innern der Natur. Philosophie und moderne Physik, Darmstadt.
– (Hg.) (1997): Liebe, Lust und Leidenschaft, Stuttgart.
Kant, Immanuel (1968): Werke. Akademie Textausgabe, Berlin.
Katechismus der katholischen Kirche (1993): München.
Kaufmann, Matthias (1996): Rechtsphilosophie, Freiburg/München.
Keller, Rolf/ Günther, Hans-Ludwig/ Kaiser, Peter (1992): Embryonenschutzgesetz. Kommentar, Stuttgart/Berlin/Köln.
Kelsen, Hans (1928): Die philosophischen Grundlagen der Naturrechtslehre und der Rechtspositivismus, Charlottenburg.
– (1989): Staat und Naturrecht, München.
Kersting, Wolfgang (1981): Transzendentalphilosophische und naturrechtliche Eigentumsbegründung, in: Archiv für Rechts- und Sozialphilosophie, LXVII, S. 157-175.
Kessler, David (1997): Die Rechte des Sterbenden, Weinheim/Berlin.
Kielmansegg, Peter Graf (1988): Das Experiment der Freiheit, Stuttgart.
– (1994): Volkssouveränität, Stuttgart.
Kliemt, Helmut (1993): Gerechtigkeitskriterien in der Transplan-

tationsmedizin, in: Nagel, E./ Fuchts Ch. (Hg.): Soziale Gerechtigkeit im Gesundheitswesen, Berlin/Heidelberg/New York, S. 262-276.

Klug, Ulrich/ Kriele, Martin (1988): Menschen- und Bürgerrechte. Archiv für Rechts- und Sozialphilosophie, Beiheft 33, Stuttgart.

Kobusch, Theo (1993): Die Entdeckung der Person, Freiburg/Basel/Wien.

Kraus, Karl (1980): Sprüche und Widersprüche, Frankfurt/M.

Kriele, Martin (1986): Befreiung und politische Aufklärung. Plädoyer für die Würde des Menschen, Freiburg.

– (1988): Menschenrechte und Gewaltenteilung, in: Klug, U./ Kriele, M. (Hg.): Menschen- und Bürgerrechte, Stuttgart, S. 20-31.

– (1990): Recht-Vernunft-Wirklichkeit, Berlin

– (1994): Einführung in die Staatslehre, Opladen.

Kristeller, Paul Oskar (1972): Die Philosophie des Marsilio Ficino, Frankfurt/M.

– (1986): Acht Philosophen der italienischen Renaissance, Weinheim.

Kühnhardt, Ludger (1987): Die Universalität der Menschenrechte, München.

– (1989): Ursprünge und Gehalt der universellen Menschenrechtsidee, Brüssel/Straßburg.

Kuhse, Helga (1994): Die Heiligkeit des Lebens in der Medizin, Erlangen.

Kuhse, Helga/ Singer, Peter (1993): Muß dieses Kind am Leben bleiben?, Erlangen.

Lange, Erhard H. M (1993): Die Würde des Menschen ist unantastbar. Der Parlamentarische Rat und das Grundgesetz, Tübingen.

Lange, Friedrich Albert (1974): Geschichte des Materialismus, Bd. 1 und 2, Frankfurt/M.

Larmore, Charles (1995): Strukturen moralischer Komplexität, Stuttgart.

Lassalle, Ferdinand (1970): Reden und Schriften, München.

Lautmann, Rüdiger (Hg.) (1977): Gesellschaft und Homosexualität, Frankfurt/M.

Lederberg, Joshua (1985): zitiert nach Flöhl, R. (Hg.): Genforschung – Fluch oder Segen?, München.
Leibholz, Gerhard/ Mangoldt, Hermann von (Hg.) (1951): Jahrbuch des öffentlichen Rechts der Gegenwart, Neue Folge Bd. 1, Tübingen.
Leist, Anton (1990): Eine Frage des Lebens, Frankfurt/M.
– (Hg.) (1992): Um Leben und Tod, Frankfurt/M.
Lepp (1980): Eine Lücke im Gesetz, in: Frankfurter Rundschau vom 25. Juni 1980.
Lessing, Theodor (1983): Geschichte als Sinngebung des Sinnlosen, München.
Le Vay, Simon (1993): Keimzellen der Lust, Heidelberg.
Lévi-Strauss, Claude (1976): Mythologica IV: Der nackte Mensch, Frankfurt/M.
– (1978): Traurige Tropen, Frankfurt/M.
Lévinas, Emmanuel (1987): Totalität und Unendlichkeit, Freiburg/München.
– (1986): Ethik und Unendlichkeit, Graz/Wien.
– (1992): Jenseits des Seins oder anders als Sein geschieht, Freiburg/München.
Lichtenberg, Georg Christoph (1983): Schriften und Briefe Bd. 1: Sudelbücher, Frankfurt/M.
Locke, John (1992): Über die Regierung, Stuttgart.
– (1992) Zwei Abhandlungen über die Regierung, Frankfurt/M.
– (1957) Ein Brief über Toleranz, Hamburg.
Lord Byron (1956): Childe Harold's Pilgrimage, in: English Romantic Poetry and Prose, New York/Oxford.
Lorenz, Konrad (1965): Über tierisches und menschliches Verhalten. Gesammelte Abhandlungen Bd. 2, München/Zürich.
Lorz, Albert (1992): Tierschutzgesetz. Kommentar, München.
Lotario de Segni (Papst Innozenz III) (1990): Vom Elend des menschlichen Daseins, Hildesheim/Zürich/New York.
Löwith, Karl (1981-88): Sämtliche Werke, Stuttgart.
Lübbe, Hermann (1990): Der Lebenssinn der Industriegesellschaft, Berlin/Heidelberg.
Luhmann, Niklas (1965): Grundrechte als Institution, Berlin.
Lukrez (1973): Welt aus Atomen, Stuttgart.

Maar, Christa/ Pöppel, Ernst/ Christaller, Thomas (Hg.) (1996): Die Technik auf dem Weg zur Seele, Reinbek.
Machiavelli, Niccolo (1976): Der Fürst, Stuttgart.
Mackie, John Leslie (1981): Ethik, Stuttgart.
Maihofer, Werner (Hg.) (1966): Naturrecht oder Rechtspositivismus, Darmstadt.
– (1967): Die Würde des Menschen, Hannover.
Manetti, Gianozzo (1990): Über die Würde und Erhabenheit des Menschen, Hamburg.
Mangoldt, Hermann von/ Klein, Friedrich/ Starck, Christian (1985): Das Bonner Grundgesetz. Kommentar Bd. 1, München.
Marcel, Gabriel (1965): Die menschliche Würde und ihr existentieller Grund, Frankfurt/M.
Margalit, Avishai (1997): Politik und Würde. Über Achtung und Verachtung, Berlin.
Marx, Karl/ Engels, Friedrich (1982/1974): Werke Bd. 2 und 8, Berlin.
Meinhof, Ulrike (1994): Die Würde des Menschen ist antastbar, Berlin.
Menschenrechte (1995): Dokumente und Deklarationen, Bonn.
Meyer-Abich, Klaus Michael (1990): Aufstand für die Natur, München/Wien.
Mill, John Stuart (1988): Über die Freiheit, Stuttgart.
Milton, John (1980): Die Politischen Hauptschriften, Hildesheim.
Mittag, Oskar (1997): Der letzte Weg. Wie wir mit dem Tod umgehen, Stuttgart.
Mohr, Hans (1987): Natur und Moral, Darmstadt.
Montaigne, Michel de (1953): Essais, Zürich.
Montesquieu, Ch. de (1989): Vom Geist der Gesetze, Stuttgart.
Morgenthaler, Fritz (1984): Homosexualität, Heterosexualität, Perversion, Frankfurt/M.
Münch, Ingo von/ Kunig, Philip (1992): Grundgesetz Kommentar Bd. 1, München.
Musil, Robert (1970): Der Mann ohne Eigenschaften, Hamburg.
Nagel, Thomas (1991): Die Grenzen der Objektivität, Stuttgart.
– (1992): Der Blick von nirgendwo, Frankfurt/M.
– (1996): Letzte Fragen, Bodenheim.

Naviasky, Hans (1953): Die Verfassung des Freistaats Bayern, München.

Nida-Rümelin, Julian (Hg.) (1996): Angewandte Ethik, Stutgart.

Nietzsche, Friedrich (1980): Sämtliche Werke, Kritische Studienausgabe, München/Berlin/New York.

Nipperdey, Hans Carl (1954): Die Würde des Menschen, in: Neumann, F. L./ Nipperdey, H. C./ Scheuner, U. (Hg.): Die Grundrechte, Berlin.

Nozick, Robert (o.J): Anarchie, Staat, Utopia, München.

Nuland, Sherwin B. (1994): Wir wir sterben. Ein Ende in Würde?, München.

Nussbaum, Martha C. (1993): Menschliches Tun und soziale Gerechtigkeit, in: Brumlik, M./ Brunkhorst, H.: Gemeinschaft und Gerechtigkeit, Frankfurt/M., S. 323-361.

Oestreich, Gerhard (1968): Geschichte der Menschenrechte und Grundfreiheiten im Umriß, Berlin.

Organtransplantationen (1990): Erklärung der Deutschen Bischofskonferenz und des Rates der Evangelischen Kirche in Deutschland, Bonn/Hannover.

Ottaviani, Alfredo (1960): Institutiones iuris publici ecclesiastici II, Ecclesia et status, Rom.

Pappert, Peter (Hg.) (1995): Den Nerv getroffen. Engagierte Stimmen zum Kruzifix-Urteil, Aachen.

Paragraph 218 (1996): Was ist neu?, Bonn.

Parlamentarischer Rat (1948/49): Verhandlungen des Hauptausschusses, Bonn.

Pascal, Blaise (1978): Über die Relgion und über einige andere Gegenstände, Heidelberg.

Pawlowski, Hans-Martin (1986): Einführung in die juristische Methodenlehre, Heidelberg.

Petrarca, Francesco (1988): Heilmittel gegen Glück und Unglück, München.

Petri, Harald/ Simm, Walter (Hg) (1988): Die Würde des Menschen ist unantastbar, Bochum.

Pfordten, Dietmar v. d. (1996): Ökologische Ethik, Reinbek.

Pico della Mirandola, Giovanni (1990): Über die Würde des Menschen, Hamburg.

Pindar (1993): Pythien 8, 81, in: Fränkel, H.: Dichtung und Philosophie des frühen Griechentums, München 1993, S. 568.
Platon (1940): Gesetze, Hamburg.
– (1991): Der Staat, München/Zürich.
– (1990): Protagoras, in: Oelmüller, W./ Dölle-Oelmüller, R./ Geyer, C.-F. (Hg.): Diskurs Mensch, Paderborn.
– (1988): Gorgias, Hamburg.
– (1986): Nomoi, Hamburg.
Podlech, Adalbert (1989): Schutz der Menschenwürde, in: Wassermann R. (Hg.): Kommentar zum Grundgesetz für die Bundesrepublik Deutschland, Neuwied, S. 199-224.
Pöschl, Viktor (1989): Der Begriff der Würde im antiken Rom und später, Heidelberg.
Pothast, Ulrich (Hg.) (1978): Freies Handeln und Determinismus, Frankfurt/M.
– (1980): Die Unzulänglichkeit der Freiheitsbeweise, Frankfurt/M.
Pufendorf, Samuel (1744): De iure naturae et gentium.
– (1753): De officio hominis et civis secundum legem naturalem.
Radbruch, Gustav (1932): Rechtsphilosophie, Leipzig.
– (1966): Die Erneuerung des Rechts, in: Maihofer, W. (Hg.): Naturrecht oder Rechtspositivismus, Darmstadt, S. 1-10.
Rager, Günter (Hg.) (1998): Beginn, Personalität und Würde des Menschen, Freiburg.
Rahner, Karl/ Vorgrimler, Herbert (1982): Kleines Kozilskompendium, Freiburg.
Ranft, Eberhard (1965): Grundrecht und Naturrecht. Entwicklung und Tendenzen der naturrechtlichen Auslegung der Grundrechte nach 1945, München.
Ratschow, Carl Heinz (1987): Von der Würde des Menschen, in: Von der Gestaltwerdung des Menschen, Berlin/New York, S. 177-195.
Rawls, John (1979): Eine Theorie der Gerechtigkeit, Frankfurt/M.
– (1992): Die Idee des politischen Liberalismus, Frankfurt/M.
Reichholf, Josef H. (1990): Das Rätsel der Menschwerdung, Stuttgart.

Reindl, Richard/ Nickolai, Werner (Hg.) (1994): Drogen und Strafjustiz, Freiburg.
Reinhard, Wolfgang (1985): Die Geschichte der euoropäischen Expansion Bd. 2: Die neue Welt, Stuttgart.
Rickert, Heinrich (1922): Die Philosophie des Lebens, Tübingen.
– (1924): Die Probleme der Geschichtsphilosophie, Heidelberg.
– (1926): Kulturwissenschaft und Naturwissenschaft, Tübingen.
– (1929): Die Grenzen der naturwissenschaftlichen Begriffsbildung, Tübingen.
– (1934): Die Grundprobleme der Philosophie, Tübingen.
Rifkin, Jeremy (1996): Das Ende der Arbeit, Frankfurt/M.
Roetz, Heiner (1992): Die chinesische Ethik der Achsenzeit, Frankfurt/M.
Rorty, Richard (1981): Der Spiegel der Natur, Frankfurt/M.
– (1988): Solidarität oder Objektivität?, Stuttgart.
– (1989): Kontingenz, Ironie und Solidarität, Frankfurt/M.
– (1993): Kultur ohne Zentrum, Stuttgart.
– (1994): Unkorrigierbarkeit als Merkmal des Mentalen, in: Frank, M. (Hg.): Analytische Theorien des Selbstbewußtseins, Frankfurt/M, S. 587-620.
– (1994): Hoffnung statt Erkenntnis, Wien.
– (1994): Menschenrechte, Vernunft und Empfindsamkeit, in: Huber, J./ Müller, A. M.: Kultur und Gemeinsinn, Zürich, S. 99-126.
Roth, Gerhard (1994): Das Gehirn und seine Wirklichkeit, Frankfurt/M.
Rousseau, Jean-Jacques (1981): Sozialphilosophische und Politische Schriften, München.
Ryder, Richard D. (1994): Sentientismus, in: Cavalieri, P./ Singer, P. (Hg.): Menschenrechte für die Großen Menschenaffen, München, S. 337-340.
Sachße, Christoph/ Engelhardt, H. Tristram (1990): Sicherheit und Freiheit. Zur Ethik des Wohlfahrsstaates, Frankfurt/M.
Sartre, Jean-Paul (1975): Drei Essays, Frankf./M./Berlin/Wien.
Sass, Hans-Martin (1985): Extrakorporale Fertilisation und Embryotransfer, in: Flöhl, R. (Hg.): Genforschung – Fluch oder Segen?, München.

Savigny, Friedrich Carl von (1814): Vom Berufe unserer Zeit für Gesetzgebung und Rechtswissenschaft, Heidelberg.
Schäfer, Lothar (1993): Das Bacon-Projekt. Von der Erkenntnis, Nutzung und Schonung der Natur, Frankfurt/M.
Schaich, Klaus (1994): Das Bundesverfassungsgericht, München.
Schapp, Japp (1994): Freiheit, Moral und Recht, Tübingen.
Schelauske, Hans Dieter (1968): Naturrechtsdiskussion in Deutschland, Köln.
Scheler, Max (1954): Der Formalismus in der Ethik und die materiale Wertethik, Bern.
Schelling, Friedrich Wilhelm Joseph (1962-71): Werke, München.
– (1982): Schriften 1804-1812, Berlin.
Schiller, Friedrich (1976): Gesammelte Werke 5, Gütersloh.
Schmitt, Carl (1942): Land und Meer, Leipzig.
– (1985): Der Hüter der Verfassung, Berlin.
– (1993): Der Begriff des Politischen, Berlin.
– (1996): Politische Theologie I, Berlin.
– (1996): Politische Theologie II, Berlin.
Schnur, Roman (Hg.) (1964): Zur Geschichte der Erklärung der Menschenrechte, Darmstadt.
Schopenhauer, Arthur (1978 f.): Sämtliche Werke. Stuttgart/Frankfurt/M.
Schulz, Walter (1985): Metaphysik des Schwebens, Pfullingen.
Schwartländer, Johannes (Hg.) (1978): Menschenrechte, Tübingen.
– Menschenrechte und Demokratie, Kehl am Rhein/Straßburg.
Sen-rong Lin (1977): Der Wiederaufbau der Naturrechtslehre in Deutschland nach dem Zweiten Weltkrieg, Heidelberg.
Sieghart, Paul (1988): Die geltenden Menschenrechte, Kehl am Rhein/Straßburg.
Singer, Peter (1984/1994): Praktische Ethik, Stuttgart.
Skinner, Burrhus Frederic (1973): Jenseits von Freiheit und Würde, Reinbek.
Smith, Adam (1978): Der Wohlstand der Nationen, München.
Sommer, Theo (Hg.) (1993): Menschenrechte. Das uneingelöste Versprechen, Hamburg.

Spaemann, Robert (1987): Das Natürliche und das Vernünftige, München.
– (1988): Verantwortung für die Ungeborenen, in: Schriftenreihe der Juristen-Vereinigung Lebensrecht e.V. zu Köln, Nr. 5, S. 15-30.
– (1993): Glück und Wohlwollen, Stuttgart.
– (1996): Personen, Stuttgart.
Spaemann, Robert/ Fuchs, Thomas (1997): Töten oder sterben lassen?, Freiburg/Basel/Wien.
Spektrum der Wissenschaft (1994): Gehirn und Bewußtsein, Heidelberg/Berlin/Oxford.
Starck, Christian (1982): Menschenwürde als Verfassungsgarantie im modernen Staat, in: Behrendt, E. L. (Hg.): Recht und Christentum, München.
Stirner, Max (1985): Der einzige und sein Eigentum, Stuttgart.
Stöckler, Manfred (1991): Das Anthropische Prinzip, in: Praxis der Naturwissenschaften 40/4, S. 25-27.
Stolleis, Michael (Hg.) (1975): Staatsdenker in der frühen Neuzeit, München.
Streithofen, Basilius (Hg.) (1995): Das Kruzifixurteil, Berlin.
Täschner, Karl-Ludwig (1997): Harte Drogen – Weiche Drogen, Stuttgart.
Taupitz, Jochen (1992), Privatrechtliche Rechtspositionen um die Genomanalyse: Eigentum, Persönlichkeit, Leistung, in: Juristen Zeitung 22, S. 1089-1099.
Tetens, Holm (1994): Geist, Gehirn, Maschine, Stuttgart.
Theunissen, Michael (1991): Negative Theologie der Zeit, Frankfurt/M.
Thomas von Aquin (1934 ff.): Summa Theologica, Graz/Salzburg/Wien/Köln/Heidelberg.
Tille, Alexander (1993): Charles Darwin und die Ethik, in: Bayertz, K. (Hg.): Evolution und Ethik, Stuttgart, S. 37-66.
Tocqueville, Alexis de (1990): Über die Demokratie in Amerika, Stuttgart.
Tödt, Heinz Eduard (1992): Menschenrechte – Grundrechte, in: Christlicher Glaube in moderner Gesellschaft Bd. 27, Freiburg/Basel/Wien.

Tooley, Michael (1990): Abtreibung und Kindstötung, in: Leist, A. (Hg.): Um Leben und Tod, Frankfurt/M., S. 157-195.
Topitsch, Ernst (1963): Die Menschenrechte – Ein Beitrag zur Ideologiekritik, in: Juristen Zeitung 1, S. 1-7.
Troeltsch, Ernst (1961): Der Historismus und seine Probleme, Aalen.
Trombley, Stephen (1993): Todesstrafe. Die Hinrichtungsindustrie in den USA, Hamburg.
Tugendhat, Ernst (1995): Vorlesungen über Ethik, Frankfurt/M.
Universitas (1996): Brauchen wir diese Bioethik-Konvention?, in: Universitas 603, S. 835-866.
Vilmar, Fritz (Hg.) (1973): Menschenwürde im Betrieb, Hamburg.
Vitzthum, Wolfgang Graf (1985): Die Menschenwürde als Verfassungsbegriff, in: Juristen Zeitung 5, S. 201-209.
– (1986): Menschenwürde und Humangenetik, in: Universitas 41/2. Bd., S. 810-828.
– (1987): Gentechnologie und Menschenwürdeargument, in: Zeitschrift für Rechtspolitik 20/2, S. 34-37.
Vollmer, Gerhard (1994): Was ist Naturalismus?, in Logos 2/1, S. 200-219.
Voltaire, Francois Marie (1969): Micromégas, in: Sämtliche Romane und Erzählungen, München, S. 125-146.
Wagner, Hans (1992): Die Würde des Menschen, Würzburg.
Walder, Patrick/ Amendt, Günter (1998): Ecstasy und Co, Hamburg.
Walzer, Michael (1996): Lokale Kritik – Globale Standards, Hamburg.
Wassermann, Rudolf (1989): Kommentar zum Grundgesetz für die Bundesrepublik Deutschland, Darmstadt.
Wehowsky, Stephan (Hg.) (1987): Lebensbeginn und menschliche Würde, Frankfurt/M./München.
Weinkauff, Hermann (1966): Der Naturrechtsgedanke in der Rechtsprechung des Bundesgerichtshofes, in: Maihofer, W. (Hg.): Naturrecht oder Rechtspositivismus, Darmstadt, S. 554-576.
Weizsäcker, Ernst Ulrich von (1994): Erdpolitik, Darmstadt.
Welzel, Hans (1958): Die Naturrechtslehre Samuel Pufendorfs, Berlin.

– (1963): Wahrheit und Grenze des Naturrechts, Bonn.
– (1990): Naturrecht und materiale Gerechtigkeit, Göttingen.
Wende, Frank (1981): Lexikon zur Geschichte der Parteien in Europa, Stuttgart.
Wesel, Uwe (1996): Die Hüter der Verfassung, Frankfurt/M.
– (1997): Die Geschichte des Rechts, München.
Wetz, Franz Josef: (1994): Lebenswelt und Weltall. Hermeneutik der unabweislichen Fragen, Stuttgart.
– (1994): Die Gleichgültigkeit der Welt, Frankfurt/M.
– (1994): Hans Jonas zur Einführung, Hamburg.
– (1995): Edmund Husserl, Frankfurt/M.
– (1996): Schelling zur Einführung, Hamburg.
– (1996): Letztbesinnung ohne Letztbegründung. Von der Texthermeneutik zur Naturhermeneutik, in: Philosophisches Jahrbuch 2, S. 15-28.
– (1997): Naturwissenschaft als Provokation. Wege zu einer existenziellen Hermeneutik der Natur, in: Praxis der Naturwissenschaften- Physik 6, S. 10-17.
– (1998): Hermeneutischer Naturalismus, in: Kanitscheider B./ Wetz F. J.: Hermeneutik und Naturalismus, Tübingen.
White, Lynn T. (1967): The Historical Roots of Our Ecologic Crisis, in: Science 155/1203.
Wolf, Jean-Claude (1992): Verhütung oder Vergeltung, Freiburg/München.
Ziegler, Karl-Heinz (1994): Völkerrechtsgeschichte, München.
Zippelius, Reinhold (1971): Geschichte der Staatsideen, München.
– (1992): Eingriffe in das beginnende Leben als juristisches Problem, in: D. Berg/ H. Hepp/ R. Pfeiffer/ H.-B. Wuermeling: Würde, Recht und Anspruch des Ungeborenen, München, S. 57-64.
– (1994): Rechtsphilosophie, München.
– (1994): Allgemeine Staatslehre, München.
– (1994): Juristische Methodenlehre, München.
– / Maunz, Th. (1994): Deutsches Staatsrecht, München.
– (1995): Kleine deutsche Verfassungsgeschichte, München.

Personenregister